先秦思想史：
从神本到人本

（上）

The History of Pre-Qin Thought:
From Deism to Humanism

祁志祥　著

復旦大學出版社

目录
<<< Contents

上 册

前言：中国思想史上若干重大问题的重新反思与构想 ………… 1
 一、如何认识中国古代"封建社会"及社会形态的分期？………… 2
 二、如何以"启蒙"为视角去认识中国古代思想史的四次启蒙？…… 5
 三、为什么说周代是中国思想史上"人的觉醒"时代？………… 6
 四、叙述先秦思想史，可否将"五经"遗漏于专章评析之外？…… 7
 五、叙述先秦思想史，可否将史书遗漏于专章评析之外？…… 9
 六、汉代思想界的根本特征是什么？ ………………………… 10
 七、如何准确理解"魏晋风度"的内涵及其积极意义与消极意义？
  ………………………………………………………………… 10
 八、如何认识隋唐至清代思想史的时代分期？ ……………… 11
  1. 对"隋唐佛学""宋明理学"概括的质疑和"隋唐宋元儒学"
   概括的提出 …………………………………………………… 12
  2. 为什么要用"明清启蒙"概括取代"宋明理学"和"清代实学"
   的分割与提法？ ……………………………………………… 14
 九、思想史的叙述重点是"物"还是"人"？……………………… 15
 十、以什么样的叙述方式进入中国思想史叙述？ …………… 16
 十一、如何防止先入为主，努力还原中国思想史的真相？ … 16

绪论：先秦古籍"伪书"说清算、正名及反思 ………………… 18
 一、从汉墓出土文献为 8 部先秦"伪书"正名 ………………… 18
 二、另 10 部被后世疑伪的先秦古籍名为"伪书"不当 ……… 23
 三、唐宋以来疑古思潮"作伪"说失误反思 …………………… 32

第一章　先秦思想史从"神本"到"人本"的演变概述 ………… 36

上编　上古至夏商：原始思维中的神本思想

第二章　上古神话的完整架构及其神本指向 ……………………… 45
 一、盘古、女娲的创世神话 …………………………………… 46
  1. 盘古开天辟地 …………………………………………… 46
  2. 女娲补天造人 …………………………………………… 47
 二、三皇五帝的历史神话、祖先神话 ………………………… 48
  1. 燧皇燧人氏：神秘的熟食文明始祖 ………………… 49
  2. 羲皇伏羲氏："蛇身人首"的渔猎文明始祖 ………… 50
  3. 炎帝神农氏："人面龙颜"的农耕文明始祖 ………… 52
  4. 黄帝：亦人亦仙的伟大发明家 ……………………… 53
  5. 颛顼：民神分离、亶树神威的宗教改革家 ………… 57
  6. 喾：挚、尧及商周始祖的生父，神异而仁德的帝王 … 58
  7. 尧：眉有八彩、其智如神的无私圣王 ……………… 60
  8. 舜：目有重瞳、以德报怨的孝道典范 ……………… 64
 三、与三皇五帝相关的英雄神话 ……………………………… 66
  1. 精卫填海 ………………………………………………… 67
  2. 刑天舞干戚 …………………………………………… 67
  3. 夸父逐日 ………………………………………………… 67
  4. 后羿射日 ………………………………………………… 68
 四、与三皇五帝相关的图腾神话 ……………………………… 68
  1. 龙图腾 …………………………………………………… 69
  2. 凤图腾 …………………………………………………… 70

第三章　夏商时期的万物有灵与鬼神崇拜 ……………………… 72
 一、夏商时期的社会形态：家天下的封建社会 ……………… 72
 二、夏商思想界神灵至上的整体特点 ………………………… 74
 三、祖先神崇拜 ………………………………………………… 76
 四、自然神崇拜 ………………………………………………… 79
  1. 天神："天宗三：日、月、星" ……………………… 79
  2. 地祇："地宗三：河、海、岱" ……………………… 82
  3. 动物神灵 ………………………………………………… 85

五、上帝崇拜 …………………………………………………… 86

第四章　上古至夏商时期道德观念及德治思想的萌芽 …………… 89
　　一、现有观点：上古至夏商不存在道德观念 ………………… 89
　　二、史籍中关于五帝与夏商德治思想的记载 ………………… 91

下编　周代的思想启蒙："神本"走向"人本"

第五章　周代封建制度的特点及其演变 …………………………… 102
　　一、夏商封建是氏族邦国封建，天子只是诸侯之长 ………… 102
　　二、西周封建是宗法封建，天子成为诸侯之君 ……………… 103
　　三、东周封建名存实亡，天子被架空，诸侯走向独立强大 … 107

第六章　周代以"天"代"帝"的转向与由"人"定"天"的特征 … 109
　　一、周代的神灵祭祀与至上神"天"的出现 ………………… 109
　　二、"天命"笼罩下的阴阳五行方术学说 …………………… 112
　　三、从对"天"的迷信走向怀疑 ……………………………… 117
　　四、民意决定天意，走向重人轻天 …………………………… 119

第七章　周代道德地位的提升和道德观念的丰富 ………………… 122
　　一、"孝"的概念的发展 ……………………………………… 122
　　二、"德"的概念的丰富 ……………………………………… 126

第八章　周代儒经的思想构成 ……………………………………… 130
　　一、《周易》：从"神道设教"走向"人文"之道 …………… 133
　　　　1. 对"神""天"概念的现实化改造 ……………………… 134
　　　　2. "人文"的提出和"文明"的阐释 ……………………… 136
　　　　3. "君子"概念的正面肯定与丰富要求 …………………… 137
　　　　4. "顺天应人"，"与时偕行" …………………………… 140
　　二、《尚书》：敬天贵人的"民主"学说 …………………… 142
　　　　1. 以"人"代"神"：肯定人民的至上地位 ……………… 144
　　　　2. 二重人性的认识及"民主"的权利与要求 …………… 145
　　　　3. "敬德""保民"："民主"的道德修养使命 ………… 147
　　　　4. 诛"独夫"的"革命"思想 ……………………………… 150

三、《诗经》的重人轻天倾向 ……………………………… 153
　　1. 对"上帝""昊天"从迷信走向怀疑和诅咒 …………… 155
　　2. 怨刺无德,歌颂有德 …………………………………… 157
　　3. 对"君子""良人""吉士"的呼唤 ……………………… 158
　　4. 重视现世人生的现实生活反映 ………………………… 161
　　5. 记录周族祖先发生、发展历程的史诗 ………………… 162

四、《周礼》:"设官分职,以为民极" ……………………… 166
　　1. 神学笼罩:鬼神祭礼与以人法天 ……………………… 168
　　2. 指导思想:安邦治国,"得民"为本 …………………… 171
　　3. 仁政学说:德治礼教与法治主张 ……………………… 173
　　4. 操作实践:六官职责的具体设置 ……………………… 177

五、《礼记》:"周人尊礼","近人而忠" …………………… 180
　　1. "人"的崇高地位及"礼"的关键作用 ………………… 183
　　2. "礼"的含义、历史与类别 …………………………… 185
　　3. 《乐记》:论礼、乐关系及乐教的功能、特点 ………… 193
　　4. 礼乐的践行历程:"大学""儒行""君子" …………… 195

第九章　周代史书的思想取向 ……………………………… 201

一、《国语》:"君子之行,唯道是从" ……………………… 202
　　1. 是"民神同位"、天地相通,还是"民神异业""绝地天通" … 203
　　2. "道而得神,是谓逢福;淫而得神,是谓贪祸" ……… 206
　　3. "君子之行,进退周旋,唯道是从" …………………… 208
　　4. 君德以利民为本,反对损民以自利 …………………… 211
　　5. 任贤、举贤、让贤与尚信 ……………………………… 214
　　6. 良臣的职责与革命的权利 ……………………………… 218

二、《左传》:"吉凶由人"、先民后神 ……………………… 220
　　1. "祸福无门,唯人所召" ………………………………… 222
　　2. "德礼不易,无人不怀" ………………………………… 226
　　3. "民本"思想与"革命"实践 …………………………… 231
　　4. 晏婴、子产、叔向:"礼"为"政之舆""民之行" …… 234

三、《战国策》:"乱世之文,然有英伟气" ………………… 236
　　1. "乱世之文""有英伟气" ……………………………… 237
　　2. "虽有道德,不得施谋" ………………………………… 238
　　3. "士贵耳,王者不贵" …………………………………… 243

第十章　儒家及其支流墨家的思想主张 ················ 248

一、《论语》：孔子的六重形象及其思想主张 ················ 251
　　1. 作为儒生的孔子："敬鬼神而远之" ················ 253
　　2. 作为儒家创始人的孔子：人性论及其仁学谱系 ················ 255
　　3. 作为圣人的孔子：论"为仁由己"的君子之道 ················ 261
　　4. 作为政治家的孔子：论尚仁、重德、明礼的为政之道 ················ 266
　　5. 作为教育家和文化整理大师的孔子 ················ 271

二、《孔子家语》：孔子及孔门儒学主张 ················ 274
　　1. 孔子家世、生平及孔门弟子 ················ 276
　　2. 孔子的神人关系观："存亡祸福，皆己而已" ················ 279
　　3. "明王之道"："仁""礼""德""法" ················ 281
　　4. 修身之道："士人""君子""贤人""圣人" ················ 288
　　5. 人性思考："性命""人情"与"人义" ················ 290

三、《大学》：内圣外王的高等教育大纲 ················ 292
　　1.《大学》的作者和版本 ················ 292
　　2.《大学》的由来及功能 ················ 293
　　3. "大学"的宗旨：明德新民、内圣外王 ················ 295
　　4. "修身"："正心诚意""格物致知" ················ 296
　　5. "治人"："齐家、治国、平天下" ················ 298

四、《中庸》：以"折中"之道成圣化物 ················ 300
　　1.《中庸》是怎样一部著作 ················ 301
　　2. "中庸"：中和、折中的不易之道 ················ 302
　　3. 从"诚"入手进行"中庸"修养："诚者，不勉而中" ················ 305
　　4. "修身"之道："成己，仁也" ················ 306
　　5. "治人"之道："成物，智也" ················ 307

五、《孝经》：以孝道"立身"与"治天下" ················ 308
　　1. 从"天道"论证"孝道"的神圣性 ················ 310
　　2. "孝"是"立身"齐家之道 ················ 312
　　3. "孝"是"事君""治天下"之道 ················ 314

六、孟子："独善其身"与"兼善天下" ················ 315
　　1. 人性论：仁义礼智，心所同然 ················ 316
　　2. 内圣之道："独善其身"，成为"大丈夫" ················ 319
　　3. 外王之道："为民父母""保民而王" ················ 324
　　4. 革命思想："民贵君轻""诛独夫民贼" ················ 327

七、荀子:"人性本恶""养民教民" ……………………………… 330
1. 荀子对六家、五霸的批判与对舜禹、孔子的高扬 ………… 331
2. "明于天人之分""制天命而用之" …………………………… 335
3. 人的天性与人的特征:从"性恶"走向"性二重" …………… 337
4. 论"君子之道":贵礼、尚诚、劝学、隆师、征圣、宗经 ……… 343
5. "君之所道":仁政民主、裕民富民、礼主刑辅、尚贤使能 …… 348
6. "从道不从君,从义不从父"与"议兵以仁义为本" ………… 357

八、墨子:"尊天事鬼""贵义兼爱" ……………………………… 360
1. "非儒":"儒之道足以丧天下者四政焉" …………………… 362
2. 从"贵天""事鬼"到"非命":墨子对神灵的双重态度 ……… 364
3. 从"兼爱"走向"非攻""非乐""节用""节葬" ……………… 369
4. 从"贵义"走向"尚同""尚贤" ……………………………… 373

前言：中国思想史上若干重大问题的重新反思与构想

先秦思想史是中国思想史的一个组成部分。我们重写先秦思想史是置于重写中国思想史的整体框架之中加以把握的。浸淫中国思想史日久，对现有中国思想史研究存在的问题感受颇深，思考颇多。在本书开篇之先，请允许我就中国思想史上若干重大问题的重新反思与构想做一个专门交代[①]。

中国思想史是历代中国人关于天、地、人、神思考结晶的历史梳理与理论呈现。在学术分工上，它是一门综合学科。这门学科的成果直接由"中国思想史"一类的著作体现。由于哲学属于各门社会科学的基础学科，表达着对自然世界和人生社会的系统思考，所以"中国哲学史"与"中国思想史"存在着较大的交叉面，是我们认识和研究中国思想史不能离开的重要参考。

考察这门学科史的发生、发展历程，胡适的《中国哲学史大纲》（1918）、冯友兰的《中国哲学史》上、下册（1931、1934），张岱年的《中国哲学大纲》（1936）开其先声[②]；侯外庐主编的四卷本《中国思想通史》（人民出版社1959年版）、任继愈主编的《中国哲学史》四卷本（人民出版社1979年版）、张岂之主编的高等学校统编教材《中国思想史》（西北大学出版社1989年版）[③]、葛兆光独著的两卷本《中国思想史》（复旦大学出版社1998年版）可以说是这个学科的标志性成果。此外，李泽厚的《中国古代思想史论》《中国近代思想史论》《中国现代思想史论》三论、韦政通的《中国思想史》上下卷（吉林出版

---

① 本文以《"重写中国思想史"发凡——中国思想史若干重大问题的反思与构想》为题，发表于《探索与争鸣》2020年第2期，《新华文摘》2020年第11期历史学栏目将其作为重点文章全文转载。另以《防止先入为主，坚持客观公正——关于"重写中国思想史"的问答》为题，改写发表于国际人文学会主办的《文化中国》2020年第4期。

② 张岱年后来为《中国大百科全书》撰写了"中国哲学史"条目，并以单行本《中国哲学史》由大百科全书出版社于2014年出版。

③ 张岂之系侯外庐先生弟子，后来又以此书的构架和观点为基础，主编了多卷本《中国思想学说史》（广西师范大学出版社2008年版）和单卷本"马工程"重点教材《中国思想史》（高等教育出版社2015年版）。

集团有限责任公司 2009 年版)、钱穆的《中国思想史》(九州出版社 2011 年版)、金观涛与刘青峰的《中国思想史十讲》(法律出版社 2015 年版)、法国学者程艾蓝的《中国思想史》(河南大学出版社 2018 年 3 月版,冬一、戎恒颖译)、沈善洪与王凤贤合著的《中国伦理学说史》上下卷(浙江人民出版社 1985、1988 年版)也是值得关注、参考的成果。

  总体看来,这些成果在浩如烟海的古籍史料中披沙拣金,做了大量的材料筛汰,依据各自的理念对这些材料的意义作了不同的分析提炼和阐释分类,为人们认识中国思想史的演变历程,从中吸取思想启示提供了有益门径和多维视角,成就有目共睹,应予以充分肯定和合理继承。但同时无法回避的是,由于历史的局限、作者的原因和学科发展史自身规律的制约,中国思想史的研究现状是令人担忧的,存在的问题不在少数,与其他学科的研究以及时代提出的要求形成了巨大的反差。在建设中国特色的哲学社会科学话语体系的时代使命面前,反思存在的重大问题,提出完善的构想和方案,为重写中国思想史提供指导和参考,就显得意义十分重大。

一、如何认识中国古代"封建社会"及社会形态的分期?

  思想的主体是人。人总是处于特定的社会中。人的思想的产生既受制于个体的能动性,也受所处社会的制约。中国古代,思想赖以发生、发展的社会形态应当怎样去认识?这是思想史撰写面临的首要问题。现有著述的主流观点,认为中国古代经历了原始公有制社会,夏、商、周奴隶社会,秦以后至清的封建社会三个阶段,或则将周代从奴隶社会中拉出来,合并到秦以后的封建社会中去。研究表明,这种观点不合史实,误人子弟,亟待改正。从上古到晚清,中国古代社会形态的历史分期应当怎么看才更为合理呢?

  从上古到三皇五帝时代,属于天下为公、财富共享,实行禅让制、民选制的原始公有制社会。其时,"大道之行也,天下为公,选贤与能,讲信修睦",人们"不独亲其亲,不独子其子,使老有所终,壮有所用,幼有所长,矜、寡、孤、独、废疾者皆有所养……盗窃乱贼而不作,故外户而不闭"[①]。这是一个"天下大同"的原始共产主义社会。在这一点上,我们的认识没有分歧。

---

  ① 《礼记·礼运》。

分歧出现在对中国古代奴隶社会、封建社会的划分上。一种观点是将夏、商、周都视为"奴隶社会"。还有一种观点稍异，将夏、商视为"奴隶社会"，将周代归入"封建社会"。现在的第一个问题是：中国古代是不是存在过"奴隶社会"？我们的回答是否定的。一是，从史实上说，现存商、周的史料和后世描述夏、商、周的史料均无"奴隶社会"一说，故将夏商周或夏商叫作"奴隶社会"，与史实不合，难以成立。二是，划分社会形态的依据是经济制度和政权制度，"原始社会"与"封建社会"都是这样划分的，而"奴隶社会"则不然，所以于理无据。其实"封建社会"乃至"现代社会"也有奴隶，但却不能叫作"奴隶社会"。美国艺文及科学院院士何炳棣撰《商周奴隶社会说纠谬》一文指出："奴隶的通性有三：一、奴隶是属于主人的、可以买卖'物'或'动产'，不具有人的权利和义务。二、奴隶与原来所属的种族、邦国、宗教、家族的关系完全已被根拔。三、奴隶是社会的'外方人'。只有依靠奴隶为生产主力的社会，才能被称为奴隶社会。以上列奴隶的三个基本特征与商周考古及文献资料相核证的结果是：占商代人口大多数的'众'和占周代人口绝大多数的'庶人'都是享有室家的平民，都不是奴隶。即使周代被认为'卑贱'的'皂、隶、圉、牧'也还各有家室，都是下级的职事人员，不是奴隶。在商代只有被掳的'羌'和其他异族的人是奴隶；在周代只有'罪隶'和异族战俘是奴隶。真正的奴隶在全人口中既微不足道而且很少从事生产。"因此，"商周社会决无法被认为是奴隶社会"①。

接下来第二个问题是什么是"封建"？武汉大学冯天瑜曾著《"封建"考论》一书，通过大量史料揭示："封建"的本义是封邦建国。这是一个天子划地而治的分权行政概念，由此建立的政治制度是政治分权制度。这个制度是什么时候开始实行的？夏代。夏禹废除禅让制，将帝位传给儿子启，开"天下为家"的私有制、世袭制之先河。自此以后，父死子继、兄终弟及成为帝位传承制度。由于天下幅员辽阔，天子无法一人直接实施统治管理，同时也出于笼络人心、共同保卫江山社稷的需要，将天下分成若干诸侯国，分封给自己的兄弟、子嗣和部分有功之臣，对天下实行联邦式的管理。这种政治分权管理体制就叫"分封制"或"封建制"。《史记·夏本纪》云："禹为姒姓，其后分封，用国为姓，故有夏后氏、有扈氏、有男氏……"根据《战国策·齐策》的记载，"大禹之时，诸侯万国"，分封的诸侯国达到上万个。可见，夏朝实行的不是奴隶制，而是封建制；夏朝的社会形态不是奴隶社会，而是封建社会。

---

① 何炳棣：《商周奴隶社会说纠谬》，1995年8月18日刊登于《人文及社会科学集刊》（中山人文社会科学研究所编）第7卷第2期，第77页。

商承夏制,商代社会也是封建社会。《史记·殷本纪》云:"契为子姓,其后分封,以国为姓,有殷氏、来氏、宋氏……"《战国策·齐策》记载:"及汤之时,诸侯三千。"这种封建制一直延续到周代。周王以嫡长子继承的宗法制进一步完善了分封制。据马端临《文献通考》,西周初分封的诸侯国有1 773个。后来随着诸侯之间的兼并战争,到春秋战国时期,诸侯国规模愈来愈大,数量愈来愈少。齐宣王时诸侯国只有24个,战国后期只剩7个。柳宗元《封建论》指出商、周不废封建制的"不得已"的历史必然性:"盖以诸侯归殷者三千焉,资以黜夏,汤不得而废;归周者八百焉,资以胜殷,武王不得而易。"

封建制的特点,是行政分权。各诸侯国国君在定时朝觐天子、每年向天子缴纳一定的贡品外,平时在自己的诸侯国内拥有至高无上的治权。

封建制的产生本是为了笼络人心、拱护朝廷,但由于天子赋予了诸侯国君很大的自主权,却也埋下了天子被架空、朝廷被削弱的隐患。这种隐患在东周时期彻底爆发出来。进入东周的春秋战国时期,周天子名存实亡,诸侯国君称霸天下的兼并战争愈演愈烈。正是适应诸侯争霸的需要,在政治分权、思想宽松的封建时代,诸子学说应运而生,百家争鸣、百花竞放。李慎之在《"封建"一词不可滥用》一文中称此一时期是人们"个性最为高扬的时代。"冯天瑜在《"封建"考论》一书中指出:"从思想文化的自由度、人文精神的昂扬而言,封建的春秋战国自有优胜处,作为诸子百家竞放宏议的时代,创造了堪与古希腊东西辉映的又一个'轴心文明'。"

由此可见,夏商周实行的政治经济制度是封建制,夏商周的社会形态是"封建社会",而不是什么"奴隶社会"。

那么,秦以后至清是不是"封建社会"呢?不是。那是什么社会呢?是皇权专制社会。为什么呢?因为分权的封建制最终会削弱、破坏最高统治者的统治,所以秦始皇"废分封,立郡县"。汉承秦制,虽然为了团结人心,辅以分封,但以实行垂直向皇帝负责、直接由朝廷任命长官的郡县制为主。此后,"寓封建之意于郡县之中"(顾炎武),成为历朝历代共有的制度。所以宋代史学家范祖禹有一个精辟概括:"三代封国,后世郡县。"①与政治分权的封建制相比,由皇帝直接任命长官的郡县制(后世或易名为行省制)是皇帝集权制,或者叫皇权专制。由秦至清的社会就不是封建社会,而是皇权专制社会。

上古至三皇五帝,原始公有社会;夏商周三代,封建分权社会;秦至晚

---

① 范祖禹:《唐鉴》,三秦出版社2003年版。

清,皇权专制社会①,这就是我们对辛亥革命前中国古代社会分期的基本看法。我们将在这一宏观把握的指导下去重新理解代表人物或论著思想发生的社会背景或动因。

二、如何以"启蒙"为视角去认识中国古代思想史的四次启蒙?

几千年中国思想史的演进如同一条长江大河,它在流走的过程中总是呈现出一些规律性的特征。这些规律性的特征,有人曾总结为唯物与唯心的斗争、进步与反动的斗争。历史证明这是著述者戴着有色眼镜的产物,并不符合思想史的实际。思想史是人们对神灵、自然、社会的本质、规律的认识史。这种认识有真实与荒谬、科学与反科学、蒙昧与启蒙之分。中国几千年的思想史实际上就是由一系列的蒙昧与反蒙昧的启蒙构成的一波又一波的浪潮朝前推进的。曾经流行一种观点,认为"启蒙"乃是"五四"新文化运动的专利,"五四"之前不存在"启蒙"。这实际上是一种似是而非的一隅之见。早在东汉应劭的《风俗通》中,"启蒙"一词就出现了,其意是去除遮蔽、开发蒙昧。因此,《辞海》解释为"开发蒙昧",亦即清除荒谬、发现真理之意。可见,"启蒙"决非"五四"的专利。中国古代思想发展史上,分明存在着"启蒙"。而"启蒙"思潮又是在面对蒙昧思潮的历史语境下展开的。上古至夏商流行经不起事实检验的神本主义思潮,于是有了周代贵人轻神、以人为本的启蒙思潮;汉代出现了天人感应、阳善阴恶、性善情恶、性分三品的蒙昧思潮,于是有了六朝人性平等、自然适性、解放情欲的启蒙思潮;隋唐宋元形成了天理人欲势不两立的蒙昧思潮,于是产生了明清求真务实、回归常识的启蒙思潮;接着在近代又出现了第四波启蒙思潮,标志是崇尚"平等""自由""民主""人权"等西方价值理念,对秦以后整个中国古代皇权专制下束缚个性、扼杀民权的纲常伦理蒙昧思潮加以启蒙②。近代启蒙思潮成为"五四"启蒙运动的先声。在此基础上展开的"五四"启蒙运动是中国思想史上的第五波启蒙思潮。而新时期邓小平面对极"左"思潮掀起的思想解放运动乃是中国思想史上的第六波启蒙思潮③。上述古代四波启蒙思潮、古今六波启蒙思

---

① 详参祁志祥:《试论中国古代社会形态的重新分期》,《云南大学学报》2018 年第 5 期。
② 详参祁志祥:《先秦至清末:中国古代人文思想史上的四次启蒙》,《学术月刊》2007 年第 8 期。
③ 详参祁志祥:《中国人文思想史上的六次启蒙》上、下,《浙江工商大学学报》2008 年第 4、5 期。

潮可以说是笔者长期潜浸涵濡、否定之否定得出的对中国古今思想史时代特征和演变规律的抽象认识和逻辑概括①。整个中国思想史将在这个逻辑抽象的指导下重新加以书写。

三、为什么说周代是中国思想史上"人的觉醒"时代？

鲁迅曾将魏晋称作"文学自觉"的时代，李泽厚在《美的历程》中则将魏晋称为"人的觉醒"时代。这个观点影响很大。人们据此将大把的溢美之词献给"魏晋风度"，献给"竹林七贤"。殊不知"魏晋风度"并不能视为真正意义上的"人的觉醒"，这个风度的代表"竹林七贤"恰恰有兽性放纵的教训值得反省和镜鉴。

什么叫"人的觉醒"？"人的觉醒"是不是像人们在评价魏晋风度的积极意义时所肯定的那样，就是指"情欲的解放"？显然不是。人既有自然情欲，又有理性意识。人的理性意识使人不仅可以客观地认知外物属性，也可以返观自身，认清自我本性。"人的觉醒"就是人类对人自身的理、欲二重本性以及人的作用、地位的认识与自觉。魏晋玄学追求"从欲为欢"，主张"逍遥适性"，一方面推翻了汉代思想界压在人的自然情欲身上的理性磐石，具有解放人欲、彰显人性的积极意义，另一方面"越名教而任自然"，主张超越一切礼教规范，无拘无束地满足情欲，又存在背离理性、放纵兽性的偏颇与迷妄，值得反思与戒备。因此，将魏晋说成"人的觉醒"时代是很不准确的。如果以"竹林七贤"的放浪形骸、醉生梦死为"人的觉醒"，在现实生活中仿效克隆，轻则受到道德指责，成为千夫所指，重则触犯刑律，沦为阶下囚。

作为对人自身的理、欲二重本性以及人的作用、地位的认识与自觉，"人的觉醒"早在魏晋之前的周代就实实在在地出现过，并积累了大量的思维成果。周代"人的觉醒"，突出表现在以下几个方面。一是对人性真谛的清醒认识。1. 人性是平等的："君子之与小人，其性一也。""尧、舜之与桀、纣，其性一也。"(荀子) 2. 人性是双重的：人同时具有危险的"人欲"与高妙的"道心"二重天性(《尚书》)，是恶性与善性二者的对立统一(世硕)。只有情欲没

---

① 前期成果参祁志祥：《中国古今人文思想历史演变的总体把握》，《文化中国》2001年6月号；祁志祥：《中国人文思想的历史演进》，《书屋》2002年第6期；祁志祥：《中国人学史》，上海大学出版社2002年版。

有道心,那是禽兽;只讲道心不讲情欲,那是神灵。人既不是神灵也不是禽兽,所以既有情欲又有道心,在道心的指导、约束下从事情欲满足的活动。二是对因人性而治人的政治文明的通达认识。"凡治天下,必因人情。"(韩非)"明于情性而后可论为政。"(《吕氏春秋》)根据人性二重性来治人,要求:1. 要保障民生,以富民为本,以满足人民的物质生活欲求。2. 要允许民言,开放言路,以满足"心之官则思"的心灵活动追求。3. 人欲虽恶、道心虽善,但不可以理灭欲,必须因势利导,让人欲在理性的范围内发挥更大的能动作用。"人之欲多,其可得用也亦多。善为上者,能令人得欲无穷,其可得用亦无穷矣。"(《吕氏春秋》)三是对人民作用与地位的深刻认识。夏商一直崇拜上帝,认为神灵的作用最大、地位最高。但周人认识到,上帝并不绝对公正,神灵不一定靠得住,人的所作所为在社会生活的吉凶祸福中起着决定作用,"天地之性人为贵"(《孝经》),"惟人万物之灵"(《尚书·周书》),"人者,天地之心也,五行之端也"(《礼记·礼运》)。在人的力量中,不是高高在上的君主,而是芸芸众生的臣民地位最重要、最高贵:"民者,君之本也"①,"民为贵,君为轻"②,"士贵耳,王者不贵。"③当君主残暴无道导致民不聊生时,臣民就有"革命"权,用暴力手段诛杀、推翻他(孟子、里革)。不难看出,周代作为中国思想史上第一个启蒙时代,其标志正是"人的觉醒"。说周代是"人的觉醒"时代,名副其实,当之无愧。遗憾的是,现有论著对整个周代在中国思想史乃至世界思想史上的这一重要意义尚缺乏足够的认识④。

四、叙述先秦思想史,可否将"五经"遗漏于专章评析之外?

国学的核心即五经之学。《诗》《书》《易》《礼》《春秋》在周代诞生后,当时就影响很大。赋《诗》明志,托《书》《易》立论,是周代盛行的风气。这五部经典在汉代被钦定为"五经"后,对中国古代思想界的影响极为巨大深远。可遗憾的是,现有的思想史著作在论述先秦时,几乎都将五经遗漏于专章评析之外,只是在概述中引述只言片语。其实这是很大的缺失。五经中,《周

---

① 《左传·僖公二十六年》。
② 《孟子·尽心下》。
③ 《战国策·齐策》,颜斶语。
④ 详参祁志祥:《周代:"神"的祛魅与"人"的觉醒——论中国思想史上的第一个启蒙时期》,《湖北社会科学》2017 年第 12 期。

《易》虽然是卜筮之书，《尚书》虽然是君主诰命，《诗三百》虽然是诗歌总集，但均有完整的思想史意义。如果说《易经》是周人万物有灵、神灵概念存在的证明，那么，《易传》作为对占卜之辞和鬼神观念所做的解释，则反映了周人"近人而忠"的思想特征①。《尚书》作为由周人编订的上古诰命构成的王道之书，它的最大价值在于提出了系统的"民主"学说②。可惜这个奥秘不为学界发现。《诗经》学界只看到它朗朗上口、可以吟唱的文学意义，而忽略了它早先其实是作为政治歌谣集收集产生的。周朝采诗官采诗的目的，是给王室认识政治得失、调整政治方针提供反映民情的晴雨表。《诗经》的思想史价值在于：反映了周人对至上神的怀疑甚至诅咒，以及对现实人事、道德修养的重视，是周代以人为本、道德为尊思想的重要表征。

五经中的《礼》，一般认为周代指《仪礼》，后代指《礼记》。由于《仪礼》只有礼仪说明，不阐述礼教思想，所以思想史上没有什么价值，可阙而勿论。《礼记》虽然成书于汉代，但绝大多数篇章是周代礼教论文，典型反映了周代"尊礼""近人"的思想特征。这突出表现为对"人"作为"天地之心""五行之秀"的崇高地位的确认，对"礼"作为"人道"在沟通鬼神、修身齐家、治国安邦中关键作用的肯定③。

周有"三礼"。《仪礼》《礼记》之外是《周礼》。关于《周礼》的作者，从汉代到清代，权威注家的主流观点都认为是周公。现代学者则表示怀疑，放弃了对它的思想史意义的挖掘，殊为失策。即便是现代学者，也大多认为《周礼》是战国时期归纳创作而成。因此，把它作为研究周代思想史的资料是可以的，不应忽略。遗憾的是几乎所有的思想史著作都对《周礼》未置一词。《周礼》虽然是一部解说朝廷机构设置、职官分工的法规总集，但在职官结构、功能的描述中，却穿插着许多思想阐释，因而具有不可忽略的思想史意义。一方面，《周礼》的六官设置体现了"以人法天"的思路和神学观念的遗留，另一方面，《周礼》反复强调"设官分职"是"以为民极"，安邦治国必须以"得民"为本，各处论析汇合为保障民生、兼顾教化、德主刑辅、以德司法的仁政学说，是周代思想界重人轻神时代特征的又一证明④。

至于《春秋》，它是经孔子编订的鲁国编年体国史，重在记事，但在记事中寓含褒贬大义。由于其义毕竟隐微难求，后来出现了"春秋三传"。所以独立成章评述《春秋》思想取向是困难的，可阙而不论。

---

① 详参祁志祥：《从"神道设教"走向"人文"之道——〈周易〉的思想史意义研究》，《理论月刊》2018年第3期。
② 详参祁志祥：《〈尚书〉"民主"学说新探》，《贵州师大学报》2019年第1期。
③ 详参祁志祥：《〈礼记〉"尊礼""敬人"的思想取向及系统构成》，《澳门理工学报》2019年第4期。
④ 详参祁志祥：《〈周礼〉的人文价值：设官分职、得民为本》，《宝鸡文理学院学报》2018年第1期。

五、叙述先秦思想史,可否将史书 遗漏于专章评析之外?

现有的思想史论著在叙述先秦思想史时还有一大缺失,就是将先秦极为重要的史书都排除在专章论析之外。也许著者认为,史书主要是记事的,不直接表达思想,所以不足为道。其实这是不求甚解的偷懒的表现。行动是思想的间接表征。透过历史事件,可以看到那个时代的思想倾向。当然这不如通过直接表述了解思想那么容易,所以研究者要多费些力。另外,史书不仅记事,也记言,而人物的言论是思想的直接说明。同时,史书作者在记事记言之后,往往都有一段议论,如"左丘明曰"等,这是作者思想倾向的直接表白。综此而论,不只叙写先秦思想史必须补上史书专章论析,重写汉代至清的中国思想史,都必须补上二十五史("二十四史"外加《清史稿》)专章评述之缺。

兹举先秦三部史书的思想论析为例。按照反映史实的时间顺序,我们分别看《国语》《左传》《战国策》。

《国语》记录了西周至战国初期五百多年的周代事迹。一方面,在神灵受到亵渎的周代,周人主张"民神异业""绝地天通",重新恢复"神"的权威和神职人员的神圣性;另一方面,周人又将"人"提高到与"神"同等的地位,要求"事神保民",达到"民神无怨",将决定神意的根本归结到民意及道德上,提出"道而得神,是谓逢福""君子之行,唯道是从",体现出尚贤尚信、谏失德诛无道的人道取向①。

《左传》是春秋末期左丘明根据《春秋》编成的一部编年体史书。通过周王室和诸侯国君臣之间的对话,反映了春秋时期周人贵人轻神、礼德为重的思想倾向。这种倾向具体表现为这个时期人们认识到"吉凶由人""唯人所召",因而主张"先民后神";认为"礼"为"政之舆""民之行",只要"德礼不易",就"无人不怀";体现为从保障民利与尊重民意两方面对民本思想的强调和对无视民本的无良之君的革命实践的肯定②。

《战国策》是一部反映战国时代诸侯争霸、游士朝秦暮楚的"乱世之文",但也是一部反映战国思想界特征、"有英伟气"的史书。这个时期虽然礼崩

---

① 详参祁志祥:《〈国语〉的思想取向:"君子之行,唯道是从"》,《湖北社会科学》2019 年第 10 期。
② 详参祁志祥:《〈左传〉的思想取向研究:"吉凶由人""先民后神"》,《理论月刊》2019 年第 3 期。

乐坏,但人们依然守护着西周以来崇尚的仁、忠、孝、义等道德信念,赞美了以"尽忠直言"为业、以独处乡野为"全"、以机智勇敢为素质的"良士"形象,表现出对虚心纳谏的仁君的向往和对讳疾忌医的暴君的否定。①

六、汉代思想界的根本特征是什么?

关于汉代思想界的根本特征,一种流行的观点认为,汉武帝之前是道家学说为主,汉武帝"罢黜百家,独尊儒术"之后是儒家思想一统天下。好像儒家学说与黄老之学是对立的,不能并存的。其实这是莫大误解。"独尊儒术"乃矫枉过正之语,事实上并不是那样。从汉武帝前的《新书》《新语》《淮南子》与汉武帝之后的《春秋繁露》《白虎通义》《太玄》《法言》《潜夫论》等代表性的论著中可以看出,以汉武帝为分水岭,汉代前后两个阶段,道家学说与儒家学说二者虽然此消彼长,但从未有所偏废,而是一直融合在一起的。其中,儒家的仁政爱民思想是本体论,道家的清虚无为主张是方法论。儒道合一,成为汉代思想界的根本特征。比如汉初的思想家既进言"道莫大于无为",主张统治者以秦王纵欲而亡为鉴,清虚无为以自守,同时又主张"治以道德为上,行以仁义为本",以此获得臣民的拥戴。汉武帝以后的思想家既强调实行"民之所往,不失其群"的仁政,又肯定道家的无为自守、清心寡欲的主张。君主清心寡欲了,老百姓受到的侵扰就少,就有好日子过了。当然,儒道合一在克制统治者穷奢极欲方面具有积极意义的同时,也产生了另一负面后果,即将情欲等同于恶,所谓"性善情恶",提倡"圣人无情",以至于将人的基本生存欲望都加以扼杀,这就滑向了另一极端,形成了另一种的蒙昧。而清除这种蒙昧的启蒙思潮,就是魏晋玄学掀起的"逍遥适性"思潮。

七、如何准确理解"魏晋风度"的内涵及其积极意义与消极意义?

在汉代"儒道合一"对情欲的长期遏制下,魏晋产生了要求打破这种束

---

① 详参祁志祥:《"乱世之文,有英伟气":〈战国策〉人文思想研究》,《湖北社会科学》2018 年第 11 期。

缚、挣脱这种压制的玄学思潮，形成了"魏晋风度"。魏晋风度的根本特征是"逍遥适性"。"逍遥"是《庄子》的首篇篇名，意即生命的自由放飞。"适性"是庄子的用语，意即适应、随顺生命的本性。由对人的生命本性的不同理解，魏晋风度分蘖出两种"适性"形态。一种是庄学形态。庄子认为人性无情无欲，所以"适性"的结果是"志无所尚，心无所欲"（嵇康），口不臧否人物，喜怒不形于色，泰山崩于前而方寸不乱，《世说新语》谓之"雅量"。另一种是现实形态。事实上，人性是有情有欲的。"人性以从欲为欢。"（嵇康）于是，后期玄学提倡"适性"的另一种实际形态，是钟情纵欲。《世说新语》谓之"任诞"。"雅量"是对情欲的克制，"任诞"是对情欲的放任。二者源于"适性"，同为"魏晋风度"，但内涵大不相同，截然对立。"魏晋风度"在后来的发展，以放纵情欲为人生追求，声称"情之所钟，正在我辈"（王戎）。于是"情"不再像在汉代那样被认为是"恶"的了，而成为一种大家普遍认可的善。于是诞生了"缘情"的山水诗、宫体诗和格律诗，催生了情感美学和形式美学两大美学潮流①。人生而具有情欲。给情欲松绑，毫无疑问，具有解放人性的积极意义，也推动了文学艺术创作和理论的繁荣。但魏晋玄学在给情欲解禁的同时，又矫枉过正地提出"越名教而任自然"，要求否定一切理性规范，将人性仅仅等同于情欲，就走向了另一个极端。"竹林七贤"就是这方面的代表人物。显然，这种对人性的理解是片面的，是对人性认识的新的遮蔽，会带来兽性放纵、道德失范的严重社会问题。正是在这个意义上，我们说"魏晋风度"有违背人性的反面教训值得总结和防范。

八、如何认识隋唐至清代思想史的时代分期？

现有的思想史、哲学史习惯把隋唐与宋明区分开来，将清代独立出来，用"隋唐佛学"概括隋唐思想界的整体特征，用"宋明理学"概括宋元明思想界的整体特征，用"清代实学"或"朴学""考据学"界定清代思想界的特征。这种时代分期的依据、标准是不统一的，有的缘于出现的新变（隋唐佛学），有的缘于存在的现象（宋明理学），有的缘于治学方法（清代实学），而思想界的实际情况，比如儒、道、佛思想在这几个时代的彼此消长和真实地位到底怎样，却被遮掩不见了。

必须指出：这种分期和概括是值得商榷的。

---

① 参祁志祥：《中国美学全史》第二卷"魏晋南北朝"编，上海人民出版社2019年版。

1. 对"隋唐佛学""宋明理学"概括的质疑和"隋唐宋元儒学"概括的提出

自冯友兰《中国哲学史》谈论隋唐哲学只说佛学不及其他,几乎所有的中国思想史、哲学史都将佛学作为隋唐思想界的主要特征加以浓墨重彩地论述,儒学与道教则处于配角位置,有的则干脆不予论述。这样给读者造成的直接印象,是儒家思想在这个时期湮没不彰,佛学占这个时期中国思想界的主导地位。事实并非如此。

隋唐虽然是中国佛教宗派纷纷创立的时期,是佛学继魏晋南北朝后达到的又一个历史高潮,但它并不占隋唐思想界的主导地位。由隋至唐,思想界占统治地位的不是佛学,而是儒家道德学说。它的产生,直接缘于扭转六朝情欲横流、道德失范的社会风气的现实需要。隋文帝即位后便开始重树儒家道德理性大旗。治书侍御史李谔上书文帝,以"五教六行为训民之本,《诗》《书》《礼》《易》为道义之门","褒德序贤","正俗调风",从而"塞其邪放之心,示以淳和之路",使"家复孝慈,人知礼让"。民间鸿儒王通与朝廷呼应,以孔子继承人自命,弘扬儒家道德之旨,批判六朝以来唯情是求的种种乱象。隋文帝时期恢复儒家道德理性的努力虽然遭遇隋炀帝的阻击,而隋炀帝抛弃儒家道德、纵欲招致覆亡的沉痛教训,给唐初政治家又上了一课,更加坚定了唐太宗施行儒家道德教化的努力。唐太宗在重树儒家学说方面做了两件影响深远的大事。一是命孔颖达编纂《五经正义》,重新注疏儒家五经,作为唐代士子习经和科举考试的教科书,保证了儒家学说在唐代文人士大夫思想中的地位。二是开设史馆,令宰相监修,先后修撰"八史"①,总结历代兴亡之道,证明儒家的仁政德治是天下长治久安之道。唐太宗的这两大举措,彻底奠定了儒家道德思想在唐朝社会的主宰地位。有唐一代,古文家如萧颖士、李华、独孤及、梁肃、柳冕、权德舆、吕温、韩愈、柳宗元、李翱,强调以秦汉古文的散行单句承载孔孟古道,诗人从初唐四杰、陈子昂、杜甫到以白居易、元稹为代表的新乐府运动成员追求"穷年忧黎元""惟歌生民病",就是唐朝儒家学说占主宰地位的证明。

隋唐政治家在高举儒家道德大旗规范人们的情欲活动的同时,也借助佛教、道教的力量,但它们只是儒家的辅助力量,所谓"三教合归儒"。它们所以能在隋唐受到崇奉,是因为在克制情欲、整顿社会风气这个大方向上,与统治者的需要和儒家道德学说是一致的。佛教视情欲为"三毒",要求断

---

① 即官修《晋书》《梁书》《陈书》《北齐书》《周书》《隋书》六部以及李延寿私人编修但获得朝廷批准而列为正史的《南史》和《北史》。

情灭欲；道教主张虚静无为、去情去欲。二者在对待情欲的态度上较儒家走得更远，但矫枉必须过正。

由此可见，如果用什么概括隋唐思想界一以贯之的整体特征，那就应该是"儒学"，而不该是"佛学"。道教虽然在隋唐实现了又一次繁荣，但它的影响范围是有限的，也不可能用"道学"概括隋唐思想界的特征。

宋太祖吸取唐代藩镇兵权过大导致天下割据的教训，建立了皇权更加集中的专制体制。与此相应，在思想领域进一步确立了儒家道德学说的统治地位。隋唐时期比较温和的儒家之"道"逐渐演变为声色狞厉的"理"，隋唐儒家道学一变而成为远离人情，甚至与基本人欲对立的"理学"。整个宋代，这种力量非常强大。周敦颐、程颢、程颐、邵雍、朱熹、陆九渊是宋代著名的理学家。而柳开、王禹偁、石介、孙复、欧阳修、真德秀等人虽然以古文家著称，其实也是要求"文以载道""文以名理"的理学家或道学家。元朝统治者继承宋代理学为其大一统的政治服务，进一步促进了理学的传播。诚如《元史》指出的："元兴百年，上自朝廷内外名宦之臣，下及山林布衣之士，以通经能文显著当世者，彬彬焉众矣。"至于明代前期的王守仁虽以理学著称，但正是他种下了反叛理学的种子。经过他弟子及李贽等人的努力，中明以后，情欲挣脱理学的枷锁汹涌而来，改变了隋唐宋元以来一以贯之的儒家之道占思想领域主宰地位的格局，整个明代的社会风气为之一变。

综上所述，笔者不赞成将隋唐与宋元分开，也不赞成将明代与宋元合并，力主将隋唐宋元视为一个整体，它的特征是儒家道德学说占主导地位。隋、元的时间都不长，如果在隋唐宋元中选取两个代表，那自然是唐、宋。如果我们要选一个核心概念概括这个时期占主导地位的儒家道德学说，那就是"道学"。值得指出的是，宋代以程朱为代表的理学家，《宋史》并未以"理学"列传，而是以"道学"列传的。要之，我们主张用"唐宋道学"取代"隋唐佛学"和"宋明理学"，作为对隋唐宋元思想整体性的概括。

隋唐重新树立起来的儒家道德学说在宋代获得了进一步发展。宋代儒学家为了强调遵守儒家道德理性的重要性，将儒家的人伦之道提升为"天理"，从客观和主观两方面加以论证倡导，于是"理学"应运而生。"理学"是宋代诞生的打着宋代烙印的儒家道德学说，是对人性中理性作用和地位的进一步肯定。

元代的存在不满百年。这是一个短暂的朝代，在思想史上也是一个过渡的时代、守成的时代。它守着宋代程朱理学之成，并把发展理学的接力棒交给了明初的王阳明。

王阳明是明代理学的代表人物。他从主观方面上接陆九渊，发展了宋代理学,提出"良知"说。但王阳明是明代前期人。他的"天理良知"说在明代只是昙花一现,而且暗含着反叛理学的种子,并且很快就被主张随顺、放纵自然情欲的新一波启蒙浪潮所淹没。可见,明代思想界的特征不能用"理学"去概括。而"宋明理学"的提法恰恰容易造成这样的误导,好像从宋代到明代,整个思想界理学占主导地位。明代的事实恰恰不是这样,所以"宋明理学"的传统说法是有问题的,应该改变。

从隋唐到宋元,适应整顿纵欲的社会风气、维护社会稳定的需要,儒家道德学说经历了一个从恢复、奠基,到发展、守成的过程,一脉相承,是一个整体,无法分割,所以,笔者主张以"隋唐宋元儒家道德学说"或简称"唐宋儒学"来取代"隋唐佛学"与"宋明理学"的不当分割。至于"宋明理学"所包含的明代,因为出现了情欲挣脱理性的新气象,则宜另外命名概括了。

2. 为什么要用"明清启蒙"概括取代"宋明理学"和"清代实学"的分割与提法?

如上所述,明代思想界出现了新气象,这就是"自然即当然"、"人欲即天理",所以自然情欲逐渐突破隋唐宋元愈演愈烈的唯理主义磐石的压迫,要求得到解放和实现。这方面理论上的标志性人物,前期有以陈献章为代表的"白沙学派",中后期有以王畿为代表的王学左派,以王艮、罗汝芳为代表的泰州学派,以及徐渭、李贽、罗钦顺、王廷相、袁宏道、钟惺、冯梦龙、邹元标、张潮等等。在实践上带来的巨大变化,是给压抑了近千年的人性和社会风气带来了巨大解放。史料记载:"嘉靖中年以前,犹循礼法,见尊长多执年幼礼;近来荡然,或与先辈抗衡,甚至有遇尊长乘骑不下者。""嘉靖十年前,富厚之家多谨礼法,居室不敢淫,饮食不敢过;后遂肆然无忌。"正德、嘉靖以前,"妇女以深居不露面、治酒浆、工织纴为常";后来就渐渐"拟饰倡妓,交接"权贵,出入自由,"无异男女"。"城中妇女多相率步行,往闹处看灯;否则大家小户杂座门前,吃瓜子糖豆,看往来士女,午夜方散。乡村夫妇多在白日进城,瞧瞧画画,东穿西走,曰'钻灯棚',曰'走灯桥',天晴无日无之。"放诞不羁,"出名教外","好精舍、好美婢、好娈童、好鲜衣、好美食、好骏马、好华灯、好烟火、好梨园、好鼓吹、好古董、好花鸟",成为晚明社会的独特景观。

明代反叛理学的启蒙浪潮,在具有解放基本人欲积极意义的同时也出现了走向极端的偏颇。于是,清代前期统治者又将程朱理学请回来统一全民行动。而这又产生了扼杀基本人欲的新的荒谬悖理。于是清代思想家运用"征实求真"的实学方法,倡导"经世致用"的启蒙之学。黄宗羲、王夫之、顾炎武、陈确、唐甄、颜元、戴震、龚自珍等人密切联系社会实际,以对常识的还原反对和批判理学对人情物理的阉割和异化。其基本的启蒙主张是:理不离欲、义不离利、公不离私,凡圣平等、男女平等,为伸张人的基本情欲、谋求个人的正当利益、争取每个人的平等权利提供理论依据,将明代掀起的启蒙浪潮进一步推向高潮。

由此可见,在反叛理学对人的情欲的基本权利的扼杀、要求回归人情物理,从而切实可行地经世致用这点上,明清两代是方向一致、逐渐发展壮大的。"宋明理学"的概括不符合明代实际情况,从方法论角度提"清代实学"概括清代思想界特征,不如从经世致用的启蒙角度概括清代思想界特征更合适。综合明清两代求真务实、回归常理的思想启蒙一贯性特点,提出"明清启蒙"作为界定更为准确、更符合实际。

九、思想史的叙述重点是"物"还是"人"?

思想不外是对于天、地、人、神的思考。其中,天地万物指自然、宇宙,人指人生、社会,神指宗教、信仰。宗教、信仰是人的精神的延伸。所以人类思想的对象其实只有两个,一是客观的物,一是主观的人。现有的思想史或哲学史,不少诞生于唯物论与唯心论两条路线斗争的年代。由于必须坚持唯物论的立场、观点,因而关注的焦点、叙述的重点是"物"而不是"人"。于是,游离于"人"之外的关于自然本体、阴阳五行等客观事物本质规律思想的评述不在少数。后来虽然时代变化了,但见物不见人或重物轻人的现象还残留着。现代哲学发生了从传统的客观唯物论向主体的存在论的转向,普遍认为没有纯客观的世界,人与自然不是主客二分的,而是浑然一体的。"我与世界之间的关系是一种互相交往、互相理解和同情的关系。""我与世界的共在是真正的同一性。""我与世界之间的关系不是主客关系,而是主体与主体的关系",或者叫"主体间性"的关系。① 笔者不是完全赞同这个观点,但从中获得的某种有益启示是,今天重写中国思想史,其叙述重点应当从"物"转向"人",聚焦古往今来关于"人"的思考,包括人的本性、人的作用、人的地位、人生的意义、人生的矛盾、人生的智慧、人生的信仰、人生的幸福、人格的修养、人群的治理、人类的理想等等。的确,思想史的写作和阅读是为了让今天的人活得更聪明。如果与人无关,我们读它作甚? 写它作甚?

---

① 杨春时:《作为第一哲学的美学:存在、现象与审美》,人民出版社 2015 年版,第 244—245 页。

十、以什么样的叙述方式进入中国思想史叙述？

中国思想史的叙写一般均以不同时代的代表性人物或著作为切入历史的坐标。但葛兆光的《中国思想史》打破了这种写法。他以他所理解的思潮为坐标叙说中国思想史，不仅在一级目上取消了在逻辑概括下的政治朝代捏合的分期法，而代之以"公元几世纪至几世纪的思想史"门径，而且在最基本的叙说单元二级目的设计中仍然以思潮为抓手，取消了这个时期标志性思想家或经典著作的系统评述。葛著在避免传统写法"只见树木、不见森林（思潮的走向）"的不足的同时，产生的新的不足似乎比原有著作更大。对于一个陌生的读者来说，无法通过这样的写法认知什么朝代有什么代表性的思想家或思想论著，他们的思想观点、主要倾向、逻辑结构是什么。同时，葛著对古代思想史的"思潮"的理解也许未必准确，他沉迷于对组成思想史的一个个"思潮"的细碎划分，而对古代思想史上客观存在的四大启蒙思潮则有所失察。同时我们得指出，"思潮"是某一时期众多人物或著作体现出来的整体倾向，并不是出于自觉的组织行为，用"思潮"去叙述思想史的整体，必然力不从心、难合实情。金观涛、刘青峰的《中国思想史十讲》也存在着同样的不足。有鉴于此，笔者根据对中国思想史上六波启蒙的认识，认为比较合理的叙述方式是：一级目，依据对六波思潮的正、反、合的划分合并政治朝代，从逻辑上揭示时代特征；二级目，回归传统写法，以代表性的人物或著作为基本的叙说单元或历史坐标反映这个时期的思潮；三级目，评述人物或著作时，努力彰显人物或著作的思想的系统性与整体性，这个整体性中的某些思想可能游离于"思潮"之外，但却是思想史存在的不可省弃的真实面目。

十一、如何防止先入为主，努力还原中国思想史的真相？

曾经在一本思想史书上读到这样的评述：孟子有"民本"思想而无"民主"思想。这是一个用今天的"民主"概念分析孟子、无视中国古代"民主"思想特殊存在的一个典型案例。现代"民主"概念源自西方，本义是公民自主，不仅孟子，整个中国古代的思想家（不包括近代）确实都没有这样的思想。但从《尚书》《左传》开始，出现了中国特色的"民主"思想。"民"指臣民，"主"

指主宰者。这种思想认为,臣民百姓"唯惠是怀",目光短浅,如果没有英明的君主给他们做主,就会发生动乱乃至暴乱,所以"天降下民,作之君,作之师。惟曰其助上帝,宠绥四方"①。因此诞生了万民之主的"民主"——君主。他的责任是为臣民作出对他们更加有利的决定,为民父母,养民教民;他的条件是德能超群,既有为臣民作出英明决策的智慧,又有愿意为臣民服务的德行,所谓"恺悌君子,民之父母"。而这样的"民主"思想,在《孟子》中恰恰是存在的。比如《梁惠王上》中孟子对梁惠王说:"庖有肥肉,厩有肥马,民有饥色,野有饿莩。此率兽而食人也!兽相食,且人恶之;为民父母,行政,不免于率兽而食人,恶在其为民父母也?……如之何其使斯民饥而死也?"可见,说孟子不存在"民主"思想就是一个似是而非的妄断。古代"民主"思想要求君主及各层各级的官吏以民之父母的情怀待民,把老百姓当作自己的孩子一样爱护,养育他们、教化他们。于是出现"子民""父母官"概念。这常常遭到现代民主学者从公民、宪政理想角度的批判和否定。这在中国思想史著作中也是经常可以看见的。事实上,"子民""父母官"的概念虽然不同于今天的"公民"等概念,但它属于古代民主、仁政思想的精华,是具有积极的进步意义的,值得肯定和深入挖掘,而不应戴着现代人的有色眼镜轻易地加以否定和无视②。我们举这样的例子,旨在说明,中国思想史的叙写须防止先入为主,应以实事求是的客观公正态度,努力还原古代思想史的真相。

度,而后知长短;思,而后知不足。重写更加符合历史真相的中国思想史是时代赋予当下中国学者的崇高使命。让我们先从重写先秦思想史开始,为刷新和完善这门学科体系的现有格局而努力。

---

① 《尚书·周书·泰誓》,《孟子·梁惠王上》引。
② 详参祁志祥:《国学中的"民主论"及其现代意义》,《上海大学学报》2012年第6期。

绪论：先秦古籍"伪书"说清算、正名及反思

进行先秦思想史研究，碰到的一个突出问题是如何对待过去戴着"伪书"帽子的先秦古籍。从唐宋至现代的"古史辨派"，疑古辨伪风潮迭起，疑为"伪书"的先秦古籍多达18部。然而，20世纪70年代以来的汉墓出土文献直接摘掉了8部"伪书"的帽子，它们自应重新进入研究视野。其余10部或为先秦原著，或为先秦文献的辑佚补撰之作，名为"伪书"亦不合实际。其中一些补辑之作，虽然带有后代烙印，但剔除这些烙印，依然可以作为了解先秦思想的参考依据。在"伪书"说束缚着研究者手脚、被疑伪的古籍尚未在现有先秦思想史著述中得到合理利用和有效阐述的今天，对先秦古籍"伪书"说来一次彻底的清理、正名和反思，具有十分迫切的现实意义和重大非凡的学术意义①。

一、从汉墓出土文献为8部先秦"伪书"正名

先秦古籍的疑伪之声，是从唐代柳宗元开始的。南宋继之，大面积疑古，到清代愈演愈烈。"五四"之后的"古史辨派"有过之而无不及，立论更极端。在汉墓简帛文献出土之前，学界沿袭旧说，不敢逾雷池一步。这些先秦古籍的"伪书"说成为不容怀疑的"铁案"。然而，20世纪70年代至90年代的六次考古发现，将8部"伪书"的"铁案"彻底推翻。

这六次考古发掘，分别是：

1972年，山东临沂银雀山两座汉墓出土了用汉代隶书书写的先秦文献竹简。共有完整简、残简4 942枚，另有数千残片。简文书体为早期隶书，写于西汉文景时期至武帝初期。内容主要是先秦兵书，包括《孙子兵法》《孙

---

① 本绪论发表于《人文杂志》2021年第3期，《高等学校文科学术文摘》2021年第4期摘要。

膑兵法》《六韬》《尉缭子》《晏子》及《守法守令十三篇》等。

1973年,河北定县八角廊40号西汉墓出土了竹简文献。由于该墓曾被盗被焚,竹简已炭化,残碎严重,不少字迹难以辨认。从可辨认的文字中,发现了《文子》《太公》《论语》《儒家者言》等部分内容。

1973年冬至1974年春,长沙马王堆三号汉墓出土了大量的帛书、竹简和帛画。其中以帛书为多,有20多种,共12万余字。字体除个别篆书外,绝大部分是早期隶书,带有秦隶风格,是汉文帝年间通行的文字。内容有《老子》甲乙两种写本、《易经》及《战国策》等。

1977年,安徽阜阳双古堆西汉前期汝阴侯墓出土了简牍文献,史称"阜阳汉简"。经整理编纂,分为10多种古籍。因原有书名标题无存,今名或用传本原名,或据内容另拟。其中内容涉及《仓颉篇》《诗经》《周易》《吕氏春秋》《庄子》《孔子家语》等。

1993年,湖北荆门郭店村的一座战国楚墓出土了楚文字竹简,史称"郭店楚简"。共804枚,为竹质墨迹。其中有字简730枚,共计13 000多个楚国文字。其中三种是道家学派著作,其余多为儒家学派著作。所记载的文献大多为首次发现。

2011年4月,江西省南昌市西汉海昏侯墓出土5 200余枚简牍,包括书籍简和公文书牍。书籍简主要包括儒经类(《诗经》《礼记》《论语》《孝经》《春秋》经传)、诸子类、诗赋类、六博类、数术类、方技类等文献。公文书牍为海昏侯及夫人分别上书皇帝与皇太后的奏牍和朝中关于刘贺本人的议奏或者诏书①。

在上述六次考古发现中,20世纪70至90年代的五次发现,改变了此前笼罩在《晏子春秋》《文子》《鹖冠子》《鬼谷子》《六韬》《尉缭子》《孙子兵法》《孔子家语》8部古籍身上的"伪书"阴影,给它们洗去了不白之冤。

唐代的柳宗元是位敢作敢当的革新运动倡导者。政治上他是王叔文永贞新政的重要成员;文学上他是古文革新运动的领袖人物。被贬永州之后,他潜心治学,继承刘知幾的"疑古"精神,将辨伪的触角指向先秦诸子,写下《辨〈晏子春秋〉》《辨〈文子〉》《辨〈鹖冠子〉》《辨〈鬼谷子〉》《辨〈列子〉》《辨〈亢仓子〉》及《〈论语〉辨》,从而开启了古籍疑伪的先河②。在他疑伪的诸子典籍中,有四部被后来的出土文献证实存在。这四部古籍是《晏子春秋》《文子》《鹖冠子》《鬼谷子》。在《辨〈晏子春秋〉》一文中,柳宗元依据《晏子春秋》中存在大量墨子思想,怀疑此书是"墨子之徒有齐人者为之"。宋代官修《崇文

---

① 杨军等:《江西南昌西汉海昏侯刘贺墓出土简牍》,《文物》2018年第2期。
② 林艳红:《柳宗元与古籍辨伪研究》,《桂林师范专科学校学报》2004年第3期。

总目》亦断定,《晏子春秋》"非婴所撰"。后世学者多赞同这个观点,因而《晏子春秋》长期被研究界冷落。柳氏《辨〈文子〉》指出,《文子》或出自"人之增益",或出自"众为聚敛",总之,"窃取他书以合之者多",是一部"驳书"。此后,人们普遍据此怀疑《文子》是后人假托伪造的一部"伪书"①。柳宗元《辨〈鹖冠子〉》又断定:先秦道家殿军之作《鹖冠子》是"好事者伪为其书"所致。后世多认同此说,为其翻案的几乎没有②。在《辨〈鬼谷子〉》中,柳宗元对先秦纵横家著作《鬼谷子》给予了"妄言乱世,难信"的指斥,主张"学者宜其不道"。后世据此多视其为伪书,因而长久湮没不彰。

事实究竟如何呢？1972年4月,考古工作者在山东临沂银雀山一号汉墓中挖掘出4900多枚竹简,其中整理出来的《晏子》竹简共有102枚,内容分为十六章。参与整理研究的专家认为"很可能"是《晏子春秋》的"节选本"③。1973年,河北省定县八角廊村40号汉墓出土的竹简中发现《文子》残简。其中与今本《文子》相同的文字有六章。还有一些不见于今本《文子》,研究者认为可能是《文子》佚文④。1973年,长沙马王堆汉墓出土大量帛书,"有《黄帝书》,很多观点和语句与《鹖冠子》相同"。李学勤指出:这"确证后者是先秦古书,而且是黄老一派的重要古籍"⑤。黄怀信在《鹖冠子校注》前言中考证说明:"《鹖冠子》作者确系一名出生于楚、游学并定居于赵,喜以当地所产鹖鸟羽毛为冠饰并以之为号,曾做过庞煖老师的已佚名的隐士。"⑥"今本《鹖冠子》的最终撰写年代,当在公元前236至前282年之间",它"确是一部先秦文献"⑦。1973年马王堆汉墓出土帛书中有《战国纵横家书》,1993年郭店楚简中有《语丛四》。《战国纵横家书》的性质类似《战国策》,内容是侧重实践的游说辞;《语丛四》类似《鬼谷子》,内容侧重游说理论。这就引发了学界对《鬼谷子》是不是伪书的重新思考。人们根据郭店楚简《语丛四》,认为作为游说理论总结的《鬼谷子》诞生在战国时期是完全可能的。《鬼谷子》是战国中期鬼谷先生及其后学所作,确属先秦古籍⑧。

宋代是一个崇尚自家心性之学的时代,疑古、辨伪的思潮由此发端⑨。

---

① 例证见徐慧君、李定生校注:《文子要诠》"论文子",复旦大学出版社1988年版,第1—2页。
② 李学勤:《读〈鹖冠子研究〉》,《人文杂志》2002年第3期。
③ 骈宇骞:《晏子春秋校释》序言,书目文献出版社1988年版。
④ 徐慧君、李定生校注:《文子要诠》"论文子",复旦大学出版社1988年版,第3页。
⑤ 李学勤:黄怀信《鹖冠子校注》序言,中华书局2014年版,第3页。
⑥ 黄怀信:《鹖冠子校注》前言,中华书局2014年版,第3页。
⑦ 黄怀信:《鹖冠子校注》前言,中华书局2014年版,第10页。
⑧ 许宏富:《鬼谷子集校集注》前言,中华书局2008年版,第5页。
⑨ 据王国轩、王秀梅译注:《孔子家语》前言,中华书局2011年版,第2页。

到了南宋,疑古思潮全面铺开,《太公六韬》《孙子兵法》《尉缭子》和《孔子家语》均被疑为伪书。到了清代,过去的伪书说得到进一步加强。但在20世纪70年代后的汉墓出土文献面前,这些"伪书"说同样不攻自破。

《太公六韬》又称《六韬》《太公兵法》,是姜太公回答周王文、周武王关于政治与军事问题的对话记录。《汉书·艺文志》道家类曾著录:"《太公》237篇,其中《谋》81篇,《言》71篇,《兵》85篇。"班固注:"吕望为周师尚父,本有道者。"清沈钦韩说:《兵》者即《太公兵法》。《隋书·经籍志》是目前所见的最早著录《太公六韬》的史书,称有《太公六韬》五卷,为"周文王师姜望撰"。吕望、姜望即周初辅佐文王、武王、成王、康王的政治家、军事家姜太公。现存《六韬》结构完整,语言晓畅,不似周初作品,明显经过后人整理润色。因而自南宋起相继对《六韬》的真实性提出质疑。有人怀疑此书是秦汉间人所为①,有人怀疑是魏晋以后的作品②。然而,1972年银雀山汉墓出土竹简中有《太公》五十多枚,部分内容与今本《六韬》基本一致,简文提及"文王"和"太公望",被认为就是《六韬》。1973年定县八角廊西汉墓出土竹简中,也发现许多有"文王、武王问,太公曰"字样,内容与今本《六韬》相同或近似。《文物》2001年第5期公布了这批简的释文。银雀山简《六韬》文字不避汉高祖刘邦、汉文帝刘恒之名讳,定州简《六韬》也不避汉文帝刘恒的名讳,证明《六韬》是一部成书在西汉之前、古已有之的兵家信书。它或许经过后人整理,但成书当在先秦。

《孙子兵法》的作者一般认为是孙武。但关于孙武的生平事迹,先秦除《荀子》《韩非子》外很少有典籍涉及,《史记》关于孙武的记载未涉及籍贯、世系、结局等细节,因而自南宋起,产生了孙武是否实有其人、《孙子兵法》是否属伪作的怀疑。叶适断言《孙子兵法》的作者不是孙武,而是"春秋末战国初山林处士所为,其言得用于吴者,其徒夸大之说也"③。当代学者钱穆断言:"《孙子》十三篇,洵非春秋时书。其人则自齐之孙膑而误。"④但1972年银雀山汉墓竹简《孙子兵法》的出土,否定了传统的妄断,证明今本《孙子兵法》出自孙武的创造⑤。

关于《尉缭子》,《汉书·艺文志》《隋书·经籍志》《旧唐书·经籍志》《新唐书·艺文志》《宋史·艺文志》都有著录,本来是没有疑义的。不过,自从

---

① (宋)罗泌:《路史·发挥·论太公》;(清)崔述:《丰镐考信录》。
② (明)胡应麟:《四部正讹》。
③ (宋)叶适:《习学记言》卷四十六。
④ 钱穆:《先秦诸子系年考辨·孙武辨》,商务印书馆1935年版。
⑤ 陈曦译注:《孙子兵法》前言,中华书局2011年版。

南宋陈振孙《直斋书录解题》疑其为伪书后，从宋元之际的马端临，到清代的姚际恒、姚鼐，再到现代的钱穆，作伪之论络绎不绝，愈加绝对。但1972年银雀山汉墓出土的先秦兵书文献中，包括《尉缭子》竹简残卷，其内容与今本《尉缭子》基本相同，也使原来的妄断不攻自破①。

《孔子家语》的最早著录见于班固《汉书·艺文志·六艺略》，说有"二十七卷"，未注明编著者。三国时魏国王肃为《孔子家语》作注，成为"十卷本"，已非班固所见本。唐初颜师古注《汉书·艺文志·六艺略》时，注明"《孔子家语》二十七卷""非今所有《家语》"。颜师古所云"今所有《家语》"，即十卷的王肃注本。此后，《隋书·经籍志》《旧唐书·经籍志》《新唐书·艺文志》，宋代王尧臣的《崇文总目》、晁公武的《郡斋读书志》、陈振孙的《直斋书录解题》，以及元代马端临的《文献通考·经籍考》和《宋史·艺文志》，著录的《孔子家语》都是王肃作注的十卷本。但在南宋晚期的疑古风潮中，《孔子家语》由魏国王肃杂取秦汉诸书自作自注的"伪书"说应运而生。王柏是南宋晚期疑古思潮中最大胆的人物。他断言："今之《家语》十卷，凡四十有四篇，意王肃杂取《左传》《国语》《荀》《孟》、二戴(《礼记》)之绪余，混乱精粗，割裂前后，织而成之，托以(孔)安国之名，舍珠玉而存瓦砾，宝康瓠而弃商鼎。安国不应如是之疏也。"②在他看来，王肃不仅伪造了《孔子家语》，而且还伪造了《孔安国序》。王柏此说对王肃《孔子家语》注本的流传产生了极大的负面影响。宋代的王肃注《孔子家语》刻本到明代已很难寻觅。明末藏书家毛晋在《孔子家语》跋中叙说自己历经千辛万苦寻找宋代刻印的王肃注本，但始终找不到全本，最终只找到两个残本才得以补全。清代虽然出现过陈士珂、沈钦韩、马国翰等人为王肃注本正名，认为《孔子家语》十卷本并非王肃伪造，但这种观点不占主流。影响更大的观点是伪书说，如孙志祖、范家相、姚际恒、崔述、皮锡瑞、王聘珍、丁晏等所云。《四库总目》也采信此说，下了定论："反复考证，其出于肃手无疑。"现代"古史辨派"代表顾颉刚认定《孔子家语》为王肃伪作，"无任何取信之价值"。于是，《孔子家语》属于伪书成为定论，并流传到韩、日等国③。如果没有出土文献，这个定论是永远翻不了案的。不过，"上个世纪末期，出土文献中忽现与《家语》类似的原型文字，王肃伪造说不攻自破，从此柳暗花明，诸多考证文章问世，基本都不赞成伪书说"④。1973年河北定县八角廊西汉墓出土的竹简《儒家者言》，内容与今本《孔子

---

① 残简释文见《文物》1977年第2、3期。
② 王柏：《鲁斋集》卷九《〈家语〉考》。
③ 参王国轩、王秀梅译注：《孔子家语》前言，中华书局2011年版，第3页。
④ 王国轩、王秀梅译注：《孔子家语》前言，中华书局2011年版，第4页。

家语》相近。1977年安徽阜阳双古堆西汉墓也出土了篇名与《儒家者言》相应的简牍，内容同样和《孔子家语》有关。这些考古发现说明，今本《孔子家语》并非伪书，不是王肃杜撰，属于孔子"七十子后学"所为①，"此书为孔安国编辑一说也是可信的"，王肃注本引用的孔安国序，也是可信的，不是出于王肃伪造②。

综上可知，20世纪70年代以后的出土文献，掀翻了此前戴在先秦8部古籍头上的"伪书"帽子，这8部先秦古籍是《晏子春秋》《文子》《鹖冠子》《鬼谷子》《六韬》《尉缭子》《孙子兵法》《孔子家语》。我们应当理直气壮地为之"正名"，对它们加以研究。

二、另10部被后世疑伪的先秦古籍名为"伪书"不当

原来铁板钉钉、不容置疑的先秦"伪书"被出土文献推翻"铁案"，这个教训引起了笔者对于其他戴着"伪书"帽子的先秦古籍的注意和警惕。在先秦被疑伪的古籍中，另有《司马法》《吴子》《周礼》《鹖子》《尸子》《列子》《公孙龙子》《古文尚书》《墨子》《关尹子》目前没有得到出土文献的证明。它们是不是"伪书"，该不该进入先秦思想史的研究视域呢？

根据现有材料，综合各种研究成果，笔者发现，这10部著作，或基本上属于先秦成书的原著，如《司马法》《吴子》《周礼》，或属于后人对先秦古籍的辑佚、补撰、整理之作，如《鹖子》《尸子》《列子》《公孙龙子》《古文尚书》《墨子》《关尹子》。名为"伪书"也不恰当。剔除后世辑佚、补撰、整理者无意窜入的时代痕迹，它们依然可以作为先秦思想史料进入研究领域，据以使用评述。

下面让我们逐一甄别。

《司马法》又称《司马穰苴兵法》，是先秦时期的军事著作。从汉代到明代，一直未见怀疑。《史记·司马穰苴列传》记载："威王（公元前356年—前320年）使大夫追论古者司马兵法而附穰苴于其中，因号曰《司马穰苴兵法》。""闳廓深远，虽三代征伐，未能竟其义，如其文也。"《史记·太史公自序》又说："《司马法》所从来尚矣，太公、吴、王子能绍而明之，切近世，极人变。""自古王者而有《司马法》，穰苴能申明之。"汉武帝时，"置尚武之官，以

---

① 王国轩、王秀梅译注：《孔子家语》前言，中华书局2011年版，第4页。
② 王国轩、王秀梅译注：《孔子家语》前言，中华书局2011年版，第5页。

《司马兵法》选,位秩比博士"。① 据《汉书·艺文志》记载,当时《司马法》共一百五十五卷。东汉以后马融、郑玄、曹操等人的著作中,都曾以《司马法》为重要文献资料加以征引,考证西周和春秋时期的军制。晋唐之间,杜预、贾公彦、杜佑、杜牧等人,也多以《司马法》为立说根据。宋元丰中,《司马法》列为"武经七书"之一,是将校必读之书。但是到了清代,在一片疑古的风潮中,《司马法》也未能幸免,被姚际恒、龚自珍等人疑为"伪书"。但他们的质疑并不是无懈可击的。当代有学者对他们的质疑详加考察,发现根据明显不足②。今天学界的最近研究成果,认为《司马法》"成书于齐威王时代"③,是战国中前期齐威王派人追论齐景公时期的司马穰苴阐释姜太公《司马法》的产物。换句话说,《司马穰苴兵法》既包括古代姜太公所创的《司马法》内容,又有司马穰苴对《司马法》的诠释和自己的著述。

《吴子》又称《吴起》《吴子兵法》《吴起兵法》。《汉书·艺文志》记录"《吴起》四十八篇"。《隋书·经籍志》及《新唐书·艺文志》均记录"《吴起兵法》一卷"。今本《吴子》二卷六篇,定型于北宋"武经七书"本。关于此书的作者及成书时间,本来未见争议,但明清时期出现了质疑之声,认为《吴子》是西汉或魏晋以后的人伪托或杂抄成书④,姚际恒、姚鼐等人直指此书是伪书⑤。不过,他们的怀疑并未被今天的学者采信。"而今学者大都认为此书不伪,其作者就是吴起,成书于战国前期。书中虽有后人整理加工的痕迹,但基本反映了吴起所处战国前期的战争特点和吴起的军事思想贡献。"⑥可以肯定:《吴子》的基本思想是吴起的⑦,可当作研究吴起的史料。

对《周礼》的疑伪也大可重新认识。本来,自《周礼》在汉代出现之日起,人们普遍认为它是一部周公的"致太平"之书。如西汉末年的大学者刘歆认为:"周公致太平之迹,迹具在斯。"⑧汉末给《周礼》作注的大注家郑玄认定:"周公居摄而作六典之职,谓之《周礼》。"⑨唐代的孔颖达、给《周礼》作疏的贾

---

① 荀悦:《申鉴·时事篇》。(明)黄省曾注、孙启治校补:《申鉴注校补》,中华书局 2012 年版,第 62 页。
② 参蓝永蔚:《春秋时期的步兵》,中华书局 1979 年版,《〈司马法〉书考》。
③ 陈曦:《司马法》前言,陈曦译注《吴子 司马法》,中华书局 2018 年版,第 204 页。
④ 参陈曦:《吴子》前言,陈曦译注《吴子 司马法》,中华书局 2018 年版,第 6 页。另参李硕之、王式金:《吴子浅说》第一节,解放军出版社 1986 年版。
⑤ 详参徐勇:《吴子》前言,徐勇译注《尉缭子 吴子》中州古籍出版社 2018 年版,第 151—156 页。
⑥ 陈曦:《吴子》译注前言,中华书局 2018 年版,第 6 页。
⑦ 徐勇:《吴子》前言,徐勇译注《尉缭子 吴子》,中州古籍出版社 2018 年版,第 152 页。
⑧ 贾公彦:《序周礼废兴》,《十三经注疏》上册,上海古籍出版社 1997 年版,第 636 页。
⑨ 郑玄:《周礼·天官·叙官》"惟王建国"之下注。

公彦和宋代的司马光、朱熹等大学问家都力主此说。但由于《周礼》在现存的先秦典籍中没有被提及,它描述的周代官制未能在先秦其他记录周代官制的文献中找到对应,因而被后世今文学派怀疑。围绕着《周礼》的作者及其成书年代,古代学者进行了长期的争论。《四库提要》指出:《周礼》"于诸经之中,其出最晚,其真伪亦纷如聚讼,不可缕举"。近代梁启超、胡适、顾颉刚、钱穆、钱玄同、郭沫若、徐复观、杜国庠等学者,都介入了这种争论。争论中形成了西周说、春秋说、战国说、秦汉之际说、汉初说、王莽伪作说等六种说法。比较、甄别诸说,笔者认为:周公制礼作乐是不易的史实,离先秦较近的汉唐训诂大师均以周公为《周礼》作者,因此《周礼》出自周公之说最值得采信。但先秦所有文献都没有提到《周礼》,说明《周礼》的编订颁行不会早于战国后期,很可能成书于战国后期。与此相较,认为《周礼》成书于秦汉之际之说不可信,因为《周礼》在西汉景帝时就出现于世了,不太可能诞生于兵荒马乱、惊魂未定的秦汉之际。依据《周礼》在王莽时代立为官学,就说它诞生于王莽时代,也太过仓促,不合情理,难以采信。若此说成立,刘歆、郑玄也就太容易欺骗,枉为一代训诂大师了。周代金文资料的研究表明,《周礼》具有珍贵的周代史料价值。综上研判,笔者倾向于认为《周礼》是一部由周公组织编撰、到战国后期编订成书的先秦古籍。① 当然这部书在流传中有所散失,今本《周礼》冬官《考工记》乃为西汉时补入,此篇另当别论。

关于今本《鬻子》的真伪,历来有争论。一般认为,《鬻子》历史上实有其书,不仅是道家之祖,而且是子书之首。《汉书·艺文志·道家》首列《伊尹》《太公》《辛甲》三书,第四为《鬻子》。前三书早佚,《隋书·经籍志》诸子道家类列《鬻子》为第一。梁代刘勰《文心雕龙·诸子》说:"鬻熊知道,而文王咨询,余文遗事,录为《鬻子》。子自肇始,莫先于兹。"唐逢行珪《鬻子序》亦云:"实先达之奥言,为诸子之首唱。"南宋高似孙《子略》引唐贞观间柳伯存言:"子书起于鬻熊。"宋濂《诸子辨》云:"《鬻子》一卷,楚鬻熊撰。为周文王师,封为楚祖。著书二十二篇,盖子书之始也。"胡应麟《少室山房笔丛九流绪论下》云:"今子书传于世而最先者,惟《鬻子》。"清姚际恒《古今伪书考》云:"世传子书,始于《鬻子》。"俞樾《诸子评议补录》云:"《鬻子》一书,为子书之祖。"今本《鬻子》虽出于后人搜罗,不是先秦原本,但视为"伪书"并不合适,实为原本《鬻子》残卷辑佚,"确为先秦时重要典籍"②。

---

① 祁志祥:《〈周礼〉:设官分职,得民为本》,《宝鸡文理学院学报》2018年第1期。
② 马晨雪:《〈鬻子〉真伪考》,《文学研究》2014年第4期。另参刘建国:《〈鬻子〉伪书辨正》,《长白学刊》1992年第4期。

再看《尸子》一书的真伪。先秦典籍中未见"尸子"记录。司马迁《史记·孟子荀卿列传》留下"楚有尸子"的记载。"尸子"名佼,战国中期人,曾为商鞅谋士,留下《尸子》一书。《史记·孟子荀卿列传》说:"世多有其(指尸子)书,故不论。"可见《尸子》曾在汉初广为流传。关于《尸子》的篇幅,刘向《别录》《汉书·艺文志》记为二十篇,《隋书·经籍志》《旧唐书·经籍志》《新唐书·艺文志》记为二十卷。南朝裴骃《史记集解》引刘向《别录》云:尸佼"自为造此二十篇书,凡六万余言"。原书自宋以后佚失。元、明、清陆续出现了不少辑佚本①。清代先后有惠栋《尸子辑本》刻本、任兆麟《校订尸子》刻本、孙星衍《尸子集本》刻本。后来汪继培根据三人辑佚本重加厘定,成《尸子校正》二卷。吕思勉《经子解题》称之为《尸子》"最善之本"②。《尸子》本为先秦尸佼思想的辑佚之书,但在清代疑古风潮中亦被戴上"伪书"的帽子。这种说法最早受到现代学者吕思勉的驳斥。他在《经子解题》中称:今本《尸子》,"其文极朴茂……今虽阙佚已甚,然单词碎义,足以取证经子者,实属指不胜屈……此外典制故实,足资考证者尚多"。《尸子》作为后人对先秦尸子思想史料的辑佚,实可"作为先秦古籍"③使用。

《公孙龙子》是先秦名家著作。据《汉书·艺文志》记载,原有14篇。扬雄《法言》称公孙龙"诡辞数万",似为14篇全本。后散佚,北宋遗失8篇,只留下6篇,保存在明代《道藏》中,即今本《公孙龙子》。关于该书的真伪,宋代以后有人怀疑它的真实性,认为今本《公孙龙子》是晋朝人根据零碎材料编纂起来的,一定程度上失去了先秦《公孙龙子》的本来面目。清人姚际恒《古今伪书考》根据《公孙龙子》虽为《汉书·艺文志》所载,但《隋书·经籍志》没有记载的情况,将《公孙龙子》定为后人伪作。民国学者王琯在《公孙龙子悬解》一书中通过考证指出,伪书说似是而非。由周至梁,本书完好无缺;隋唐之际,本书佚存未定;唐武后时重建著录,仍为完本;宋绍兴前,亡8篇存6篇,为今本④。1992年,王琯的《公孙龙子悬解》重新出版,学界仍然认同王说,将今本《公孙龙子》视为先秦时期留下的唯一的一部名学著作。另据谭业谦《公孙龙事迹及学术思想之记载》⑤,关于先秦公孙龙的事迹及思想,先秦两汉间不少古籍均有记载。如《战国策·赵策》,《庄子》的《秋水》

---

① 详见魏代富:《尸子疏证》"整理说明",凤凰出版社2018年版,第4—5页。
② 如李守奎:《尸子译注》,黑龙江人民出版社2003年版;朱海雷:《尸子译注》,上海古籍出版社2006年版;魏代富:《尸子疏证》,凤凰出版社2018年版。
③ 魏代富:《尸子疏证》"整理说明",凤凰出版社2018年版,第9页。
④ 王琯:《读公孙龙子叙录》,《公孙龙子悬解》,中华书局1992年版,第10页。
⑤ 载谭业谦:《公孙龙子译注》附录二,中华书局1997年版,第109—119页。

篇、《天下》篇,《吕氏春秋》中的《应言》篇、《审应》篇、《淫辞》篇,《列子·仲尼》,《史记》中的《平原君虞卿列传》《孟子荀卿列传》,刘向的《别录》,《淮南子》的《诠言训》《道应训》,扬雄的《法言》,等等。谭业谦据此采信《四库全书总目提要》"其书出自先秦"论断①,不复讨论。序言作者朱祖延亦认为《公孙龙子》系"周秦之书"②。故今本《公孙龙子》不应视为伪书无疑。

列子和杨朱,分属春秋战国时期思想界"十豪"。二人的思想,主要见载于《列子》一书。关于《列子》一书的真伪,历来有争议。传统的主流观点认为是晋人所造的伪书。随着许多原来被断定为"伪书"的先秦古籍在20世纪70年代以后汉墓中的出土,其他被戴上"伪书"帽子的先秦古籍也受到重新考量。《列子》未必全伪、可当作先秦古籍参考使用成为新的观点。

先秦不少古籍提及《列子》。该书在西汉时仍盛行。西汉末期刘向整理《列子》时,存者为8篇。东汉班固《汉书·艺文志》"道家"类亦载有《列子》8卷,当为原本。西晋永嘉之乱后,《列子》残缺。经东晋张湛搜罗整理,得以补全。今本《列子》8卷,为张湛整理注释本,其原文在唐以前一直视为信书。然而,自柳宗元《辨列子》起,历代疑伪之声渐起③。近现代学者梁启超、吕思勉、钱锺书认为,今本《列子》是一部魏晋人假托的"伪书"④。杨伯峻根据以往的辨伪之说,结合自己的语言学考辨,断定今本《列子》"肯定不是班固所著录的原书"⑤,而是魏晋人杜撰的"赝品"⑥。根据张湛注中时有不明文义的情况,杨伯峻断言:"此书伪作于张湛之前,张湛或许也是上当受骗者之一。"⑦《列子》中的《力命》《杨朱》两篇,"更是晋人思想和言行的反映"⑧。1979年,杨伯峻《列子集释》一书由中华书局出版,影响很大,《列子》伪书说几乎成为定论⑨。

然而,细考今本《列子》,发现将它视为魏晋人杜撰的"伪书"并不恰当。连断定伪书的杨伯峻也承认,《列子》"作伪者不是毫无所本的","其中若干

---

① 谭业谦:《公孙龙子译注》前言,中华书局1997年版,第1页。
② 朱祖延:谭业谦《公孙龙子译注》序一,中华书局1997年版,第1页。
③ 历代辨伪文章、文摘见杨伯峻:《列子集释》附录三,中华书局1979年版。
④ 叶蓓卿译注:《列子》前言,中华书局2011年版,第1页。
⑤ 杨伯峻:《列子集释》前言,中华书局1979年版,第2页。
⑥ 杨伯峻:《列子集释》前言,中华书局1979年版,第4页。
⑦ 杨伯峻:《列子集释》前言,中华书局1979年版,第3页。
⑧ 杨伯峻:《列子集释》前言,中华书局1979年版,第4页。
⑨ 笔者过去受此说影响,在写《中国美学通史》的时候,就是将《列子》置于魏晋时期,当作魏晋人的美学思想资料加以研究评述的。见拙著:《中国美学通史》第一卷《列子》一节,人民出版社2008年版,第209—218页;《中国美学全史》第二卷,上海人民出版社2018年,第187—195页。

来源,我们已经从现存的先秦古籍中找到了"①。马叙伦《列子伪书考》指出:"盖《列子》晚出而早亡,魏晋以来好事之徒聚敛《管子》《晏子》《论语》《山海经》《墨子》《庄子》《尸佼》《韩非子》《吕氏春秋》《韩诗外传》《淮南》《说苑》《新序》《新论》之言,附益晚说,假为(刘)向序以见重。"②他不否认该书聚敛了若干先秦古籍史料。虽然该书还结合、参照了一些记录先秦古籍史料的汉代文献,"附益"了一些魏晋"晚说",也不应否定《列子》的先秦史料价值。《四库全书总目提要》认为《列子》中的《周穆王篇》"可信于秦以前书"。张岱年在1982年出版的《中国哲学史史料学》(生活·读书·新知三联书店)一书中指出:《列子》"抄录了先秦的一些材料"。《列子》最近的研究成果是2011年中华书局出版的叶蓓卿的《列子》译注。在前言中,叶蓓卿指出:"今本《列子》保存了包括古本《列子》在内的若干先秦文献资料,此外也有一部分内容为后世附益而成,应当是由魏晋人在《列子》佚文的基础上多方杂取编订成书。"③今本《列子》属于后人关于古本《列子》的辑佚补撰。如果我们承认这一点,就不能同意《列子》是"伪书"的成见。显然,辑佚补撰是不同于主观臆造的"伪书"的。其实,在叶蓓卿之前,当代研究者许抗生着眼于《列子》保留了大量先秦文献资料,就明确否定"伪书"说。他在1992年发表《列子考辨》一文,明确指出:"《列子》基本上是一部先秦道家典籍,基本保存了列子及其后学的思想。它大约作于战国中后期,并非一时一人所著,而是列子学派后学所为,并夹杂有道家杨朱学派后学的著作(《杨朱篇》)。具体地说,《黄帝篇》《汤问篇》很可能成书较早,先于《庄子·内篇》,而《天瑞篇》则作于《庄子》外、杂篇同时或稍晚。其他诸篇大抵亦作于战国中后期。但《列子》一书,在历史上曾遭前后两次散佚而后复得的命运,以此它不免流落于民间,为人们所伪纂、增删或文字上的润色,这是不足为奇的。"④这就完全推翻了《列子》"伪书"说。笔者结合对《列子》文本的仔细研读及与先秦古籍的比较互证,改变了原来对杨伯峻晋人作伪说的迷信,更倾向于同意许氏之说。当然还须略作补充说明。

一方面,我们应当肯定:今本《列子》基本上属于古本《列子》的辑佚,而非随意臆造的"伪书"。《吕氏春秋·审分览》称"列子贵虚";《淮南子·缪称训》称"列子学壶子,观景柱(测度日影的天文仪器)而知持后矣"。列子"贵虚持后"的主张,在今本《列子》的大部分篇章中都可以看到有力的证据。

---

① 杨伯峻:《列子著述年代考》,《列子集释》,中华书局1979年版,第348页。
② 杨伯峻:《列子集释》附录三,中华书局1979年版,第305页。
③ 叶蓓卿:《列子》前言,中华书局2011年版,第3页。
④ 陈鼓应主编:《道家文化研究》第一辑,上海古籍出版社1992年版。

《吕氏春秋·审分览》又说"阳生贵己",刘向《列子新书目录》称"杨子之篇唯贵放逸"。杨朱的"贵己放逸"主张,也可以在《列子》的《杨朱》《力命》等篇中找到具体的证据。不妨假设一下,如果不是被指责的魏晋"好事者"给我们保留了今本《列子》,战国时期两位影响很大的人物——列子与杨朱的思想主张今人将无由得见。从这个意义上来说,我们应当感谢魏晋"好事者"在先秦《列子》辑佚整理方面所做出的贡献,而不是以偏概全、危言耸听地指责其"作伪"。

另一方面,我们又应当注意到,今本《列子》乃失而复得、多次修复的产物,这个修复工作不是出自一人之手(笔者不同意叶蓓卿《列子》译注前言"成于一人之手"之说),而是出自不同时间、不同学者之手(笔者赞同许抗生《列子考辨》"并非一时一人所著"之说),这就给今本《列子》带来了一些文意割裂、自相矛盾、令人费解之处。今本《列子》八篇中,主张纵欲享乐的《杨朱》《力命》与主张清虚无欲的前后各篇主旨明显矛盾、对立。无论主张无智无虑、超越是非的列子,还是主张纵情任欲、及时行乐的杨朱,与主张仁爱忠信的孔子、墨子都无法统一到一起,但《列子》中确实窜入了这类文字。这是我们在使用《列子》评析列子、杨朱思想时应当注意的。叶蓓卿认为《列子》"首尾呼应""自成一体",基本"成于一人之手"[①],其实很不符合实际。

再来看《古文尚书》"伪书"说是否万无一失,研究先秦思想史时是否应当排除。《尚书》早在周代就成书,有孔子的编订本。经历了秦始皇焚书坑儒和秦末战火,《尚书》散失。汉代崇尚儒术,《尚书》重见天日,并被钦定为五经之一。汉代出现了两个《尚书》版本。一是汉惠帝时秦博士伏生所传、用汉隶所写的今文本,称《今文尚书》,二十九篇。二是汉武帝末年孔安国从先人孔子故居墙壁中得到的用古文字书写的古文本,称《古文尚书》,共四十五篇。其中二十九篇与伏生本基本相同。西晋永嘉年间爆发战乱,汉代《尚书》的两种版本又一次散失。东晋初年,豫章内史梅赜献出一部《孔传古文尚书》,将伏生二十九篇分成三十三篇,又增加二十五篇,称为"晚书",合计五十八篇,不久立为官学。从东晋到隋唐,人们坚信这就是孔壁本《古文尚书》,注释它的《传》也出于孔安国之手。唐初孔颖达以此为底本主持编纂《尚书正义》,作为官方定本公开颁行。南宋把它编入《十三经注疏》。唐宋以后流传至今的《尚书》版本一直就是东晋梅赜所献的《孔传古文尚书》。不过,就在南宋疑古风潮兴起之时,对《孔传古文尚书》的质疑也开始产生。首先是南宋学者吴棫怀疑"晚书"二十五篇是"伪作",大学者朱熹也表示赞同。

---

① 叶蓓卿:《列子》前言,中华书局2011年版,第3页。

明代梅鷟著《尚书考异》，指出不仅"晚书"是"伪作"，而且"孔传"也是"伪作"。清人阎若璩著《尚书古文疏证》，列举一百二十八条证据，说明整个《孔传古文尚书》是"伪作"。后代学者虽然未必完全赞同这个论断，但一致认定《孔传古文尚书》中除与伏生所传的《今文尚书》相同的三十三篇可信外，其余二十五篇晚书都是"伪作"①。所谓"晚书"即晚出之《尚书》，也就是东晋梅赜所献孔传古文本《尚书》中与汉代伏生所献今文本《尚书》不同的篇章。这二十五篇分别是《虞夏书》中的《大禹谟》《五子之歌》《胤正》，《商书》中的《仲虺》《汤诰》《伊训》《太甲》（上、中、下三篇）《咸有一德》《说命》（上、中、下三篇），《周书》中的《泰誓》（上、中、下三篇）《武成》《旅獒》《微子之命》《蔡仲之命》《周官》《君陈》《毕命》《君牙》和《囧命》。这些其实都是反映《尚书》思想的极为重要的篇章。这些《古文尚书》中的"晚书"是不是出于晋人想当然的臆造呢？回答是否定的。惠栋的《古文尚书考》、程廷祚的《晚书订疑》，乃至阎若璩的《尚书古文疏证》都揭示，《古文尚书》"晚书"中约有一百二十条材料为先秦经史诸子所引《尚书》之文。因此，当代有研究者指出：《古文尚书》"晚书"二十五篇"主要是《尚书》的辑佚"，它"补充、丰富了《尚书》的内容，具有较高的史料价值"②。比如被视为"伪书"的《大禹谟》《汤诰》《泰誓》诸篇，在《论语·尧曰》中曾被明明白白地征引。如《论语·尧曰》说舜曾以"四海困穷，天禄永终"告诫禹，见于《大禹谟》；说汤曾自我反省"朕躬有罪，无以万方；万方有罪，罪在朕躬"，见于《汤诰》；记载周武王曾说"虽有周亲，不如仁人""百姓有过，在予一人"，见于《泰誓中》。《孟子·梁惠王下》引述说："《书》曰：'天降下民，作之君，作之师。惟曰其助上帝，宠之四方。'"这段话与现存《尚书·周书·泰誓》所载基本一致③。如此等等，不一而足。这些充分说明，被清人视为"伪书"的《孔传古文尚书》中的"晚书"，其实在《论语》《孟子》成书前就已存在，可作为认识、研究先秦人思想的证据。作为对先秦《尚书》的辑佚、补充和丰富，《孔传古文尚书》五十八篇应视为一个不可分割的整体来认真对待。《古文尚书》"晚书"作为对原本《尚书》的辑佚复原，给它强行戴上"伪书"的帽子是轻率的、鲁莽的，不合实际的！如果听信了"伪书"说，将二十五篇"晚书"都从《尚书》思想的研究评述中排除出去，将会留下多么大的缺憾！

关于《墨子》的真伪也存在争议。今本《墨子》53 篇分为五组。第一组

---

① 江灏、钱宗武译注：《今古文尚书全译》前言，贵州人民出版社 1990 年版，第 6 页。
② 江灏、钱宗武译注：《今古文尚书全译》前言，贵州人民出版社 1990 年版，第 7 页。
③ 原文为："天佑下民，作之君，作之师，惟其克相上帝，宠绥四方。"江灏、钱宗武译注：《今古文尚书全译》，贵州人民出版社 1990 年版，第 204 页。

为前 7 篇,即《亲士》《修身》《所染》《法仪》《七患》《辞过》《三辩》,一般认为系汉人或魏晋人"伪造"。其实,与其说"伪造",不如说"辑佚补撰"更准确。作为对墨子主要思想的补充和诠释,这 7 篇是可以兼顾,而且应该兼顾的。抛弃使用,将给我们认识墨子思想的丰富性造成很大缺憾。比如《亲士》提出的主张就与《墨子》中《尚贤》论述的主张完全一致;《辞过》提出的主张与《墨子》中《兼爱》《非乐》《节用》论述的主张可以互补参证。

再看《关尹子》。该书是对与老子同时的道家代表人物关尹子思想的记述。早先实有其书。西汉后期刘向《列仙传·关令尹》、东汉班固《汉书·艺文志》都有记录。但汉以后亡佚,《隋书·经籍志》及《旧唐书》《新唐书》中的《经籍志》均不著录此书。南宋孝宗时,徐藏从永嘉孙定家得到《关尹子》,前有刘向校定序,后有葛洪序,此书重见天日。《宋史·艺文志》复见著录。但自《关尹子》见书之日起,人们便对此书的真伪产生怀疑。一种观点认为,此书系宋人伪作,作伪者就是孙定。如明代宋濂《诸子辨》便持此说。另一种观点认为,《关尹子》是唐、五代间方士文人所为。如明代胡应麟的《四部正讹》及《四库全书总目》均持此说。要之,流传至今的《关尹子》被普遍疑为唐五代或宋人假托。笔者按,今本《关尹子》中多有佛家用语、道教用语,亦认为今本《关尹子》已非原本,而是出自唐宋间人的整理补充。但若冠之曰"伪书",亦不能赞同。因为唐宋整理者并不是无中生有、凭空造构的,而是依据先秦两汉史料弥补而成的。今本《关尹子》与《庄子》《列子》《吕氏春秋》等古籍所记载的关尹子思想基本上是吻合的,作为研究关尹子的参考依据并无不可。林希逸指出:《关尹子》虽然"杂处尽杂",但"好处尽好"。张之洞《书目问答》肯定:《关尹子》"伪而近古"。这些都说明,今本《关尹子》在认识、研究先秦关尹子思想时有可取之处,不可以"伪书"说一概否定。只要本着不绝对化的参考态度,注意甄别、扬弃唐宋补撰者的时代痕迹,依据今本《关尹子》来了解、评述历史上的那个关尹子的思想风貌,是有理由的,也是很有必要的。

综上而论,先秦另外 10 部过去被疑伪的古籍虽然目前尚未得到出土文献的支持,但我们完全可以从出土文献推翻 8 部"伪书"说的教训中得到启示,对唐宋之后的其他先秦古籍"伪书"说加以重新审视和深入反思,珍视从汉代的司马迁、班固、郑玄到唐代孔颖达等大史家、注家的意见,兼顾当代注家最新的研究成果,摘去唐宋以来疑古思潮加在《司马法》《吴子》《周礼》及《鹖子》《尸子》《列子》《公孙龙子》《古文尚书》《墨子》《关尹子》头上的"伪书"帽子,把它们视为先秦原著或先秦古籍的辑佚补撰,在研究、评述先秦思想史时加以参考使用。

三、唐宋以来疑古思潮"作伪"说失误反思

上述考辨发现，原来笼罩在先秦 18 部古籍头上的"伪书"说，或者被事实推翻，完全错误，或者存在漏洞，不尽准确。要之，先秦古籍的"伪书"说基本上都不能成立。这个发现让笔者深感震惊，也引发笔者反思：为什么会出现这种情况？

首先，笔者想指出的是：中国古代一直崇尚诚信为本、主张修辞立诚，在这种文化氛围中，说汉晋学者托古作伪实际上是缺乏社会依据的。周代以德礼治天下。春秋时期孔子创立儒家学说，是对周代道德礼教学说的一次总结。儒家学说一再强调："诚"是"天之道"，"不诚无物"[①]，人必须加以遵守。"思诚者，人之道也。"[②]"反身而诚，乐莫大焉。"[③]"诚"于是也成为"人之道"，文字著述上诞生了"修辞立诚"的基本原则。《周易·乾卦·文言》记载孔子的话："君子进德、修业。忠信，所以进德也；修辞立其诚，所以居业也。"汉代确立了"独尊儒术"、以儒家仁学治理天下的大政方针。武帝时，董仲舒将与"诚"同义的"信"增加进来，作为规范人们行为的"五常"之一。"诚"是"五常之本，百行之源"。"在齐太史简，在晋董狐笔"[④]。先秦及后代历史著述中不避杀身之祸"秉笔直书"的传统，就是"修辞立诚"原则的典型体现。在道德天尊、诚信为本、修辞立诚的思想信仰和文化氛围中，汉晋间文人伪造先秦经籍的社会依据也就很难想象。

其次，凡托古作伪，总得有心理动因，在既无名也无利的情况下，托古作伪也缺乏心理依据。先秦思想家一再揭示：趋利避害、好荣恶辱是人的天性，名与利是人类活动的两大心理动因。在商品经济元素发展得比较充分，书商可以假借名人来促销获利的明代，确实产生过见利忘义、托名立论的"作伪"现象。如现存万历三十八年容与堂百回本《李卓吾先生批评忠义水浒传》，就出自叶昼受书商之邀的假托[⑤]。作者是叶昼，为什么托名"李卓吾"呢？因为"李卓吾"比"叶昼"更有名，假托"李卓吾先生"评点的《水浒传》更

---

① 均见《礼记·中庸》。
② 《孟子·离娄上》。
③ 《孟子·尽心上》。
④ 文天祥：《正气歌》。
⑤ 叶朗：《叶昼评点〈水浒传〉考证》，叶朗《中国小说美学》，北京大学出版社 1982 年版，第 286 页。

有助于销售牟利。然而在汉晋之间,商品经济尚未萌芽,图书市场未见记载,文字古奥、文义艰深的先秦古籍没有销售牟利的可能。所以,说汉晋文人托古伪造先秦古籍,是很难令人信服的。"伪书"说在解释汉晋学者何以作伪时的一个理由是"托古以自重"。但将自己的劳动成果假托在古人、古籍名下,既无名可言,也无利可图,何以"自重"?

再次,按照常理,早先史学大家、训诂大家、文化大师普遍认可的原著说显然比后起的"伪书"说更值得采信。先秦古籍"伪书"说发端于中唐的柳宗元,南宋以后广泛铺开,愈是往后,距离先秦愈远。而他们怀疑、否认的先秦古籍,恰恰是距离先秦更近的汉晋学者置信不疑的原著。依据常识,距古籍时代越近,占有的资料、信息就越多,对古籍的真伪判断就越有优势和发言权,他们的观点也就越有可信性。更重要的是,汉唐之间持先秦古籍为原著见解的学者,大多是这个时期的饱学之士、训诂大家、文化宗师。如司马迁、班固是考辨严谨、贯通古今的历史大家,刘向、刘歆是校阅群书的目录学家,郑玄、孔颖达是遍注群经的训诂大师。他们著录的先秦古籍,是史实性要求极高的《史记》列传、统计古籍目录的《别录》和《汉书·艺文志》《隋书·经籍志》这样的古代经籍目录。而唐宋明清"伪书"论者大多数的学问不能望汉晋文化大师之项背,疑伪之说不少出于比较随意的读书札记;即便是专书考辨,其考辨过程亦非万无一失。在距先秦古籍更近的大师级学者的普遍结论与距先秦古籍更远的一般学者的随性感言或考辨新论面前,我们究竟应当更信谁呢?何取何舍,岂非一目了然?

如果我们承认上述先秦古籍本来不伪,那么,为什么后世会给它们戴上"伪书"帽子呢?这就不得不反思唐宋之后出现的疑古思潮的失误了。古代典籍在抄写、印刻、流传的过程中出现一些差错,后世读书人发现这些差错后加以质疑、订正,乃是正常合理之事。但将先秦古籍疑为汉晋间人别有用心伪造的疑古思潮,则出现在唐宋以后。其积极意义,是订正了古籍流传中的差错,推进了文献校勘,打破了迷古传统,有助于思想解放。其负面后果,是出现了主观武断、以偏概全的判断失误,造成"伪书"说的结论与事实的严重错位。

唐代是疑古思潮的起始阶段,出现了三股疑古潮流。一是以刘知幾为代表,对一些儒家经传提出质疑。二是以韩愈、柳宗元为代表,对儒家之道在质疑后进行理论重建。三是以啖助、赵匡、陆淳为代表,倡导"舍传求经"的新经学运动①。正是在此氛围之下,柳宗元写下了质疑《文子》《鹖冠子》

---

① 全国哲学社会科学工作办公室网站 2011 年 5 月 15 日发布。另参杨世文:《走出汉学:宋代经典辨疑思潮研究》,四川大学出版社 2008 年版。

《鬼谷子》《列子》《亢仓子》真伪的一系列短札。

宋代是疑古思潮的铺开阶段。宋代经学继承唐代发端的疑古端绪而加以发展,重义理、好创获、重发挥、喜新说,高扬主体意识和怀疑精神,广及史、子、集各个研究领域。其疑古思潮可分为四个阶段。从宋初到庆历以前为第一阶段,柳开、王禹偁、孙复、胡瑗、石介等人批判传统经学,尝试创立新儒学。庆历年间到北宋末为第二阶段,疑古思潮全面展开,涌现了欧阳修、李觏、司马光、王安石、张载、二程、三苏等大量的疑古学者。庆元前的南宋前期为第三阶段,疑古思潮走向深化,代表人物有郑樵、叶梦得、朱熹、陆九渊、叶适、吕祖谦等。嘉定年间至宋末为第四阶段,从实证走向空疏。部分学者走向考据之学,主张实事求是,形成实证派。另一部分学者以理衡经,以理疑经,最后以己意为理,肆无忌惮,演变为空疏派。王柏是代表人物。他由疑经至于删经、改经,对《尚书》《诗经》的篇目都作过较大的改动或删削,被后人斥为"淆乱圣经"①。

明代疑古思潮承接晚宋唯理空疏之风,其恣意而为的偏向得到进一步发展。

清代疑古思潮继承晚宋实证派一路的学风,力图纠正明代疑古的空疏之弊,涌现了不少以古籍考据辨伪著称的学者和成果。与此同时,以辨伪为学问,以学问相矜夸的不实之风也在学界蔓延开来,抓住一点、否定全部的片面之见、惊人之谈屡屡出现。由疑文献之伪,发展到疑史实之伪。发展到康有为那里,则推出尧舜、三代历史均不可信的激进论断②。

辛亥革命后不久,爆发了"五四"新文化运动。"五四"运动怀疑一切、打倒一切,在这种风潮下"古史辨派"应运而生。他们继承晚宋空疏派、清代激进派的疑古路子,并走向极端。这些疑古论文收在1926年至1940年出版的《古史辨》中。胡适、顾颉刚、钱玄同等人宣称"全部古史皆伪"③,主张打破"治古史考信于六艺"的传统,对东周以后的史料"宁可疑古而失之,不可信古而失之"。"古史辨派"过度夸大古代历史传说的不经不实之处,对上古经籍乃至历史全盘加以否定,导致历史虚无主义,给人们认识先秦古籍真相和先秦历史造成了严重混乱。先秦古籍"伪书"说之所以成为中国学界的主导

---

① 全国哲学社会科学工作办公室网站2011年5月15日发布。
② 佟大群:《清代文献辨伪学研究》,2010年南开大学中国古代史博士论文;邱志诚:《〈尚书〉辨伪与清今文经学——〈尚书〉辨伪与清今文经学及近代疑古思潮研究》,《中南大学学报》2008年第2期;路新生:《中国近三百年疑古思潮研究》,上海人民出版社2001年版。
③ 邱志诚:《〈尚书〉辨伪与清今文经学——〈尚书〉辨伪与清今文经学及近代疑古思潮研究》,《中南大学学报》2008年第2期。

观点甚至不易之论,与"古史辨派"密切相关。

要之,起始于唐代、铺开于宋代、承续于明代、激进于清代、极端于现代"古史辨派"的疑古思潮,催生了自命不凡、自以为是的辨伪动机和以偏概全、主观武断的疑古方法。大量先秦古籍的"伪书"说正是这种疑古思潮的产物,因而,带有这个疑古思潮荒谬不实、漏洞较多的弊病,也就不难理解了。

虽然20世纪70年代以来的汉墓出土的先秦文献推翻了部分先秦古籍"伪书"的定论,但传统的"伪书"说影响巨大,成见尚存,至今仍然束缚着研究者的手脚,掣肘着学界的进步。打破这种流传日久的成见,对这种"伪书"的定论来一次全盘的澄清、公开的正名和彻底的反思,从而让这些古籍堂堂正正地进入先秦思想史的研究视野,显然具有十分迫切的现实意义和重大非凡的学术意义。

第一章　先秦思想史从"神本"到"人本"的演变概述

"先秦",即秦代以前,指上古至公元前221年秦朝统一天下以前,也就是传说中的三皇五帝到夏、商、西周及春秋战国时期这个阶段。这一时期中国思想史大体可分为两个阶段。第一阶段是从三皇五帝到夏商,思想界的特征是万物有灵论与神本主义,人通过巫史沟通神意,匍匐在神灵面前,一切听从神灵的旨意,显得微不足道。第二阶段是周代至秦统一六国前,虽然神灵的观念还保留着,但对人自身的本性、作用有了深刻而丰富的认识,对人在宇宙万物和国家生活中的主宰地位有了可贵的自觉,与此同时,对神的力量、品格、作用、地位展开了反思,出现了大面积的怀疑。在这个时期,"人"不仅取代了"神",成为自己命运乃至国家命运的主宰者,而且成为神意的决定者,具有比神还高贵的重要地位,从而完成了中国思想史上第一次祛弊与启蒙。

夏代的思想状况无文字记载。从后代典籍折射的面影中可以遥想,那是一个图腾、神话盛行的时代,它具有初民原始思维——神学蒙昧主义的基本特征。这是任何一个民族走向文明必须经历的阶段。

殷商思想界神学蒙昧主义特点,在殷商文化典籍中可见到明显的表征。在殷商卜辞中,没有一个关于"人"的道德智慧的术语,有的是"上帝"和占卜"上帝"后获得的"吉""不吉""祸""咎""不利"等结果的大量用语。《礼记·表记》说明殷商文化的特点:"殷人尊神,率民以事神,先鬼而后礼。"殷代国王做任何事情都先请示鬼神。于是,从事请示鬼神、沟通人神旨意的专职人员"巫""史"应运而生。"巫"通过占卜的方式代鬼神发言,这些占卜的记录就是殷商甲骨卜辞;"史"记载国王根据鬼神旨意发表的讲话,收罗在《尚书》中的殷商文诰即是如此。人们崇拜天帝神鬼,匍匐在"上帝""鬼神"面前,一切听命于"天"和"神"。在高高在上的"天""神"面前,"人"显得十分渺小。

"殷人尊神"的特征也遗留在《周易》中。《易》卦及卦、爻辞相传为殷末周文王所作。这是一部卜筮之书。虽然它以超验的方式揭示了某些自然和人生的真理，但无可否认，《周易》的卦爻辞还是披上了神灵设教的外衣，笼罩着神学色彩。

然而，就整体状况来看，周代特别是东周的春秋战国时代，思想文化界的情况却出现了与殷商很大的不同。这就是"人"的觉醒和"民"的凸显。《礼记·表记》揭示周代文化的特点："周人尊礼尚施，事鬼敬神而远之，近人而忠焉。"周人虽然仍然尊天敬神，但更切近人事，更重视礼教道德。

周代"人"的觉醒，具体说来表现在如下几个方面：

首先是对人在宇宙万物中的地位的认识。过去将"天"奉若神明，这时人们发现："天命靡常。"①"天难忱（通谌，相信）斯。"②"皇天无亲，唯德是辅。"③"天意"往往以"人"的道德为转移。于是"人"的地位大大提高。周初的文献说："惟人万物之灵。"④春秋初期的《老子》说："域中有四大：道大、天大、地大、人亦大。"《管子》对抗"神本"，提出"人本"概念："夫霸王之所始也，以人为本。本理则国固，本乱则国危。"《左传》则说："夫民，神之主也，是以圣王先成民而后致力于神。"(《桓公六年》)"国将兴，听于民；将亡，听于神。神，聪明正直而壹者也，依人而行。"(《庄公三十二年》)战国末期的《孝经》响亮地提出："天地之性人为贵。"于是，"人"的地位取代了"天"的位置，被视为宇宙万物中的"神灵"；天地间所有物性中，人性最为高贵。过去人们的一切行动听命于"天"，现在则应当听命于"人"。

其次是对人性、人的本质的认识。

关于人的特性，今天常见的观点论及人的意识性、社会性、劳动性。而这些在春秋战国时期的诸子著作中都有所触及。这令人非常惊叹。

关于人的意识特性。孔子说："哀莫大于心死。"⑤孟子说："心之官则思。"⑥人与其他动物最根本的区别是人有"心"的活动。"心"这种器官最大的功能就是"思""有知"。先秦儒家将人的道德意识视为人的特性，正是建立在人具有意识性这一基础上的。由此孟子说："无恻隐之心，非人也；无羞恶之心，非人也；无辞让之心，非人也；无是非之心，非人也。"⑦"人之有道也，

---

① 《诗·大雅·文王》。
② 《诗·大雅·大明》。
③ 《尚书·周书·蔡仲之命》。
④ 《尚书·周书·泰誓》。
⑤ 《庄子·田子方》引孔子语。
⑥ 《孟子·告子上》。
⑦ 《孟子·公孙丑上》。

饱食暖衣,逸居而无教,则近于禽兽。"①荀子说:"水火有气而无生,草木有生而无知,禽兽有知而无义;人有气、有生、有知、有义,故最为天下贵也。"②

马克思于1845年在《关于费尔巴哈的提纲》中指出:人"在其现实性上是一切社会关系的总和"。这是关于人的社会性的著名论断。这里的"社会性"即"群体性"的意思。而孟子早有类似精辟的论断:"百工之事,固不可耕且为也。""一人之身,而百工之所为备。"③在社会分工日益细化、专门化的社会中,一个人的生活必须由社会上"百工"创造的生活资料来维持。人成了"社会性"的集结点。不仅如此,人的社会性、群体性还体现为人在谋取生活资料的活动中发挥群体的力量共同对付自然。荀子说:人"力不若牛,走不若马,而牛马为用,何也?曰:人能群,彼不能群也"。④《吕氏春秋·恃君》指出:"凡人之性,爪牙不足以自守卫,肌肤不足以捍寒暑,筋骨不足以从利避害,勇敢不足以却猛禁悍,然且犹裁万物、制禽兽、服狡虫,寒暑燥湿弗能害,不唯先有起备而以群居邪?群之可聚也,相与利之也。利之出于群也。"

马克思在《1844年经济学——哲学手稿》中指出,物种的谋生活动方式决定着该物种的全部特性,人这个物种的特性就在于人的谋生活动方式是自觉的、自由的。这自觉、自由的谋生活动就是"劳动"。恩格斯的《劳动在猿向人转变过程中的作用》进一步发挥说:把"人"从动物界分离开来的第一个历史行动是"劳动","劳动创造了人"。于是,人能够"劳动",成为"人"区别于被动地接受自然的一般动物的根本属性。对此,墨子的相关论述是:"今人固与禽兽……蜚鸟……异者也。今之禽兽……蜚鸟……,因其羽毛以为衣裘,因其蹄蚤以为绔屦,因其水草以为饮食,……衣食之财故已具者矣。今人与此异者也,赖其力者生,不赖其力者不生。"⑤这清楚地说明了:动物只是被动地接受自然、等待自然的恩赐,而人则懂得能动、积极地通过自己的努力改造自然、创造生活资料。

人的基本属性即生物属性、自然欲求。对此,先秦诸子的认识非常丰富。管子指出:"凡人之情,见利莫能勿就,见害莫能勿避。""凡人之情,得所欲则乐,逢所恶则忧,此贵贱之所同也。"⑥"百姓无宝,以利为首。"⑦商鞅指出:"民生则求利,死则虑名。""饥而求食,劳而求佚,苦则索乐,辱则求荣,

---

① 《孟子·滕文公上》。
② 《荀子·王制》。
③ 《孟子·滕文公上》。
④ 《荀子·王制》。
⑤ 《墨子·非乐上》。
⑥ 《管子·禁藏》。
⑦ 《管子·侈靡》。

此民之情也。"①荀子指出:"若夫目好色,耳好声,口好味,心好利,骨体肤理好愉佚,此人之情性也。"②韩非指出:人"皆挟自为心"③。"人情皆喜贵而恶贱。""喜利畏罪,人莫不然。"④即便是偏重人的道德特性修养的孔孟,也正视道:"富与贵,是人之所欲也……贫与贱,是人之所恶也……"⑤"口之于味也,目之于色也,耳之于声也,鼻之于嗅也,四肢之于安佚也,性也。"⑥

先秦诸子在论述人的生物欲求和超生物欲求时,有一个明显的特点,即是作为对所有人而言的共同人性、普遍人性来谈的。孔子说:"性相近也,习相远也。"⑦人的天性是相近的,凡、圣的差别是由后天的修习形成的。荀子说:"尧、舜之与桀、纣,其性一也;君子之与小人,其性一也。"(《荀子·性恶》)《吕氏春秋·情欲》云:"天生人而使有贪有欲……欲之若一,虽神农黄帝,其与桀纣同。"这种共同人性论,是符合人性实际的,其最大价值在于体现了人生来平等的精神。

人自私自利的生物欲求会产生争斗、祸乱,因而具有恶性(荀子、韩非子),不能放纵;但它与生俱来,强行去除就会产生新的社会动乱,因而又不可去除。于是,对人欲的态度就只能是因势利导,有节制地满足。孔子早已提出这样的思想:"富与贵,是人之所欲也,不以其道得之,不处也;贫与贱,是人之所恶也,不以其道去(原为得)之,不去也。"⑧荀子加以发展:"欲虽不可尽,可以近尽也;欲虽不可去,求可节也。"⑨"礼"的实质是"养欲",而不是扼杀人欲:"礼者,养也","养人之欲,给人以求","礼义文理所以养情也。"⑩韩非则在此基础上提出了"凡治天下,必因人情"⑪的口号,并总结出"圣人之所以为治道者三,一曰利,二曰威,三曰名","利者所以得民也,威者所以行令也"⑫,"名之所彰,士死之"⑬。《吕氏春秋·大乐》指出:"天使人有欲,人不得弗求;天使人有恶,人不得弗避。欲与恶,所受于天也,……不可变,不

---

① 《商君书·算地》。
② 《荀子·性恶》。
③ 《韩非子·外储说左上》。
④ 《韩非子·难二》。
⑤ 《论语·里仁》。
⑥ 《孟子·尽心下》。
⑦ 《论语·阳货》。
⑧ 《论语·里仁》。
⑨ 《荀子·正名》。
⑩ 《荀子·礼论》。
⑪ 《韩非子·八经》。
⑫ 《韩非子·诡使》。
⑬ 《韩非子·外储说左上》。

可易。"先秦思想家还深刻指出:"乱国之使其民,不论人之性,不反(返)人之情"①"凡语治而待去欲者,无以道欲而困于有欲者也;凡语治而待寡欲者,无以节欲而困于多欲者也。"②欲虽生乱、可恶,然而同时应当看到,"人之欲多者,其可得用亦多;人之欲少者,其可得用亦少;无欲则不可得用也。""善为上者,能令人得欲无穷,故人之可得用亦无穷矣。"③

在先秦诸子提出的满足人欲的理性规范中,"民利"是一条重要原则。孔子说:"因民之所利而利之。"④孟子指出:"得乎丘民而为天下。"⑤"得天下有道:得其民,斯得天下矣;得其民有道:得其心,斯得天下矣;得其心有道:所欲与之聚之,所恶勿施。"⑥管子总结为政之道:"政之所兴,在顺民心;政之所废,在逆民心。民恶忧劳,我佚乐之;民恶贫贱,我富贵之;民恶危坠,我存安之;民恶灭绝,我生育之。"⑦"欲知者知之,欲利者利之,欲勇者勇之,欲贵者贵之"⑧,则"远者自亲"⑨,天下归服。

于是产生了"民本"思想。所谓"民本",不仅是与"天本""神本"相对,而且与"君本"相对。作为与"天本"相对的概念,《尚书·虞夏书》已经发端:"天聪明自我民聪明,天明畏自我民明威(同畏)。"周人认识得更清楚:"天佑下民","惟天惠民","民之所欲,天必从之","天视自我民视,天听自我民听"⑩。由于在周人心目中"人""民"具有比"天"更高的地位,所以"天子"应当以"民"为天下之本,"天子"下属的诸侯国君主也应当以"民"为国家之本。早在《虞夏书》中大禹就说过:"民可近,不可下;民惟邦本,本固邦宁。"相传为西周初年周公所作的《无逸》反复告诫成王:要"怀保小民""咸和万民""保惠于庶民"。到了战国时期,孟子对"民本"思想作了更重要的阐释。他响亮地提出"民为贵,社稷次之,君为轻"⑪,将人民的"民"提高到国家和君主之上;并指出:君主"乐民之乐者,民亦乐其乐;忧民之忧者,民亦忧其忧。乐以天下,忧以天下,然而不王者,未之有也。""保民而王,莫之能御也。"⑫甚

---

① 《吕氏春秋·适威》。
② 《荀子·正名》。
③ 《吕氏春秋·为欲》。
④ 《论语·尧曰》。
⑤ 《孟子·尽心下》。
⑥ 《孟子·离娄上》。
⑦ 《管子·牧民》。
⑧ 《管子·枢言》。
⑨ 《管子·牧民》。
⑩ 均见《尚书·周书·泰誓》。
⑪ 《孟子·尽心下》。
⑫ 《孟子·梁惠王上》。

至大胆提出:"君有大过则谏,反复之而不听,则易位。"①"君之视臣如手足,则臣之视君如腹心;……君之视臣如土芥,则臣之视君如寇仇。"②现代西方宪法赋予人民在面对专制统治者残暴压迫的时候,有推翻统治者的"革命权"。孟子最早触及这一问题。商汤王和周武王,原是夏桀、殷纣的臣子,由于桀、纣残暴无道,民不聊生,汤、武会集诸侯百姓以武力推翻了桀、纣。至战国时,齐宣王问左右群臣:"汤放桀,武王伐纣,……臣弑其君,可乎?"孟子则对曰:"贼仁者谓之'贼',贼义者谓之'残'。残贼之人,谓之'一夫'。闻诛'一夫'矣,未闻'弑君'矣。"③《易》革卦中的《象》辞宣称:"汤武革命,顺乎天而应乎人。"《国语·鲁语》记载鲁国太史里革的话:"臣杀起君,君之过也。"这些言论中包含的平等、民主意识穿越历史的时空,曾得到现代西方宪政、民权专家罗隆基的高度称赞。

  与尊重"民欲""民利"的"民本"思想形成呼应的是,先秦思想家还根据人心的思维属性,强调人民思想、言论的自由权利。上古时期,人民是有议论自由的。尧舜时在大路上立"诽谤木",供人们书写意见。古代又在朝廷外立肺石,供平民控诉官吏、长老。这种风俗一直延续到周代。《周礼·秋官·大司寇》记载:"设肺石达穷民。凡远近惸独老幼之欲有复于上而其长弗达者,立于肺石,三日,士听其辞,以告于上,而罪其长。"周代为了解政治得失,还设立了采诗制度以观民风。那个时候,人民聚集在一起臧否时政是正常的。人民的意见虽然对统治者调整政治方针很有好处,但听起来并不舒服。于是出现了郑国大夫然明"毁乡校"以堵民口的提议。"郑人游于乡校,以论执政。然明谓子产曰:'毁乡校,何如?'"执政者子产的回答是:"何为?夫人朝夕退而游焉,以议执政之善否。其所善者,吾则行之;其所恶者,吾则改之。是吾师也,若之何毁之?我闻忠善以损怨,不闻作威以防怨,岂不遽止?然犹防川,大决所犯,伤人必多,吾不克救也。不如小决使道,不如吾闻而药之也。"④无独有偶,《国语·周语》中载执政官邵公向惩罚人们自由议论的周厉王进谏:"防民之口,甚于防川。川壅而溃,伤人必多。民亦如之。是故为川者决之使导,为民者宣之使言。"《左传》卷四十九《昭公二十年》记载晏子对齐王解释"和"的大义:"和"不是"同",即不是什么都赞同,恰恰是允许提出不同意见:"君所谓可而有否焉,臣献其否以成其可;君所谓否而有可焉,臣献其可以去其否。"子产、邵公、晏子的意见,似不能仅仅归功于

---

① 《孟子·尽心下》。
② 《孟子·离娄下》。
③ 《孟子·梁惠王上》。
④ 《左传》卷四十《襄公三十一年》。

个人的过人之明,若知在周代是有言论自由的传统、氛围的,我们就很能理解他们的意见何以能诞生了。而最高统治者容忍、鼓励不同意见,在春秋战国时亦不少见。据《孟子》记载,孟子曾在齐宣王面前说了好多刺耳的话,齐宣王最多"顾左右而言他",最后总是容忍了,孟子总是安然无恙。《战国策·齐策》记载齐威王采纳邹忌的建议,不仅虚心听取不同意见,而且奖励群臣提出不同意见,下令:"群臣吏民能面刺寡人之过者,受上赏;上书谏寡人者,受中赏;能谤讥于市朝,闻寡人之耳者,受下赏。"于是国家政通人和,兴旺强盛,燕、赵、韩、魏等国"皆朝于齐"。

西方古典哲学认为,人之所以为人,就在于人具有"自我意识"。先秦启蒙思潮的最大贡献,就在于驱散了原来巫史文化笼罩在"人"自己身上的神学迷雾,用"人"替代了"天""神"在宇宙万物中的崇高地位,确立了"民"在天下、国家中的本位资格,对共同人性、平等人性以及人的生物属性和非生物属性及其作用做了客观、深刻的剖析,并提出了应人性而治人的开明的"人道"主张。我们有理由说:周代是中国历史上"'人'的觉醒"时代,是中国思想史上名副其实的"轴心时代"①。

---

① 参祁志祥:《周代:"神"的祛魅与"人"的觉醒——论中国思想史上的第一个启蒙时期》,《湖北社会科学》2017年第12期。

上 编

上古至夏商：
原始思维中的神本思想

导　论

　　任何人类文明的发展,都经历过初民原始思维的阶段。原始思维的基本特征,是万物有灵论与神本主义。由于心智进化水平、生产力发展水平及科学认识水平有限,初民对许多自然现象和社会现象无法加以解释,于是纷纷归因于冥冥之中某种神秘的神灵的存在,因而万物有灵的泛神论成为原始思维的最基本的特点。在这方面,英国学者泰勒的《原始文化》、列维·布留尔的《原始思维》有过专门的研究和分析。泰勒提出了原始人"万物有灵论"这一概念。"万物有灵"思维有两个基本信条:一是相信所有生物的灵魂在身体死亡或消失之后能够继续存在;二是相信各种神灵可以影响和控制物质世界和人的今生来世,同时神灵和人是相通的,人的行为会引起神灵的高兴或不悦。先民们一开始相信人有灵魂,后来再延伸到认为动物、植物以及高山、大河等无生命的物体也有灵魂,进而形成泛灵信仰。之后,泛灵信仰发展为祖先崇拜(包括图腾崇拜),然后再到精灵崇拜,再到多神崇拜,最后发展为一神崇拜。列维·布留尔指出:原始时代,人们对许多自然现象与人们的生产、生活之间的关系有了一定的认识,但是由于知其然不知其所以然,就不可避免地把自然力神化,从而产生神灵信仰和宗教祭拜。冯友兰指出:"人在原始时代,当智识之初开,多以为宇宙间事物,皆有神统治之。"[①]中国上古时代流传的各种创世神话、始祖神话、英雄神话以及图腾崇拜就是这个时代初民原始思维中"万物有灵"的泛神论特征的典型反映。在这些神话传说中,造福于人类社会、为人类社会的文明发展作出重大贡献、立下不朽功勋的创世之神、祖先之神、英雄之神和动物图腾成为人们顶礼膜拜的对象,于是这部分神话传说也就包含着神灵崇拜的思想萌芽。到了夏商时代,巫史文化盛行,早先潜藏在神话传说、图腾崇拜中的神灵崇拜发展、凸显为自然神崇拜与祖宗神崇拜,并最终凝聚为自然神与祖宗神合一的"上帝"崇拜。

---

① 冯友兰:《中国哲学史》,商务印书馆2007年版,第20页。

第二章 上古神话的完整架构及其神本指向

中国思想史是由蒙昧与反蒙昧的启蒙思潮不断朝前推进的历史长河。这第一次启蒙思潮就发生在周代。其标志是周人用"人本"思想取代了上古至夏商时期的"神本"思想。而上古神话,就是上古至夏商万物有灵神本主义思想的鲜明表征,是周代"人的觉醒"的思想启蒙面临的反题。遗憾的是,现有的几乎所有的中国思想史著作都将上古神话排除在研究范围之外,上古神话只是在注重想象及意象创造的文学史、艺术史、民俗史中才有被研究、被评述的资格,这不能不说是一个巨大的疏忽。本章旨在通过对上古神话的神本思想指向的实证研究,来弥补这一缺失①。

值得说明的是,通常所谓的"上古神话",并非指上古记载的神话传说。所谓"上古时代的神话传说",是指存在于后世(主要指春秋战国和汉代三国时期)文字典籍中关于上古时期历史人物与神话人物的神话传说。比如盘古创世的神话传说,不见于先秦文献,是三国文献中才见诸记载的。"由于远古时期没有文字,加之我们的祖先又有述而不作的传统,因此,这一神话传说,形诸文字虽晚,但其内容的发生应在很早的远古时期,是千百年来中华先民口耳相传的结果。"②因此,见于后世文字典籍中关于上古时期神异活动的神话,通常视为上古时期存在的或能够反映上古时代人们精神活动的神话。

关于上古神话,后世的文字典籍有多种记载,彼此之间常有抵牾。这就要求我们在广采博取的基础上综合权衡,细加甄别,对上古神话的完整构架作出逻辑自洽的揭示,并在这种系统揭示中彰显上古神话的万物有灵、神灵至上思想倾向和积极进取、造福天下的道德意义。

---

① 本章发表于《河北师范大学学报》2020年第3期,《新华文摘》2020年第22期摘要。
② 《中国哲学史》编写组:《中国哲学史》上册,人民出版社、高等教育出版社2012年版,第25页。

上古神话是由创世神话、历史神话、英雄神话、图腾神话构成的神话系统。其中,历史神话是上古神话的主体。下面让我们逐一论析。

一、盘古、女娲的创世神话

创世神话所说的"世界"不是纯粹的天地自然,而是自然与人构成的统一体。中华文明依存的天地万物是如何产生的?文明的主体——人类又是如何诞生的?盘古开天地和女娲造人的神话就表述了先民相关的想象和思考。

1. 盘古开天辟地

"自从盘古开天地,三皇五帝到如今。"中华文明的始祖最早似乎得从盘古说起。毫无疑问,盘古作为中国历史上开天辟地的创世主,是虚构的神话人物。"盘古开天地"的神话最早出现于三国时期徐整的《三五历记》:"天地混沌如鸡子,盘古生其中。万八千岁,天地开辟,阳清为天,阴浊为地。盘古在其中,一日九变,神于天,圣于地。天日高一丈,地日厚一丈,盘古日长一丈。如此万八千岁,天数极高,地数极深,盘古极长。后乃有三皇。"[①]南朝梁代任昉《述异记》亦云:"盘古氏,天地万物之祖也。然则生物始于盘古。"[②]开天辟地不仅是他的壮举,也是他死后留下的伟绩。徐整另著《五运历年记》,描述说:"元气蒙鸿,萌芽兹始,遂分天地,肇立乾坤,启阴感阳,分布元气,乃孕中和,是为人也。首生盘古,垂死化身,气成风云,声为雷霆,左眼为日,右眼为月,四肢五体为四极五岳,血液为江河,筋脉为地里,肌肉为田土,发髭为星辰,皮毛为草木,齿骨为金石,精髓为珠玉,汗流为雨泽,身之诸虫因风所感,化为黎甿。"[③]任昉《述异记》另载:"昔盘古氏之死也,头为四岳,目为日月,脂膏为江海,毛发为草木。秦汉间俗说,盘古氏头为东岳,腹为中岳,左臂为南岳,右臂为北岳,足为西岳。先儒说,泣为江河,气为风声为雷,目瞳为电。古说,喜为晴,怒为阴。"[④]这个神话说的是太古时候,天地不分,整个宇宙像个大鸡蛋,里面混沌一团,漆黑一片,分不清上下左右、东南西北。但鸡蛋中孕育着一个伟大的英雄,这就是开天辟地的盘古。盘古在鸡蛋中足

---

① 《艺文类聚》卷一引,并见《绎史》卷一引。
② 《绎史》卷一引。
③ 《绎史》卷一引。
④ 《绎史》卷一引。

足孕育了一万八千年,终于从沉睡中醒来。他奋力一振,宇宙这个大鸡蛋骤然破裂,其中轻而清的东西不断飘升,变成了天,另一些重而浊的东西渐渐下沉,变成了地。盘古开辟了天地,高兴极了,但他害怕天地重新合拢在一块,就用头顶着天,脚踏住地,显起神通,一日九变。他每天增高一丈,天也随之升高一丈,地也随之增厚一丈。这样过了一万八千年。盘古这时已经成为一个顶天立地的巨人,身子足足有九万里长。就这样不知道又经历了多少万年,终于天稳地固,不会重新复合了,这时盘古才放下心来。但这位开天辟地的英雄已经筋疲力尽,再也没有力气支撑自己,他巨大的身躯轰然倒地了。盘古死后也不忘化身自然万物,为世界的完善作贡献。他的左眼变成了太阳,右眼变成了月亮,呼出的气息变成了风和云,发出的声音变成了雷鸣,头发和胡须变成了闪烁的星辰,头和手足变成了大地的四极和高山,血液变成了江河湖泊,筋脉化成了道路,肌肉化成了土地,皮肤和汗毛化作花草树木,牙齿骨头化作金银铜铁、玉石宝藏,汗变成了雨水和甘露,附着在他身上的虫子变成了黎民百姓,从此有了世界万物和人类。

《述异记》又云:"吴楚间说,盘古氏夫妻,阴阳之始也。"盘古不仅是开天辟地、创造人类的英雄,而且是人类繁衍、生生不息的始祖,对于人类,功莫大焉。

2. 女娲补天造人

女娲,又称女娲氏,传说是燧人氏的女儿、伏羲氏的妹妹兼妻子。在伏羲氏之后继位,人称娲皇、人皇氏,司马贞《三皇本纪》把她列为三皇之一。其实她是一位虚构的神话人物。《山海经·大荒西经》郭璞注:"女娲,古神女而帝者,人面蛇身,一日中七十变。"记载女娲的典籍比记载盘古的要早得多,如《礼记》《山海经·大荒西经》《楚辞·天问》《史记》《淮南子·览冥训》。在神话传说中,女娲是与盘古同源的创世神。如果说盘古的创世之功体现为天地万物的创造,女娲的创世之功则体现为对塌陷的天地的弥补,即所谓"女娲补天"。《淮南子·览冥训》:"往古之时,四极废,九州裂,天不兼覆,地不周载;火爁焱而不灭,水浩洋而不息;猛兽食颛民,鸷鸟攫老弱。于是女娲炼五色石以补苍天,断鳌足以立四极,杀黑龙以济冀州,积芦灰以止淫水。苍天补,四极正;淫水涸,冀州平;狡虫死,颛民生;背方州,抱圆天。"然而女娲最大的功劳不补天,而是造人。传说女娲仿照自己的形象,用黄泥抟土造人。他精心造的人是富贵之人,随意造的人是贫贱之人。《太平御览》卷七八引《风俗通》云:"俗说天地开辟,未有人民,女娲抟黄土做人。剧务(工作繁忙),力不暇供,乃引(牵、拉)绳于泥中,举以为人。故富贵者,黄土人;贫贱者,引絙(绳)人也。"说的是天地开辟之初,地上没有人类,是女娲把黄土捏成团造了人。她干得又忙又累,竭尽全力还是觉得太慢。于是她就取来绳子蘸入泥浆,举绳一甩,洒落的泥浆,就变成了一个个人。富贵之人是女娲亲手揉黄土造的,而贫贱之人只是女娲用绳蘸泥,溅洒泥浆变成的。女娲不仅创造了人类,设定了贵贱阶层,还与兄长伏羲结为夫妻,繁衍人类,并制定了男女通婚制度。《风俗通》说:"女娲祷祠神,祈而为女媒。因置昏(婚)姻。"女娲善变,后化身为神。据《山海经·大荒西经》记载:"有神十人,名曰女娲之肠,化为神,处栗广之野,横道而处。"于是,女娲在后世民间信仰中被视为创世之神、始祖之神和婚姻之神来供奉。她的功劳可与盘古媲美,并形成互补,相映生辉。

二、三皇五帝的历史神话、祖先神话

显然,盘古、女娲是想象虚构的神话人物,在中国上古的历史纪年中自然不被征信。标志上古时代的历史人物,通常说是"三皇五帝"。所以,"上古时代"又被称作"三皇五帝时代"。作为历史人物,他们是中华文明在上古时期不同阶段的标志性代表,是中华民族的共同祖先。关于三皇五帝的传说属于历史传说。同时,他们又是具有超凡力量、造福人类的英雄圣人,关于他们功绩的传说充满了大量神话思维,所以,"三皇五帝时代"也被称为"神话时代"。因而,关于"三皇五帝"的传说也就呈现为祖先神话和英雄神话。

关于"三皇五帝",古代典籍有多种不同的说法。比较通行的说法是:"三皇"指燧皇燧人氏、羲皇伏羲氏、农皇神农氏。汉初伏生《尚书大传》云:"燧人为燧皇,伏羲为羲皇,神农为农皇也。""五帝"指黄帝、颛顼、帝喾、尧、舜。司马迁《史记·五帝本纪》所云即然。

"三皇五帝"时代是原始社会的公天下时代。这个上古的"公天下"社会状态到底怎么样呢?在后来人们的描述中,大抵有三种形态。一是像以《礼记》为代表的儒家学者憧憬的"大同社会":"天下为公"、君主爱民、选贤与能、人人相亲、和睦安康。二是以老子为代表的道家描述的"小国寡民"社会:无私无欲、没有争斗、自然生息、相安无事。三是儒家的"天下为公"、相亲相爱社会与道家的无私无欲、纯朴自然社会的混合体。如《六韬》提出的"天下同利"的唐尧之世,《淮南子》描绘的"公而不阿"、"正而无私"、贵贱平等、人人礼让、没有盗贼、没有忿争的黄帝之世和不用心机智谋、听凭自然行事、没有钩心斗角的伏羲之世。生长在黄河流域的华夏儿女,经过不断的繁衍生息,形成了由众多社会成员构成的社会共同体。人们在对付自然、获取生活资料和分配财富的过程中需要共同协作、主持公道,于是产生了负责指挥协作和财富分配的部落首领,三皇五帝就是这些部落首领的代表人物。"古之立帝王者,非以奉养其欲也;圣人践位者,非以逸乐其身也。为天下强掩弱,众暴寡,诈欺愚,勇侵怯,怀知而不以相教,积财而不以相分,故立天子以齐一之。"①正因为上古帝王不仅需要有为天下服务的奉献意识,而且需要有高度的智慧和能力,所以传说中的三皇五帝都是具有杰出德能的圣王和发明家。在这些传说中,三皇五帝被神化了。

1. 燧皇燧人氏:神秘的熟食文明始祖

燧人氏,古籍又称"遂人",风姓,传说为河南商丘人,华胥氏之夫,伏羲与女娲的父亲。死后葬于商丘古城西南三里处的燧皇陵。大约在一万年前的旧石器时代晚期,燧人氏在今河南商丘一带钻木取火,成为华夏人工取火的发明者,教人熟食,结束了远古人类茹毛饮血的历史,被尊为"三皇"之首,奉为"火祖",被称为"中国的普罗米修斯"。《尚书大传》云:"遂人以火纪。火,太阳也,日也。阳尊,故托遂皇于天。"②所以,燧人氏又被尊称为"天皇"。华夏文明有文字记载的历史始于燧人氏,燧人氏是中华民族可以考证的第一位祖先。

"燧"的本义是取火器。燧人氏是发明用木燧取火的人,所以称其为"燧人氏"。所谓"木燧取火",也就是用一个木棒快速研钻另一块木头最终生热成火的行动。《世本》云:"造火者燧人,因以为名。"《淮南子·本经训》云:"钻燧取火。"班固《白虎通》卷一云:"谓之'燧人'何?钻木燧取火,教民熟食,养人利性,避臭去毒,谓之燧人也。"东晋王嘉《拾遗记》云:"燧明国有大树名燧,屈盘万顷。后有圣人,游至其国,有鸟啄树,粲然火出,圣人感焉,因用小枝钻火,号燧人氏。"这就给燧木取火罩上了某种神秘的色彩。此外,也有将人工取火的发明者叫作"遂人"的,意思是人工取火"遂天之意,故曰遂人也"③;同时也有将"燧皇"称为"遂皇"的,如清人吴乘权《纲鉴易知录》云:"燧人氏……立传教之台,兴交易之道,人情以遂,故又谓之遂皇。"

---

① 《淮南子·修务训》。另参《文子·自然》。
② 转引自东汉应劭:《风俗通义》卷一《皇霸》,王利器《风俗通义校注》,中华书局2010年版,第3页。
③ 《礼纬含文嘉》,转引自东汉应劭:《风俗通义》卷一《皇霸》,王利器《风俗通义校注》,中华书局2010年版,第3页。

人工取火是一个了不起的发明，对促进华夏文明的进步意义巨大。从此，人类开始了熟食生活。这首先提高了食物的卫生水平，可以避免动物生食带来的种种疾病。正如《韩非子·五蠹》说："上古之世……民食果蓏蚌蛤，腥臊恶臭，民多疾病，有圣人作，钻燧取火，以化腥臊。"《礼纬·含文嘉》说："遂人始钻木取火，炮生为熟，令人无复腹疾，有异于禽兽。"其次，熟食扩大了食物品种，原来像鱼、鳖、蚌、蛤一类东西，生的有腥臊味，不能吃，有了取火办法，就可以烧熟来吃了。据说，在发明了取火的方法之后，燧人氏还发明了捕鱼的方法。《尸子》云："遂人之世，天下多水，故教民以渔。"再次，饮食方法和结构的调整，给人体的生理结构带来了质的进化，大脑的意识机能不断提升，聪明才智得到进一步开发。郭沫若主编的《中国史稿》指出："人工取火的发明，对于远古人类的生活无疑起了极为重大的作用……这样的传说固然……蒙上了神秘的外衣，但它依然反映着朴素的远古人类生活的史实背景。"

古人还将结绳记事的发明归功于燧人氏。《三坟》云："燧人氏教人炮食，钻木取火，有传教之台，有结绳之政。"吴乘权《纲鉴易知录》："时未有文字，燧人氏始作结绳之政。"燧人氏用柔软而有韧性的树皮搓成细绳，然后将数十条细绳排列整齐悬挂在一处，在上边打结记事。大事打大结，小事打小结，先发生的事打在里边，后发生的事打在外边。为了能够记录更多的事情，燧人氏又利用植物的天然色彩，把细绳染成各种颜色，每种颜色分别代表一类事物，使所记之事更加清楚。

另有一种传说，在燧人氏以前，人们把所有的动物都叫作"虫"。燧人氏经过细心观察，把这些动物划分为四类：天上飞的称作"禽"，地上跑的称作"兽"，有脚的爬行动物称作"虫"，没脚的爬行动物称作"豸"。

除此之外还有许多发明，不一而足。

于是，在后人的传说中，燧人氏就成了发明人工取火和熟食文明以及捕鱼、结绳记事、给动物命名分类的圣人，并被视为中华民族"始王天下者"的"人皇"①。

2. 羲皇伏羲氏："蛇身人首"的渔猎文明始祖

伏羲氏，又写作宓羲、虙牺、庖牺、包牺、伏戏，亦称牺皇、皇羲、太昊，《史记》中称伏牺。风姓，出生于成纪。古代成纪县最初的县址，在今秦安县城

---

① 《易通卦验》，束世澂编辑《中国通史参考资料选辑》第一集，新知识出版社 1955 年版，第 128 页。

北 30 公里的阳兀川金城里。传说是燧人氏与华胥之子,但他的出生充满了神秘色彩,说是华胥夫人踩上雷神的大脚印,怀孕十二年后而生。《诗·含神雾》:"大迹出雷泽,华胥履之,生宓羲。"郦道元《水经注·渭水》载:"故渎东经成纪县,故帝太皞庖牺所生之处也。"司马贞《史记·补三皇本纪》:"母曰华胥,履大人迹于雷泽而生庖羲于成纪。"据说雷泽即今天甘肃的天水市。天水因而被视为伏羲文化的发祥地。天水市西关一座始建于元代、明代重修的全国规模最大、保存最完整的祭祀伏羲的场所——伏羲庙,是伏羲文化的标志性建筑,为全国重点文物保护单位,被国家华夏纽带工程委员会确定为全国祭祖基地。关于伏羲氏的长相,通常的说法是"蛇身人首"。《帝王世纪》记载:"太昊帝庖牺氏,风姓也。……蛇身人首,有圣德。"伏羲氏的妹妹女娲也是蛇身人首。《帝王世纪》云:"女娲氏亦风姓也,承庖牺制度,亦蛇身人首,一号女希,是为女皇。"汉代武梁祠石刻画像,伏羲、女娲都是蛇身人首的形象。另有一说,伏羲氏是"龙身人头"。《左传·昭公十七年》云:"太皞(通昊)氏以龙纪,故为龙师而龙名。"《淮南子·地形训》云:"雷泽有神,龙身人头,鼓其腹而熙。"此指伏羲而言。据说伏羲取蟒蛇的身、鳄鱼的头、雄鹿的角、猛虎的眼、红鲤的鳞、巨蜥的腿、苍鹰的爪、白鲨的尾、长须鲸的须,创立了中华民族的图腾——龙。中华民族被称作"龙的传人",即由此而来。

相传一次洪水吞没了整个人类,唯有伏羲和他的妹妹女娲幸存了下来。要使人类不致灭绝,他俩就必须结为夫妻。于是伏羲与女娲兄妹相婚,生儿育女,成为中华民族的始祖。

伏羲氏标志着中国渔猎时代的开始。他继承燧人氏发明的捕鱼方法加以进一步发展,并发明了狩猎方法。《易·系辞》云:"古者包牺氏之王天下也……作结绳而为罔罟,以佃以渔。"《尸子》云:"庖牺氏之世,天下多兽,故教民以猎。"他结绳为网,用来捕鸟打猎,教会了人们渔猎的方法。缘于伏羲氏在人类饮食文明方面的伟大贡献,所以又称"庖牺氏":"取牺牲以共(供)庖厨,食天下,故号曰庖牺氏。"

渔猎之外,伏羲氏另一项伟大的发明是八卦文字。这是对燧人氏结绳记事的发展和超越。《周易·系辞》记载说:"古者包牺氏之王天下也,仰则观象于天,俯则观法于地,观鸟兽之文与地之宜,近取诸身,远取诸物,于是始作八卦,以通神明之德,以类万物之情。"

在八卦文字的基础上,伏羲氏创造了初步的人道规范来治理天下,使天下顺服而得到教化,所以被后人称为"伏羲"。《白虎通义》卷一云:"古之时未有三纲六纪,民人但知其母,不知其父;能覆前而不能覆后,卧之法法,行之吁吁;饥即求食,饱即弃余,茹毛饮血,而衣皮苇。于是伏羲仰观象于天,俯察法于地,因夫妇,正五行,始定人道,画八卦以治天下,治天下而化之,故谓之伏羲也。"

伏羲制定的人道规范包括婚姻嫁娶制度。《通鉴外纪》云:"上古男女无别,太昊始制嫁娶。"《世本》云:"伏羲制以俪皮(两张鹿皮)为礼(聘礼)。"

伏羲氏还是琴瑟的发明人。《世本》说:"伏羲作琴。""伏羲作瑟,八尺二寸,四十五弦。"

繁衍人类,发明渔猎文明、八卦文字、人道规范、婚嫁制度、琴瑟文明,"蛇身人首"的伏羲氏充满了造福人类的道德色彩,因而被世人奉为"羲皇"。

3. 炎帝神农氏:"人面龙颜"的农耕文明始祖

神农氏,号烈山氏。《国语·鲁语》韦昭注:"烈山氏,炎帝之号也,起于烈山。《礼·祭法》以烈山为厉山。"烈山又作历山。司马贞《三皇本纪》:"神农氏……号历山,又曰烈山氏。"因火德,又名炎帝。《帝王世纪》云:"神农氏……以火德王,故号炎帝。"姓姜,生于姜水(今宝鸡境内),先后在伊、耆建国,又称伊耆氏。《竹书纪年》:"炎帝神农氏,其初国伊,继国耆,合称又曰伊耆氏。"约生活在新石器时代。一说母亲叫女登,是女娲的女儿。司马贞《三皇本纪》载:"神农氏,姜姓,以火德王。母曰女登,女娲氏之女,忎(感)神龙而生,长于姜水。"另说母亲叫安登,是有蟜氏的女儿,少典之君的妃子。《春秋纬·元命苞》记载:"少典妃安登游于华阳,有神龙首,感之于常羊(山),生神农……始为天子。"《纲鉴·三皇纪》:"少典之君娶有蟜氏女,曰安登,少典妃感神龙而生炎帝。"生来相貌神异。由于是母亲"感神龙而生",所以《春秋纬·元命苞》说他是"人面龙颜",后人认为炎帝崇拜神龙,与伏羲氏是一脉相承的。不过,《帝王世纪》说他是"人身牛首",尽管不如"龙颜"神圣,但总是迥异于常人。

神农氏是中国原始时代从渔猎文明进步到农业文明的标志性人物。《国语·鲁语》云:"烈山氏之有天下也,其子曰农,能殖百谷。"《礼记·祭法》也有类似的记载:"厉山氏之有天下也,其子曰农,能殖百谷。"关于种植百谷的农业发明的现实起因,《新语·道基》的解释是:时代发展到神农之世的时候,光靠渔猎禽兽不能维持日益增多的人口需要了,所以不得不向春耕、夏种、秋收的农业文明求助。"民人食肉饮血,衣皮毛,至于神农,以为行虫走兽,难以养民,乃求可食之物,尝百草之实,察酸苦之味,教民食五谷。"《白虎通义》也有类似的记载:"古之人民皆食禽兽肉,至于神农,人民众多,禽兽不足,于是神农因天之时,分地之利,制耒耜,教民农耕,神而化之,使民宜之,故谓之神农也。"农业的发明,不仅需要掌握春播秋收的自然规律,而且需要农具的发明。神农氏作为农业文明的始祖,也是农具的发明人。《易·系辞》记载:"包牺氏没,神农氏作,斫木为耜,揉木为耒,耒耨之利,以教天下,盖取诸益。"神农氏不仅是农业文明的发明者,而且是亲力亲为的践行者。《尸子》曰:"神农夫负妇载,以治天下。"《吕氏春秋》载:"神农身亲耕,妻亲绩。"

在尝百草以了解其性能、掌握农业种植规律的同时,神农氏也发现了它们的治病功能,成为医药发明的始祖。《世本》:"神农和药济人。"《淮南子·修务训》:"神农尝百草之滋味,水泉之甘苦,令民知所避就,一日而遇七十毒。"干宝《搜神记》卷一:"神农以赭鞭鞭百草,尽知其平毒寒温之性,臭味所主,以播百谷。"《述异记》卷下:"太原神釜冈中,有神农尝药之鼎存焉。成阳山中,有神农鞭药处。"司马贞《史记·补三皇本纪》谓:"神农氏作以赭鞭鞭草木,尝百草,始有医药。"后人将中国最早的药学专著《本草经》托名为神农所著,名《神农本草经》。全书分三卷,载药365种(植物药252种,动物药67种,矿物药46种),分上、中、下三品,文字简练古朴,成为中药理论精髓。其成书年代自古就有不同考论,或谓成于秦汉时期,或谓成于战国时期。该书最早著录于《隋书·经籍志》,《旧唐书·经籍志》、《新唐书·艺文志》、宋《通志·艺文略》均录"神农本草",明《国史经籍志》《清史稿·艺文志》均录"神农本草经"。现存最早的辑本为明卢复的《神农本经》,流传较广的是清孙星衍、孙冯翼所辑的《神农本草经》和清顾观光所辑的《神农本草经》。

此外,后人还将音乐的发明归功于神农。《说文解字》:"琴,禁也。神农所作,洞越练朱五弦。"桓谭《新论》:"神农氏为琴七弦,足以通万物而考理乱也。"《孝经·钩命诀》:"神农乐曰《下谋》,一曰《扶持》。"

在后世的传说中,神农之世是一个男耕女织、相亲相爱、人民安居乐业、君主无为而治的太平之世、至德之世,是后代君主应当学习的理想社会。《商君书·画策》:"神农之世,男耕而食,妇织而衣,刑政不用而治,甲兵不起而王。神农既没,以强胜弱,以众暴寡,故黄帝作为君臣上下之义、义子兄弟之礼、夫妇妃匹之合,内行刀锯,外用甲兵。"《庄子·盗跖》:"神农之世,卧则居居,起则于于,民知其母,不知其父,与麋鹿共处,耕而食,织而衣,无有相害之心。"《淮南子·氾论训》:"昔者神农无制令而民从。"

由于神农氏是农耕文明、医药文明、音乐文明的伟大发明者,神农之世是民风淳朴的至德之世,所以被世人奉为"农皇""炎帝",他崇拜的"龙"因而成为中华民族的图腾。

4. 黄帝:亦人亦仙的伟大发明家

黄帝,五帝之首,因有土德之瑞,故称黄帝。姬姓,号有熊氏、轩辕氏。

《白虎通义·爵篇》云:"黄帝有天下,号曰有熊氏。"《帝王世纪》云:"神农氏之末,黄帝受国于有熊,居轩辕之丘,因以为号。"据说黄帝乃有熊国君少典之子。曾败炎帝、诛蚩尤,诸侯尊之为天子,代神农氏而立。《国语·晋语》载:"昔少典娶于有蟜氏,生黄帝、炎帝。黄帝以姬水成,炎帝以姜水成。成而异德,故黄帝为姬,炎帝为姜。二帝用师以相济也,异德之故也。"这是中国历史最早记载炎帝、黄帝诞生地的史料。后来,两个部落争夺领地,在阪泉(今北京延庆)打了数仗,最终黄帝打败了炎帝,两个部落渐渐融合成华夏族,华夏儿女因而称为"炎黄子孙"。《史记·五帝本纪》对此的记述是:"炎帝欲侵陵诸侯,诸侯咸归轩辕。轩辕乃修德振兵,治五气,艺五种,抚万民,度四方,教熊、罴、貔、貅、䝙、虎,以与炎帝战于阪泉之野。三战然后得其志。"此后又与蚩尤在涿鹿(山名,在今河北涿鹿县)打了一仗。《史记·五帝本纪》记载说:"蚩尤作乱,不用帝命。是黄帝乃征师诸侯,与蚩尤战于涿鹿之野,遂禽杀蚩尤。"君临天下后,黄帝立百官,制典章,命群臣造宫室,作衣裳,制舟车,定律历,文字、算数、音乐等皆相继发明,形成"田者不侵畔,渔者不争隈,道不拾遗,市不豫贾"①的盛世局面。

《史记》无三皇记载,有关于五帝的记载。"五帝本纪"是从黄帝开始的。根据其中的记载,黄帝在位时间很长,逝世后其孙高阳继位,即颛顼帝。颛顼死后,黄帝曾孙高辛立,即帝喾。喾死,子放勋立,即尧。尧死,颛顼的六世孙舜立。可见,颛顼、喾、尧、舜都是黄帝的后裔。正妃叫嫘祖,颛顼、帝喾均为嫘祖的后嗣。《史记·五帝本纪》载:"黄帝居轩辕之丘,而娶于西陵之女,是为嫘祖。嫘祖为黄帝正妃,生两子,其后皆有天下。其一曰玄嚣,是为青阳,青阳降居江水。其二曰昌意,降居若水。"嫘祖生玄嚣、昌意二子。昌意娶蜀山氏女为妻,生高阳,继承天下,即颛顼帝。玄嚣生子名蟜极,蟜极生子,为帝喾。嫘祖发明了养蚕缫丝,是中国古代丝绸业的始祖。

作为五帝之首,传说黄帝和他的臣子创造了上古几乎所有重要的发明。这是一个被神化的历史人物。《史记·五帝本纪》记载他自出生后就有种种灵异的迹象:"黄帝者,少典之子,姓公孙,名曰轩辕。生而神灵,弱而能言,幼而徇齐,长而敦敏,成而聪明。"关于黄帝或黄帝时代的发明,古籍中记载的有哪些呢?

最著名的是文字和医学。这种文字,不同于燧人氏的记事绳结,也不同于伏羲氏的八卦卦象,而是依类象形、形声相益的成熟文字。相传这是由黄帝史官仓颉发明的。《世本》:"祖诵仓颉作书。"《吕氏春秋·勿躬篇》:"史皇

---

① 《淮南子·览冥训》。

(即仓颉)作图。"《春秋·元命苞》:"仓帝史皇氏名颉……创文字,天为雨粟,鬼为夜哭,龙乃潜藏。"许慎《说文解字叙》:"皇帝之史仓颉,见鸟兽蹄远之迹,知分理之可相别异也,初造书契。""仓颉之初作书也,盖依类象形,故谓之文,其后形声相益,即谓之字。文者,物象之本,字者,言挚乳而浸多也。"文字的发明给天下的治理带来了莫大的便利,由是"百工以乂,万品以察"。关于医药文明的发展,《帝王世纪》云:"黄帝命雷公、岐伯论经脉。""俞跗、岐伯论经脉,雷公、桐君处方饵。"《世本》云:"巫彭作医。"李经纬、邓铁涛《中医大辞典》:"巫彭,上古时代巫医。相传为黄帝之臣。"现存最早的中医学经典《黄帝内经》即为春秋战国时期的医家托黄帝名之作。经中以黄帝、岐伯、雷公对话、问答的形式阐述病机病理,提出治病于未然、注重养生的主张。

除了这两项著名的发明之外,黄帝还有许多伟大的发明。

发明历数和数学。《世本》云:"黄帝令大挠作甲子。""荣成造历。""羲和占日。""常仪占月。""臾区占星气。"即以十天干配合十二地支纪时,也就是沿用至今的农历。"隶首作算数",定度量衡之制,这是数学的最早发明。

发明宫室。相传有巢氏的时候就发明遮风避雨的巢穴了,但那很简陋。发达成熟的房屋建筑发明于黄帝时期。《新语·道基》记载:"天下人民,野居穴处,未有室屋,则与鸟兽同域,于是黄帝乃伐木构材,筑作宫室,上栋下宇,以避风雨。"《尸子》云:"黄帝作合宫。"《初学记》引《白虎通义》佚文:"黄帝作宫室以避寒暑,此宫室之始也。"

发明衣冠。首先是长大的衣裳。《易·系辞》说:"黄帝、尧、舜垂衣裳而天下治。"孔颖达疏:"垂衣裳者,以前衣皮,今衣丝麻布帛,所制衣裳,其制长大,故云垂衣裳也。"其次是礼服。《大戴礼记·五帝德》:"黄帝黼黻衣,大带黼裳。"《吕氏春秋·勿躬篇》说:"胡曹作衣。"《世本》:"伯余制衣裳。"《淮南子·氾论训》:"伯余之初作衣也,緂麻索缕,手经指挂,其成犹罗网。"胡曹、伯余,注者皆说是"黄帝臣"。再次是礼帽。《世本》:"黄帝作冕旒。"《世本》:"胡曹作冕。"冕旒,古代大夫以上的礼冠。顶有延,前有旒,故曰"冕旒"。天子之冕十二旒,诸侯九,上大夫七,下大夫五。复次包括鞋子。《世本》:"于则作扉履。"注者说于则为"黄帝臣"。《释名》云:"齐人谓韦履曰扉。扉,皮也,以皮作之。"扉履即皮鞋。

完善农业生产方式。据《史记·五帝本纪》,黄帝的功绩之一是"艺五种"。"五种"据郑玄注释指"黍、稷、菽、麦、稻"五谷。传说神农氏仅能种植黍、稷,而黄帝则能种植多种粮食作物,表明黄帝使农业有了进一步的发展。与农业生产有密切关系的是井的发明。如《世本》说:"黄帝见百物,始穿井。"《易》井卦释文引《周书》云："黄帝穿井"。并以"井"字的形状将土地分成九块,中开一井,周围设八家,互通有无,相互帮助,构成一个最基本的社会管理单位。如《通典·食货志》云："昔黄帝始经土设井,以塞争端。立步制亩,以防不足。使八家为井,井开四道,而分八宅,凿井于中。一则不泄地气,二则无费一家,三则同风俗,四则齐巧拙,五则通财货,六则存亡更守,七则出入相司,八则嫁娶相媒,九则无有相贷,十则疾病相救。是以情性可得而亲,生产可得而均。均则欺凌之路塞,亲则斗讼之心弭。既牧之于邑,故井一为邻,邻三为朋,朋三为里,里五为邑,邑十为都,都十为师,师七为州。夫始分于井则地著,计之于州则数详,迄乎夏、殷,不易其制。"

发明舂米工具和炊具,促进了饮食文明。《说文解字》云："黄帝初教作糜。"如何将稻谷舂成米粒呢?这就有赖于臼杵的发明。《易·系辞》说:"黄帝、尧、舜氏作……断木为杵,掘地为臼,臼杵之利,万民以济。"《世本》载:"雍父作舂。""雍父作杵臼。"宋衷注雍父是"黄帝臣"。三国谯周《古史考》谓:"黄帝作釜甑。""黄帝始蒸谷为饭,烹谷为粥。"

发明冶金术和兵器。《史记·封禅书》载:"黄帝采首山之铜,铸鼎于荆山之下。"《古史考》载:"黄帝作弩。"《越绝书·宝剑篇》:"黄帝之时,以玉为兵。"《易·系辞》:"黄帝、尧、舜氏作……弦木为弧,剡木为矢,弧矢之利,以威天下……"

发明车船。《易·系辞》载:"黄帝、尧、舜氏作……刳木为舟,剡木为楫,舟楫之利,以济不通,致远以利天下……服牛乘马,引重致远,以利天下。"《拾遗记》说:"轩辕变乘桴以造舟楫。"《古史考》:"黄帝作车,引重致远,少昊时略加牛,禹时奚仲加马。"

发明乐器和乐曲。《吕氏春秋·古乐》载:"昔黄帝令伶伦作为律。""黄帝又令伶伦与荣将铸十二钟以和五音。"《世本》:"伶伦造磬。""夷作鼓。""黄帝乐名曰咸池。"

发明丧葬礼。《易·系辞》:"古之葬者,厚衣之以薪,藏之中野,不封不树,丧期无数,后世圣人易之以棺椁。"虞翻注:"穿土为封,聚立为树。"《汉书·刘向传》:"棺椁之作,自黄帝始。"

在黄帝被塑造为上古无所不能的帝王形象的同时,一些典籍又将黄帝塑造成仙人形象。《山海经·西山经》云:"又西北四百二十里,曰峚山……其中多白玉,是有玉膏,其原沸沸汤汤,黄帝是食是飨。"《庄子》多篇记黄帝访道求长生事。其中的《大宗师》说:"夫道,有情有性,无为无形……黄帝得之,以登云天。"秦汉方士以黄帝为帝王成仙的样板,鼓动秦皇、汉武以之为楷模修炼长生。经战国至汉初,黄帝基本上已具有帝王兼仙人的形象。道教在形成初期,人们称其前身为黄老道,视黄帝与老子同为道教的祖师。张陵创立五斗米道,独尊老子为教祖,而尊黄帝为古仙人。此说后被沿袭。此后道书仍然以黄帝为古仙人继续进行增饰。葛洪《抱朴子·内篇·微旨》云:"黄老玄圣,深识独见,开秘文于名山,受仙经于神人,蹶埃尘以遣累,凌大遐以高跻,金石不能与之齐坚,龟鹤不足与之等寿。"黄帝被他说成是"先治世而后登仙"的人物。旧时一些地区曾建黄帝庙或轩辕庙,多以之为古仙而加以奉祀。

综上所述,黄帝或黄帝时代不仅发明了汉字、数学、历数和医学文明,而且发明了宫室、衣冠、冶金术、农具、炊具、兵器、车船、乐器、丧礼等等,是三皇五帝中发明最多、对人类贡献最大的神人。世人因而感激他,把他奉为五帝之首,并称中华民族是"炎黄子孙"。"炎"指炎帝神农氏,"黄"即指黄帝。

5. 颛顼:民神分离、重树神威的宗教改革家

颛顼,"五帝"中排位第二,黄帝之孙,昌意之子,号高阳氏。《吕氏春秋·古乐》记载:"帝颛顼生自若水,实处空桑,乃登为帝。"大约活动在今河南濮阳一带。据说颛顼是母亲女枢梦见一条直贯日月的长虹飞入腹中从而怀孕所生。出生时头戴干戈,有"圣德"字样。作为主管北方的天帝,所居玄宫为北方之宫。北方色黑,五行属水,古人说他是以水德为帝。加之他崇尚玄色,所以后人推戴他为"玄帝"。他最终打败共工,统一九黎族,登上帝位,成为中国上古部落联盟首领。《列子·汤问》说:"共工氏与颛顼争为帝,怒而触不周之山,折天柱,绝地维,故天倾西北,日月星辰就焉;地不满东南,故百川水潦归焉。"《帝王世纪》云:颛顼"平九黎之乱……始都穷桑,徙商丘。"

关于颛顼的来历和能耐,《史记·五帝本纪》记载:"帝颛顼高阳者,黄帝之孙,而昌意之子也。静渊以有谋,疏通而知事,养材以任地,载时以象天,依鬼神以制义,治气以教化,洁诚以祭祀。北至于幽陵,南至于交阯,西至于流沙,东至于蟠木。动静之物,大小之神,日月所照,莫不砥属。"聪明能干,通鬼神,重民事,主教化。据《乾隆御批纲鉴》,直到颛顼时代,才真正实现各民族统一。颛顼在此基础上将天下划分为兖、冀、青、徐、豫、荆、扬、雍、梁九州分而治之,奠定了最早的行政区划。

颛顼最伟大的业绩,是领导了"绝地天通"的宗教改革,即委派大臣分管神祭与民事,打破原来"民神同位"、神人"杂糅"的状况,恢复了对神的敬畏和崇敬,从此诞生了专门的神职人员——巫觋。这是颛顼在宗教改革方面采取的重大措施,颛顼也因此成为五帝前期仅次于黄帝的领袖人物。"帝颛

顼主要的事是命重、黎'绝地天通'……只有他(指重)同帝颛顼才管得天上的事情。"①郭大顺指出:"战争和宗教改革,这是五帝前期的两件大事,正所谓'国之大事,在祀与戎',黄帝和颛顼分别是这两件大事的领导者。"②《书·周书·吕刑》记载颛顼:"乃命重黎,绝地(民)天(神)通(禁止民神沟通的法术),罔有降格(升,使民与神不再有升降杂糅的现象)。"《国语·楚语下》记载观射父对此的解释:古时候民神不杂,有特殊才能的巫觋才可通天地。到少昊之衰,九黎乱德,民和神混杂,家家都有巫祝,人人都可通神。"民神同位"的结果,是百姓对神失去了神圣感、敬畏感。"颛顼受之,乃命南正重司天以属神,命火正黎司地以属民,使复旧常,无相侵渎,是谓绝地天通。"颛顼命重负责神祀,派黎主管民事,从此巫觋成为专门的神职人员。他实施的这项民神分离的宗教改革影响深远,后来为尧所继承,一直延续到夏商时期。《国语·楚语下》:"尧复育重、黎之后,不忘旧者,使复典之,以至于夏商。"

在管理民事方面,颛顼还打破了古代帝王以龙、火、云、鸟图腾给百官命名的方式,依据不同的"民事"给长官命名,形成了百官制度的雏形。《左传·昭公十七年》记载:"自颛顼以来,不能纪远,乃纪于近,为民师而命以民事。"《汉书·百官公卿表》祖述:"自颛顼以来,为民师而命以民事,有重、黎、句芒、祝融、后土、蓐收、玄冥之官。"应劭注:"始以职事命官也。"《史记·五帝本纪》说"昔高阳氏有才子八人,世得其利,谓之'八恺'"③。"八恺",据《左传》史克对鲁宣公所说,即苍舒、隤敳、梼戭、大临、尨降、庭坚(皋陶字)、仲容、叔达。他们齐圣广渊,明允笃诚。颛顼还建立了男女有别的人伦制度。《淮南子·齐俗训》:"帝颛顼之法,妇人不辟(避)男子于道路者,拂(通祓,清除)之于四达之衢。"另据《古史考》,"颛顼以孟春正月为元(历元),其时正朔立春,五星会于营室。"颛顼时制定了特殊的历法,以夏正十月为岁首,闰置于九月之后,以该年正月初一刚好立春为节气的计算起点,为秦朝及汉初所推行。

不难看出,颛顼的伟大业绩不仅是创立了专门的神职人员队伍的宗教改革,同时"依鬼神以制义,治气以教化",辅以道德教化,建立了按民事命名的百官制度和区别男女的人伦制度,进一步完善了历法制度。

6. 喾:挚、尧及商周始祖的生父,神异而仁德的帝王

帝喾,姓姬,名俊(一作夋),号高辛氏,河南商丘人,为"三皇五帝"中的

---

① 徐旭生:《中国古史的传说时代》,文物出版社 1985 年版,第 76 页。
② 郭大顺:《揭幕中国历史纪元的开篇》,辽宁人民出版社 2010 年版,第 124 页。
③ 《左传·文公十八年》:"昔高阳氏有才子八人","天下之民,谓之八恺"。

第三位帝王,是黄帝的曾孙。《史记·五帝本纪》载:"帝喾高辛者,黄帝之曾孙也。高辛父曰蟜极,蟜极父曰玄嚣,玄嚣父曰黄帝。自玄嚣与蟜极皆不得在位,至高辛即帝位。高辛于颛顼为族子。"祖父玄嚣,是太祖黄帝正妃高皇后嫘祖的大儿子,父亲名蟜极,帝颛顼是其伯父。帝喾在五帝的血缘传承中地位特别关键和重要。他不仅是帝挚、帝尧的父亲,而且是商朝始祖契、周朝始祖后稷的父亲。《史记·五帝本纪》说:"帝喾娶陈锋氏女,生放勋。娶娵訾氏女,生挚。帝喾崩,而挚代立。帝挚立,不善,而弟放勋立,是为帝尧。"帝喾有四妃。正妃有邰氏名姜嫄,生子弃,即后稷,是周朝的始祖。次妃有娀氏名简狄,生子契,是商朝的始祖。次妃陈锋(又作鄼、丰)氏名庆都,生子放勋。次妃娵訾氏名常仪,生挚。帝喾死后,挚承喾的帝位(史称少昊、穷桑帝),因政绩不善,九年后禅让给放勋,也就是帝尧。《世本》云:"帝喾卜其四妃之子,而皆有天下。元妃,有邰氏之女曰姜嫄,是生后稷。次妃有娀氏之女,曰简狄,是生契。次妃陈鄼氏之女,曰庆都,是生帝尧。次妃娵訾氏之女,曰常仪,是生帝挚。"《帝王世纪》云:"挚立九年,政微弱,而唐侯盛德,诸侯归之,挚服其义,乃奉臣造唐而致禅,唐侯自知有天命,乃受禅,而封挚于高辛。"因为帝喾是商、周的远祖,故《礼记·祭法》记载:"殷人禘喾而郊冥,祖契而宗汤;周人禘喾而郊稷,祖文王而宗武王。"

　　帝喾生而神异,长而仁德。《帝王世纪》云:"帝喾高辛氏,姬姓也,生而神异,自言其名曰夋……三十登帝位,都亳。"《史记·五帝本纪》说他:"高辛生而神灵,自言其名。普施利物,不于其身。聪以知远,明以察微。顺天之义,知民之急。仁而威,惠而信,修身而天下服。取地之财而节用之,抚教万民而利诲之,历日月而迎送之,明鬼神而敬事之。其色郁郁,其德嶷嶷。其动也时,其服也士。帝喾溉执中而遍天下,日月所照,风雨所至,莫不从服。"帝喾从小德行高尚,聪明能干。据说十五岁时,被帝颛顼选为助手。曾经平定共工氏叛乱。《国语·周语》载:"昔共工氏欲壅防百川,堕高堙卑,以害天下。皇天弗福,庶民弗助,祸乱并兴,共工用灭。"贾逵注云:"共工诸侯,炎帝之后,姜姓也。颛顼氏衰,共工氏侵陵诸侯,与高辛氏争王,为高辛所灭。"因有功,被封于辛(今商丘市高辛镇)。颛顼死后,他继承帝位,时年三十岁。帝喾继为天下共主后,以亳(今河南商丘)为都城,以木德为帝。据说"高辛氏有才子八人,世谓之'八元'"①。"八元"即伯奋、仲堪、叔献、季仲、伯虎、仲熊、叔豹、季狸。他们忠肃共懿,宣慈惠和。帝喾选贤用能,深受百姓拥戴。曹植曾作《帝喾赞》颂之:"祖自轩辕,玄嚣之裔,生言其名。木德治世。抚宁天

---

① 《史记·五帝本纪》。《左传·文公十八年》:"高辛氏有才子八人","天下之民,谓之八元"。

地,神圣灵宾,教讫四海,明并日明。"死后葬于故地辛,建有帝喾陵。

综上可见,在五帝中,帝喾是个过渡性的人物。他虽然没有什么重大发明,但他生的儿子中不仅有帝尧,而且有商朝始祖契、周朝始祖后稷。他所以为人称颂,主要是因为具有仁德,能够顺天之义,知民之急,选贤用能,普施利物,是推行德治的先帝。

7. 尧:眉有八彩、其智如神的无私圣王

尧,姓伊祁,名放勋,号陶唐氏。尧的含义是高大。《白虎通·号》:"尧,犹巍巍也,至高之貌。"帝喾之子,母为陈锋氏庆都。生于伊祁(河北顺平)。十三岁封于陶(后称济阴,今山东定陶)①。十五岁辅佐帝挚,改封于唐地(一般认为即今山西太原),史称陶唐氏。《帝王世纪》曰:"帝尧陶唐氏,祁姓也,母庆都,孕十四月而生尧于丹陵,名曰放勋……或从母姓伊氏。年十五而佐帝挚,受封于唐,为诸侯。"《纲鉴易知录·五帝纪·帝尧陶唐氏》载:"帝姓伊耆,名放勋,帝喾高辛氏之子,帝挚之弟,黄帝轩辕氏之曾孙也。帝母陈锋氏女,曰庆都,为高辛氏妃,感赤龙之祥,孕十四月而生尧于丹陵,育于母家伊侯之国,后徙耆(在今山西祁定县),故曰伊耆氏。年十有三佐帝挚封植;受封于陶;年十有五复封于唐,为唐侯,故又号陶唐氏。"雷学淇《竹书纪年义证》卷五:"陶唐氏者,帝尧有天下之号也。陶、唐皆地名。"《说文》亦云:"陶丘在济阴,有尧城,尧尝居之;后居于唐,故号陶唐氏。"韦昭注:"陶唐皆国名,犹汤称殷商也。"陶在何处呢? 韦昭说:"今陶在山东曹州府定陶县西南。"《寰宇记》亦云:"河滨在定陶县西南十里,即陶丘"。唐地解释不一。一解为中山之唐,在今天河北保定。如应劭《汉书集解》:"中山国唐县,尧故国也,唐水在其西。"一解为晋阳之唐,在今天山西太原。如郑玄《诗谱》:"唐者,帝尧之旧都之地,今曰太原晋阳,是尧始居此地,后乃迁河东平阳。"一般以陶为山西太原解释为多。《汉书·地理志》载:"晋阳本唐国,尧始都于此。"《都城记》说:"晋阳城北二里有唐城,尧所筑。"《史记·五帝本纪》正义引《宗国都城记》云:"唐国,帝尧之裔子所封,汉曰太原郡,在古冀州太行恒山之西,其南有晋水。"朱熹《诗集传》仍然认为,唐城是帝尧所筑,地处太原晋阳一带。而"唐"也有与"尧"相通的高大之意。《说文解字》解释:"唐,大言也。"《白虎通·号》解释说:"唐,荡荡也,道德至大之貌也。"据《竹书纪年》,尧年二十代挚为天子,最后定都平阳(今山西临汾)。娶散宜氏之女女皇,生子九,长子丹朱;生女二,长女娥皇、次女女英,后适虞舜为妃。在位七

---

① 另有一说,见《竹书纪年》:"尧八十九年作游宫于陶,十年帝游居于陶。"

十年得舜，二十年后禅让天子之位与舜，让位二十八年后死去，葬于谷林（今山东菏泽）。

尧是后代典籍中反复为人宣扬的先王圣君。据说他是母亲与赤龙交合所生，眉毛有八彩，异常通明。《潜夫论·五德志》说："庆都与龙合婚生伊尧，代高辛氏。其眉八彩，世号唐。"《淮南子·修务训》高诱注："帝尧庆都，盖天帝之女。寄伊长孺家，年二十而无夫。出观于河，有赤龙负图而至，奄然阴云，赤龙与庆都合而生尧。"《春秋·合诚图》："尧母庆都，……年二十寄伊长孺家，无夫，出观三河之首，奄然阴雨，赤龙与庆都合，有娠，而生尧。"《春秋·元命苞》："尧眉八彩，是谓通明。"他"身长十尺"[1]，高大魁梧，"尝梦天而上之，故二十而登帝位，都平阳"[2]。聪明如神，功绩盖世。《史记·五帝本纪》说他"其仁如天，其知如神，就之如日，望之如云"。《大戴礼记·五帝德》及《孔子家语·五帝德》亦云："其仁如天，其知如神；就之如日，望之如云。"《尚书·尧典》说他"聪明文思，光宅天下"，"允恭克让，光被四表，格（达）于上下"。他的寿命出于神话虚构。若依《帝王世纪》是 20 岁登帝位，依《史记·五帝本纪》"尧立七十年得舜，二十年而老，令舜摄行天子之政，荐之于天，尧辟位凡二十八年而崩"，则尧在位执政 90 年，110 岁时才让位，一生活到 138 岁[3]。

那么，尧的功绩主要有哪些呢？

制定历法。他委派羲、和负责制定出更合理的历法，并委派羲仲、羲叔、和仲、和叔实地测出了春分、夏至、秋分、冬至，精确设定了闰月加以调整，使每年的农时更加准确，为百姓农耕提供了更为有效的指导，并在此基础上设立百官管理社会事务，大大推动了农业文明的进步和社会的安康。《尚书·尧典》说："乃命羲和，钦若昊天，历象日月星辰，敬授人时……允厘百工，庶绩咸熙。"《史记·五帝本纪》说："乃命羲、和，敬顺昊天，数法日月星辰，敬授民时……信饬百官，众功皆兴。"

俭以养德。相传尧很节俭，住的是茅草屋，穿的是粗布衣，戴的是野夫帽，用的是土陶碗，吃的是糙米饭，喝的是野菜汤，坐的是单漆车，乘的是本色马，不近珠玉，远离纹饰。《韩非子·十过》说："昔者尧有天下，饭于土簋，饮于土铏。"《尸子》说："人之言君天下者，瑶台九累，而尧白屋；黻衣九种，而

---

[1] 《帝王世纪》。
[2] 《帝王世纪》。
[3] 《史记·五帝本纪》裴骃《集解》引徐广云："尧在位凡九十八年。"张守义《正义》引皇甫谧云："尧即位九十八年……凡年一百一十七岁。"孔安国云："尧寿百一十六岁。"倘在位 98 年，避位后 28 年而卒，本身就是 138 岁，加上登基时已有 20 岁，尧的实际寿命就是 158 岁了。

尧大布；宫中三市，而尧鹑居；珍怪远味，而尧粝饭菜粥；麒麟青龙，而尧素车玄驹。"《史记·五帝本纪》说他"富而不骄，贵而不舒（慢）；黄收（冕）纯（缁）衣，彤车乘白马，能明驯德"。《纲鉴易知录·五帝纪·帝尧陶唐氏》对这段记载的补充解释是："茅茨不剪（以茅盖屋，不剪齐之），朴桷不斫（椽方曰桷），素题不枅（题，椽题，屋椽的端头。枅，音鸡，柱上横木承栋者，横之似笄也），大路不画（大路，祀天车，朴素无文采），越席不缘（越席，蒲草编成的席子。缘，饰也），太羹不和（太羹，太古之羹，肉汁也。无盐梅之和），粢食不毇（黍稷曰粢。毇，将糙米舂细），藜藿之羹，饭于土簋（器皿），饮于土铏（羹器），金银珠玉不饰，锦绣文绮不展，奇怪异物不视，玩好之器不宝，淫泆之乐不听，宫垣室屋不垩色（垩，白土也。垩色，先泥之，次以白土饰之也）。布衣掩形，鹿裘御寒，衣履不敝尽，不更为也。"身居高位而能朴素节俭，是以德律己的表现，所以《史记·五帝本纪》说他"能明驯德"。由于他能与百姓同甘共苦，因而很受百姓拥戴。

求谏访贤。尧时在朝堂设立"谏鼓"，供人击鼓鸣冤，诉说委屈。《淮南子·主术训》："尧置敢谏之鼓。"《后汉书·杨震传》："尧舜之时，谏鼓谤木，立之于朝。"他还常常深入乡野寻查察访，求贤问道，了解得失，选用贤才。吴兢《贞观政要·论封建》李百药奏论称引"帝尧之求谏"，"不简鄙讷，无弃刍荛"，每每"虚心受纳"①。《庄子·逍遥游》说尧治理天下万民，为使海内政治清明，曾到汾水北岸的姑射之山，参拜四位有道之名士："尧治天下之民，平海内之政，往见四子藐姑射之山、汾水之阳，窅然丧其天下焉。""四子"据陆德明释文引司马彪、李颐云，即王倪、啮缺、被衣、许由。正是由于尧礼贤下士，所以人才济济，最终得到了"九佐"的帮助。这著名的"九佐"是舜、契、禹、后稷、夔、倕、伯夷、皋陶、益。舜掌行政，契掌军政，禹掌水利，后稷典农，夔典乐，倕作弓矢，伯夷典礼，皋陶典刑，益掌畜牧。《说苑·君道》云：尧之时，"舜为司徒，契为司马，禹为司空，后稷为田畴，夔为乐正，倕为工师，伯夷为秩宗，皋陶为大理，益掌驱禽。"他们帮助尧成就了天下长治久安的帝业。

平定叛乱，为民除害。在诸子书中，还有关于帝尧武功的传说。《吕氏春秋·召类篇》说："尧战于丹水之浦，以服南蛮。"曾讨伐过南方的邦族，并亲自出征作战。《淮南子·本经训》说："尧之时，十日并出，焦禾稼，杀草木，而民无所食。猰貐、凿齿、九婴、大风、封豨、修蛇皆为民害。"尧派后羿将那些恶兽杀死，并射落九日。当然羿射九日已是神话，不过其中称颂的尧为民

---

① 吴兢：《贞观政要·论封建》"李百药奏论"。

除害的事迹却可能是客观存在的。《史记·五帝本纪》还记载尧在舜的辅佐下征服四凶的事迹:"讙兜进言共工,尧曰不可而试之工师,共工果淫辟。四岳(负责四方的大臣)举鲧治鸿水,尧以为不可,岳强请试之,试之而无功,故百姓不便。三苗在江淮、荆州数为乱。于是舜归而言于帝,请流共工于幽陵,以变北狄;放讙兜于崇山,以变南蛮;迁三苗于三危,以变西戎;殛鲧于羽山,以变东夷。四罪(四人获罪被惩)而天下咸服。"

继承颛顼民神分离的宗教改革成果,进一步奠定了巫觋传统。《书·周书·吕刑》孔安国传:"重即羲,黎即和。尧命羲、和世掌天地四时之官,使人神不扰,各得其序。"孔颖达疏:"羲是重之子孙,和是黎之子孙,能不忘祖之旧业,故以重、黎言之。是谓绝地天通。""三苗乱德,民神杂扰。帝尧既诛苗民,乃命重、黎二氏,使绝天地相通,令民神不杂,于是天神无有下至地,地民无有上至天。言天神地民不相杂也。"

不传子而传贤。传说上古时代天子之位都实行禅让制,其实从燧人氏到伏羲氏再到神农氏,未必是隔代而传;至于从黄帝到颛顼,从颛顼到帝喾,从帝喾到帝尧,都有比较密切的血缘关系。只有尧传位于舜,是典型的不传子而传贤禅位。对此,《尚书》《史记》都有明确的记载。尧在位70年时,感觉到有必要选择继任者。大臣们推荐他的儿子丹朱。尧认为丹朱凶顽不可用,请大臣们另荐他人。大臣们就推荐了舜。《史记·五帝本纪》载云:"于是尧妻之二女,观其德于二女。舜饬下二女于妫汭,如妇礼。尧善之,乃使舜慎和五典,五典能从;乃遍入百官,百官时序;宾于四门,四门穆穆,诸侯远方宾客皆敬。尧使舜入山林川泽,暴风雷雨,舜行不迷。"经过三年全方位的考察,尧发现舜各方面都很成熟可靠,堪称圣人,应将帝位交给舜。不过,"授舜,则天下得其利而丹朱病";"授丹朱,则天下病而丹朱得其利",究竟如何处理这个矛盾?尧思考的结果是"终不以天下之病而利一人",于是最终将帝位主动禅让给舜。尧避位二十八年后去世,"百姓悲哀,如丧父母。三年,四方莫举乐,以思尧"①。尧成为不以天下为一己之私的千古圣王。

在五帝中,尧是很著名的。尧帝的著名,不在于他有多少发明,而在于他的仁德。《史记》说他"其仁如天,其知(智)如神","富而不骄,贵而不舒(纵)"。他克制个人的享受欲望,不近珠玉,远离文饰,节俭修德;他不分贵贱,虚心求谏,选贤用能,各得其所;他南征北伐,东征西讨,平定叛乱,为民除害;他以天下为公,实施禅让制,传贤不传子,保证了帝位交在德能杰出的

---

① 《史记·五帝本纪》。

人手上。这一切,使他获得了万人仰慕、千古称颂。

8. 舜:目有重瞳、以德报怨的孝道典范

舜,姓姚,名重华,字都君,颛顼之子穷蝉的五世孙。穷蝉又名虞幕,是有虞氏部落的始祖,所以舜又称虞舜。父亲是盲人,史称瞽叟。母握登氏在姚墟(在今山东鄄城)生舜。《孟子·离娄下》云:"舜生于诸冯,迁于负夏,卒于鸣条,东夷之人也。"《清一统志》云:"诸冯,在菏泽县南五十里,相传即舜生处。"杨伯峻《孟子译注》云:"诸冯,传说在今山东菏泽县南五十里。"据说生而有异象,所谓"舜目重瞳",眼睛有两个瞳孔,所以称"重华"。纬书将舜的诞生加以神化。《尚书纬·帝命验》说:"姚氏纵华感枢。"郑玄注:"舜母感枢星之精而生舜重华。"

舜出生后不久,生母病故。父亲另娶了妻子,并生了儿子象。父亲喜欢后母和象,与他们合起伙来谋害舜。舜不但一次次如有神助地化险为夷,而且以德报怨,对父亲和后母、弟弟尽自己应尽的孝道和慈爱。对于这段事迹,《史记·五帝本纪》记载说:"舜母死,瞽叟更娶妻而生象,象傲。瞽叟爱后妻子,常欲杀舜,舜避逃;及有小过,则受罪。舜事父及后母与弟,日以笃谨,匪有解。""舜父瞽叟顽,母嚚,弟象傲,皆欲杀舜。舜顺适不失子道,兄弟孝慈。欲杀,不可得;即求,尝在侧。"舜成为有名的孝子。三十岁时被人们推荐为天子的继承人。"舜年二十以孝闻。三十而帝尧问可用者,四岳咸荐虞舜。"尧在考察舜期间,瞽叟及象仍然想方设法谋害舜。"为筑仓廪……瞽叟尚复欲杀之,使舜上涂廪,瞽叟从下纵火焚廪,舜乃以两笠自扞而下,去,得不死。后瞽叟又使舜穿井……舜既入深,瞽叟与象共下土实井,舜从匿空出,去。瞽叟、象喜,以舜为已死。象曰:'本谋者象。'象与其父母分,于是曰:'舜妻尧二女,与琴,象取之。牛羊仓廪予父母。'象乃止舜宫居,鼓其琴。舜往见之。象鄂不怿,曰:'我思舜正郁陶!'舜曰:'然,尔其庶矣!'舜复事瞽叟爱弟弥谨。"舜践帝位之后,曾"载天子旗,往朝父瞽叟",依旧"夔夔唯谨,如子道",且"封弟象为诸侯",堪称孝道的典范。

自五世祖穷蝉起直到父亲瞽叟都是平民。舜在被尧发现前一直处于社会底层。《墨子·尚贤下》说:"昔者舜耕于历山,陶于河滨,渔于雷泽,贩于常阳。"但他不放弃、不懈怠,不仅在家尽孝,而且在外行善,因而声名卓著,闻于天子。《史记·五帝本纪》记载:"舜耕历山,历山之人皆让畔;渔雷泽,雷泽上人皆让居;陶河滨,河滨器皆不苦窳。一年而所居成聚,二年成邑,三年成都。尧乃赐舜絺衣,与琴,为筑仓廪,予牛羊……于是尧乃试舜五典百官,皆治。"他不仅有优良的品德,而且有杰出的才能。《尚书·舜典》说他

"浚哲文明,温恭允塞,玄德升闻","慎徽五典,五典克从;纳于百揆,百揆时叙;宾于四门,四门穆穆;纳于大麓,烈风雷雨弗迷。"尧终于将大位交给了他。他也成为孟子所说的"生于忧患"、在逆境中奋斗成功的楷模,所谓"舜发于畎亩之中"①。

他登位后做的首要工作,是祭祀上帝和群神。《尚书·舜典》所谓"禋于上帝,禋于六宗,望于山川,遍于群神。""肇十有二州,封十有二山。""八音克谐,无相夺伦,神人以和。"

其次,建立百官分工、君臣合作的政治制度。《史记·五帝本纪》说:"禹、皋陶、契、后稷(弃)、伯夷、夔、龙、倕、益、彭祖,自尧时而皆举用,未有分职。于是舜乃至于文祖,谋于四岳,辟四门,明通四方耳目,命十二牧论帝德,行厚德,远佞人,则蛮夷率服。""昔高阳氏有才子八人,世得其利,谓之'八恺'。高辛氏有才子八人,世谓之'八元'。此十六族者,世济其美,不陨其名。至于尧,尧未能举。舜举八恺,使主后土,以揆百事,莫不时序。举八元,使布五教于四方,父义、母慈、兄友、弟恭、子孝,内平外成。"除四岳、十二牧外,舜命禹作司空,负责天下水利;皋陶为大理,负责法治;伯夷主礼,负责道德教化;垂主工师,负责制造业;益主山泽,负责畜牧;弃主农业,负责百谷;契主司徒,负责社会事务;龙主宾客,负责送往迎来;夔主音乐,负责沟通人神。此外,舜还建立了"三载考绩"(岁一考功,三考)制度加以检查督促,使得这些官员"咸成厥功",其中以禹功劳最大②。

再次,亲自平定了四凶的叛乱,完善了法制。平定四凶的事情是在协助尧帝打理天下时完成的。四凶分别是讙兜、共工、鲧、三苗。"昔帝鸿氏(黄帝)有不才子,掩义隐贼,好行凶慝,天下谓之浑沌(讙兜)。少暤氏有不才子,毁信恶忠,崇饰恶言,天下谓之穷奇(共工)。颛顼氏有不才子,不可教训,不知话言,天下谓之梼杌(鲧)。此三族世忧之。至于尧,尧未能去。缙云氏有不才子,贪于饮食,冒于货贿,天下谓之饕餮(三苗)。天下恶之,比之三凶。"③舜"流共工于幽州,放讙兜于崇山,窜三苗于三危,殛鲧于羽山,四罪而天下咸服"④。同时,要求"惟刑之恤",用宽刑代替酷刑。"象以典刑(将常用的刑法刻在器物上警示他人),流宥五刑(用流放的处罚宽恕五刑之罪),鞭作官刑(用鞭打作为整顿官事的刑罚),扑作教刑(用棍棒作为教育管理的刑具),金作赎刑(用金钱作为赎罪的刑罚),眚灾肆赦(赦免过失犯罪),怙终

---

① 《孟子·告子下》。
② 详参《尚书·舜典》《史记·五帝本纪》。
③ 《史记·五帝本纪》。
④ 《尚书·舜典》。

贼刑（怙恶不悛、作恶不改则坚决用刑）。"①

据说舜"践帝位三十九年"，治天下有方，"天下明德皆自虞帝始"，"四海之内咸戴帝舜之功"②。舜的妻子为尧的两个女儿娥皇与女英。与女英生有一子商均，亦不肖，"舜乃豫荐禹于天"。死后禹让位给商均，就像当年舜接位时让位给尧子丹朱一样。但是正如当年诸侯归舜不归丹朱，这时诸侯也归禹不归商均，于是"禹践天子位"。

舜是五帝中的最后一位帝王，也是最靠近商周文明的一位历史人物。与之前三皇五帝中的其他帝王相比，史书中关于舜的传说历史痕迹最浓，神话色彩最弱。然而即便如此，完全用对待历史人物的态度，也无法理解关于舜的传说。不仅舜托孕于"枢星之精"，生来"目有重瞳"，宛若神灵附体地每每逃脱父亲和弟弟的陷害，敬重上帝群神，能够沟通人神，而且他在巡狩途中死于苍梧之野、葬于九嶷山之后，他的两个妻子泪洒湘竹，留下斑痕点点，为斑竹，又名"湘妃竹"；最后二妃投湘水而死，称"湘夫人"。晋张华《博物志》记载："尧之二女，舜之二妃，曰：'湘夫人'。帝崩，二妃啼，以涕挥竹，竹尽斑。"《述异记》云："舜南巡，葬于苍梧，尧二女娥皇、女英泪下沾竹，久悉为之斑，亦名湘妃竹。"悲壮美丽的传说感动了屈原，屈原在《九歌》里专门写下了《湘夫人》："帝子降兮北渚，目眇眇兮愁予。"也感动了唐代诗人李白。李白《远别离》云："帝子泣兮绿云间，随风波兮去无还。恸哭兮远望，见苍梧之深山。苍梧山崩湘水绝，竹上之泪乃可灭。"于是娥皇、女英为舜殉情的故事便成为附托于舜帝的神话衍生品。

中国历史上，五帝之中，舜的名望与尧并列，常连称"尧舜"。舜的伟大，也不在于有什么重大发明，而在于继承、发展了帝喾、帝尧的德治传统，是"父义、母慈、兄友、弟恭、子孝"道德伦理的铺垫者，也是以德报怨的孝道典范和楷模。

三、与三皇五帝相关的英雄神话

与被神化的三皇五帝相联系，上古时期还诞生了许多英雄神话。初民将为民除害的人物加以神化，赋予其无所不能的神通并加以称颂膜拜。这些神话中的英雄以精卫、刑天、后羿、夸父为代表。

---

① 《尚书·舜典》。
② 《史记·五帝本纪》。

1. 精卫填海

　　精卫,传说是炎帝神农氏的小女儿,名叫女娃。一天女娃到东海游玩,不小心被海水溺死。死后其精灵化作花脑袋、白嘴壳、红色爪子的神鸟精卫,每天从山上衔来石头和草木填塞东海,避免别人再被溺死的悲剧发生。这则神话出自《山海经·北山经》:"北二百里,曰发鸠之山,其上多柘木。有鸟焉,其状如乌,文首,白喙,赤足,名曰精卫,其鸣自叫。是炎帝之少女,名曰女娃。女娃游于东海,溺而不返,故为精卫,常衔西山之木石,以堙于东海。漳水出焉,东流注于河。"神话说的是炎帝的小女儿被海水淹死后,化为精卫鸟,常衔木石,投到海里,一心要把东海填平的故事,塑造了精卫鸟百折不挠、解除水患、为民造福的英雄形象。

2. 刑天舞干戚

　　刑天,传说是炎帝神农氏之臣。后来炎帝被黄帝推翻,屈居到南方做了一名天帝。虽然不和黄帝抗争,但他的儿子和手下却不服气。当蚩尤举兵反抗黄帝的时候,刑天曾想去参加这场战争,只是因为炎帝的阻止没能成行。蚩尤和黄帝一战失败,蚩尤被杀死,刑天再也按捺不住心中的愤怒,偷偷离开南方天庭,奔向中央天庭,与黄帝一决高下,最后被黄帝杀死。但他死后仍挥舞着盾牌和巨斧战斗,直到最后一刻。《山海经·海外西经》:"刑天与帝争神,帝断其首,葬之于常羊之山。乃以乳为目,以脐为口,操干戚以舞。""刑"是割的意思,"天"是头的意思。在与黄帝的大战中被砍掉了脑袋,所以叫"刑天"。但他被砍了脑袋后还不倒下,坚持继续战斗。刑天使用的"干",是青铜方盾,"戚",是一种巨斧。关于"刑天"的含义,也有另一种说法。"天"者,颠也,指天帝;"刑"者,戮也。"刑天"表示誓戮天帝以复仇。这则神话塑造了一个勇猛顽强、忠贞不贰、视死如归的将士的英雄形象,赢得了后人的赞颂。如陶渊明《读山海经》云:"刑天舞干戚,猛志固常在。"

3. 夸父逐日

　　传说黄帝时期,在北方大荒中,有一座名叫"成都载天"的大山,居住着大神后土的子孙,称夸父族。夸父族中一个首领想把太阳摘下,于是就开始逐日。《山海经·海外北经》记述了这段故事:"夸父与日逐走,入日;渴,欲得饮,饮于河、渭;河、渭不足,北饮大泽。未至,道渴而死。弃其杖,化为邓林。"夸父与太阳竞跑,一直追赶到太阳落下的地方;他感到口渴,想要喝水,就跑到黄河、渭水边。黄河、渭水的水没有喝够,夸父就赶往北方的大湖。还没赶到大湖,半路上就渴死了。夸父丢下他的手杖,化成一片桃林。《山海经·大荒北经》另有一段相似的记述:"大荒之中,有山名曰成都载天。有人珥两黄蛇,把两黄蛇,名曰夸父。后土生信,信生夸父。夸父不量力,欲追日景,逮之于禺谷。将饮河而不足也,将走大泽,未至,死于此。应龙已杀蚩尤,又杀夸父,乃去南方处之,故南方多雨。"北方大荒之中,有座山名叫成都载天。山上有个人,耳朵穿着两条黄蛇,手中握着两条黄蛇,名叫夸父。后土生了信,信生了夸父,夸父不自量力,想追逐太阳的影子,一直追赶到禺谷。将要到黄河喝水而黄河水却不够喝,于是赶往大泽,还没到,就渴死了。兴云布雨的神兽应龙已经杀死蚩尤,现在又杀死了夸父,便到南方去居住,因此南方的雨水便多了起来。《列子·汤问》糅合这两处记述,重新铺衍了这个故事:"夸父不量力,欲追日影,逐之于隅谷之际。渴欲得饮,赴饮河、渭。河、渭不足,将走北饮大泽。未至,道渴而死。弃其杖,尸膏肉所浸,生邓林。邓林弥广数千里焉。"死了以后,夸父的身躯化作了夸父山,继续滋润、孕育着万物。《山海经·中山经》云:"又西九十里,曰夸父之山,其木多棕楠,多竹箭,其兽多㸦牛、羬羊,其鸟多鷩,其阳多玉,其阴多铁。其北有林焉,名曰桃林,是广员三百里,其中多马。湖水出焉,而北流注于河,其中多珚玉。"夸父山上生长的树木多是棕树、楠树和小竹丛;山中的兽类主要是㸦牛、羬羊,鸟类主要是锦鸡;山南麓有很多玉石,北坡有很多铁矿石;山北有一片桃林,方圆三百里,林中有很多马;湖水从这山中流出,再向北流入黄河,其中有很多珚玉。于是,夸父成为上古神话中敢于迎接挑战、富于献身精神、死后仍泽溉万物的英雄人物。

4. 后羿射日

后羿,简称羿,唐尧时的射师。当尧之时,天上有十个太阳,烧得庄稼枯焦;地上野兽横行,危害人民生命。尧命羿射下九个太阳,从此气候适宜,万物得以生长;射杀猛兽毒蛇,为民除害。《淮南子·本经训》云:"逮至尧之时,十日并出,焦禾稼,杀草木,而民无所食。猰貐、凿齿、九婴、大风、封豨、修蛇皆为民害。尧乃使羿诛凿齿于畴华之野,杀九婴于凶水之上,缴大风于青丘之泽,上射十日而下杀猰貐,断修蛇于洞庭,禽封豨于桑林。"羿因射日除害立下大功,得到天帝的褒奖,成为人民爱戴的英雄,民间因此将他奉为"箭神"。

四、与三皇五帝相关的图腾神话

在万物有灵的思维模式下,动物神观念应运而生。《山海经》便记载了众多怪异的动物神,有的为人造福,有的则为害甚大,他们多出于人们的想象创造。如有一种兽,形状似猪,有牙,名叫当康,它的叫声好像自己呼喊着自己。如果哪里发现当康,哪里就会农业丰收(《东次四经》)。有一种鱼,长着鱼的身子,鸟的翅膀,会发出如同鸳鸯般的叫声,叫蠃鱼。如果哪里发现这种鱼,哪里必然会发生大水灾(《西次四经》)。为人造福的、大吉大利的动物神自然引起人们的崇拜,于是形成动物图腾。在仰韶文化的陶器上,可以看到鸟、鱼、鹿、蛙、人面虫等图案。这些图案可能是氏族图腾。相传太昊族以龙命名,少昊族以鸟(凤鸟)命名。龙、凤不仅是太昊族、少昊族的图腾神,后来也演变成整个华夏民族的图腾神。

1. 龙图腾

龙图腾的产生源于伏羲氏。《左传·昭公十七年》云:"太皞(通昊)氏(即伏羲氏)以龙纪,故为龙师而龙名。"据说龙图腾是伏羲取蟒蛇的身、鳄鱼的头、雄鹿的角、猛虎的眼、红鲤的鳞、巨蜥的腿、苍鹰的爪、白鲨的尾、长须鲸的须创造的。《竹书纪年》记载:伏羲氏各氏族中有飞龙氏、潜龙氏、居龙氏、降龙氏、土龙氏、水龙氏、青龙氏、赤龙氏、白龙氏、黑龙氏、黄龙氏。伏羲氏创立了龙图腾,其后炎帝、黄帝、尧、舜乃至汉高祖刘邦的诞生及其形貌,都与龙有关,是龙种、龙子。中华民族作为"龙的传人",即由此而来。人们供奉龙、崇拜龙,视龙为灵物、神物。《礼记·礼运》:"鳞凤鱼龙,谓之四灵。"《庄子·列御寇》:"千金之珠,必在九重之渊,骊龙颔下。"《管子·水地篇》云:"龙,生于水。被五色而游,故神。欲小则化入蚕属,欲大则藏于天下,欲上则凌于云气,欲下则入深渊。"《说文解字》说:"龙,鳞虫之长,能幽能明,能大能小,能长能短,春分而登天,秋分而入渊。"龙在古代传说中被视为百兽之王。其实,龙并非自然界中实际存在的动物,而是中国古代传说中的神异动物。它身体长,有鳞,有角,有脚,能走,能飞,能游泳,能兴云降雨。它是"只存在于图腾中而不存在于生物界中的一种虚拟的生物",是"由许多不同的图腾糅合成的一种综合体"①。作为华夏民族共同崇奉的图腾神,龙包含着历代华夏民族的想象创造。如《广雅》依形状、特性划分龙的种类:"有鳞曰蛟龙,有翼曰应龙,有角曰虬龙,无角曰螭龙,未升天曰蟠龙。"清张英等纂修《渊鉴类函》卷四三八引《内典》,依出生将龙分为胎生、卵生、湿生、化生四类:"龙有胎、卵、湿、化四种。"又依职能分为天龙、神龙、地龙、伏龙:"有四种龙:一天龙,守天宫殿持令不落者;二神龙,兴云致雨益人间者;三地龙,决

---

① 闻一多:《伏羲考》,上海古籍出版社 2006 年版。

江开渎者；四伏藏龙，守轮王大福人藏者。"

在龙图腾的想象创造中，人们不仅赋予了龙幸运和成功的吉祥含义，也赋予了龙高贵、尊荣的文化意义。龙的形象日益变得威武，成为皇帝的象征。在漫长的历史过程中，经过不断的发展变化，信奉龙图腾的民族逐渐成为主导者，其他民族原来信奉的图腾形象逐渐被吸收、充实到龙的形象中去，龙的图腾逐渐成为整个中华民族信奉的标志。

2. 凤图腾

凤图腾的产生源于少昊。少昊，又作少皞、玄嚣、挚、金天氏、穷桑帝等。关于他的父亲，《世本》说："少皞是黄帝之子，金天氏。少皞青阳，即少皋，黄帝之子，代黄帝而有天下。"《左传·昭公十七年》杜预注："少皞，金天氏，黄帝之子，己姓之祖也。"据说他是一位名叫女节的女子感应金星而生。《帝王世纪》云："少昊帝，名挚，字青阳，姬姓也。母曰女节，黄帝时有大星如虹，下流华渚，女节梦接意感，生少昊，是为玄嚣。邑于穷桑，以登帝位，都曲阜，故或谓之穷桑帝。"传说少昊诞生的时候，天空飞来五凤凰，颜色各异，是按五方的颜色红、黄、青、白、玄而生成的，因此他又称"凤鸟氏"。少昊开始以玄鸟（即燕子）作为本氏族的图腾。后在穷桑登大联盟首领之位时，有凤鸟飞来，大喜，于是改以凤鸟为族神，崇拜凤鸟图腾。不久迁都曲阜，所辖部族以凤鸟为名。《左传·昭公十七年》："郯子曰：'我高祖少皞挚之立也，凤鸟适至，故纪于鸟，为鸟师而鸟名。'"在《礼记·月令》《尚书序》《帝王世纪》中，他被说成五帝之一。虽然这种说法不占主流，但从一个侧面说明了少昊在华夏民族发展中的重要地位。由于少昊的巨大影响，凤后来逐渐成为整个华夏民族的另一图腾神。

如果说龙是古代传说中的百兽之王，凤则是古代传说中的百鸟之王。与龙一样，凤在现实世界中也不存在，是华夏民族集体想象创造的神鸟。因雄的叫"凤"，雌的叫"凰"（又称"皇"），故又称"凤凰""凤皇"。如《尔雅·释鸟》云："凤，其雌皇。"郭璞注："凤，瑞应鸟。鸡头，蛇颈，燕颔，龟背，五彩色，其高六尺许。"《说文解字》云："凤，神鸟也。天老曰：凤之象也，鸿前、麟后，蛇颈、鱼尾、鹳颡（额）、鸳思（腮）、龙纹、龟背、燕颔、鸡喙。五色备举，出于东方君子之国，翱翔四海之外，过昆仑，饮砥柱，濯羽弱水，暮宿风穴，见则天下大安宁。"凤凰的形象为鸿头、麟臀、蛇颈、鱼尾、龙纹、龟躯、燕子的下巴、鸡的嘴，身如鸳鸯，翅似大鹏，腿如仙鹤，是多种鸟禽集合而成的一种神物。

关于凤的最早记录，见《尚书·虞夏书·益稷》篇。篇中记述舜帝在大禹成功治水后举行庆典，各种鸟兽在仪式上载歌载舞，最后凤凰也成双结对降临了："《箫韶》九成，有凤来仪。"孔传："灵鸟也，雄曰为凤，雌曰凰。"这里，凤凰被视作一种象征吉庆的神鸟。《山海经·南山经》形容凤凰的祥瑞:"丹穴之山……有鸟焉,其状如鸡,五彩而文,名曰凤凰。首文曰德,翼文曰义,背文曰礼,膺文曰仁,腹文曰信。是鸟也,饮食自然,自歌自舞,见则天下安宁。"《国语·周语上》记有凤鸣岐山的故事。说的是周文王在岐山时,有凤凰降临、聚集在岐山栖息鸣叫,象征着周文王的仁德,预示着周朝的兴盛。《诗经·大雅·卷阿》以凤凰和鸣比喻君臣相谐:"凤凰于飞,翙翙其羽,亦傅于天……凤凰鸣矣,于彼高冈。"这里指周成王。在中国传统文化中,凤凰齐飞和鸣,成为和谐祥瑞、天下安宁的象征。

上古神话关于世界和人类的创生、伟大历史人物的贡献、神异的英雄、吉祥的图腾的神话虚构与传说,表现了万物有灵和神灵崇拜的神本取向。事实上,神灵是不存在的,崇拜神灵最终是无济于事的,神灵崇拜说到底是维系于信仰的宗教而非可验证的科学,是一种荒谬不经的蒙昧主义思维。正是在经历了信奉神灵并不能带来福报的若干教训之后,周代走向了对"上帝""昊天"的怀疑甚至诅咒,走向了"吉凶由人""以人为本"的全面的"人的觉醒"。同时,上古神话表现了英雄人物不畏艰难的进取精神和造福人类的道德情怀,奠定了周代道德繁荣、人道至上的前期思想基础,使得周代作为"人的觉醒"尤其是"道德觉醒"的启蒙时代成为顺理成章的可能,也使当今某些学者关于上古至夏商不存在道德观念的说法不攻自破。

第三章 夏商时期的万物有灵与鬼神崇拜

当历史进入夏商时期,政治制度及其社会结构发生了根本性的变化,原始公有制一变而为封建制的家天下,原有的传贤不传子的帝位禅让制也一变而为传子不传贤的世袭制①。

一、夏商时期的社会形态:家天下的封建社会

夏禹传启,是"天下为家"的开端。值得指出的是,夏禹传启,并不是夏禹有意为之的结果,而是人民的主动选择。夏禹本来准备将帝位禅让给皋陶,并让他主持政务,但不久皋陶就死了。后来又将天下交给伯益,但诸侯们觉得夏禹的儿子启更有德能,所以纷纷离开伯益而归附夏启,而伯益也在三年守丧之后,顺应民意,主动将天子之位交给了启。与尧的儿子丹朱、舜的儿子商均是无德无能的不肖之子不同,夏禹的儿子夏启德能兼备,非常杰出,所以夏禹死后"诸侯皆去益而朝启"。《史记·夏本纪》对这段历史的记载是:"帝禹立而举皋陶,荐之(于天),且授政焉,而皋陶卒。""而后举益,任之政。十年,帝禹东巡狩,至于会稽而崩。以天下授益。三年之丧毕,益让帝禹之子启,而辟居箕山之阳。禹子启贤,天下属意焉。及禹崩,虽授益,益之佐禹日浅,天下未洽。故诸侯皆去益而朝启,曰'吾君,帝禹之子也。'于是启遂即天子之位,是为夏后帝启。"②不过,夏启之后,"大道既隐,天下为家,

---

① 本章以《夏商时期的鬼神崇拜及其神本思想》为题,发表于《武汉科技大学学报》2021年第2期。
② 《孟子·万章上》也有类似的记载和辩解:"万章问曰:'人有言至于禹而德衰,不传于贤而传于子。有诸?'孟子曰:'否,不然也。天与贤,则与贤;天与子,则与子。昔者舜荐禹于天,十有七年。舜崩,三年之丧毕,禹避舜之子于阳城,天下之民从之,若尧崩之后,不从尧之子而从舜也。禹荐益与天。七年,禹崩。三年之丧毕,益避禹之子于箕山之阴。朝觐讼狱者,不之益而之启,曰吾君之子也;讴歌者,不讴歌益而讴歌启,曰吾君之子也。丹朱之不肖,舜之子亦不肖。舜之相尧,禹之相舜也,历年多,施泽于民久。启贤,能敬承继禹之道。益之相(转下页)

各亲其亲,各子其子,货力为己,大人世及以为礼"①。天子之位不再是按照"传贤"的禅让标准出以公心大家推选,而是不管贤能与否,父死子继,兄终弟及,开启了帝位世袭制度。如启死后,儿子太康继位。太康死后,弟弟中康继位。太康即位后沉湎田猎、不恤民事,不贤;中康在位 30 年,一直被后羿架空,无能。范文澜《中国通史》指出:"禹不曾废除'禅让'制度,是大同时代最后的大酋长。""大人世及"的"小康时代应从启开始"②。自禹至桀,夏朝历十四世十七帝,实行封建制。所谓封建制,指封邦建国,分封帝王后代,将天下划分为若干个诸侯国加以分治的政治制度。《史记·夏本纪》记述说:"禹为姒姓,其后(后代)分封,用国为姓,故有夏后氏、有扈氏、有男氏、斟寻氏、彤城氏、褒氏、费氏、杞氏、缯氏、辛氏、冥氏、斟戈氏。"相传"大禹之时,诸侯万国"③。它们都是以姓(血缘)、氏(地缘)命名的小国④。后来随着兼并战争,诸侯国数量逐渐减少。夏的朝廷就是这样一个统辖着众多异姓氏族诸侯国的原始政治机构,是中国历史上第一个朝代⑤。

商汤虽然推翻了残暴无道的夏桀建立了商朝,但商朝实行的政治制度仍然是夏朝家天下的封建制。《史记·殷本纪》说:"契为子姓,其后分封,以国为姓,有殷氏、来氏、宋氏、空桐氏、稚氏、北殷氏、目夷氏。"甲骨文显示,商王既分封异姓的氏族首领,也分封同姓的子弟。相传商汤时期,有诸侯国三千⑥。顾颉刚认为殷商已有系统的封建制⑦。

封建制实质上是一个政治分权的概念。它客观上为自由思想提供了缝隙,有助于人的觉醒。不过,人的觉醒在夏商时期并没有到来。"大致说来,夏商是承史前社会以来中国传统文化在总体意义上的萌育生成时代,周代则是量化质变时代。""夏商两代在许多方面"具有"共性",以及"与周代之间的异性"⑧。夏商与周代在文化思想上的整体差别,概括而言即夏商尊神敬鬼,周代尊人敬民。而夏商以神鬼意志决定朝廷及社会生活

(接上页)禹也,历年少,施泽于民未久……唐虞禅,夏后殷周继,其义一也。'"伯益在帝位继承上既有自知之明,也顺应民意,主动让位给启。因此,《竹书纪年》所谓"益干启位,启杀之"(《晋书》卷五十一·《束晳传》引),就不可信。后世据此说夏启从伯益手中夺取帝位,破坏了禅让制,其实难以成立。

① 《礼记·礼运》。
② 范文澜:《中国通史》第一册,人民出版社 1994 年版,第 29 页。
③ 《战国策·齐四》。又《左传·哀公七年》:"禹令诸侯于涂山,执玉帛者万国。"
④ 冯天瑜:《"封建"考论》,武汉大学出版社 2006 年版,第 17 页。
⑤ 范文澜:《中国通史》第一册,人民出版社 1994 年版,第 30 页。
⑥ 《战国策·齐四》。
⑦ 《顾颉刚古文史论文集》第 2 册,中华书局 1988 年版,第 329—330 页。
⑧ 宋镇豪:《夏商社会生活史》,中国社会科学出版社 1994 年版,第 8 页

一切的神本主义思想倾向,是对上古原始思维和神话传说中神灵崇拜观念的继承和发展。

二、夏商思想界神灵至上的整体特点

夏朝尚未发现成熟的文字。关于夏朝思想界的状况,乃出于后代典籍的追述。

夏朝继承颛顼、唐尧民神分离、神职专司的宗教改革成果,发展、壮大了负责卜筮、沟通神灵的专职祭祀队伍。而夏朝的开国君主就是天下最大的巫师。他是黄帝的玄孙、颛顼的孙子、鲧的儿子。传说他是母亲女狄傍晚在祠堂前汲水时吞食水中月精受孕而生。《遁甲开山图》荣氏解:"女狄暮汲于石纽山下大祠前,水中得月精如鸡子,爱而含之,不觉而吞,遂有身,十四月而生夏禹。"①尧舜时期,黄河泛滥,鲧受命于尧、舜二帝负责治水,因用堵塞的方法,水患久治不息,最后被诛。舜用禹继承父业,继续治水。禹居外十三年而不入家门,一面"致孝于鬼神"②,一面用疏导的方法治理洪水,终获成功,并且最终登上帝位。《法言·重黎》说"禹步多巫"。何为"禹步"?"禹步者,盖是夏禹所为术,召役神灵之行涉。"③禹步"大抵是某种巫术舞蹈"④。夏禹的继位者夏启也是如此。《山海经·海外西经》说:"大乐之野,夏后启于此舞九代,乘两龙。"《太平御览》卷二八引《史记》:"昔夏后启筮,乘龙以登于天,占于皋陶。陶曰:吉而必同,与神交通。"张光直因此说:"夏后启无疑为巫。"⑤史载夏代的第十三个国王孔甲"好方鬼神"⑥。李泽厚将这种现象称为"巫君合一"⑦:"这意味着政治领袖在根本上掌握着沟通天人的最高神权。"⑧《墨子·明鬼》引《夏书》为例,说明鬼神观念在那个时期是实有的:"然则姑尝上观乎《夏书》。禹誓曰:'大战于甘,王乃命左右六人,下听誓于中军。曰:有扈氏威侮五行,怠弃三正,天用剿绝其命。'有曰:'日中,今予与有扈氏争一日之命。且尔卿、大夫、庶人,予非尔田野葆土(俞樾注:宝玉)

---

① 《太平御览》卷三百六十引。
② 《史记·夏本纪》。
③ 《洞神八帝元变经·禹步致灵》。
④ 李泽厚:《说巫史传统》,上海译文出版社 2012 年版,第 11 页注。
⑤ 张光直:《中国青铜时代二集》,生活·读书·新知三联书店 1990 年版,第 64 页。
⑥ 《史记·夏本纪》。
⑦ 李泽厚:《说巫史传统》,上海译文出版社 2012 年版,第 7 页。
⑧ 李泽厚:《说巫史传统》,上海译文出版社 2012 年版,第 9 页。

之欲也,予共(恭)行天之罚也。左不共于左,右不共于右,若不共命;御非尔马之政(正),若不共命。'①是以赏于祖,而僇(罚)于社。赏于祖者何也?言分命之均也;僇于社者何也?言听狱之事(中)也。故古圣王必以鬼神为赏贤而罚暴,是故赏必于祖,而僇必于社。此吾所以知《夏书》之鬼也。……以若书之说观之,则鬼神之有,岂可疑哉!"相传夏代通行的占卜神意的易书为《连山易》。《连山易》传说为伏羲氏或神农氏所创,成书于夏朝,以艮(山)卦为首。《周礼·春官宗伯·大卜》郑玄注:"名曰连山,似山出内气也。"郑玄另在《易赞》中说:"《连山》者,象山之出云,连连不绝。"《周礼·大卜》贾公彦疏:"名曰连山,似山出内气也者。此连山易,其卦以纯艮为首。艮为山,山上山下是名连山。云气出内于山,故名易为《连山》。"据东汉桓谭《新论·正经》说:《连山易》原有"八万言",东汉时尚存于"兰台"。尽管后来亡佚,但它从一个侧面证明了夏代占卜文化的流行和神灵崇拜的存在。

较之夏朝,商朝诞生了甲骨文。商朝思想界的情况不再仅出于后代的传说或追忆,而更多地出自甲骨文记载,因此更为可信。甲骨文的大部分内容是殷商王室占卜的记录。这部分甲骨文称为甲骨卜辞。甲骨卜辞的大量出土反映了商代占卜风之盛。商代统治者非常迷信,诸如天会不会下雨,农作物是不是有好收成,打仗能不能胜利,十天之内会不会有灾祸,应该对哪些鬼神进行哪些祭祀,以至于生育、疾病、做梦等等,都要进行占卜,以了解鬼神的意志和事情的吉凶。朝廷设置了专门的机构和卜官。王室贵族上自国家大事,下至私人生活,如祭祀、气候、收成、征伐、田猎、病患、生育、出门,等等,无不求神问卜,以预测祸福,决定行动②。王和贵族们有疑难事情一定要求神问卜,烧灼龟甲或兽骨,看甲骨上裂痕(兆)的形状,借以决定凶吉。于是形成了日益庞大的从事占卜祭祀的巫祝队伍。在殷墟卜辞中可以看到殷商各代有相当多的"卜人",仅留下名字的就有 120 多人③。他们的职责是双重的。一方面,他们用祭祀仪式沟通神界,用占卜的方法传达神意,这统称为"巫"。或将女巫称为"巫",男巫称为"觋",合称"巫觋"。另一方面,"卜人"将王沟通神意后的愿望和行为记载下来传之后世,这就叫"史"④。甲骨文中,"卜人"常称为"作册""史",他们占卜之前要把问题刻在甲骨上,占卜之后要把结果刻在甲骨上,常常既

---

① 见《尚书·虞夏书·甘誓》。
② 详参陈梦家:《殷虚卜辞综述》,中华书局 1988 年版,第 42—43 页。
③ 陈梦家:《殷虚卜辞综述》,中华书局 1988 年版,第 202 页。
④ 参葛兆光:《中国思想史》第一卷,复旦大学出版社 2001 年版,第 29 页。

是"巫"又是"史"。在颛顼帝开创了"绝地天通"的宗教改革,诞生了专门的神职人员之后直到殷商时期,"巫史"的职责就在于沟通人神天地。商代延续着夏代君巫合一、王为首巫的传统。比如开国君主商汤。《吕氏春秋·顺民》载:"昔者汤克夏而正天下,天大旱,五年不收,汤乃以身祷于桑林,曰:'余一人有罪,无及万夫。万夫有罪,在余一人。无以一人之不敏,使上帝鬼神伤民之命。'于是翦其发,磨其手,以身为牺牲,用祈福于上帝,民乃甚说,雨乃大至。则汤达乎鬼神之化、人事之传也。"陈梦家在《商代的神话与巫术》一文中指出:在商朝,"王者自己虽然是政治领袖,仍为群巫首"①。商王是各种重要宗教祭祀仪式的主持者,他自称为神的后裔和代理人,利用宗教的力量来巩固政治统治。而许多重臣同时也是神职人员。如商汤时的宰相伊尹据说就是能接近或招致神界、天帝的"巫"。商王太戊时著名的神职人员有大臣伊陟、臣扈,祖乙时有宰相巫贤②。统治者带头,因而祈福避祸的神灵祭拜活动成为全社会的主要活动。"商代人迷信鬼神,崇尚天命,重视祖先,因而祭祀活动极为频繁,种类繁杂,形式多样。"③商代通用的卜筮之书是《归藏易》。《归藏易》托名黄帝所作,以坤卦为主。传说殷商的祖先契是母亲吞鸟蛋怀孕所生。因此,殷商将卜筮之书从艮卦开始的《连山》改为由坤卦开始的《归藏》,象征"万物莫不归藏其中",一切都来自母亲,万物皆由大地产生,终又归藏于大地。鉴于神灵在殷商具有至高无上、统治一切的地位,《礼记·表记》揭示殷商的特征:"殷人尊神,率民以事神,先鬼而后礼。"

商朝思想界迷信鬼神、崇拜鬼神的时代特征,主要体现为祖先神崇拜、自然神崇拜与上帝崇拜方面。

三、祖先神崇拜

殷商甲骨卜辞所祭祀的对象可分为三类,即"天神、地示、人鬼"④。"鬼"者,《礼记·祭法》说"人死曰鬼",《说文》据此说"人所归为鬼"。"人鬼"即人死后的神灵。"鬼"分两部分,一部分是"灵者""善者",它上升为"神",所谓

---

① 陈梦家:《商代的神话与巫术》,《燕京学报》1936年第20期,第535页。
② 《尚书·君奭》。参葛兆光:《中国思想史》第一卷,复旦大学出版社2001年版,第29页。
③ 赵诚:《二十世纪甲骨文研究述要》下册,书海出版社2006年版,第1052页。
④ 陈梦家:《殷虚卜辞综述》,中华书局1988年版,第562页。

"鬼之灵者曰神也"①。另一部分为"恶者""低下者"②。从"鬼"之含义的历史演变看,"起初他与神比肩受人拥戴,后神鬼分化被人斥弃"③,鬼变成了魔,如后世"钟馗打鬼"所打的恶鬼。而殷人所祀"人鬼"即属于早先善的神灵一类。殷墟卜辞所祭拜的"人鬼"即祖先神,主要表现为先公、先王、先妣④。商人将汤灭夏作为标志,将汤以前的商王先祖称为"先公"。根据《山海经》《天问》《史记·殷本纪》等文献,汤以前的六世先公依次为上甲微、报乙、报丙、报丁、示壬、示癸⑤,上甲微之前的先公世系有缺失,见于记载的有帝俊(即帝喾,商朝祖先契之父)、相土、季、王亥、王恒等。而汤以后的商王先祖,则称为"先王"⑥。

在盘庚迁都前,商朝因始祖契被封于商,所以汤将自己在亳(今河南商丘)建立的王朝称为"商";后来盘庚将国都迁往殷(今河南安阳),所以商朝又称为殷或殷商。由于祖先崇拜在殷商祭拜中占有特别重要的地位,台湾著名考古学家张光直认为"商"字的含义即祖先崇拜。他指出:"在商人的世界观里,神的世界与祖先的世界之间的差别,几乎到微不足道的程度。"⑦殷商对祖先神的崇拜奠定了后世中国宗教的民族特点。陈梦家指出:"祖先崇拜的隆重,祖先崇拜与天神崇拜的逐渐接近、混合,已为殷以后的中国宗教树立了规范,即祖先崇拜压倒了天神崇拜。"⑧甲骨文中的"帝"是蒂落生果的"蒂"的通假字,"帝"或"上帝"往往即祖先神的另一种称谓。"帝与殷商时期的一些自然神和商王的先祖有上下统属关系,帝是商人崇拜的至上神。"⑨

在祖先神崇拜的思想氛围中,商朝的始祖契被神化。传说契是有娀氏之女简狄吞燕卵怀孕而生,他因佐禹治水有功而封于商。《史记·殷本纪》云:"殷契,母曰简狄,有娀氏之女,为帝喾次妃。三人行浴,见玄鸟堕其卵,简狄取吞之,因孕生契。契长而佐禹治水有功。帝舜乃命契曰:'百姓不亲,五品不训,汝为司徒而敬敷五教,五教在宽。'封于商,赐姓子氏。契兴于唐

---

① 《史记·五帝本纪》张守节正义。
② 田兆元:《论鬼神崇拜的起源与鬼神之分野》,田兆元《神话学与美学论集》,上海文艺出版社 2007 年版,第 48、49 页。
③ 田兆元:《论鬼神崇拜的起源与鬼神之分野》,田兆元《神话学与美学论集》,上海文艺出版社 2007 年版,第 50 页。
④ 陈梦家:《殷虚卜辞综述》,中华书局 1988 年版,第 562 页。
⑤ 彭林、黄朴民主编:《中国思想史参考资料集·先秦至魏晋南北朝卷》,清华大学出版社 2005 年版,第 24 页注 6。按:第 23 页编者按语"示壬""示癸"写成"主壬""主癸",当为印刷错误,特此纠正。
⑥ 彭林、黄朴民主编:《中国思想史参考资料集·先秦至魏晋南北朝卷》第二章第三节编者按语,清华大学出版社 2005 年版,第 23 页。
⑦ 张光直:《中国青铜时代》,台北联经出版事业股份有限公司 1994 年版,第 346 页。
⑧ 陈梦家:《殷虚卜辞综述》,中华书局 1988 年版,第 561—562 页。
⑨ 徐明波:《从卜辞看殷商时期上帝的性质》,《重庆师范大学学报》2007 年第 3 期。

虞、大禹之际,功业著于百姓,百姓以平。"

根据甲骨卜辞的记载,殷人以为战败、疫病、噩梦等都是死去的祖先或亲属作祟,因而必须经常祭祀,消灾祈福。在殷人的观念中,先公的神灵既能佑护王,也能作祟于王。先王、先妣也有这样的神异作用。因此,殷人对先公及先王、先妣的祭祀相当隆重和频繁。祭祀先公的卜辞,如《甲骨文合集》30398、32916、33313,《殷虚文字乙编》3189、6299,《铁云藏龟》199.3。其意如告祭高祖王亥用三头牛,还是五头牛?上甲会加灾害于王吗?上甲会用雨来加灾害吗?祭祀先王的卜辞,如《甲骨文合集》300、32385、32384。其意如某日占卜求雨,祭祀从上甲开始的十位先王,祭牲全部用公牛;卜问:是否用百羌(羌人)、百牢祭祀汤、大甲、大丁、祖乙等先王?祭祀先妣的卜辞,如《殷虚书契前编》1.37.1。

殷商卜辞所记祭祀的方式,按照现代学者的分析,可归纳为五种。一是单祭,即对某一位先公、先王、先妣进行祭拜,如《甲骨文合集》672正、19946正、2164。二是合祭,即将多位先祖的神灵合在一起祭拜。先祖神灵的排序可以由远向近,为顺祭,如《甲骨文合集》32385;也可由近向远,为逆祭,如《甲骨文合集》22911。三是特祭,即对近世祖先举行的特殊祭祀,如《甲骨文合集》35837、36101、36081、36168。四是散祭,即零散地对先祖举行祭祀,当包括单祭。五是选祭,即有选择性地对某些祖先进行祭祀,很可能包括合祭和特祭[1]。商朝后期,形成了更加频密、盛大和漫长的周祭制度。周祭的"周"是周期的意思。所谓"周祭",即用上述五种祀典周而复始、连续不断、轮番地对某些先祖进行祭祀,一个周期约需一年。《甲骨文合集》37835、37836所载即是周祭的例子[2]。自祖甲以后,殷人经常用这种周祭方式祭祀先王的祖灵[3]。

在殷商卜辞中,"帝"字作为指称有意志的人格神用语屡屡见于记载。从其字形构造来看,即花蒂之象形。上面像花的子房,中间像花萼,下面下垂的像雌雄花蕊,本义是具有生殖功能的花蒂(即蒂),从而指生殖之神。张桂指出:"殷人所尊的帝的初字为宇宙万物的始祖,是宇宙万物的生殖之神。"[4]詹鄞鑫指出:"至尊神所以称为'帝',本来表示昊天是天地万物所由生的根本和原始。"[5]由生殖神,转而指祖先神,进而具有至上神的高贵地位。

---

[1] 赵诚:《二十世纪甲骨文研究述要》下册,书海出版社2006年版,第1053—1054页。
[2] 赵诚:《二十世纪甲骨文研究述要》下册,书海出版社2006年版,第1055页。
[3] 参葛兆光:《中国思想史》第一卷,复旦大学出版社2001年版,第25页。
[4] 于省吾主编:《甲骨文字诂林》第二册,中华书局1996年版,第1084页。
[5] 詹鄞鑫:《神灵与祭祀——中国传统宗教综论》,江苏古籍出版社1992年版,第46页。

裘锡圭指出:"商人所谓上帝(卜辞多称帝),既是至上神,也是宗祖神。……上帝的'帝'跟用来称嫡考的'帝'显然是由一语分化的。"①张岂之总结指出:"殷人的上帝就是殷人自己的始祖。""殷人的宗教是祖先一元神的宗教。他们祭奉的至上神上帝也就是殷民族自己的祖先。"②"殷代宗教的其他特点,或多或少都与帝祖合一观念有着内在联系。"③据此,有当代学者推断:"古代所谓黄帝、炎帝、帝喾、帝挚等称,很可能也是从始祖的意义而称为'帝'的。"④

四、自然神崇拜

在上古万物有灵的原始思维模式下,凡自然界的物质和现象均被视为具有神性特质,尊为神灵,加以供奉崇拜,以求祈福消灾。上古神话及历史传说中不乏其例。如《尚书·舜典》:"肆类于上帝,禋于六宗,望于山川,遍于群神。"六宗,贾逵注曰:"天宗三:日、月、星;地宗三:河、海、岱。"自然神概念的存在及对自然神的占卜祭拜,在殷商甲骨卜辞中有更明确反映。例如《甲骨文合集》780、903、10084、14335、14337、14354、33337、33694 等。卜辞的大意是:是否以尞祭的方式用五头牛来祭拜河神,再在河中沉十头牛祭祀河神?下一个乙酉日用酒祭拜下乙,另杀十五人,杀十牢;到了二旬又一日后的乙亥日,再次举行酒祭。是否用尞祭祭拜土神,用三少牢(羊豕各一),另对剖一头牛,沉十头牛?是否祭祀上甲用五头牛,祭祀蚕神用三头牛?河神会害庄稼吗?癸酉日卜问:发生了日食,是吉还是不吉?⑤

殷商祭拜的自然神,主要表现为天神、地祇。天神是日月星辰、风雨雷电之神,地祇是山川大地之神。此外还有动物诸神。

1. 天神:"天宗三:日、月、星"

天神简称"神",是"阳之精气",所谓"阳之精气曰神"⑥,如日神、月神、雷神、风神。《说文解字》云:"神,天神,引出万物者也。"《周礼·大司乐》注"以

---

① 于省吾主编:《甲骨文字诂林》第二册,中华书局1996年版,第1085页。
② 张岂之主编:《中国思想史》,西北大学出版社1989年版,第8页。
③ 张岂之主编:《中国思想史》,西北大学出版社1989年版,第9页。
④ 詹鄞鑫:《神灵与祭祀——中国传统宗教综论》,江苏古籍出版社1992年版,第47页。
⑤ 据彭林、黄朴民主编:《中国思想史参考资料集·先秦至魏晋南北朝》,清华大学出版社2005年版,第21—22页。
⑥ 《大戴礼记·曾子问》。

祀天神"的"天神"："谓五帝及日月星辰也。""天"对古人来讲是一个变幻莫测的神秘存在,日夜交替,四季更换,风、雨、雷、电时时发生,这都是古人感到迷惑不解的现象。于是他们就想象是由神灵操纵着这一切,因此产生了对日月星辰及风雨雷电等天体、天象的崇拜。

最突出的是日神崇拜。甲骨卜辞中有许多崇拜日神的记录。殷商卜辞记载所祭日神,不仅包括一般而言的太阳"日",而且包括早晨升起的太阳"出日"和黄昏时快要落山的太阳"入日",殷商卜辞又表述为"出入日"[①]。郭沫若据此考证揭示,殷人对日神有朝夕迎送的祭祀仪式。不过根据《礼记·祭义》的记载："夏后氏祭其暗,殷人祭其阳,周人祭日以朝及暗。"[②]可见殷商时期祭拜日神,更重视祭正午时分最光辉明亮的太阳。祭拜的方法叫"宾""御""又""岁"等,这些都是祭先祖方法的移用。而"日食"现象则被视为太阳被天狗吃了,是不祥之兆,必须加以隆重祭祀。于是每当发生日食时,人们往往用敲击锣鼓器皿的方法来赶走天狗。《尚书·胤征》孔颖达疏："日有食之礼,有救日之法,于是瞽人、乐官进鼓而击之,啬夫驰骋而取币以礼天神,庶人奔走供救日食之百役。此为灾异之大,群官促遽。若此羲和主其官而不闻知日食,是大罪也。"因日出于东,故卜辞称日神为"东母"[③]。殷商的日神崇拜影响深远。周代的祭天仪式以祭日神为主,《礼记·祭义》谓之"郊之祭,大报天而主日,配以月""祭日于坛""祭日于东"。南方楚地则把日神拟人化,称之为"东君"或"东皇太一"。《楚辞》另称之为"朱明""曜灵"。《山海经》记载了关于日神的神话传说："东南海之外,甘水之间,有羲和之国。有女子名曰羲和,方日浴于甘渊。羲和者,帝俊之妻,生十日。"(《大荒南经》)又"下有汤谷。汤谷上有扶桑,十日所浴,在黑齿北,居水中,有大木,九日居下枝,一日居上枝。"(《海外东经》)显然与日神观念有关。

其次是月神崇拜。在各种天体中,月亮的隐显、圆缺及其模糊图像,引起人类的想象;此外,月亮能在黑夜中给人带来光明,并给人提供判断时日的依据。因此,月亮也成为古人崇拜的对象。在舜帝时,月神是作为天宗之一享受祭祀的。殷商卜辞中有祭拜"西母"的记载。如《甲骨文合集》14335、

[①] 例见陈梦家:《殷虚卜辞综述》,中华书局1988年版,第573页;另见刘青:《甲骨卜辞神化资料整理与研究》,云南人民出版社2008年版,第1页。

[②] 据孙希旦《礼记集解》:暗,黄昏之时;阳,正午之时;朝,日出之时。见下册,中华书局1989年版,第1216页。

[③] 例见陈梦家:《殷虚卜辞综述》,中华书局1988年版,第574页;另见刘青:《甲骨卜辞神话资料整理与研究》,云南人民出版社2008年版,第4页。

14344、14345等。"西母"以"月出于西"得名,一般认为指"月神"①。周代以日神为主、月神为辅的祭天仪式大概就是殷商天神祭拜仪式的遗存。《礼记·祭义》:"郊之祭,大报天而主日,配以月……。祭日于坛,祭月于坎,以别幽明,以制上下。祭日于东,祭月于西,以别外内,以端其位。"民间有关月亮的神话,如玉兔蟾蜍传说、嫦娥奔月传说等,秦汉以后每年中秋节民间有拜月的风俗,实际都是以月神信仰为基础的。

卜辞中还记有对云神、风神、雪神、雨神的祭祀②。其中,云神包括虹神③,雪神包括雹神④。祀云神、风神、雪神、雨神的方式常用寮祭,如"寮于云""寮于帝云""寮风""寮于雪"之类⑤。"寮",卜辞中又写作"燎",即用柴火焚烧牛羊或布帛,向上天祈祷祭拜的一种祭法,通常用于祭拜天神。商朝祭雨的内容十分丰富,包括求雨和止雨。祭雨的对象除了雨神外,还包括上帝、山神、河神、云神、雪神等各种可以支配或影响雨神的神灵。祭祀方式也有多样,如奏舞求雨、焚牲求雨、作龙求雨等⑥。在殷商卜辞中,"舞"是最常见的雨祭方式。在祈雨时,舞蹈仪式又常与音乐演奏的"奏"字连用。如:"庚寅卜,甲午奏舞,雨?"⑦"庚寅卜,癸巳奏舞,雨?"⑧"庚寅卜,辛卯奏舞,雨?"⑨有时,仅以奏乐的方式祭雨。如:"贞,惟奏雨。"⑩焚牲求雨的方式也就是"寮"。龙在殷商卜辞中是雨神。卜辞记载了制作土龙求雨、帝令龙降雨、龙王是否接受祭祀而降雨的事迹⑪。

在诸多天象中,雷电对古代人来讲是最恐怖的。雷电往往伴随着疾风暴雨,击毁房屋、树木,引起火灾,使人畜毙命。对于这些现象,古人无法理解,于是产生了雷神、电神崇拜。殷商甲骨文中已有"雷"字,是指事字,在闪电形象的四周加上几点指事符号,表示伴随暴雨、闪电发出的巨响。因隆隆

---

① 如陈梦家:《殷虚卜辞综述》,中华书局1988年版,第574页;詹鄞鑫:《神灵与祭祀——中国传统宗教综论》,江苏古籍出版社1992年版,第31页;丁山:《中国古代宗教与神化考》,上海文艺出版社1988年版,第69—74页。
② 例见陈梦家:《殷虚卜辞综述》,中华书局1988年版,第575—576页;另见刘青:《甲骨卜辞神话资料整理与研究》,云南人民出版社2008年版,第33页。
③ 例见刘青:《甲骨卜辞神话资料整理与研究》,云南人民出版社2008年版,第49页。
④ 例见刘青:《甲骨卜辞神话资料整理与研究》,云南人民出版社2008年版,第52页。
⑤ 陈梦家:《殷虚卜辞综述》,中华书局1988年版,第575—576页。
⑥ 刘青:《甲骨卜辞神话资料整理与研究》,云南人民出版社2008年版,第33—34页。
⑦ 郭沫若主编:《甲骨文合集》12819,中华书局1981年版。
⑧ 郭沫若主编:《甲骨文合集》12819,中华书局1981年版。
⑨ 郭沫若主编:《甲骨文合集》12819,中华书局1981年版。
⑩ 郭沫若主编:《甲骨文合集》12824,中华书局1981年版。
⑪ 参刘青:《甲骨卜辞神话资料整理与研究》,云南人民出版社2008年版,第37页。

作响如击连鼓,拟其音则名"丰隆";啪然震天地,又拟其音为"霹雳"①。直观上,雷是从云中发出来的,所以雷神与云神有着天然的联系,《楚辞》将二者都叫作"丰隆"。同时,雷声与暴雨相生相伴,所以雷神与雨神又有相似之处,具有雨神——龙的形象特征。《山海经·海内东经》说它"龙身而人头,鼓其腹"。雷鸣暴雨前后往往伴随着大风。所以雷神又与风神有密切的关系。卜辞中有与雨神或与风神同时出现的记载,如"贞:兹雷其雨"②;"贞:雷风其来"③。雷鸣往往与闪电为伴,所谓"其光日月,其声如雷"④。所以后世俗称雷神电神为"雷公电母"⑤。殷商卜辞中有对雷神的祭祀记载。如:"于雷火交"⑥。电神,卜辞称"电妇"。如:"癸酉余卜,贞:电妇佑子?"⑦

此外,卜辞中记载所祭天神还有火星、鸟星、北斗星等星辰诸神⑧。

殷商对天上诸神的祭祀,传至周代而不衰。《左传·昭公元年》:"日月星辰之神,则雪、霜、风、雨之不时,于是乎禜之。"《周礼·大宗伯》记有对日、月、风师、雨师的祭祀,《史记·封禅书》记秦有风伯、雨师之庙,汉有东君、云中君之祠。《淮南子·地形训》记云:"土龙致雨。"不过,对殷商所祀诸天神的称号有所变化。如云神,《九歌》称为"云中君""丰隆",《离骚》也称为"丰隆"。风神,《韩非子·十过》称"风伯",《周礼·大宗伯》称"风师",《风俗通·祀典》称"飞廉"。雨神,《周礼·大宗伯》《韩非子·十过》称"雨师"。

2. 地祇:"地宗三:河、海、岱"

"地"是与"天"相对应的概念,它是人类生存的场所,其土地、山川等自然物与人类生活的灾福有着密切的关系,因而也被神化。人们总是希望通过对大地诸神的祭拜祈求他们降福去灾。中国古代,地神称"祇""灵",所谓"阴之精气曰灵"⑨。对土地神的祭拜从夏代就开始流行了。《史记·封禅书》说:"自禹兴师修社祀,郊社所从来,尚矣。""社"即土地神,又指祭祀土地神的场所。殷商卜辞所祀地祇主要有土神、山神、石神、四方神、河神及谷神。

---

① 詹鄞鑫:《神灵与祭祀——中国传统宗教综论》,江苏古籍出版社 1992 年版,第 43—44 页。
② 郭沫若主编:《甲骨文合集》13408,中华书局 1981 年版。
③ 郭沫若主编:《甲骨文合集》3945 正,中华书局 1981 年版。
④ 《山海经·大荒东经》。
⑤ 如唐崔致远《桂苑笔耕集》卷十六《补安南录异图记》、宋苏轼《次韵章传道喜雨》、明都印《三余赘笔》。
⑥ 郭沫若主编:《甲骨文合集》34482,中华书局 1981 年版。
⑦ 罗振玉:《殷虚书契后编》下 42·7,中国青年出版社 1999 年版。
⑧ 刘青:《甲骨卜辞神话资料整理与研究》,云南人民出版社 2008 年版,第 10—17 页。
⑨ 刘青:《甲骨卜辞神话资料整理与研究》,云南人民出版社 2008 年版,第 10—17 页。

首先是土神。甲骨文多见祭祀殷王于社祈年求雨的记录。"卜辞祭社,可分为两类:一类是先公土,一类是某地之社。"①在后者的意义上,有研究者指出:"殷人祭祀土地神是以其居住地的土地神为主。"②如"夏土""唐土""亳土""中土""四方土"。商汤率诸侯国灭夏后曾在亳(今河南商丘)建立商朝,亳是商初首都,既属于"先公土",也属于"某地之社",所以卜辞中祭祀"亳土"的记录颇多③。如果泛指土神,则称为"土"④。武丁卜辞中"土"是土块之圆形的象形字,故后世之社于地上立圆丘以象之。殷商所以祭拜土神,为的是"求地利,报地功"⑤。

大地多山岳。所以又有山神、岳神祭拜。在上古神话传说中,山岳往往是神灵的寄居之所。在历史传说中,山岳是上古帝王的主要葬所。《山海经·大荒南经》云:"帝尧、帝喾、帝舜葬于岳山。"可以推断,在殷商之前就存在着山神崇拜。殷商卜辞中留下了许多祭"山"⑥、祭"岳"的记录⑦。对山岳的祭拜祈求与年成有关,也与平息山岳愤怒、防止山岳作祟有关⑧。祭祀山岳之神的方式有寮(燎)、取、卯、宜、宾、舞、奏、望、祝等十几种。"寮"即烧柴焚牲而祭,"取"即焚柴而祭,"卯"即将祭牲对剖开来祭祀,"宜"是将牲肉置于且(器具)上祭祀,"宾"一说是配飨附祀,二是表示商王亲自参加祭祀⑨,三是表示祝祷⑩。"祝"象人跪于神前祈祷之形,是祝祷祈福之祭;"舞""奏"即舞蹈、奏乐而祭;等等⑪。

山中多石。故山神祭拜又表现为石神祭拜。如《甲骨文合编》9552、13505 正、14466,林泰辅《龟甲兽骨文字》1.25.12。

殷商对土地神的祭祀,与四方的方位概念有紧密的联系。陈梦家指出:"卜辞之祭土,有二事值得注意:一是社与方的关系,'方'指四方的土地,而'土'指生产农作物的土地,两者皆为地示。"⑫殷人已有四方的概念。四方的

---

① 陈梦家:《殷虚卜辞综述》,中华书局 1988 年版,第 582 页。
② 刘青:《甲骨卜辞神话资料整理与研究》,云南人民出版社 2008 年版,第 57 页。
③ 例见陈梦家:《殷虚卜辞综述》,中华书局 1988 年版,第 582—583 页;刘青:《甲骨卜辞神话资料整理与研究》,云南人民出版社 2008 年版,第 57 页。
④ 詹鄞鑫:《神灵与祭祀——中国传统宗教综论》,江苏古籍出版社 1992 年版,第 61 页。
⑤ 陈梦家:《殷虚卜辞综述》,中华书局 1988 年版,第 583 页。
⑥ 例见陈梦家:《殷虚卜辞综述》,中华书局 1988 年版,第 594—595 页。
⑦ 刘青:《甲骨卜辞神话资料整理与研究》,云南人民出版社 2008 年版,第 59—60 页。
⑧ 刘青:《甲骨卜辞神话资料整理与研究》,云南人民出版社 2008 年版,第 60 页。
⑨ 赵诚:《甲骨文与商代文化》,辽宁人民出版社 2000 年版,第 177—178 页。
⑩ 刘青:《甲骨卜辞神话资料整理与研究》,云南人民出版社 2008 年版,第 62 页。
⑪ 据刘青:《甲骨卜辞神话资料整理与研究》,云南人民出版社 2008 年版,第 61—62 页。
⑫ 陈梦家:《殷虚卜辞综述》,中华书局 1988 年版,第 583 页。

顺序是东、南、西、北。卜辞中四方的概念有两种含义,"一种是方向"①,这与今天的常用义相通。"一种是以某地为中心的不同方向的地面"②,也就是"方域"及其发展而来的"神""帝"之名③。"卜辞四方实为四方地主之神。"④"卜辞中四方神又简称方"⑤,"卜辞祭社与祭方性质""相同"⑥。如"东受禾""东土受年""东方受禾"⑦,这里的"东""东土""东方"实际上指方位土地神。方域的含义在今天"方"的常用义中还保留着,但神的含义已不复存在。祭祀四方神的方式有燎、禘等。"禘"照后世的解释,即"祭昊天于圆丘"⑧。卜辞四方之祭的内容,大体分为三类。一是消灾的祓禳之祭,如"宁(止息风雨)于四方""宁风雨于方";二是求福的祈年之祭;三是方望之祭,即帝王郊祀时望祭四方群神之礼。⑨

地祇除土神、山神、石神、四方神之外还有水神。殷商卜辞所祭之水,有多种河流⑩,其中最主要的是"河",即黄河之神⑪。祭祀河神的目的,是避免河神作祟于人。祭祀的方式有二十多种,其中与祭祀山神不同的方式有近十种。⑫"卜辞祀河,最多用'沉'、'埋'之法。"⑬卜辞的"沉"字象沉牛于川之形,"埋"象埋牛或犬于坎(洼地)之形。卜辞祭河所沉者以牛居多,所埋者则为犬羊⑭。

和土地神祭拜相联系的是谷神祭拜。与周代并祭土地神"社"与五谷神"稷"不同,殷人只有"社"而无"稷"⑮。"甲骨卜辞所见殷人最重视的农作物是黍而不是稷。"⑯裘锡圭指出:"在有关农业的卜辞里,黍的地位非常突出,提到的次数比其他农作物多得多,这反映了当时的统治者对黍的重视。"⑰在

---

① 例见陈梦家:《殷虚卜辞综述》,中华书局1988年版,第584页。
② 陈梦家:《殷虚卜辞综述》,中华书局1988年版,第584页。
③ 陈梦家:《殷虚卜辞综述》,中华书局1988年版,第590页。
④ 陈梦家:《殷虚卜辞综述》,中华书局1988年版,第585—586页。
⑤ 刘青:《甲骨卜辞神话资料整理与研究》,云南人民出版社2008年版,第54页。
⑥ 陈梦家:《殷虚卜辞综述》,中华书局1988年版,第585页。
⑦ 陈梦家:《殷虚卜辞综述》,中华书局1988年版,第585页。
⑧ 韦昭《国语·鲁语》注。
⑨ 陈梦家:《殷虚卜辞综述》,中华书局1988年版,第583页。
⑩ 例见陈梦家:《殷虚卜辞综述》,中华书局1988年版,第597页。
⑪ 刘青:《甲骨卜辞神话资料整理与研究》,云南人民出版社2008年版,第64页。
⑫ 刘青:《甲骨卜辞神话资料整理与研究》,云南人民出版社2008年版,第65页。
⑬ 陈梦家:《殷虚卜辞综述》,中华书局1988年版,第597页。
⑭ 陈梦家:《殷虚卜辞综述》,中华书局1988年版,第598页。
⑮ 陈梦家:《殷虚卜辞综述》,中华书局1988年版,第583页。
⑯ 刘青:《甲骨卜辞神话资料整理与研究》,云南人民出版社2008年版,第111页。
⑰ 于省悟主编:《甲骨文字诂林》第二册,中华书局1996年版,第1446页。

卜辞提到的几种谷物中,只祭祀黍神。如《甲骨文合集》9613乙正:"往省黍,祀若。"9613甲正:"望弗往省黍,祀弗若。"大意是商王去省察黍的生长情况,并卜问祭祀黍神是否有好年成。《甲骨文合集》9535:"呼黍于北,受年。"9539:"呼黍,不其受年。""呼黍",即类似于喊黍魂①。

3. 动物神灵

人鬼、天神、地祇之外,其他动植物也有神灵,有研究者称之为"物魅"②。甲骨卜辞中记有植物神灵,但证据不太充足③,这里存而不论,只看看卜辞中反映的动物神情况。

龙神。据《左传·昭公二十九年》及《史记·夏本纪》,"从先夏及夏代,曾有专门饲养龙的世家氏族。养龙可作佳肴,亦可作骑乘或娱乐之用。""殷商仍有这种作为生物而存在的'龙'。"④在甲骨卜辞中,可看到育龙、擒龙、获龙的记载。不过,卜辞中的龙具有呼风唤雨的功能,是司风雨的神祇。如《甲骨文合集》95正卜问上帝是否令龙降雨。《甲骨文合集》506正卜问是否用龙祈雨,《甲骨文合集》96582卜问龙王是否接受祭祀而降雨。此外,卜辞中还有饰龙神祈雨或作土龙求雨的记载⑤。

鸟神。鸟在商人起源中扮演着始祖神的角色。《诗经·商颂·玄鸟》有云:"天命玄鸟,降而生商。"有学者指出:"鸟为商族高祖王亥的图腾,当无疑义。"⑥甲骨卜辞中有许多鸟崇拜的记录。玄鸟,解为燕子。燕子在殷人心目中为吉祥之鸟,在卜辞中有明确的记载,如《甲骨文合集》5257、5280、5285、12523。凤是卜辞所记的另一种神鸟。此鸟在卜辞中是作为风神出现的。殷人将凤鸟作为神鸟,也可从考古发掘中找到旁证。"商周的青铜工艺品上,除了饕餮是主要装饰题材外,就算龙和凤了。特别是在祭器上,更离不开夔凤纹。然而,除了图腾标记外,象征意义并不广泛。"⑦就是说,凤在殷商时期主要是作为图腾神的形象出现的。

鱼神。甲骨卜辞还记载了远古鱼崇拜的信息。在《甲骨文合集》15486、15487、27890、28337、29700卜辞中,鱼都是作为被祭对象出现的。此外,鱼还作为人名、氏族名出现。这都与以鱼为图腾神有密切的关系,是以鱼为图

---

① 刘青:《甲骨卜辞神话资料整理与研究》,云南人民出版社2008年版,第112页。
② 吕思勉:《中国通史》,华东师大出版社2005年版,第306页。
③ 参刘青:《甲骨卜辞神话资料整理与研究》相关章节,云南人民出版社2008年版。
④ 刘青:《甲骨卜辞神话资料整理与研究》,云南人民出版社2008年版,第77页。
⑤ 刘青:《甲骨卜辞神话资料整理与研究》,云南人民出版社2008年版,第75页。
⑥ 何星亮:《中国图腾文化》,中国社会科学出版社1992年版,第218页。
⑦ 顾方松:《凤鸟图案研究》,浙江美术出版社1984年版,第5—6页。

腾神的证明①。

龟神。殷商盛行通过龟甲裂纹占卜。商朝为此建立了专门机构,设置了取龟卜官、钻凿卜官、命龟卜官、灼龟卜官、书契卜官、管理卜官,从取龟、杀龟、衅龟到龟甲的整治贮藏,都有具体的规范②。殷商卜辞中不乏纳龟、杀龟记录,如《甲骨文合集》8996 正、8998 正、17666。龟可以影响气象,如《甲骨文合集》30025:"惟龟至,有大雨。"也可以给商王带来福祐。如《甲骨文合集》30885:"惟龟至,王受祐。"因而,龟在商人心目中具有神灵地位,商人对于龟灵的崇拜,在甲骨卜辞中可见一斑。如《甲骨文合集》30632:"龟至,惟祝。"③

五、上帝崇拜

甲骨卜辞中屡屡出现"帝"或"上帝"的名称。这是一种高高在上、拥有使臣走卒、具有无限权威和力量的至上神。殷人把人的世界叫作"下"的世界,把神的世界叫作"上"的世界。正像在"下"的世界有一个王是最高统治者一样,在"上"的世界也有一个至上神,是最高统治者,这就是"帝"或"上帝"。正像在"下"的世界里王有许多臣吏分管各种事务一样,在"上"的天庭中"上帝"也有许多臣吏分管各种事务④。"卜辞中的上帝或帝,常常发号施令,与王一样……自有朝廷,有使、臣之类供其奔走者。"⑤上帝不仅是神灵世界的统治者,也是现实人间的统治者。从其与祖先神、自然神的关系来说,"帝与殷商时期的一些自然神和商王的先祖有上下统属关系,帝是商人崇拜的至上神。"⑥"在原始宗教里自然神和祖先神的职责,在这里集中于上帝一身了。"⑦从其与现实中自然与人事的关系来说,"帝"是管理自然与下国的主宰,"他的权威或命令所及的对象是:(1) 天时,(2) 王,(3) 我,(4) 邑(指当时殷的都邑)。"⑧"殷商时期的帝对风、雨、雷等自然天象有控制权,也有随

---

① 刘青:《甲骨卜辞神话资料整理与研究》,云南人民出版社 2008 年版,第 88 页。
② 参刘玉建:《中国古代龟卜文化》,广西师范大学出版社 1993 年版。
③ 据刘青:《甲骨卜辞神话资料整理与研究》,云南人民出版社 2008 年版,第 91—93 页。
④ 据侯外庐主编:《中国思想史纲》上册,中国青年出版社 1963 年版,第 23 页;张岂之主编:《中国思想史》,西北大学出版社 2003 年版,第 8 页。
⑤ 陈梦家:《殷虚卜辞综述》,中华书局 1988 年版,第 572 页。例见同页。
⑥ 徐明波:《从卜辞看殷商时期上帝的性质》,《重庆师范大学学报》2007 年第 3 期。
⑦ 张岂之主编:《中国思想史》,西北大学出版社 2003 年版,第 9 页。
⑧ 陈梦家:《殷虚卜辞综述》,中华书局 1988 年版,第 571 页。

意降予商王国自然灾害与人事灾害的主动权。"①关于上帝所施影响的范围，陈梦家指出："上帝所管到的事项是：（1）年成，（2）战争，（3）作邑，（4）王之行动。"②有研究者指出："从安阳殷墟出土的王室卜辞来看，从天时、年成、祭祀、征伐到商王个人田猎、疾病以及做梦和生孩子等等，都要通过占卜求问上帝。"③从上帝显示的作用或功能来看，既能降福，如"令雨""足年""降食""降若（善、祥）""受又（即授祐）""作邑"，又能降灾，如"降祸""降旱""令风"④"令雷"⑤"作它（灾害）"⑥"降馑"⑦"不又""弗若""弗佐""弗福""弗缶"⑧。殷人通过对上帝的祭拜卜问，祈求降福避祸，获得上帝的保佑。

  殷代上帝与自然神、祖宗神的关系颇为复杂。一是上帝与天神的关系。由于上帝高高在上，属于天庭中的神灵，所以在自然神中属于与地祇相对的天神。陈梦家分析卜辞所祀神灵分为"天神""地示""人鬼"三类，不设"上帝"一类，只是将"上帝"置于"天神"之下加以看待⑨。他还指出："殷人的帝或上帝或指昊天。"⑩这就为周人用"天""上天"的概念指称"上帝"以及"天帝"概念的产生奠定了基础。同时，上帝又是天庭中的王者，他不仅统治着其他天神，还主宰着其他地祇，其他自然神如日、月、山、河等神灵，都失去了独立性，成为执行上帝意志的工具或使者。因而，上帝又不同于一般的天神，而是拥有绝对统治力的至上神，是"殷人最崇拜的天神"⑪。二是上帝与祖宗神的关系。一方面，殷代的神灵祭祀具有"帝、祖合一"的特征。卜辞中上帝虽然能呼风唤雨，作威作福，但不享祭，真正享祭的是先祖，因为只有先祖才能直接晋谒上帝，转达对上帝的祈求。所以殷王向上帝祈求丰年或天气时，必须经由祭拜先祖这一中介环节⑫。"殷人的宗教性主要受祖先神支配。他们与天帝的关系，都是通过祖先作中介人。"⑬于是，祖先在殷人心目

---

① 徐明波：《从卜辞看殷商时期上帝的性质》，《重庆师范大学学报》2007 年第 3 期。
② 陈梦家：《殷虚卜辞综述》，中华书局 1988 年版，第 571 页。
③ 张岂之主编：《中国思想史》，西北大学出版社 2003 年版，第 9 页。
④ 例见陈梦家：《殷虚卜辞综述》，中华书局 1988 年版，第 562—570 页。
⑤ 郭沫若主编：《甲骨文合集》14127，中华书局 1981 年版。
⑥ 例见陈梦家：《殷虚卜辞综述》，中华书局 1988 年版，第 568 页。
⑦ 董作宾：《中国古代文化的认识》，《大陆杂志》第三卷第十二期。
⑧ 例均见陈梦家：《殷虚卜辞综述》，中华书局 1988 年版，第 567—569 页。胡厚宣《甲骨文所见殷代之天神》将上帝的权能列为八种，也不出善恶、祸福两类。齐鲁大学国文研究所主编：《责善半月刊》，二卷十六期。
⑨ 陈梦家：《殷虚卜辞综述》，中华书局 1988 年版，第 562 页。
⑩ 陈梦家：《殷虚卜辞综述》，中华书局 1988 年版，第 574 页。
⑪ 韦政通：《中国思想史》上册，吉林出版集团有限责任公司 2009 年版，第 21 页。
⑫ 韦政通：《中国思想史》上册，吉林出版集团有限责任公司 2009 年版，第 21 页。
⑬ 徐复观：《中国人性论史》，台湾商务印书馆 1969 年版，第 17 页。

中被视为"上帝"的替代物或"上帝"本身,"殷人的帝很可能是先祖的统称,或是先祖观念的一个抽象"①,"历代殷王的名号都有祖先崇拜的意义"②。然而,另一方面,作为至上神的上帝只有一个,而祖先则有许多,因而,将殷人的神灵崇拜视为"祖先一元神的宗教",认为殷人"祭奉的至上神上帝就是殷民族自己的祖先"③,这不仅在逻辑上难以成立,而且在甲骨卜辞中也找不到证据的支持。

---

① 罗香林:《民间的几种信仰》,《民俗学论丛》,文星书店1966年。
② 侯外庐等:《中国思想通史》第一卷,人民出版社1957年版,第64页。
③ 张岂之主编:《中国思想史》,西北大学出版社2003年版,第8页。

第四章　上古至夏商时期道德观念及德治思想的萌芽

上古至夏商时期神本思想占主导地位,这是没有疑义的。那么,这个时期有没有道德观念呢?①

一、现有观点:上古至夏商不存在道德观念

一种观点认为直至殷商连"德"字都没有,也就谈不上存在道德观念。这种观点以侯外庐、顾颉刚、郭沫若为代表。侯外庐在《中国思想通史》第一卷中指出:"我们翻遍卜辞,没有发现一个抽象的词,更没有一个关于道德智慧的术语。"②"道德观念在卜辞中没有痕迹……殷人并没有表示权利义务的道德之创设。"③"殷代诸王的名称,没有道德字义的意识生产。"④"卜辞中的祸、咎、不利、吉、不吉等字,是全体族员对自然与外族的宗教意识。"⑤顾颉刚认为,"商代金文和甲骨文中未见'德'字"⑥,这说明殷商时期"根本没有德的概念",自然"也无由产生'德'字"。郭沫若《先秦天道观之发展》一文指出:与"周代的彝铭中如成王时的《班簋》和康王时的《大盂鼎》都明白地有'德'字表现着"不同,"在卜辞和殷人彝铭中没有'德'字"⑦。台湾学者韦政通也认为,"卜辞里没有'德'字,道德意识和道德观念起于周初。"⑧

另一种观点与此似异实同。一方面,这种观点认为,甲骨文中有"德"字,只

---

① 本章以《夏商之前是否存在道德观念》为题,刊发于《晨刊》2022 年第 3 期。
② 侯外庐:《中国思想通史》第一卷,人民出版社 1995 年版,第 23 页。
③ 侯外庐:《中国思想通史》第一卷,人民出版社 1995 年版,第 64 页。
④ 侯外庐:《中国思想通史》第一卷,人民出版社 1995 年版,第 63 页。
⑤ 侯外庐:《中国思想通史》第一卷,人民出版社 1995 年版,第 23 页。
⑥ 顾颉刚、刘起釪:《〈盘庚〉三篇校释译论》,《历史学》1979 年第 2 期。
⑦ 郭沫若:《青铜时代》,中国人民大学出版社 2005 年版,第 15 页。
⑧ 韦政通:《中国思想史》上册,吉林出版集团有限责任公司 2009 年版,第 29 页。

不过写法与今天有异。今体"德"字有"心"部,这是从西周金文开始的写法①,在殷商甲骨文中无"心"字,但它未必不是"德",而是"德"的早期写法。徐中舒编《甲骨文字典》收有此"德"字。中国社会科学院考古所编《甲骨文编》收录了"德"字的 20 种写法②。当代学者晁福林在《先秦时期"德"观念起源及其发展》一文中指出:"可靠的文献记载和甲骨资料都表明,'德'的观念在商代确实已经出现。甲骨卜辞的有关记载和《尚书·盘庚》篇,皆为明证。"③另一方面,这种观点又认为,甲骨文所写"德"字所指不同于后世"道德"的"德"。甲骨文"德"字没有"心"部,这说明"德"的概念在殷商还没有深入到人的心灵层次,并不具有精神性的内容④,与后人关于"内得于心为德"的定义是不一致的⑤。从字形看,甲骨文中的"德"由"彳"和"直"二部分构成。"彳"是行,表示道路和行动。"直",《说文解字》的解释是:"正见也,从十目。""德"的本义,是"依目之正见,从而行之"。晁福林认为,殷人所谓的"德",更多的是"得"之意。在殷人看来,有所"得"来源于神意,是神意指点迷津而获"得",因而必须、可以这么做。如卜辞记载"王德正(征)""今春王德伐土方""王德方帝授我又(即佑)"⑥,其中"德",均可通假作"得",用作"可""须"之意。在这个意义上,"得"读作 děi。晁福林还通过具体考辨指出,《商书·盘庚》中的"德"字虽然作为"道德"来讲也"勉强可通",但"较为迂曲难明";倒是用其本意,作为"获取""得到"之"德(得)"来讲,则"通畅恰当"。要之,在殷商甲骨卜辞中,"德"即得到之"得",指得到"天"(神)的眷顾与恩惠,是天命观、神意观的一种表达。人们赞美"德",就是在赞美"天命"和"先祖"的赐予,或从"天命"和"先祖"那儿有所获得⑦。可见,这种观点虽然承认"德"字早在殷商甲骨文中就存在了,但又认为这不是殷商道德观念存在的证明,作为从天命和祖先神的庇佑中有所获得的"得","德"的出现恰恰是殷商天命观、神意观的另一种证明。

上述两种观点殊途同归,表述的是一个意思,即上古到夏商时期,道德观念是不存在的,神本主义一直是思想界的全部,更谈不上有什么政治生活中的德治思想了。

---

① 容庚《金文编》收录"德"字的写法有 35 种,其中有"心"部的"德"字 31 种,另有 4 个没有心部,依然沿用甲骨文的写法。
② 一说收录"德"字 19 次,张继军:《周初"德"字及其观念的产生》,《学术交流》2006 年第 11 期。
③ 晁福林:《先秦时期"德"观念起源及其发展》,《中国社会科学》2005 年第 4 期。
④ 张继军:《周初"德"字及其观念的产生》,《学术交流》2006 年第 11 期。
⑤ 晁福林:《先秦时期"德"观念起源及其发展》,《中国社会科学》2005 年第 4 期。
⑥ 郭沫若主编:《甲骨文合集》,中华书局 1982 年版,第 7231、6399、6737 片。
⑦ 均见晁福林:《先秦时期"德"观念起源及其发展》,《中国社会科学》2005 年第 4 期。

二、史籍中关于五帝与夏商德治思想的记载

不过,这种判断不仅与基本的政治机理不合,也与《尚书》《左传》和《史记》"五帝本纪""夏本纪""殷本纪"等历史典籍的记载相左。

从政治发生学的角度看,"生民之初,本无所谓君臣,则皆民也。民不能相治,亦不暇治,于是共举一民为君"①。不仅君主产生于民众自治的需求,而且民众本身"惟惠是怀"②、目光短浅的弱点,也决定了要求有一位大智慧的君主来管理他们,为他们作出更英明的决策:"惟天生民有欲,无主乃乱,惟天生聪明时乂。"③因此,墨子说:"君,臣萌(通氓)通约也。"④顾炎武称之为"为民而立之君"⑤。君主的本质是臣民共同推选出来的"民之主"。他虽然有代民做主的权力,同时也有为民服务的责任,就是没有以权谋私、作威作福的特权。"天生民而立之君,使司牧之,勿使失性……天之爱民甚矣,岂使一人肆于民上,以从(纵)其淫,而弃天之性?必不然矣。"⑥在神灵至上的上古时代,君主决定国家大事虽然必须通过神职人员请示神意,但也不能不顾民意,不能放弃顺应民意、克制私欲的道德修养,因为神意是虚无缥缈的,民意倒是可以观察、感受得到的。事实上,"故夫灾与福也,非粹在天也,必在士民也。""自古至于今,与民为雠者,有迟有速,而民必胜之。"⑦而且,即便在神本观念占主导地位的时代,人们也会在实践中逐渐认识到:"天难谌,命靡常。常厥德,保厥位。"⑧天命、神意往往是和民心、民意相统一的。"民为邦本,本固邦宁。"⑨因此,在上古至夏商时期,出现道德观念和德治思想的萌芽,是合情合理的,也是自然而然的。

根据历史记载,在上古原始公天下社会,帝位的传承都是采取"禅让制"。"禅让"的唯一依据,是良好的道德和杰出的能力。因此,"禅让"古代

---

① 《谭嗣同全集·仁学》。
② 《尚书·周书·蔡仲之命》。
③ 《尚书·商书·仲虺之诰》。主:君主。聪明:《尚书·大禹谟》:"无稽之言勿听,弗询之谋勿庸。"时:是。乂:治。
④ 《墨子·经上》。
⑤ 《日知录·周室班爵禄》。详参祁志祥:《"立天子以为天下"——周代"立君为民"学说的现代性观照》,《社会科学战线》2022年第2期。
⑥ 《左传·襄公二十四年》晋师旷语。
⑦ 贾谊:《新书·大政》。
⑧ 《尚书·商书·咸有一德》。
⑨ 《尚书·虞夏书·五子之歌》。

又称"让贤"。"贤"本身乃是一个道德概念。历史传说中的"三皇五帝",就是凭借这种良好的道德和杰出的能力被人民拥戴推举为天子的圣王。如果否定上古道德观念的存在,就无法解释原始公天下社会凭什么实行帝位的"禅让"。如果否定上古德治思想的存在,我们也无法理解"三皇五帝"的诞生,无法理解"三皇五帝"何以被历代传颂为大贤大德的千古圣王。

在后代历史典籍关于道德观念和德治思想的记载中,可以上溯到上古后期的五帝。《史记·五帝本纪》说黄帝:"修德振兵","抚万民","度四方";说帝喾:"仁而威,惠而信,修身而天下服","普施利物,不于其身";说帝尧:"其仁如天,其知如神","富而不骄,贵而不舒";说舜:"年二十以孝闻。"《左传·文公十八年》记载颛顼、帝喾:"昔高阳氏(颛顼号)有才子八人,苍舒、隤敳、梼戭、大临、尨降、庭坚、仲容、叔达,齐圣广渊,明允笃诚,天下之民谓之八恺。高辛氏(帝喾号)有才子八人,伯奋、仲堪、叔献、季仲、伯虎、仲熊、叔豹、季狸,忠肃共懿,宣慈惠和,天下之民谓之八元。此十六族也,世济其美。"这"齐圣广渊,明允笃诚"的"八恺"和"忠肃共懿,宣慈惠和"的"八元"都是当时举世称颂的道德楷模。他们在尧帝主政的时候"不能举",当"舜臣尧"时,"举八恺,使主后土,以揆百事,莫不时序,地平天成;举八元,使布五教于四方,父义、母慈、兄友、弟共、子孝,内平外成"①。《尚书·虞夏书·尧典》讲帝尧"克明厥德,以亲九族"。《大禹谟》记载伯益对尧帝品德的赞美:"帝德广运,乃圣乃神,乃武乃文。"《舜典》记载"舜让于德",即舜起初推辞尧禅让给他的帝位,坚持将帝位让给有德之人。《大禹谟》记载皋陶对舜的德行的赞美:"帝德罔愆……洽于民心。"

到了夏朝,这种道德观念和德治思想得到进一步发展。这突出体现在夏禹及其群臣和继承人身上。如关于禹的德行记录。《尚书·虞夏书·大禹谟》记载舜将帝位禅让给禹时禹的谦让:"朕德罔克,民不依。"以及禹对皋陶的转荐:"皋陶迈(勇往力行)种(施行)德,德乃降,黎民怀之。"记载舜最后对禹的德行的认可而将帝位禅让给他:"惟汝贤……汝惟不伐(夸耀),天下莫与汝争功。予懋乃德,嘉乃丕绩。"记载伯益对禹的德行的赞美:"惟德动天,无远弗届。"记载大禹的德治理念:"德惟善政,政在养民。"记载禹讨伐三苗部族的原因:"蠢兹有苗,昏迷不恭,侮慢自贤,反道败德,君子在野,小人在位,民弃不保。"《虞夏书·五子之歌》记录大禹的德治思想:"民惟邦本,本固邦宁。"《史记·夏本纪》记载:"禹为人敏给克勤;其德不违,其仁可亲,其言可信;声为律,身为度,称以出;亹亹穆穆,为纲为纪。"大禹还说:"於,帝!

---

① 《史记·五帝本纪》也有类似记载。

慎乃在位,安尔止。辅德,天下大应。""知人则智,能官人;能安民则惠,黎民怀之。"①《虞夏书·皋陶谟》记载夏禹时重臣皋陶的治国理念:"允迪厥德,谟明弼谐。""行有九德……,宽而栗、柔而立、愿而恭、乱而敬、扰而毅、直而温、简而廉、刚而塞、强而义。彰厥有常,吉哉。日宣三德,夙夜浚明有家。日严祗敬六德,亮采有邦。翕受敷施,九德咸事。"《史记·夏本纪》记载:"皋陶作士以理民。帝舜朝,禹、伯夷、皋陶相与语帝前。皋陶述其谋曰:'信其道德,谋明辅和。'禹曰:'然,如何?'皋陶曰:'於!慎其身修,思长,敦序九族,众明高翼,近可远在已。'禹拜美言,曰:'然。'皋陶曰:'於!在知人,在安民。'……'亦行有九德,亦言其有德。'……"关于继承人启的道德记录,《史记·夏本纪》记载:"帝禹立而举皋陶荐之,且授政焉,而皋陶卒。……而后举益,任之政。十年,帝禹东巡狩,至于会稽而崩。以天下授益。三年之丧毕,益让帝禹之子启,而辟居箕山之阳。禹子启贤,天下属意焉。及禹崩,虽授益,益之佐禹日浅,天下未洽。故诸侯皆去益而朝启,曰:'吾君帝禹之子也。'于是启遂即天子之位,是为夏后帝启。"另,《虞夏书·胤征》记载仲康即位期间主管天地四时历数的羲氏、和氏"颠覆厥德,沉乱于酒",仲康派胤侯率领将士征讨诛杀的事迹,也体现了夏朝帝王的德治状况。此外,《论语·为政》记载孔子的话:"殷因于夏礼","周因于殷礼"。孔子是文化大师,整理过若干前代历史典籍。他的这段话值得采信。"礼",是一个明显的道德概念。夏商周所因之"礼"是什么?朱熹《论语集注》引"马氏"注:"所因,谓三纲五常。"朱熹解释:"三纲,谓君为臣纲、父为子纲、夫为妻纲。五常,谓仁义礼智信。""三纲五常,礼之大体,三代相继,皆因之而不能变。"这说明:三纲五常这样的道德概念,早在夏代就开始存在了,殷商就更不用说了。在这一点上,夏商与周是一脉相承的,只不过是道德观念在社会生活中的影响、地位有所不同而已。

夏末自孔甲始,"好方鬼神,事淫乱"②,发展到夏桀,荒淫残暴益甚。诸侯国首领商汤起而征之。商汤在起事前,就以仁德闻名天下,赢得诸侯广泛好感。《史记·殷本纪》记载:"汤出,见野张网四面,祝曰:'自天下四方皆入吾网。'汤曰:'嘻,尽之矣!'乃去其三面,祝曰:'欲左,左。欲右,右。不用命,乃入吾网。'诸侯闻之,曰:'汤德至矣,及禽兽。'"汤原来定居于亳(商丘),是商族的首领、商国的国君。他率领诸侯推翻夏朝天子夏桀的"革命",是一场以有道伐无道、"除虐去残"的武力斗争。汤原名履,因为"除虐去

---

① 按《尚书·虞夏书·皋陶谟》也有与此大同小异的记载。
② 《史记·夏本纪》。

残",成功推翻了夏桀,所以谥号为"汤"或"成汤",又被后人尊称为"武王"。《尚书·商书·汤誓》记录商汤讨伐夏桀的誓词中说:"非台小子,敢行称乱!有夏多罪,天命殛之。今尔有众,……曰:'夏罪其如台?'夏王率遏众力,率割夏邑。有众率怠弗协曰:'时日曷丧?予及汝皆亡。'夏德若兹,今朕必往。"①尧舜禹都是通过禅让的方式登上帝王宝座的,而汤则是通过武力上台的,所以登上帝位后他感到惭愧:"成汤放桀于南巢,惟有惭德。曰:'予恐来世以台为口实。'"他的左相仲虺安慰他,帝王的职责是为百姓作出英明决策,管理他们、造福于他们。夏桀荒淫暴虐,生灵涂炭,上天赐您大智大勇,代桀而立,是符合天命和人心所向的,不必惭愧。《商书·仲虺之诰》说:"呜呼!惟天生民有欲,无主乃乱,惟天生聪明时乂,有夏昏德,民坠涂炭,天乃锡王勇智,表正万邦,缵禹旧服。兹率厥典,奉若天命。夏王有罪,矫诬上天,以布命于下。帝用(因)不臧,式(用)商受命……"接着仲虺赞叹汤王的功德:"惟王不迩声色,不殖货利。德懋懋官,功懋懋赏。用人惟己,改过不吝。克宽克仁,彰信兆民。""佑贤辅德,显忠遂良,兼弱攻昧,取乱侮亡,推亡固存,邦乃其昌。德日新,万邦惟怀;志自满,九族乃离。王懋昭大德,建中于民,以义制事,以礼制心,垂裕后昆(后裔)。"商汤即位后,作《汤诰》,也体现了明显的德治思想:"王归自克夏,至于亳,诞告万方。王曰:……夏王灭德作威,以敷虐于尔万方百姓。尔万方百姓,罹其凶害,弗忍荼毒,并告无辜于上下神祇。天道福善祸淫,降灾于夏,以彰厥罪。……凡我造邦,无从匪彝,无即慆淫,各守尔典,以承天休。尔有善,朕弗敢蔽;罪当朕躬,弗敢自赦,惟简在上帝之心。其尔万方有罪,在予一人;予一人有罪,无以尔万方。呜呼!尚克时忱,乃亦有终。"《商书·伊训》记载,商汤逝世、太甲即位后,伊尹用商汤的美德教导太甲,告诫他吸取夏桀灭亡的教训,注重自身的品德修养,不仅要"敬天",而且要"保德":"惟上帝不常,作善,降之百祥;作不善,降之百殃。尔惟德罔小,万邦惟庆;尔惟不德罔大,坠厥宗。"《商书·太甲》记载伊尹告诫太甲:"德惟治,否德乱。""民罔常怀,怀于有仁。"太甲是商汤嫡长孙,商朝第四位君主。继位之初,由四朝元老伊尹辅政。在伊尹的督促下,太甲在前两年的作为还过得去,但从第三年起就不行了。他破坏汤制定的法规,任意发号施令,纵情享乐,朝政昏乱。伊尹虽百般规劝,他都听不进去,伊尹只好将他放逐到商汤墓地附近的桐宫反省改过,自己摄政当国,史称"伊尹放太甲"。太甲在桐宫三年悔过自责后,伊尹又将他迎回亳都,还政于他。担心太甲对道德的修养不坚定纯一,于是又作《咸有一德》告诫他,

---

① 《史记·殷本纪》有与此大同小异的记载。

《商书》留下了这篇文字:"天难谌,命靡常。常厥德,保厥位。厥德匪常,九(九州)有以亡。夏王弗克庸德,慢神虐民。皇天弗保,监于万方,启迪有命,眷求一德,俾作神主。惟尹躬暨汤,咸有一德,克享天心,受天明命,以有九有之师,爰革夏正。非天私我有商,惟天佑于一德;非商求于下民,惟民归于一德。德惟一,动罔不吉;德二三,动罔不凶。惟吉凶不僭在人,惟天降灾祥在德。今嗣王新服厥命,惟新厥德。终始惟一,时乃日新。……德无常师,主善为师。善无常主,协于克一。"据《太甲中》记载,曾犯过糊涂、走过弯路的太甲后来幡然醒悟:"天作孽,犹可违(避);自作孽,不可逭(音幻,逃避)。"重新当政的太甲终于守德如一,诸侯因而都归顺他,百姓得以安宁。《尚书·盘庚》篇中多处讲到盘庚修"德":"非予自荒兹德","予亦不敢动用非德","式敷民德,永肩一心"。这些"德"字与前述《尚书》"虞夏书"及"商书"各篇中出现的"德"字一样,作为"道德"来讲是"通畅恰当"的。若像晁福林那样解释为"得到",恰恰"较为迂曲难明",不是很确。此外,甲骨文中已出现"孝"字,商王武丁之子孝己以"孝"著称。商代后期,商王有以"文""武""康"命名的(第23任武丁;第27任康丁;第28任武乙;第29任文丁,亦称太丁)。如果不同意将"孝""文""武""康"解释为道德概念①,实在难以让人信服。

也许,有人会说,《尚书》《左传》《论语》《史记》等是殷商之后的人编写、追忆、补记的,不足为凭。然而,我们要指出的是,世界各民族有许多著名的史诗,都没有初期的文字记录,而是行吟诗人口口相传、后世加以记录整理的结果,但人们并没有否定它们的历史真实性,一概否定《尚书》《左传》《史记》等后代史籍关于上古至夏商历史记录的真实性,是否合适?笔者注意到,在这些记载中,汉代成书的《史记》与《尚书》《左传》有不少片段高度一致,而司马迁在记下这些历史传说前曾遍访古迹甄别原委加以审慎对待,足见《尚书》《左传》《史记》这些历史典籍的相关记载,有理由成为我们认识和研究其时思想史状况的参考依据。

据此,笔者的看法是:从上古至夏商这段漫长的历史时期,中国思想界经历了神本主义观念占思想界的全部到占主导地位的发展演变,而从五帝开始到夏商时期,道德观念出现萌芽,德治思想开始觉醒,它们虽然不占主导地位,但却构成这个时期神本思想的有益补充,并为在周代上升到主导地位打下了不可或缺的思想基础。

---

① 如沈善洪、王凤贤:《中国伦理学说史》上卷,浙江人民出版社1985年版,第54页:"商代后期有以'文''武''康'命名的,但这些字在当时都还没有道德含义。"

下 编

周代的思想启蒙：
"神本"走向"人本"

导　论

　　殷商时期虽然出现了道德观念,但道德观念与天命观念尚处于某种分离状态。殷纣王自恃天命,抛弃道德约束,为所欲为,直到被臣民推翻,仍然说:"我生不有命在天乎!"①

　　周人从殷王虽有天命、无德而亡的教训中认识到,天命无常,唯德是辅。于是以德配天,将天命、神意落实到道德、民意上,有道德操守的、顺应民意的就符合神意,就能得到天命神意的保佑。"夫民,神之主也。"②"神,聪明正直而一者也,依人而行。"③人是神的主宰者。于是,"神"的作用和地位不那么重要了(祛魅),它的公正性和权威性甚至令人怀疑。与此相反,"人"的作用倒是最大的,地位也是最重要的。人才是万物中的至上神。"天地之性人为贵。""天时不如地利,地利不如人和。""人和"是最重要的。在此基础上,《管子》提出"人本"概念,取代过去的"神本"思想:"夫霸王之所始也,以人为本。"所以周代思想界、政治界的一个基本特点,是敬德保民。正如《礼记·表记》所揭示:"周人尊礼尚施,事鬼敬神而远之,近人而忠焉。"这是周人对人自身作用、地位的全面觉醒。

　　周人为什么对人在国家社会生活中的作用、地位有如此清醒的自觉呢?这源于他们对人的本性的自我认识。中国历史上关于人性的四种论点都诞生在周代,如孟子的性善论、荀子的性恶论、世硕的有善有恶论、告子的无善无恶论。其中最有价值的观点是有善有恶的二重人性论。这种人性论首先承认人具有饮食男女、自私自利、趋利避害、好逸恶劳等生物属性。同时认为人还具有不同于其他动物的特殊属性,诸如意识、道德意识、社会属性、劳动特性等等。其中,最根本的特性是意识、思维、智慧。人与其他动物最根本的区别是人有"心灵"的活动。"心灵"的最大功能就是"思""有智"。

---

① 《史记·殷本纪》。
② 《左传·桓公六年》。
③ 《左传·庄公三十二年》。

在心灵有智慧、会思考的基础上,对人类行为的社会规范的认识产生了,也就是道德意识,这是人区别于动物的另一种特性。无仁义礼智之心,"非人也"①。"水火有气而无生,草木有生而无知,禽兽有知而无义;人有气、有生、有知、有义,故最为天下贵也。"②人比水火、草木、禽兽高贵的地方,就在于不仅有元气、有生命、有知觉,而且有道德意识。

在心灵有智慧、会思考的基础上,人类认识到人是群体性、社会性的动物,人只有联合起来,才能对付自然,于是产生了对人的社会性的认识。"一人之身,而百工之所为备。"③人成了"社会性"的集结点,类似于马克思揭示的"社会关系的总和"。人的社会性还体现为人在谋取生活资料的活动中发挥群体的力量共同对付自然。人"力不若牛,走不若马,而牛马为用,何也?曰:人能群,彼不能群也。"④人所以能够驾驭得了个体能力比自己强得多的其他动物,是因为人懂得合作起来结成强大的群体,从而互利共赢。

在心灵有智慧、会思考的基础上,人类还产生了自觉的、有意识、有计划的谋生活动——"劳动"。人能够"劳动",成为"人"区别于被动地接受自然恩赐的其他动物的另一种特性。"今人固与禽兽……蜚(飞)鸟……异者也。今之禽兽……蜚鸟……,因其羽毛以为衣裘,因其蹄蚤以为绔屦,因其水草以为饮食,……衣食之财故已具者矣。今人与此异者也,赖其力者生,不赖其力者不生。"⑤动物只是被动地接受自然、等待自然的恩赐就能维持自己的生存,而人则懂得能动、积极地通过自己的努力改造自然、创造生活资料,否则就无法满足自己的物质生活需要。

人的动物属性具有无限满足自己的欲望、逾越道德法律规范的恶性,人的非动物的意识特性尤其是道德意识具有善性,所以,人作为动物属性与非动物特性的统一、欲望与智能的统一,又体现为善性与恶性的双重统一。"人性有善有恶,举人之善性养而致之则善长;性恶养而致之则恶长"⑥。

---

① 《孟子·公孙丑上》。
② 《荀子·王制》。
③ 《孟子·滕文公上》。
④ 《荀子·王制》。
⑤ 《墨子·非乐上》。
⑥ 世硕语。转引自王充《论衡·本性》。

周人在论述人的动物属性和非动物属性时,还有一个明显的特点,即是作为对所有人而言的共同人性、普遍人性来谈的。口有"同嗜",心有"同然"。"尧、舜之与桀、纣,其性一也;君子之与小人,其性一也。"①这种共同人性论,符合人性实际,体现了人生来平等的精神。

周人不仅对人的动物本性与特殊属性有符合客观实际的认识,而且对如何根据人的双重本性来管理社会、治理天下有英明的对策。人的动物欲求会产生争斗、祸乱,具有恶性,因而不可放纵,必须设定道德法律加以控制;但它与生俱来,强行去除就会产生新的社会动乱,所以也不可因其具有作恶的可能性而简单去除。处理人欲的合理态度是因势利导,有节制地给予满足。"欲虽不可尽,可以近尽也;欲虽不可去,求可节也。"②"礼者,养也","养人之欲,给人以求","礼义文理所以养情也"③。"凡语治而待去欲者,无以道欲而困于有欲者也;凡语治而待寡欲者,无以节欲而困于多欲者也。"④"人之欲多者,其可得用亦多;人之欲少者,其可得用亦少;无欲则不可得用也。""善为上者,能令人得欲无穷,故人之可得用亦无穷矣。"⑤执政者管理人欲的英明方法,是将大众的欲望引导到合理的范围内去实现,从而产生排山倒海的积极力量。

根据人的思维特性,周人还主张要允许和鼓励人们思考和讲话,所谓"防民之口,甚于防川";"为川者决之使导,为民者宣之使言"⑥。同时,在了解民意、鼓励民言方面给予了制度保障。典型的例子就是周代设立了采诗官制度,派采诗官到民间采集歌谣,通过诗中表达的民意了解政治得失,调整方针政策。周代是分权的封建制发展得最为充分的时代,这为民间思想、言论的自由提供了成长的政治空间。春秋战国时期,适应各诸侯国兼并壮大的要求,诸子百家的学说应运而生,出现百花齐放、百家争鸣的盛况。

李泽厚在《美的历程》中曾提出,中国思想史上"人的觉醒"时代最早出现在魏晋。这种说法是不准确的。人之所以为人,就在

---

① 《荀子·性恶》。
② 《荀子·正名》。
③ 《荀子·礼论》。
④ 《荀子·正名》。
⑤ 《吕氏春秋·为欲》。
⑥ 《国语·周语》。

于人具有"自我意识"。在这个意义上,我们有理由说,早在周代,中国思想史上就出现了"人的觉醒"。而周代"人的觉醒",又是建立在对上古至夏商神本主义蒙昧思想的祛弊、启蒙之上的。周代思想界的最大贡献,就在于驱散了原来巫史文化笼罩在"人"身上的神学迷雾,用"人"取代了"天""神"在宇宙万物中的地位,确立了"民"在天下、国家政治生活中的主体资格和神圣作用,对共同人性、平等人性以及人的生物属性和非生物属性作了客观剖析,提出了根据人性治理天下的合理主张。王国维在《殷周制度论》中曾经指出:"中国政治与文化之变革,莫剧于殷周之际。"①如果说殷商是崇拜鬼神的时代,"周则是从鬼道走向人道的伟大开端"②。在"人"的自我本性的觉醒和"民"的主宰地位的凸显这一点上,西周与东周的春秋战国时代是一个整体,不应只讲春秋战国的诸子而置西周的人物和典籍于不顾。美籍华裔学者张光直认为,"商周之际,只有一个文明系统的继续发展,找不到任何重要的中断与不整合的现象。"③当代中国思想史学者葛兆光判定:"西周的思想世界与殷商的思想世界,实际上同多而异少。"④这大概是局限于局部类似忽视整体不同导致的轻率论断,笔者恕难苟同。一般的中国思想史,如侯外庐主编的《中国思想史》、张岂之主编的《中国思想史》、葛兆光的《中国思想史》等,习惯将西周与殷商视为一个整体,将东周的春秋战国时代独立出来分而论之。在笔者看来,这也不尽合理。周文王、武王以德治取代商纣暴政,周公制礼作乐,奠定了整个周代"人"的觉醒和"民"的地位提升的基础。与其把周代拆开来,不如把周代当作一个整体更符合思想史的实际⑤。

---

① 王国维:《观堂集林》,中华书局1959年版,第453页。
② 彭林、黄朴民主编:《中国思想史参考资料集·先秦至魏晋南北朝卷》第三章编者按语,清华大学出版社2005年版,第26页。
③ 转引自韦政通:《中国思想史》上册,吉林出版集团有限责任公司2009年版,第23页。
④ 葛兆光:《中国思想史》第一卷,复旦大学出版社2001年版,第34页。
⑤ 参祁志祥:《周代"人"的本性、作用、地位的全面觉醒》,《社会科学研究》2021年第3期。

第五章　周代封建制度的
　　　　特点及其演变

周代思想界的巨大变化,与周代实行的政治分权的封建制密切相关。可以说,是周代的封建制给周代思想界"人"的觉醒,特别是春秋战国时代"百家争鸣"灿烂景观的出现提供了宽松、自由的政治氛围。

周原是商的一个属国,在推翻商朝、建立周朝之后,继承了商朝的一些传统,同时又在制度、文化方面进行了一系列的革新。正如《诗经·大雅·文王》所说:"周虽旧邦,其命维新。"周朝的"维新"措施之一,便是宗法封建制的改革。王国维《殷周制度论》说:"殷周间的大变革……自其里言之,则旧制废而新制兴。"与夏商一样,西周实行的也是政治分权的封建制,但在封建制这一大框架下,又呈现出很大的不同。

一、夏商封建是氏族邦国封建,天子只是诸侯之长

"封建"的"封",始见于甲骨文,"建"稍后,始见于金文。"封建"一词,见于《诗经》《左传》及战国以降的典籍。其本义,为列爵分土,所谓"列爵曰封,分土曰建"[①]。本指夏商周天子分封诸侯划地自治的分权政治制度。天子为什么要让诸侯划国而治呢? 唐初长孙无忌一语中的:"缅怀三代封建,盖由力不能制,因而利之。"[②]夏、商、周疆域辽阔,其时交通、通讯都不发达,中央控制能力有限,所以最高统治者实行诸侯国各有自治权的封建制是唯一可行的、既明智也无奈的选择。不过较之夏商封建制,周代的封建制又有所区别。夏商的封建并不以强调家庭血缘关系(嫡长子继承)的宗法制为基础,而以部族血缘关系为依据。司马迁《史记·夏本纪》讲到的夏王分封的邦

[①] 张廷玉等:《清朝文献通考》卷二四六《封建考》。
[②] 司马光:《资治通鉴》卷一九三。

国,都是以姓(血缘)、氏(地缘)命名的氏族邦国①。《史记·殷本纪》讲到的商王分封的邦国,仍以姓、氏为单位。这说明,"夏、商进行的是氏族分封,形成一种氏族联盟式的邦国群体,或者反过来说,夏、商分封是对氏族邦国群体的确认。"因此,夏、商分封可视为"氏族分封"。② 在夏、商封建制之下,夏王、商王与诸侯国君的关系不是君臣关系,夏王、商王不是"诸侯之君",而是"诸侯之长"③,也就是诸侯国联盟的盟主。

二、西周封建是宗法封建,天子成为诸侯之君

周原来臣属于殷,从殷代中期迁入渭水地区以后,建立都邑,逐渐发展,征服了周围若干戎族,建成国家。此即《尚书·周书·酒诰》所说"文王肇国在西土",或《大盂鼎铭》所谓"文王作邦"。

周武王推翻殷商之后,继续实行封建制,并将封建制发展为以王室同姓子弟及其姻亲(宗室)分封为主的宗法封建。

关于西周实行分封的原因,《左传·僖公二十四年》说:"昔周公吊(伤)二叔之不咸(和同),故封建亲戚,以蕃屏周。"关于这句话的含义,有两种解释。一是根据孔颖达疏引郑众、贾逵之说,"二叔"指周武王的两个弟弟管叔与蔡叔,二人曾在周成王时联合商纣王之子武庚发动叛乱,不久被周公平定。全句的意思是,周公因管叔、蔡叔曾联合殷后裔叛周,所以广封亲戚功臣,以作保卫周室的屏障。一是根据杜预注,将"二叔"解释为夏、殷之叔世(即衰世),全句意即"周公伤夏、殷之叔世,疏其亲戚以至灭亡,故广封其兄弟",以为周室屏障。不管哪种解释,都说明,周初实行分封制或封建制,是保卫周朝天下的需要。又《左传·昭公二十六年》说:"昔武王克殷,成王靖四方,康王息民,并建母弟,以蕃屏周。"说明周初的封建主要是在武王、成王、康王时代进行的。封建的对象是周王的"母弟",目的是保卫周朝天下。

为了保卫姬姓天下,周代分封比起前朝分封有一个重大改进,即以分封周王的子弟和姻戚为主,同时将周王与诸侯国君的关系变革为君臣关系。

追溯源头,早在殷商便开始出现分封同姓子弟之制。甲骨卜辞里,商王将子弟分封为"方""伯""侯""子""男"等不同爵位的诸侯国君,其中称"方"

---

① 《左传·隐公八年》:"因生(血缘)以赐姓,胙之土而命之氏。"
② 冯天瑜:《"封建"考论》,武汉大学出版社2006年版,第17页。
③ 王国维:《殷周制度论》,《观堂集林》卷十。

的有 26 个,称"伯"的 15 个,称"侯"的 27 个,称"子"的有 4 个,称"男"的有 2 个。封为"侯爵"的称"侯某",封为"子爵"的称"子某"。且多以封地命名,如封在雀地的称"侯雀",封在宋地的称"子宋"①。"卜辞中有称子(商王之姓)某的贵族 90 余位,其中有一些可能是商王的儿子……"②然而,殷商的宗法分封并不占主导地位。有学者指出:商朝王位的继承,"是君王死后,由他弟弟继位,没有弟弟的才传给自己的儿子"③。即以兄终弟及为主,父死子继为辅,没有实行嫡长子继承的宗法制度。用王国维的话说,"商之继统法,以弟及为主而以子继辅之,无弟然后传子。"据他统计:自成汤至帝辛三十帝中,以弟继兄者,凡十四帝,即外丙、中壬、大庚、雍己、太戊、外壬、河亶甲、沃甲、南庚、盘庚、大辛、小乙、祖甲、康丁。以子继父者,没有兄之子,大多为弟之子,如小甲、中丁、祖辛、武丁、祖庚、廪辛、武乙。只有三个例外:"惟沃甲崩,祖辛之子祖丁立;祖丁崩,沃甲之子南庚立;南庚崩,祖丁之子阳甲立。"④这就更不合商朝的王位继承法,所以引起了"中丁以后九世之乱"⑤。其实,即便不出现这三个例外,"弟及为主而子继辅之"的王位继承法本身也会导致争夺王位的社会动乱。"传弟既尽之后,则嗣立者当为兄之子欤?弟之子欤?以理论言之,自当立兄之子;以事实言之,则所立者往往为弟之子。"这就不公平了,"此商人所以有中丁以后九世之乱"⑥。

为了保证周朝江山的长治久安,武王死后,周公摄政之际,他主动放弃了传统的兄终弟及制度赋予他的王位,确立了父死子继的王位继承制度。为了防止父王凭借喜好任择一子继位导致的诸子纷争,嫡长子继承制应运而生。王国维在解释周代嫡长子继承制产生的原因及史实时说:"盖天下之大利莫如定,其大害莫如争。任天者定,任人者争;定之以天,争乃不生。故天子诸侯之传世也,继统法之立子与立嫡也,后世用人之以资格也,皆任天而不参以人,所以求定而息争也。古人非不知官天下之名美于家天下,立贤之利过于立嫡,人才之用优于资格,而终不以此易彼者,盖惧夫名之可借而争之易生,其敝将不可胜穷,而民将无时或息也。故衡利而取重,絜害而取轻,而定为立子立嫡之法,以利天下后世。""夫舍弟而传子者,所以息争也。"

---

① 据韦政通:《中国思想史》上册,吉林出版集团有限责任公司 2009 年版,第 21 页。
② 晁福林:《夏商西周社会的变迁》,北京师范大学出版社 1996 年版,第 250 页。
③ 周锡山:《王国维学案》,《上海文化》2017 年第 4 期,第 71 页。
④ 王国维:《殷周制度论》,《观堂集林》卷十。周锡山编:《王国维集》第四册,中国社会科学出版社 2008 年,第 125—126 页。
⑤ 《史记·殷本纪》。
⑥ 王国维:《殷周制度论》,《观堂集林》卷十。另参《史记·殷本纪》:"自中丁以来,废嫡而更立诸弟子。弟子或争相代立,比九世乱,于是诸侯莫朝。"

"故有传子之法,而嫡庶之法亦与之俱生。"在嫡子与庶子中,嫡贵而庶卑;在嫡子中,长尊而幼卑。"立子以贵不以长,立嫡以长不以贤者,乃传子法之精髓。"①这个嫡长子的王位继承制度,就是从周代开始的,准确地说是从周公开始的。而诸侯国君的继承制度,也按立子立嫡执行。"周人嫡庶之制,本为天子、诸侯继统法而设,复以此制通之大夫以下,则不为君统而为宗统,于是宗法生焉。""是故大夫以下,君统之外复戴宗统,此由嫡庶之制自然而生者也。"②周代则以嫡长子继承制为基本原则,建立了"大宗""小宗"的宗法制度,以此作为封建的基础。在这种宗法封建制中,周王的王位由嫡长子继承,世世代代为天下的"大宗"。周王的其他儿子对天子来说是"小宗",被分封为公卿诸侯。同时,在封国内,诸侯又是"大宗",他们的位置也由嫡长子世袭,其余的儿子封为卿、大夫,是"小宗"。以此类推,直到贵族的最底层。大宗与小宗之间有着一定的权利和义务,形成了严密的宗法制度③。

周初建朝,天下未稳,内乱不断,危机四伏。"捍御侮者,莫如亲亲。"④以家族血缘为基础的宗法分封是实现姬姓江山稳固的根本保证。所以,西周的封建制度"大异于商者"的一大特点,是"分封子弟之制"的确立⑤。"商人兄弟相及,凡一帝之子,无嫡庶长幼,皆为未来之储贰,故自开国之初,已无封建之事。""周人既立嫡长,则天位素定,其余嫡子庶子,皆视其贵贱贤否,畴以国邑。"⑥周武王克商后实施周朝的第一次封建,封为诸侯国君的几乎都是同姓兄弟子嗣。《左传·昭公二十八年》记载说:"昔武王克商,光有天下,其兄弟之国者十有五人,姬姓之国者四十人,皆举亲也。"周公平定管叔、蔡叔叛乱后,实行第二次封建,封建的对象也以周王同姓子弟为主。"管、蔡、郕、霍、鲁、卫、毛、聃、郜、雍、曹、滕、毕、原、酆、郇,文之昭也;邗、晋、应、韩,武之穆也;凡、蒋、邢、茅、胙、祭,周公之胤也。"⑦这些诸侯都是文王、武王或周公的后裔。《荀子·儒效》说:周公"兼制天下,立七十一国,姬姓独居五十三人"。与此联系紧密的周王姻亲,亦在受封之列,如姜、姒、任等母系亲属即然。这就叫"封建母弟"。因此,冯天瑜总结说:"西周结束了夏、商的氏族邦国联盟状态,逐步进入一姓掌控天下的政治格局。"⑧如果说夏、商的封

---

① 王国维:《殷周制度论》,《观堂集林》卷十。嫡,原文作適。据今通行写法改。
② 王国维:《殷周制度论》,《观堂集林》卷十。
③ 另参范文澜:《中国通史》第一卷,人民出版社 1995 年版,第 75—76 页。
④ 《荀子·儒效》。
⑤ 王国维:《殷周制度论》,《观堂集林》卷十。
⑥ 王国维:《殷周制度论》,《观堂集林》卷十。
⑦ 《左传·僖公二十四年》。
⑧ 冯天瑜:《"封建"考论》,武汉大学出版社 2006 年版,第 17 页。

建是"氏族封建",西周的封建则是"封建亲戚"①,或"各有分亲,皆有等衰"②的"宗法封建"③。

当然,西周的分封对象并不都是周王同姓子弟及异姓姻亲,还包括少数与王室没有血缘关系的异姓功臣和前朝先王之后,以笼络人心,辅佐周室。如《史记·周本纪》记载说:"武王追思先圣王,乃褒封神农之后于焦,黄帝之后于祝,帝尧之后于蓟,帝舜之后于陈,大禹之后于杞。于是封功臣谋士,而师尚父为首封。封尚父于营丘,曰齐。……封召公奭于燕。"王国维说:"殷之诸侯皆异姓,而周则同姓异姓各半。"④

夏、商时期,天子与诸侯关系尚未确定君臣名分。周武王分封,大体沿袭前朝氏族邦国联盟形态,天子是诸侯之长,而非诸侯之君,所以武王称诸侯为"友邦君"⑤。到了周公再行分封时,发生了一个重要变化,即明确封建诸侯为周王之臣子。"诸侯之于天子,曰某土之守臣某。"⑥"由是天子之尊,非复诸侯之长,而为诸侯之君。"⑦从此,王权大为提升,周天子成为诸侯的君主。王国维将周初制度的这种变化,叫作"君天子臣诸侯","而天子诸侯君臣之分亦由是而确定者也。"⑧

西周的封建,有两大层级。一是"天子建国"。内含三要素:"胙土"(分配土地)、"赐姓"(赐予隶属的人民)、"命氏"(给予氏号、国号)。只有天子有权封授诸侯。天子通过在祖庙举行的"册命"典礼将封授法典化。建国过程由天子直接操纵。天子对诸侯国的重要官职拥有任命权。二是"诸侯立家"。诸侯可在封国内向卿大夫封赐采邑。所谓"采"者,"不得有其土地人民,采取其租税耳"⑨。卿大夫享受采邑而不居采邑,不治采邑之政,只是受封于诸侯,任官治事。西周国家是"王国"与"诸侯国"两级结构,主要的封建关系是天子与诸侯的关系。一方面,依据宗法制原则,周天子是各封国诸侯的"大宗",被封诸侯是"小宗",他们必须服从天子号令,定期朝觐纳贡,承担服役、从征、守卫等义务。这就叫"礼乐征伐自天子出"⑩;"普天之下,莫非王土,率土之

---

① 《左传·僖公二十四年》。
② 《左传·桓公二年》。
③ 冯天瑜:《"封建"考论》,武汉大学出版社2006年版,第22页。
④ 王国维:《殷周制度论》,《观堂集林》卷十。
⑤ 参《尚书·周书》之《牧誓》《大诰》。
⑥ 《礼记·玉藻》。
⑦ 王国维:《殷周制度论》,《观堂集林》卷十。
⑧ 王国维:《殷周制度论》,《观堂集林》卷十。
⑨ 《春秋公羊传·襄公十五年》何休注。
⑩ 《论语·季氏》。

滨,莫非王臣"①。另一方面,诸侯在封国内拥有世袭的政权、财权、军权,除承担对天子的义务外,平时拥有很大的自治权,周王朝实际上不过是一群相对独立的邦国的联合体。正如钱穆所说:"西周时代的中国,理论上已是一个统一国家,不过只是一种'封建式'的统一,而非后代郡县式的统一而已。"②

三、东周封建名存实亡,天子被架空,诸侯走向独立强大

西周末年,周幽王被杀于骊山,周平王东迁,是为东周。东周时期,周天子权威日渐衰落,诸侯国不再向王室缴纳贡赋、提供力役和军事守卫,即使诸侯中的周王同姓子弟,也与王室日渐疏离,形同路人。周天子已失去"天下共主"的地位,实力甚至抵不上一个诸侯。柳宗元《封建论》称春秋初期周王室"判为十二",被12个诸侯国瓜分,周天子被架空,有名无实。春秋中后期,周王室成为"五霸"控制的傀儡,齐桓公、晋文公一再上演"挟天子以令诸侯"的戏剧。西周的封建是"天子建国",周王分封诸侯;春秋的封建是"诸侯建国",诸侯分封卿大夫。西周的诸侯国是半独立的,周天子对诸侯国拥有一半的控制权;春秋的诸侯国则几乎是完全独立的,可自行向下分封。"春秋的封建,再也不是周天子向诸侯颁赐土地人民,而是列国诸侯向卿大夫颁赐土地人民,受封者以之作为食邑。"③于是,西周的"礼乐征伐自天子出"就变为"礼乐征伐自诸侯出"。在诸侯国,也出现国君被架空甚至被诛杀,而由被分封的大夫主政、专政的情况。因此,西周的"政出天子"在春秋时期逐渐变为"政出诸侯"乃至"政出大夫"。至战国时期,新起的诸侯皆以实力立国,七雄成为实行对国君负责的郡县制的独立的专制君主国,天子封国已成为名存实亡的形式。如七雄中的韩、赵、魏原为晋国的卿大夫,他们是自立为诸侯后,为周天子被迫加封的。《资治通鉴》卷一记述周威烈王二十三年"初命晋大夫魏斯、赵籍、韩虔为诸侯"。司马光评论说:"故三晋之列于诸侯,非三晋之坏礼,乃天子自坏之也。"总之,"由天子分封并掌控诸侯的格局,到东周已经大变"。④ "故史家称东周为'封建解纽时代'。"⑤

---

① 《诗经·小雅·北山》。
② 钱穆:《中国文化导论》,商务印书馆1994年版,第9页。
③ 冯天瑜:《"封建"考论》,武汉大学出版社2006年版,第32页。
④ 冯天瑜:《"封建"考论》,武汉大学出版社2006年版,第34页。
⑤ 冯天瑜:《"封建"考论》,武汉大学出版社2006年版,第32页。

无论是西周的封建——诸侯国拥有半独立的自治权,还是东周的封建——天子封国已流于形式或彻底消失,周王失去了中央集权,诸侯国拥有完全独立的自治权,这都为这个时期思想界"人的觉醒"以及各种称霸天下的政治学说——诸子百家的诞生提供了可乘之机或合适的环境。冯天瑜指出:"只有在封建时代才可以呈现'百家争鸣'局面。从思想文化的自由度、人文精神的昂扬而言,封建的春秋战国自有优胜处,作为诸子百家竞放宏议的时代,创造了堪与古希腊东西辉映的又一个'轴心文明'。"[1]

---

[1] 冯天瑜:《"封建"考论》,武汉大学出版社2006年版,第227页。

第六章 周代以"天"代"帝"的转向与由"人"定"天"的特征

任何革新都是建立在历史继承基础上的。正如夏商神本思想占主导地位,但不是没有道德观念一样,周代思想界虽然发生了"人本"思想取代"神本"的整体性变化,但"神"的观念仍然存在。这是周代思想界对前代思想的继承。不过在这种继承中又悄然发生着质的变化,这就是用"天"或"昊天"指称至上神,取代过去"帝"或"上帝"的称谓,并将"天意"与"民意"密切联系在一起,用"民意""人事""道德"来决定"天意"。

一、周代的神灵祭祀与至上神"天"的出现

我们先来看周代的神灵观念的表现。

《周易》作为一部占筮之书,以承认神灵的存在为前提,笼罩着神学色彩。《周礼》中有关于神灵祭祀及其方式的种种记载。《大司乐》中,祭祀乐舞按照对象分为天神、地示、四望、山川、先妣、先祖六类。《酒正》中,祭祀按照规模大小和祭祀对象分为"大祭三贰、中祭再贰、小祭一贰",大祭祭天地,中祭祭宗庙,小祭为五祀。《肆师》中,祭祀按照所用祭品分为三类,用玉帛牲牷的是大祀,用牲币的是次祀,仅用牲的是小祀。郑众解释说:大祀指祭祀天地,次祀指祭祀日月星辰,小祀指祭祀司命以下的小神。郑玄补充解释说:大祀还包括宗庙,次祀还包括社稷和五岳,小祀还包括祭祀司中、风师、雨师和山川百物。据此,有学者将周代的神灵祭祀归纳为"有秩序的三个等级":第一等大祭祀,对象是天地或宗庙,即祭祀宇宙与神灵。第二等中祭祀,对象是日月星辰或社稷五岳,即祭祀天上地下的诸神之大者。第三等小祭祀,对象是风雨雷电或山川百物,即祭祀天上地下的诸神之小者。①《礼记·曲礼》记

---

① 葛兆光:《中国思想史》第一卷,复旦大学出版社2001年版,第26页。

载:"天子祭天地、祭四方、祭五祀。"《左传》中记载鬼神的地方达 64 处①。

周代祭祀的神灵,有人死之后的神灵,即人鬼,如《九歌·国殇》中祭祀的是为国捐躯的阵亡将士之魂。周人祭祀的主要是人鬼,是祖先神。如《周颂》中的《丰年》《有瞽》《潜》是笼统祭祀自己祖先的诗,《思文》是祭祀始祖后稷的诗,《清庙》《维天之命》《维清》《雍雍》《我将》是祭祀文王的诗,《执竞》是祭祀武王的诗,《烈文》为成王祭祀祖先时诫勉助祭诸侯的诗,《昊天有成命》是祭祀成王的诗。"周人继承殷人崇拜祖先神的观念,认为祭祀祖先是子孙的神圣义务。"②作为周朝始祖的后稷就是这样一位笼罩着神话色彩的祖先神。后稷为黄帝的玄孙,帝喾的嫡长子,姬姓,母为姜原(一作嫄),传说系母亲践大人之迹受孕而生,因无父,母亲"贱而弃之",故名"弃"。《史记·周本纪》关于这段神异事迹的记载是:"周后稷,名弃。其母有邰氏女,曰姜原。姜原为帝喾元妃。姜原出野,见巨人迹,心忻然说,欲践之,践之而身动如孕者。居期而生子,以为不祥,弃之隘巷,马牛过者皆辟不践;徙置之林中,适会山林多人,迁之;而弃渠中冰上,飞鸟以其翼覆荐之。姜原以为神,遂收养长之。初欲弃之,因名曰弃。"《史记·三代世表》引褚先生之语:"后稷母为姜嫄,出见大人迹而履践之,知于身,则生后稷。姜嫄以为无父,贱而弃之道中,牛羊避不践也。"弃从小有大志,喜好种植麻、豆之类的庄稼,种出来的麻、豆长得都很茂盛。成年后成为农耕方面的专家。尧时提拔为农师,负责教导民众种植百谷,收成大增,天下得利,舜帝因此将邰部封给他。《史记·周本纪》载云:"弃为儿时,屹如巨人之志。其游戏,好种树麻、菽,麻、菽美。及为成人,遂好耕农,相地之宜,宜谷者稼穑焉,民皆法则之。帝尧闻之,举弃为农师,天下得其利,有功。帝舜曰:'弃,黎民始饥,尔后稷播时百谷。'封弃于邰,号曰后稷,别姓姬氏。"《诗经·大雅·生民》以诗歌的形式,详细描述、歌颂了后稷从受孕到出生、从出生后被遗弃而受到神鸟保护再到成年后在种植大豆、谷物、麻麦、瓜果等庄稼方面极有专长而大获丰收,并懂得如何收割、脱粒、加工,把它们放在祭祀用的豆器里祭祀祖先、上帝,最后被封于有邰的神奇历程。后稷出生于稷山(今山西稷山),被称为稷王。另外,"稷"还有谷物的意思,被视为百谷之王,后稷又被称为"稷神"或"农神"。后稷的后代公刘、古公亶父率领族人继续施行兴农措施,使部族逐渐强大,为周朝的建立奠定了基业。而文王乃是古公亶父之孙。

---

① 同一话题含多个"鬼""神"字只算一处。以出现次数计算:"鬼神"25 次,"鬼"字 8 次,"厉鬼"1 次,"神"字 76 次,"明神"8 次,"神人"2 次,"大神"2 次,"河神"1 次,"汾神"1 次,"山川神"1 次,"星辰神"1 次。

② 张岂之主编:《中国思想史》,西北大学出版社 1989 年版,第 9 页。

第六章 周代以"天"代"帝"的转向与由"人"定"天"的特征

周代祭祀的神灵，也包括自然神。如《诗经·周颂》中的《时迈》《般》是祭祀山川的诗，《天作》是祭祀岐山的诗，《载芟》《良耜》是周王祭祀土神、谷神的诗，《大雅·云汉》是周宣王求神祈雨的诗。《楚辞》中的《九歌》祭祀的神灵主要包括天神地祇，天神如"东皇太一"（天神之贵者）、"云中君"（云神）、"大司命"（主寿命的神）、"少司命"（主子嗣的神）、"东君"（太阳神）；地祇包括"湘君"与"湘夫人"（湘水之神）、"河伯"（河神）、"山鬼"（山神）。

周人神灵概念的另一组成部分，就是至上神，叫"天"。这个至上神在殷商叫作"帝"或"上帝"。到了周代，虽然这个称呼还保留着，但更多的是叫作"天"。"卜辞没有天，天的观念是到西周才出现的。"①"周人的至上神不是祖先神而是天，或称帝、上帝。"②周代"'天'袭取了殷商的'帝'的位置"③。《诗》《书》《左传》《国语》中所谓"天"，除指"物质之天"外，皆指"主宰之天"。《论语》中孔子所说的"天"，"亦皆指主宰之天也"④。一方面，与殷商一样，"天"即是"帝"或"上帝"，是神灵中的至上神，这就叫"天、帝合一"。"由于帝和天所代表的意义相同，于是造成帝、天相结合或混合的现象。"⑤《诗经·鲁颂·閟宫》云："赫赫姜嫄，其德不回，上帝是依，无灾无害。"《礼记·王制》："天子将出，类乎上帝。"《礼记·礼运》："事鬼神上帝，皆从其朔。"《孟子·离娄下》："虽有恶人，斋戒沐浴，则可以祀上帝。"这里的"帝"或"上帝"，不是指祖宗神，而是指至上神——天神，周人往往称之为"昊天上帝"。另一方面，对于至上神，周人多称"天"而较少称"帝"。这种变化意味着至上神内涵的变化。殷商的"帝"与生育万物的"蒂"相通，是一个与祖先神合一的概念，史称"帝、祖合一"。而周代的"天"则剥离了祖先神的含义，更多地取自自然神中天神之贵者的含义，作为高高在上、拥有最高权威的神灵。这就叫"天、祖分离"。周人的"天"与"先祖的世界之间有着明确的界线"⑥。

之所以发生这样的变化，大抵有这么几个原因。首先，"自然神是各氏族部落的共同信仰，祖先神则是各氏族部落的不同信仰。祖先只是本氏族部落的保护神，不能主宰其他氏族部落的命运"⑦。周武王虽然以不敬祖先为由讨伐殷纣王，但"无论如何都不能设想殷人祖先命令周人灭亡殷国"⑧，

---

① 韦政通：《中国思想史》上册，吉林出版集团有限责任公司2009年版，第27页。
② 张岂之主编：《中国思想史》，西北大学出版社1989年版，第9页。
③ 李泽厚：《中国古代思想史论》，人民出版社1985年版，第86页。
④ 均见冯友兰：《中国哲学史》，商务印书馆2006年版，第24页。
⑤ 韦政通：《中国思想史》上册，吉林出版集团有限责任公司2009年版，第27页。
⑥ 韦政通：《中国思想史》上册，吉林出版集团有限责任公司2009年版，第28页。
⑦ 张岂之主编：《中国思想史》，西北大学出版社1989年版，第10页。
⑧ 张岂之主编：《中国思想史》，西北大学出版社1989年版，第10页。

所以借用殷人祖先神的名义是不可能的,而仅用周人祖先神的名义也显然是无济于事的,所以重新推出一个不同于各族祖先神的共同至上神"天"要求各氏族共同信奉,就势在必行。这是"天、祖分离"的"现实根源"①。其次,天神与祖先神的功能不同。祖先神具有母亲般的慈爱,只降福给子孙后代,所以抬出祖先神无法惩罚暴君。而天神则是"主宰人类祸福的全能神"②,既能赐福也能降祸。周人反复强调,周代殷而立,就是"天降丧于殷"、周王"受命于天"的结果,所谓"配我有周,膺受天命"③。再次,在周人看来,他们的先帝是天神的儿子,"被派到下界作为最高统治者,死后灵魂回到天上去,仍然是天的下属"④,天神与祖先神的地位不是同级的,而是有高下分别的。祖先神不是至上神,"天"才是至上神。"不管是什么原因,周人确有以天取代帝的趋向。据统计,《诗经》《尚书》中,以天为至上神的记载,共约 336 次,以帝为至上神的记载,共约 85 次,正说明逐渐取代的趋势。"⑤

二、"天命"笼罩下的阴阳五行方术学说

周代的神学观念,还体现在"天命"笼罩下的阴阳五行术数学说方面。

春秋战国时期,思想界诞生了阴阳五行术数学说,用来解释自然、人事、政治现象。它们看似"从神学的桎梏中解放出来"的"唯物主义"学说⑥,然而事实上又不同于真正的科学学说,而带有明显的神学痕迹。而这种神学痕迹,似乎都与"天命"思想有关。

周代的"天",是自然神与至上神的统一。而阴阳、五行、术数学说,都与自然神的"天"存在着若即若离的联系。

先看阴阳学说。"阴阳"是"天道"的表现形态。《易·说卦传》指出:"立天之道,曰阴与阳。"周卿士单说:"天六地五,数之常也。"⑦什么叫"天六"呢?秦医和说:"天有六气。""六气曰阴阳风雨晦明也。"⑧在天之"六气"中,阴阳二气是最根本的两种元素。二者的对立调和,构成万物的常态。《易·系辞

---

① 张岂之主编:《中国思想史》,西北大学出版社 1989 年版,第 10 页。
② 张岂之主编:《中国思想史》,西北大学出版社 1989 年版,第 9 页。
③ 《毛公鼎》。
④ 张岂之主编:《中国思想史》,西北大学出版社 1989 年版,第 9 页。
⑤ 韦政通:《中国思想史》上册,吉林出版集团有限责任公司 2009 年版,第 27 页。
⑥ 张岂之主编:《中国思想史》,西北大学出版社 1989 年版,第 21 页。
⑦ 《国语·周语》。
⑧ 《左传·昭公元年》。

传》说:"一阴一阳之谓道。"老子说:"道生一,一生二,二生三,三生万物。万物负阴而抱阳,冲和以为气。"①"天道"的规律是"阳至而阴,阴至而阳。日困而还,月盈而亏。"②阴阳失调,在自然有灾害,在人则生病,在国则生乱。"阳伏而不能出,阴迫而不能烝,于是有地震。"③"阴淫寒疾,阳淫热疾。"④"夫天地之气,不失其序;若过其序,民之乱也。"⑤

其次看五行学说。周人说"天六地五"。所谓"地五",一般理解为地有水、火、木、金、土五行⑥。最早见诸记载的文献是《周书·洪范》:"五行:一曰水,二曰火,三曰木,四曰金,五曰土。水曰润下,火曰炎上,木曰曲直,金曰从革,土爰稼穑。润下作咸,炎上作苦,曲直作酸,从革作辛,稼穑作甘。"春秋之际,晋国史官史墨则将"五行"神化为人格神:水神叫玄冥,火神叫祝融,木神叫句芒,金神叫蓐收,土神叫后土⑦。从水、火、木、金、土衍生开去,是"五味""五色""五声""五嗅""五官""五脏""五方""五位"(岁、月、日、星、辰)"五兵"(戈、殳、戟、酋矛、夷矛)⑧"五麾""五鼓"⑨等。在这个时期成书的《尚书》中,还看到"五典""五辰""五礼""五玉""五刑""五教""五章""五常""五服""五事""五品""五纪""五福""五言""五过"等说法。它们见于《舜典》《大禹谟》《皋陶谟》《益稷》《吕刑》《武成》。尽管前四篇不属于《周书》,但《尚书》作为周代的文字记录,"五"的频繁出现,依然可视为周代思维方式特点的反映,同时也说明这一思维方式的形成年代古老久远。《史记·历书》称"黄帝考定星历,建立五行",就透露了其中消息。战国时期,子思和孟子将"五行"与儒家的"五常"结合起来。要之,在周代,特别是"到了春秋之后,'五'这个数字就成了一个普遍接受的神秘数字"⑩。五五类比的依据是不同事物之间具有的相似性或对应性。比如说五方中的东方,东风总是春天里多一些,因此四季中的"春"就与五方中的"东"属一类。春天里草木生长丰盛,因而五行中的"木"就与"东""春"相连。草木春天初生时色泽较青,所以五色中的"青"又与"春""东""木"相配⑪。于是,"五行"成为周人对于宇宙万

---

① 《老子》第四十二章。
② 《国语·越语》载范蠡语。
③ 《国语·周语》。
④ 《国语·周语》。
⑤ 《国语·周语》。
⑥ 张岂之主编:《中国思想史》,西北大学出版社 1989 年版,第 20 页。
⑦ 《左传·昭公二十九年》。
⑧ 《周礼·夏官·司兵》郑司农注。
⑨ 《谷梁传·庄公二十五年》:"天子救日,置五麾,陈五兵五鼓。"
⑩ 葛兆光:《中国思想史》第一卷,复旦大学出版社 1998 年版,第 62 页。
⑪ 葛兆光:《中国思想史》第一卷,复旦大学出版社 1998 年版,第 63 页。

物基本结构的独特解释。"五行"之间存在相生相克的关系,如土克水、木克土、金克木、火克金、水克火。能生则吉,被克则凶。鲁哀公九年,宋国攻打郑国,晋国是否要伐宋救郑,晋国赵鞅占卜后得到"水适(流向)火"的卜兆。卜官们认为,这是"水胜火"(又叫"沉阳")的表现,可以发兵攻打火氏炎帝之后姜姓的齐国,不能攻打子姓的宋国。所谓"水胜火,伐姜则可","不利子商","敌宋不吉"①。于是"五行"又成为周人推理比附事物间因果关系的思维模式。

再次看"阴阳五行"学说的结合。按照古来天尊地卑的基本观念,"地五"是由"天六"决定的。"天有六气,降生五味,发为五色,征为五声。"②"则天之明,因地之性,生其六气,用其五行。气为五味,发为五色,章为五声。"③所以,"阴阳"与"五行"往往联系在一起,称"阴阳五行"学说。战国时代,阴阳家邹衍将"阴阳"与"五行"结合起来。"阴阳家之流,盖出于羲和之官,敬顺昊天,历象日月星辰,敬授民时,此其所长也。"④因此,天论与五行学说成为邹衍学说的主要内容。"邹衍之所言……尽言天事,故曰'谈天'。"⑤齐人誉之为"谈天衍"⑥。在阴阳五行学说的基础上,他提出"五德终始"的人类历史循环论。"五德"即五行之德。在邹衍看来,人类社会自古以来都是按照五德转移的次序循环前行的。五德转移是自然界五行相克原理的类比应用。人类社会的历史更迭也受自然界五行相克规律的支配。《文选·魏都赋》李善注引《七略》曰:"邹子有终始五德,从所不胜,木德继之,金德次之,火德次之,水德次之。"《吕氏春秋·应同》举例说明:"凡帝王之将兴也,天必先见祥乎下民。黄帝之时,天先见大螾大蝼。黄帝曰:'土气胜!'土气胜,故其色尚黄,其事则土。及禹之时,天先见草木秋冬不杀。禹曰:'木气胜!'木气胜,故其色尚青,其事则木。及汤之时,天先见金刃生于水。汤曰:'金气胜!'金气胜,故其色尚白,其事则金。及文王之时,天先见火,赤乌衔丹书集于周社。文王曰:'火气胜!'火气胜,故其色尚赤,其事则火。代火者必将水,天且先见水气胜。水气胜,故其色尚黑,其事则水。"邹衍的这种学说后来被秦始皇采用。《史记·封禅书》说:"邹子之徒论著终始五德之运,及秦帝而齐人奏之,故始皇采用之。"秦始皇统一六国后,根据邹衍"水德代周而行"的论断,以秦文公出猎获黑龙作为水德兴起的符瑞,进行了一系列符合

---

① 《左传·哀公九年》。
② 《左传·昭公元年》。
③ 《左传·昭公二十五年》。
④ 班固:《汉书·艺文志》。
⑤ 《史记》集解引刘向《别录》。
⑥ 《史记·孟子荀卿列传》。

水德要求的改革,以证明其政权的合法性。于是,由阴阳而五行,五五重叠,异质同构,天人感应,互为因果,到战国时期成为逐渐定型的颇具中国特色的思维模式。《吕氏春秋》综合老庄的"道生万物"的宇宙发生论,给"阴阳五行"学说安插了一个最初的来源,将自然、社会、人间、天国的异质事物编织成一个同源、同构、互感的庞大而整饬的系统:

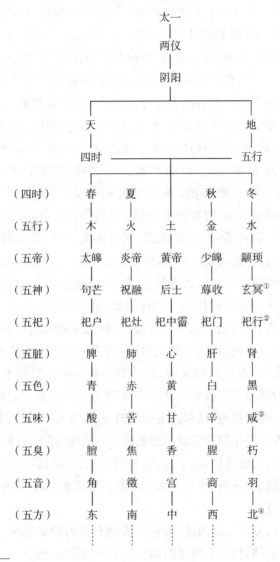

---

① "五神"又称为"五正",木正句芒、火正祝融、金正蓐收、水正玄冥、土正后土。见《左传·隐公六年》。

② "五祀"又被解释为禘、郊、祖、宗、报,见《国语·周语》:"凡禘、郊、祖、宗、报,此五者国之典祀也。"

③ "五味"又被解释为物种调料,即醯、酒、蜜、姜、盐。见《周礼·天官·疾医》郑注。

④ 据葛兆光:《道教与中国文化》,上海人民出版社 1987 年版。

于是,"宇宙是一个彼此相连又和谐的整体",在天地人鬼之间有着"共同的存在方式",因而相互之间"也可能发生神秘的但又是必然的联系和感应"①。

最后来看方术。"方"即方技,"术"即术数。"所谓术数之学,就是用阴阳五行的理论和生克制化的数理来推断人事的吉凶,其门类包括占候、卜筮、星命、风水等。"②《汉书·艺文志》说:"数术者,皆明堂羲和史卜之职也。史官之废久矣,其书既不能具,虽有其书而无其人。《易》曰:'苟非其人,道不虚行。'春秋时有梓慎,郑有神灶,晋有卜偃,宋有子韦。六国时楚有甘公,魏有石申夫……庶得粗粗……故因旧书以序数术为六种。"如此看来,术数者是史卜之职在周代中断后的替代者,其履行的是"羲和史卜之职"。据《汉书·艺文志》,术数的六种内容是"天文、历谱、五行、蓍龟、杂占、形法"。"天文者,序二十八宿,步五星日月,以纪吉凶之象。""历谱者,序四时之位,正分至之节,会日月五星之辰,以考寒暑杀生之实。""五行者,五常之形气也。……其法亦起五德终始,推其极则无不至。""蓍龟者,圣人之所用也。……君子将有为也,将有行也,问焉而以言,其受命也如向,无有远近幽深,遂知来物。""杂占者,纪百事之象,候善恶之征。""形法者,大举九州之势,以立城郭室舍。形人及六畜骨法之度数、器物之形容,以求其声气贵贱吉凶。"这六种术数中,蓍龟、杂占见于《左传》记载者甚多,天文、历谱、五行、形法之术亦见于《左传》记载③。《四库提要》说:术数"实皆《易》之支脉,傅以杂说耳",其内容"百伪一真"。"方技"是研究生命长久存在的学问。《汉书·艺文志》云:"方技者,皆生生之具,王官之一守也。太古有岐伯、俞拊,中世有扁鹊、秦和,盖论病以及国,原诊以知政……今其技术晻昧,故论其书,以序方技为四种。"方技的四种内容即"医经、经方、房中、神仙"。"方技"作为祛病延年、健康长寿、以求长生不死的方法,既有医药学、养生学的科学成分,也存在着巫术迷信的荒诞不经色彩。方术既与"天""地"有关,如天文历算、占星望气、式法选择、龟卜筮占、地理形法、本草博物,也与"人"有关,如占梦、招魂、服食、导引、房中。无论术数还是方术,都笼罩着神学色彩,不可当作科学对待。

阴阳、五行、方术之学的流行,说明万物有灵的神学思维在周代仍然有着广泛的社会基础,只是不像之前那样占主宰地位而已。

---

① 葛兆光:《中国思想史》第一卷,复旦大学出版社 1998 年版,第 136 页。
② 彭林、黄朴民主编:《中国思想史参考资料集·先秦至魏晋南北朝卷》,清华大学出版社 2005 年版,第 38 页。
③ 例子及分析可参冯友兰:《中国哲学史》,商务印书馆 2007 年版,第 22—23 页。

三、从对"天"的迷信走向怀疑

"天"是周人的至上神。《尚书·周书》《诗经》《国语》《左传》《论语》等周代典籍中,言"天"之处甚多,多指"主宰之天",或"有人格的上帝"①。它能赐福,也能降灾。《战国策·魏策》说:"休祲降于天。"所以,周人对"天"保持着很高的敬畏。西周金文中这样的例子很多。如西周前期康王时代的《大盂鼎》铭文云:"畏天畏(通威)。"西周晚期的《毛公鼎》铭文云:"瞽天疾畏。"直到战国时期,人们仍然相信:"天将兴之,谁能废之。"②于是,"天命"信仰成为周代神灵思想的主体部分。周人反复强调,周朝取代殷商是顺应天命、符合天命的。《大盂鼎》云:"丕显文王,受天有大命。"《周书·召诰》云:"皇天上帝,改厥元子,兹(已,止也)大国殷之命。惟王受命,无疆惟休,亦无疆惟恤。"《周书·康诰》记载周公的话:"天乃大命文王,殪戎商,诞受命,越厥邦厥民。"《周书·多士》记载成王对殷商旧臣的告诫:"尔殷遗多士,弗吊旻天,大降丧于殷。我有周佑命,将天明威,致王罚,敕殷命终于帝。肆尔多士!非我小国敢弋殷命。惟天不畀允罔固乱,弼我,我其敢求位?"《周书·多方》云:"惟我周王灵承于旅,克堪用德,惟典神天。天惟式教我用休,简畀殷命,尹尔多方。……尔曷不夹介乂我周王享天之命?……尔曷不惠王熙天之命?"《周易·革卦·彖传》说:"汤武革命,顺乎天而应乎人。"《诗经·大雅·文王》说:"文王在上,于昭于天。周虽旧邦,其命维新。……文王陟降,在帝左右。"因而,周代统治者对"皇天上帝"崇奉有加,将原先的祭天活动系统化为祭天大礼。周代的祭天礼于孟春、秋分、冬至之日在国都南郊的圆丘——天坛举行,祭品有碧玉、太牢,祭祀方式是禋祀,即先燔柴升烟,再加牲体或玉帛于柴上焚烧,是祭礼中的最高礼仪,祭祀的主神是昊天上帝。

不过,周人意识到,吉凶祸福并不都是由"天"决定的。常见的情况是,祸乱并非来自天,而是人造成的。"下民之孽,匪(非)降自天。噂沓背憎,职竞由人。"③"妖由人兴也。人无衅,妖不自作。人弃常,则妖兴,故有妖。"④"国无政,不用善,则自取谪(谴)于日月之灾。"⑤同样,福分也不一定由天赐,

---

① 冯友兰:《中国哲学史》,商务印书馆2007年版,第24页。
② 《国语·晋语》。
③ 《诗经·小雅·十月之交》。
④ 《左传·庄公十四年》。
⑤ 《左传·昭公七年》。

而由人的德行造成。春秋时期，晋国政治家叔向出使周室，向朝廷的大夫分送礼物，卿士单靖公也收到一份。单靖公宴请叔向，俭朴而恭敬，待他很有礼。叔向说周室有这样的卿士辅佐，是周室再次兴盛的征兆，而单靖公的子孙也能有昌盛兴旺的福分①。周灵王的太子晋规谏父王："天所崇之子孙或在畎亩，由欲乱民也。畎亩之人或在社稷，由欲靖民也。"②天神保佑的君王后代有的失国失位，落魄为乡野平民，这是由于"乱民"；乡野平民有的成为社稷之主，这是由于能"靖民"、安民。周惠王十五年，内史过就君主为人的善恶与神灵所降的祸福之间的因果联系发表过一段精彩的言论："国之将兴，其君齐明、衷正、精洁、惠和，其德足以昭其馨香，其惠足以同其民人。神飨而民听，民神无怨，故明神降之，观其政德而均布福焉。国之将亡，其君贪冒、辟邪、淫佚、荒怠、粗秽、暴虐；其政腥臊，馨香不登；其刑矫诬，百姓携贰。明神不蠲而民有远志，民神怨痛，无所依怀，故神亦往焉，观其苛慝而降之祸。是以或见神以兴，亦或以亡。"③因此，周人得出结论："吉凶由人。"④"祸福无门，惟人所召。"⑤

不仅如此，周人还发现，天意无常，上天并不总是像人们原先想象的那样清明、公平、仁慈。"天命靡常。"⑥"天命不彻。"⑦"昊天不平。"⑧"昊天不佣（均），降此鞠讻。昊天不惠，降此大戾。"⑨"旻天疾威（暴虐），敷于下土。"⑩"浩浩昊天，不骏其德。降丧饥馑，斩伐四国。昊天疾威，弗虑弗图。舍彼有罪，既伏其辜。若此无罪，沦胥以铺。"⑪"荡荡上帝，下民之辟。疾威上帝，其命多辟。天生烝民，其命匪谌。靡不有初，鲜克有终。"⑫因而，不要迷信上天。"天难忱斯。"⑬"天难谌。""天不可信。"⑭荀子响亮地提出："大天而思之，孰与物畜而制之？从天而颂之，孰与制天命而用之？"⑮正是在这种时代

---

① 《国语·周语》。
② 《国语·周语》。
③ 《国语·周语》。
④ 《左传·僖公二十六年》。
⑤ 《左传·襄公二十三年》。
⑥ 《诗经·大雅·文王》。
⑦ 《诗经·小雅·十月之交》。
⑧ 《诗经·小雅·节南山》。
⑨ 《诗经·小雅·节南山》。
⑩ 《诗经·小雅·小旻》。
⑪ 《诗经·小雅·雨无正》。
⑫ 《诗经·大雅·荡》。前一辟字，君王；后一辟字，邪僻。
⑬ 《诗经·大雅·大明》，忱，通谌，相信。
⑭ 均见《尚书·周书·君奭》。
⑮ 《荀子·天论》。

背景下，才出现了对天提出一系列怀疑的《天问》。屈原在《天问》中向天一口气提出了173个问题，这在周代以前是不可想象的。

因此，周代神权地位较殷商大大下降。尽管"天"是诸神之中的至上神，但在国家生活中不再具有最高的主宰、决定作用。周初天子吸取商王自恃天命为所欲为终至灭亡的教训，降低了神权的作用和地位。如果说在殷商时代，神权同王权是分立的，甚至高于王权，那么，到了周代，神权便被纳入王权系统之中，完全隶属于王权。有周一代，祭司集团虽然存在，但其地位较之殷商要低得多。他们不仅在周天子之下，也在三公之下，属于卿士以下的政务官，以太史为首长，司历法、祭祀、占卜、文化教育等等。

四、民意决定天意，走向重人轻天

与此同时，周人还发现，真正公平的"天"，其意志与民意是统一的，尊天就必须保民，应乎人就顺乎天。"所谓道，忠于民而信于神也。"①"夫王人者，将导利而布之上（天）下（人）者也，使神人百物，无不得其极。"②由此体现出由"人"定"天"的倾向。"民之所欲，天必从之。"③"天视自我民视，天听自我民听。"④"神，聪明正直而一者也，依人而行。"⑤"皇天无亲，唯德是辅。"⑥"神所冯依，将在德矣。"⑦保民敬德不仅与尊天不矛盾，而且是尊天的根本措施。"鬼神非人实亲，惟德是依。""非德，民不和，神不享矣。"⑧"国将兴，听于民；将亡，听于神。神，聪明正直而一者也，依人而行。"⑨"夫民，神之主也，是以圣王先成民而后致力于神。"⑩"天因人，圣人因天。"⑪圣人所依据的"天"是"因人"之天。于是，"周人……在一定程度上使天成了民的化身。"⑫"他们承

---

① 《左传》卷二。
② 《国语·周语》。
③ 《尚书·周书·泰誓上》。
④ 《尚书·周书·泰誓中》。
⑤ 《左传·庄公三十二年》。
⑥ 《尚书·周书·蔡仲之命》。
⑦ 《左传·僖公五年》。
⑧ 均见《左传·僖公五年》。
⑨ 《左传·庄公三十二年》。
⑩ 《左传·桓公六年》。
⑪ 《国语·越语》。
⑫ 彭林、黄朴民主编：《中国思想史参考资料集·先秦至魏晋南北朝卷》第三章编者按语，清华大学出版社2005年版，第26页。

认天意主宰人事,却又让人事制约着天意。"①表面上尊重的是天意,实际上尊重的是民意。在这种天人之意的互相交流之中,奠定了中国思想界"天人感应"的思维模式,以及通过由"天"定"人"最终由"人"定"天"的方法论特点。

这种表面上尊重天意实际上尊重民意的表述,彰显出周代思想界"重人轻神""重人轻天"的时代特征。周成王转述周公的遗训说:"至治馨香,感于神明;黍稷非馨,明德惟馨。"②最能感动神明的不是黍稷的馨香,而是明德的馨香。春秋时宋国的子鱼也认为:对神的"祭祀以为人也。民,神之主也"③。齐桓公曾经请教管仲:"王者何贵?"管仲回答:"贵天。"这个"天"就是人民百姓。"所谓天者,非谓苍苍莽莽之天也。君人者,以百姓为天。百姓与之则安,辅之则强,非之则危,背之则亡。……民怨其上,不遂亡者,未之有也。"④齐景公当政时,齐国出现彗星,景公打算派人祭神消灾。晏子进言:"无益也,只取诬焉。天道不谄(疑),不贰其命,若之何禳之?且天之有彗也,以除秽也。君无秽德,又何禳焉?若德之秽,禳之何损?……君无违德,方国将至,何患于彗?……若德回乱,民将流亡,祝史之为,无能补也。"⑤齐景公觉得很有道理,于是不再派人祭神。楚昭王当政时,昭王曾经生了一场大病。占卜的结果是黄河之神在作怪,应当祭祀黄河之神。"王弗祭。大夫请祭诸郊,王曰:'三代命(规定)祀,祭不越望。江、汉、雎、章,楚之望也。祸福之至,不是过也。不谷虽不德,河非所获罪也。'遂弗祭。"后来,楚国发生了"有云如众赤鸟,夹日以飞三日"的异常天象。"楚子使问诸周大史。周大史曰:'其当王身乎!若禜之,可移于令尹、司马。'王曰:'除腹心之疾,而置诸股肱,何益?不谷不有大过,天其夭诸?有罪受罚,又焉移之?'遂弗禜。"楚昭王这种重人轻神的做法,深得孔子好评。孔子感叹说:"楚昭王知大道矣!其不失国也,宜哉!"⑥孔子本人曾说过:"未知生,焉知死?""未能事人,焉能事鬼?"⑦所以孔子"不语怪力乱神"⑧,"敬鬼神而远之"⑨。郑国的子产也说:"天道远,人道迩,非所及也。"⑩到了战国时代,"天时"不如"人和"成为

---

① 张岂之主编:《中国思想史》,西北大学出版社 1989 年版,第 10 页。
② 《尚书·周书·君陈》。
③ 《左传·僖公十九年》。
④ 《说苑·建本》。
⑤ 《左传·昭公二十六年》。
⑥ 均见《左传·哀公六年》。
⑦ 《论语·先进》。
⑧ 《论语·述而》。
⑨ 《论语·雍也》。
⑩ 《左传·定公元年》。

共识。如孟子说:"天时不如地利,地利不如人和。三里之城,七里之郭,环而攻之而不胜。夫环而攻之,必有得天时者矣;然而不胜者,是天时不如地利也。城非不高也,池非不深也,兵革非不坚利也,米粟非不多也,委而去之,是地利不如人和也。故曰:域民不以封疆之界,固国不以山溪之险,威天下不以兵革之利。得道者多助,失道者寡助;寡助之至,亲戚畔之;多助之至,天下顺之。以天下之所顺,攻亲戚之所畔,故君子有不战,战必胜矣。"① 荀子说:"上不失天时,下不失地利,中不失人和,而百事不废。"②"上失天时,下失地利,中失人和,天下敖然若烧若焦。"③尉缭子指出:"天时不如地利,地利不如人和。圣人所贵,人事而已。"④孙膑指出:"天地之间,莫贵于人。""天时、地利、人和,三者不得,虽胜有央(殃)。"⑤于是,周人就从殷商的"天本""神本"转化为"人本""民本","其主要表现在于将天命道德化"⑥。

---

① 《孟子·公孙丑下》。
② 《荀子·王霸》。
③ 《荀子·富国》。
④ 《尉缭子·战威》。
⑤ 《孙膑兵法·月战》。
⑥ 彭林、黄朴民主编:《中国思想史参考资料集·先秦至魏晋南北朝卷》第三章编者按语,清华大学出版社 2005 年版,第 26 页。

第七章　周代道德地位的提升和道德观念的丰富

周代"天命的道德化"或对道德像至高无上的"天"神一样加以尊奉，彰显着周代"维新"思想的时代特征。王国维《殷周制度论》指出："殷周间的大变革……自其里言之，则……旧文化废而新文化兴。"彭林认为，"从神之道向人之道的伟大转变"，就发生在"殷周之际"①。

周代道德地位的提升，带来了道德观念的发展与丰富。《诗经·大雅·卷阿》说："有冯有翼，有孝有德，以引以翼。岂弟君子，四方为则。"周代最基本的道德观念，是"孝"与"德"。我们可以抓住这两个核心概念，来把握周代道德文明的基本状况。

一、"孝"的概念的发展

"孝"指对父母、祖辈的感恩、尊敬。《说文解字》云："孝，善事父母者。"《尔雅》云："善事父母为孝。""孝"是人类最原始、最朴素的血缘亲情，也是人类最基本的道德规范。史籍中关于"孝"行的记载，最早追溯到舜。《郭店楚墓竹简·唐虞之道》云："古者虞舜笃事瞽叟，乃弋其孝；忠事帝尧，乃弋其臣。爱亲尊贤，虞舜其人也。""古者尧之与舜也，闻舜孝，知其能养天下之老也；闻舜弟，知其能嗣天下之长也……其为瞽叟子也，甚孝；及其为尧臣也，甚忠。"②据《史记·五帝本纪》，"舜母死，瞽叟更娶妻而生象，象傲。瞽叟爱后妻子，常欲杀舜，舜避逃；及有小过，则受罪。舜事父及后母与弟，日以笃谨，匪有解"。于是舜"年二十以孝闻"，最后被人举荐给尧，尧将帝位禅让给

---

① 彭林、黄朴民主编：《中国思想史参考资料集·先秦至魏晋南北朝卷》第三章编者按语，清华大学出版社 2005 年版，第 48 页。
② 荆门博物馆：《郭店楚墓竹简》，文物出版社 1998 年版。

他。在这种记述中,舜成了孝子的典范。夏商时期,"孝"的道德情感和规范渗透、凝聚在连绵不断的祖宗神崇拜祭祀中。殷商时期,"祭祖形式已经制度化,商人通过祭祀追思父祖之恩,先公、先王都有宗庙,受到子孙定期或不定期的享祀"①,"孝"与"享"结合在一起。殷商卜辞、金文中最早出现了"孝"字。先秦不少著作中还记有商王武丁之子"孝己"的传说。孝己的情况与舜类似,虽遭后母嫉恨,仍能以孝心加以侍奉,尤为人们称颂。不过,殷商卜辞、金文中出现的"孝"字很少。卜辞中仅有一处,用于地名。金文中也仅有一处,用于人名。"孝"作为独立的道德概念加以使用和强调,似乎缺少有力的证据。

周代的情况就不同了。首先,周代继承殷商"孝""享"合一的做法,又对殷商的祭祖制度进行了重大改革,也就是将祭祖活动建立在宗法制基础之上,在宗法祭祖仪式中表现孝道。孝于先祖,意味着"小宗"孝于"大宗",诸侯孝于宗室。因此,"用享孝于大宗""用孝享于宗室""用享孝于宗老""用享孝于皇神祖考"之类的铭文屡见于这个时期宗庙的青铜礼器上。《诗经》也说:"率见昭考,以孝以享。"②"吉蠲为饎,是用孝享。"③对去世父母、先祖的祭享,又称"追孝"。如:"用追孝于刺仲","用追孝于皇考己伯"④,"汝克绍乃显祖,汝肇刑文、武,用会绍乃辟,追孝于前文人"⑤。周代所说的至上神"天",包括周代的祖宗神。"昔者周公郊祀后稷以配天。"⑥所以,尊天就必须孝祖。孝祖既"燕及皇天",又"克昌厥后"⑦。周成王是孝敬先祖的表率。"成王之孚,下土之式。永言孝思,孝思维则。"⑧"於乎皇考,永世克孝。念兹皇祖,陟降庭止。维予小子,夙夜敬止。於乎皇王,继序思不忘。"⑨《诗经》中对周人祖先后稷、公刘、古公亶父、文王的吟诵追思,乃是祭享之孝的充分表现。于是,"孝子"的概念出现了。"假哉皇考!绥予孝子。宣哲维人,文武维后。燕及皇天,克昌厥后。"⑩"威仪孔时,君子有孝子。孝子不匮,永锡尔

---

① 彭林、黄朴民主编:《中国思想史参考资料集·先秦至魏晋南北朝卷》第三章编者按语,清华大学出版社 2005 年版,第 44 页。
② 《诗经·周颂·载见》。
③ 《诗经·小雅·天保》。
④ 均据《殷周金文集成释文》,香港中文大学中国文化研究所 2001 年版;罗振玉编:《三代吉金文存》,中华书局 1983 年版。
⑤ 《尚书·文侯之命》。
⑥ 《孝经·圣治章》。
⑦ 《诗经·周颂·雍》。
⑧ 《诗经·大雅·下武》。
⑨ 《诗经·周颂·闵予小子》。
⑩ 《诗经·周颂·雍》。

类。"①"孝"的道德观念在对周代祖先的祭享中得到充分培育和发展。"有孝有德,以引以翼"②因而,侯外庐指出,"'德'和'孝'是西周统治阶级的道德纲领"③。

其次,周代将"孝"从前代流行的祭祖活动中抽象出来,作为对在世父母给予尊重、服从的道德规范提出来。关于尊敬父母,《诗经·小雅·小弁》要求"必恭敬止"。《小雅·蓼莪》以抱根蒿为喻,开导人们对辛劳一生的父母要懂得感恩,如果终养父母而不得,是极大的悲痛。"蓼蓼者莪,匪莪伊蒿。哀哀父母,生我劬劳。蓼蓼者莪,匪莪伊蔚。哀哀父母,生我劳瘁。瓶之罄矣,维罍之耻。鲜民之生,不如死之久矣。无父何怙?无母何恃?出则衔恤,入则靡至。父兮生我,母兮鞠我。拊我畜我,长我育我,顾我复我,出入腹我。欲报之德,昊天罔极!"《周书·酒诰》说:"肇牵车牛,远服贾,用孝养厥父母。"说的是为了奉养父母而到远方经商。如果"不孝不友,子弗祇服厥父事",则被视为"元恶大憝"④。对父母的孝敬,不仅体现为物质上的供养、精神上的呵护,而且包括婚姻上尊重父母之命。"娶妻如之何?必告父母"⑤。如果找了"可怀"的伴侣,未经父母认可,就不可私自结合。所谓"岂敢爱之,畏我父母","父母之言,亦可畏也"⑥。对父母的孝敬,还体现为生儿育女、传宗接代上,所谓"不孝有三,无后为大"⑦。

春秋战国时期,孔子及其弟子对"孝"这个道德概念进行了重要发展和丰富。

先来看孔子。首先,强调"仁"要从"亲亲"之"孝"做起。《中庸》记载孔子云:"仁者,人也,亲亲为大。""仁"是孔子提出的人的行为的最高道德准则。作为一种爱,首先要从对父母、前辈的敬爱做起,这种敬爱体现为对父母的绝对的"无违"⑧。其次,强调"孝"道的根本不是对父母物质上的供养,而是精神上的敬爱。《论语·为政》记载:"子游问孝。子曰:'今之孝者,是谓能养。至于犬马,皆能有养;不敬,何以别乎?'"⑨朱熹《论语集注》云:"养,

---

① 《诗经·大雅·既醉》。
② 《诗经·大雅·卷阿》。
③ 侯外庐主编:《中国思想史纲》上册,中国青年出版社1980年版,第27页。
④ 《尚书·周书·康诰》。
⑤ 《诗经·齐风·南山》。
⑥ 《诗经·郑风·将仲子》。
⑦ 《孟子·离娄上》。朱熹《孟子集注》引赵氏曰:"不孝者三事:谓阿意曲从,陷亲不义,一也;家贫亲老,不为禄仕,二也;不娶无子,绝先祖祀,三也。三者之中,无后为大。"
⑧ 《论语·为政》。
⑨ 《论语·为政》。

谓饮食供奉也。犬马待人而食,亦若养然。言人畜犬马,皆能有以养之。若能养其亲而敬不至,则与养犬马者何异?"再次,将对父母的"孝"贯穿到父母的生前死后。"生,事之以礼;死,葬之以礼,祭之以礼。"①无论父母生前或死后,都应按照礼的规定来行孝。复次,把尊敬父母的"孝"与尊敬兄长的"悌"、尊敬君主的"忠"结合起来。"孝"的本质是对长辈的敬。所以对父母"孝",必然要求对兄长"悌"。《论语》中多次"孝""悌"连用,所谓"弟子入则孝,出则弟";"孝悌也者,其为仁之本与"? 并指出:"其为人也孝悌,而好犯上者,鲜矣。不好犯上而好作乱者,未之有也。"②这样,居家孝与事君忠就有机统一到了一起。最后,针对父母的过错提出"几谏"原则。《论语·里仁》说:"事父母几谏。"所谓"几谏",指父母若有错,子女可以用委婉的语气进行劝谏,以免陷父母于不义。

孔子之后,思孟学派继承孔子的孝道观,开创了儒家的孝治派。先看曾子。他将"孝"发展成为一种具有普遍意义的根本道德准则。他将仁、义、忠、信、礼等都与"孝"联系在一起:"民之本教曰孝。夫仁者,仁此者也;义者,义此者也;忠者,忠此者也;信者,信此者也;礼者,礼此者也。"③认为只有通过"孝"才能体现"仁"、彰显"义"、走向"忠"、养成"信"、体会"礼"。"孝"是一切高尚品行的发端和依据,也是放诸四海而皆准的真理:"夫孝,置之而塞于天地,衡之而衡于四海。推而放诸东海而准,推而放诸西海而准,推而放诸南海而准,推而放诸北海而准。"④其次,将家庭中的"孝"与政治上的"忠"联系在一起:"事君不忠,非孝也,莅官不敬,非孝也!"⑤在这里,"忠"被纳入"孝"的范畴,"孝"所面对的对象在国家政治生活中变成了君主。曾子的弟子子思将孝治观扩展为《孝经》⑥,这为汉代以"孝"治天下奠定了理论基础。孟子继承孔子的"亲亲"思想,从"尊亲""事亲"方面阐释"孝"。"孝子之至,莫大于尊亲。"⑦"事孰为大? 事亲为大。"⑧由此出发,孟子把"孝悌"作为五伦的基本原则提出来。五伦即"父子有亲、君臣有义、夫妇有别、长幼有序、朋友有信"⑨。五伦中父子、君臣两伦最重要。"仁之实,事亲是也;义之实,

---

① 《论语·为政》。
② 《论语·学而》。
③ 《大戴礼记·曾子大孝》。
④ 《大戴礼记·曾子大孝》。
⑤ 《大戴礼记·曾子大孝》。
⑥ 关于《孝经》作者说法不一,以子思为合理。据汪受宽:《孝经译注》前言,上海古籍出版社1998年版。
⑦ 《孟子·万章上》。
⑧ 《孟子·离娄上》。
⑨ 《孟子·滕文公上》。

从兄是也"①,因此,"孝悌"成为五伦的中心。"人人亲其亲,长其长",就会"天下平"②。所以"孝悌"也是一种政治原则。历史上看,"入则孝,出则悌"是"先王之道"③。"尧舜之道,孝悌而已矣。"④因而,孟子向梁惠王反复"申之以孝悌之义"⑤,进一步巩固了曾子、子思的孝治观。

二、"德"的概念的丰富

"德"的意识,其实周代以前就有了,但处于萌芽阶段,无论是它在国家社会生活中的地位还是道德概念的丰富程度,都不可与周代相提并论。

周王是通过推翻商末失德之王建立周朝的,占据道德上无可比拟的优势,所以,"敬德""修德"在周朝国家社会生活中具有至高无上的地位。周初的政治家、思想家早就从自己的政治实践中意识到,"皇天无亲,惟德是辅"⑥。"天命"是以"德"为转移的。商纣王不德,所以"天命"改了:"皇天上帝,改其元子"⑦。而我周王有德,所以皇天上帝就将治理天下的天子、帝王大任降命于周。"惟我周王,克堪用德,惟典神天。天惟式教我用休,简畀殷命,尹尔多方。"⑧"文王克明德……天乃大命文王。""若德裕乃身,不废在王命。"⑨与商王多以甲、乙等十干中的日子命名不同,"历代周王名号中都有道德意义的字",如"文""武""昭""穆""恭""懿""孝"⑩,体现了周代统治者对德治的高度重视和期许。周代的天子不仅自身注重"敬德保民",而且在实施宗法分封时也注意以道德为重要依据。"武王克商,成王定之。选建明德,以藩屏周。"⑪"天子建德,因生以赐姓,胙之土而命之氏。"⑫周代统治者还将道德建设与制度设计结合起来,以典章制度保证道德规范。"周人制度之大异于商者,一曰立子立嫡之制,由是而生宗法及丧服之制,并由是而有封建

---

① 《孟子·离娄上》。
② 《孟子·离娄上》。
③ 《孟子·滕文公下》。
④ 《孟子·告子下》。
⑤ 《孟子·梁惠王上》。
⑥ 《尚书·周书·蔡仲之命》。
⑦ 《尚书·周书·召诰》。
⑧ 《尚书·周书·多方》。
⑨ 《尚书·周书·康诰》。
⑩ 沈善洪、王凤贤:《中国伦理学说史》上卷,浙江人民出版社1985年版,第54页。
⑪ 《左传·定公四年》。
⑫ 《左传·隐公八年》。

子弟之制,君天下、臣诸侯之制。二曰庙数之制。三曰同姓不婚之制。此数者皆周之所以纲纪天下,其旨则在纳上下于道德,而合天子诸侯卿大夫士庶民以成一道德之团体。故知周之制度典礼,实皆为道德而设。……周之制度典礼乃道德之器械,而尊尊、亲亲、贤贤、男女有别四者之结体也。"①由于殷鉴不远,所以整个周代,对于无德之君,都赋予了臣民推翻他的革命权。春秋时期,晋国的国君问师旷:"卫人出其君,不亦甚乎?"卫国的百姓将其国君给放逐了,是不是太过分了? 师旷回答:"或者其君实甚。"也许是他们的国君太过分了。师旷按道德将君主分为"良君"与"困民之主",指出"若困民之主,百姓绝望,社稷无主,将用之,弗去何为"?②鲁国的季氏赶走他的国君鲁昭公,而百姓顺服他,诸侯亲附他,即使国君死在外边,也没有人指责、惩罚他,赵简子问史墨,这是为什么? 史墨回答说:

> 鲁君世从(纵)其失,季氏世修其勤,民忘君矣。虽死于外,其谁矜之? 社稷无常奉,君臣无常位,自古以然。故《诗》曰:"高岸为谷,深谷为陵。"三后之姓,于今为庶,王所知也。……是以为君,慎器与名,不可以假人。③

鲁国太史里革为臣杀君辩护:"臣杀其君,君之过也。"④管子声称:"君不君则臣不臣。"⑤孟子强调:"君有大过则谏,反复之而不听,则易位。"⑥"君之视臣如土芥,则臣视君如寇仇。"⑦"贼仁者谓之贼,贼义者谓之残;残贼之人,谓之一夫。闻诛一夫纣矣,未闻弑君也。"⑧在失德、无德就应该被推翻的革命思想的笼罩下,周人将"敬德""修德"作为与统治地位生死攸关的关键任务提出来,引起了全社会的重视。春秋中期,鲁大夫叔孙豹提出"三不朽"说,将"立德"的位置提到"立功""立言"之上。"太上有立德,其次有立功,其次有立言。虽久不废,此之谓不朽。若夫保姓受氏,以守宗祊,世不绝祀,无国无之,禄之大者,不可谓不朽。"⑨于是,周代的道德建设渗透到社会大众的个体

---

① 王国维:《殷周制度论》。
② 《左传·襄公十四年》。
③ 《左传·昭公三十二年》。
④ 《国语·鲁语》。
⑤ 《管子·形势》。
⑥ 《孟子·万章下》。
⑦ 《孟子·离娄下》。
⑧ 《孟子·梁惠王下》。
⑨ 《左传·襄公二十四年》。

品德修养中。优良品德称为"令德""懿德""嘉德""明德""吉德",丑恶品行称为"凶德""凉德""败德""昏德""悖德"。统治者推行德治,大众弘扬道德,成为周代的突出特征。

在"德"这个母范畴之下,诞生了一系列的子范畴。

比如"礼"。"礼"本来承担着沟通人神的职责,但到了周代,侧重向人伦等级规范发展。"礼"成为"经国家,定社稷,序民人,利后嗣"的法则。① 所以,孔子说"不学礼,无以立"②,主张治国"道之以德,齐之以礼"③,做人"非礼勿视,非礼勿听,非礼勿言,非礼勿动"④。孟子把"礼"作为人必须坚守的四种德行之一。荀子《礼论》强调:"礼者,人道之极也。"⑤周代的"礼",继承了夏礼和殷礼祭神的仪式,但向人间礼仪规范转化,且更加完备繁复。如人在成人时有冠礼,成家时有婚礼,死时有丧礼,死后有祭礼,君臣之间有朝聘之礼,基层社会有乡射之礼。这在《仪礼》《礼记》中有详细记载与分析。即便祭祀祖先神,不同季节的祭祀也有不同的称谓。如《礼记·王制》说:"天子诸侯宗庙之祭,春曰礿,夏曰禘,秋曰尝,冬曰烝。"郑玄注:"此盖夏、殷之祭名,周则改之,春曰祠,夏曰礿。"《周礼·大宗伯》则将"礼"分为祭祀之事的"吉礼"、丧葬之事的"凶礼"、军旅之事的"军礼"、宾客之事的"宾礼"、冠婚之事的"嘉礼"。与此同时,"礼"还包含一系列具体的道德要求。《左传》记载说:"礼之可以为国也久矣,与天地并。君令臣共,父慈子孝,兄爱弟敬,夫和妻柔,姑慈妇听,礼也。君令而不违,臣共而不贰,父慈而教,子孝而箴;兄爱而友,弟敬而顺;夫和而义,妻柔而正;姑慈而从,妇听而婉:礼之善物也。"⑥社会角色不同,"礼"所规定的道德规范也就不同。令、共、慈、孝、爱、敬、和、柔、慈、听,就是君、臣、父、子、兄、弟、夫、妻、姑、妇分别应当遵守的行为规范。在十种社会角色中,君臣、父子、兄弟六种角色的礼教道德规范最重要,《左传·隐公三年》称之为"君义、臣行、父慈、子孝、兄爱、弟敬":"且夫贱妨贵,少陵长,远间亲,新间旧,小加大,淫破义,所谓六逆也。君义、臣行、父慈、子孝、兄爱、弟敬,所谓六顺也。去顺效逆,所以速祸也。"

在"礼"的基础上,春秋时期管仲学派发展出"礼义廉耻"的道德概念,作为"守国"的四维,是治理天下的四种基本道德规范。孔子将"仁"视为"礼"

---

① 《左传·隐公十一年》。
② 《论语·季氏》。
③ 《论语·为政》。
④ 《论语·颜渊》。
⑤ 《荀子·礼论》。
⑥ 《左传·隐公三年》。

的原初根据,认为"人而不仁,如礼何?"①在此基础上建立了由一系列道德范畴组成的仁学体系。战国时期的孟子发展出"仁义礼智"这"四德",作为人区别于禽兽的基本规范。此外,春秋时期的单襄公在评论孙周的道德品质时,提出"文"这个道德总概念及其统辖的一系列道德子概念:"其行也文……夫敬,文之恭也;忠,文之实也;信,文之孚也;仁,文之爱也;义,文之制也;智,文之舆也;勇,文之帅也;教,文之施也;孝,文之本也;惠,文之慈也;让,文之材也……此十一者,夫子皆有焉。"②孙周不仅有"文",而且有"德":"且夫立无跛,正也;视无还,端也;听无耸,成也;言无远,慎也。夫正,德之道也;端,德之信也;成,德之终也;慎,德之守也。守终纯固,道正事信,明令德矣。慎成端正,德之相也。"③因而单襄公预测:孙周"被文相德,非国何取",将来一定会成为晋国国君。事实的发展果然印证了他的预言,孙周后来成了晋悼公④。道家则以与儒家不同的逆向思维,建构了另外一套道德学说。

  要之,我们看周代的典籍,虽然摆脱不了天人感应、人神感应、天命神佑等神学观念的印记,但重人本、重道德已成为突出的、占主导地位的时代主题。"就整体来说,商周之际的思想变革的确是将关注的目光由天国神灵转向了人间民众,周人的'德'就是这个转变的明证。"⑤正如冯友兰在《中国哲学史》中所指出:孔子以前及同时代的哲学思想特征是"人之发现"⑥。

---

① 《论语·八佾》。
② 《国语·周语下》。
③ 《国语·周语下》。
④ 《国语·周语下》。
⑤ 晁福林:《先秦时期"德"观念的起源及其发展》,《中国社会科学》2005 年第 4 期。
⑥ 冯友兰:《中国哲学史》,商务印书馆 2017 年版,第 25 页。

第八章　周代儒经的思想构成

自汉武帝"罢黜百家，独尊儒术"，焚于秦火的先秦儒家经典得以重见天日。汉武帝设置"五经"博士，"五经"的说法由此开始。"五经"指成书于周代、经孔子编订的《诗》《书》《易》《礼》《春秋》。这是我国保存至今的最古的文献，也是儒家的主要经典。"五经"脱胎于"六经"。"六经"之说，始见于东周后期战国时代《庄子》一书。其《天运》篇记载孔子对老聃说的话："丘治《诗》《书》《礼》《乐》《易》《春秋》六经，自以为久矣，孰知其故矣。"《礼记·经解》记载孔子提到"六经"的作用："孔子曰：入其国，其教可知也。其为人也，温柔敦厚，《诗》教也；疏通知远，《书》教也；广博易良，《乐》教也；洁静精微，《易》教也；恭俭庄敬，《礼》教也；属辞比事，《春秋》教也。故《诗》之失，愚；《书》之失，诬；《乐》之失，奢；《易》之失，贼；《礼》之失，烦；《春秋》之失，乱。其为人也，温柔敦厚而不愚，则深于《诗》者也；疏通知远而不诬，则深于《书》者也；广博易良而不奢，则深于《乐》者也；洁静精微而不贼，则深于《易》者也；恭俭庄敬而不烦，则深于《礼》者也；属辞比事而不乱，则深于《春秋》者也。"较之后世所说的"五经"，"六经"多出一部《乐经》。由此可见，《诗》《书》《礼》《乐》《易》《春秋》在孔子所处的春秋末期就被视为经典了。周代重视贵族子弟教育，把《诗》《书》《礼》《乐》《易》《春秋》称为"六艺"，是贵族子弟必学的经典，所以"六艺"又称"六经"。到战国末年，"六经"作为记载古代"圣人之言""百王之道"的儒经，荀子在提出"宗经""征圣"主张时又一次提到过其中的五部："圣人也者，道之管也。天下之道管是矣，百王之道一是矣，故《诗》《书》《礼》《乐》之道归是矣。《诗》言是，其志也；《书》言是，其事也；《礼》言是，其行也；《乐》言是，其和也；《春秋》言是，其微也。……天下之道毕是矣。乡是者臧，倍是者亡。乡是如不臧，倍是如不亡者，自古及今，未尝有也。"①

---

① 《荀子·儒效》。句读从沈啸寰、王星贤点校，王先谦《荀子集解》，中华书局1988年版，第133页。

"六经"中,《乐经》与《礼经》并列,《礼经》偏指《仪礼》。据说汉代钦定的"五经",其中的《礼经》也指《仪礼》。宋朝以后,"五经"中的《礼经》一般是指《礼记》。而《乐记》是《礼记》中的一篇。尽管有种观点认为《乐经》后世失传,但笔者倾向于认为,以"和"为特点的《乐记》(《荀子》的《乐论》与此大同小异)就是周人津津乐道的《乐》或《乐经》。所以,宋代以后所说的"五经"其实包含了"六经",只是《礼经》所指不同而已。

作为周代贵族子弟教学的必读经典,同时作为对后世中国思想史影响深远的源头,《诗》《书》《易》《礼》《春秋》理当成为研究、阐述周代思想史的重要依据。然而令人感到困惑的是,除了台湾学者韦政通的《中国思想史》对《诗经》《尚书》《左传》的人文思想偶有涉及外,其他如侯外庐主编的《中国思想通史》、张岂之主编的《中国思想史》、冯友兰撰写的《中国哲学史》、任继愈主编的《中国哲学史》等对《诗》《书》《易》《礼》《春秋》都缺少专章评析。这不能不说是很大的缺憾。诞生于周代的儒家"五经"是中国古代几千年的指导思想,本编将首先从它们入手,展开周代思想史的研究分析。

《周易》是群经之首。它看似一部迷信著作,其实是一部渊源邃古、博大精深的哲学著作。《周易》由经、传两部分构成。经诞生于周初,传诞生于春秋战国时期。如果说易经是周人万物有灵、鬼神概念存在的证明,那么,易传则对占卜之辞和鬼神观念作出了新的解释,反映了周人"近人而忠"的时代特征。这个特征具体表现在:一、对"神""天"的内涵加以现实化改造,使其从神灵、至上神变成了变化之道、天地之天;二、首次提出了"人文"的德教概念,对"文明"作了道德化的阐释;三、将"君子"概念从有善有恶的贵族男子改造为有善无恶的道德楷模,并对"君子"的道德修养提出了丰富要求;四、倡导"革而当理"的人道追求,提出"与时偕行""顺天应人"的变革原则。于是,《周易》从神道设教的占卜之书转化为探究"人文"之道的修身济世指南。

《书》又称《尚书》,是一部由夏商周君主的典诰誓命构成的王道之书。"民主"学说实际上是《尚书》王道思想的典型学说。不仅"民主"概念在《尚书》中出现过四次,而且《尚书》中其他思想也直接聚焦"民主"概念。敬天贵人是"民主"概念的思想基础,对人心二重性的认识尤其是对民众劣根性和君主高明性的认识是"民主"产生的现实依据,为民做出正确决定是"民主"的权利与责任,敬德内省、保民慎罚是"民主"的德治要求,也是充当"民主"的资格与条件,而反道失德、虐民害民的暴君则不配"民主"的称号,理当被臣民的"革命"推翻。本章从"民主"学说的角度对《尚书》作了全新解读,对重新认识《尚书》的思想意义具有重要价值。

《诗》即《诗经》，周王室通过派"行人"到民间"采诗"以及公卿大夫给周天子"献诗"这两种途径，收集了西周初年到春秋中叶五百年的诗歌305篇，一般被视为中国历史上第一部诗歌总集，而忽视了它的思想史意义。其实，《诗经》在周代是由政治歌谣采集而产生的。它产生的目的是给周王室认识政治得失、调整方针政策提供反映民情的晴雨表。从西周到东周，周人对"上帝""昊天"从迷信走向怀疑乃至诅咒，进而把目光聚焦在现实人事尤其是人的道德建设上。诗人怨刺无德，歌颂有德，对"良人""吉士""君子"发出深情礼赞；以对现实生活的反映为主，真实记录了周族祖先的发展历程。这使得《诗经》成为周代思想界以人为本、道德为尊时代特征的重要证明，也成为周代士大夫安身立命、经邦济世、应对诸侯的思想依据。

《礼》有"三礼"，即《仪礼》《礼记》《周礼》。《仪礼》是周代冠、婚、丧、祭、乡、射、朝、聘等礼仪制度及其具体的操作规则的记录说明，毫无思想论说。因此，本章无法加以评述。《礼记》包含着对《仪礼》设计的解释，更多体现为对儒家礼教思想的阐述。作为周代礼仪制度、礼乐思想论著的汇选，典型反映了周代"尊礼""近人"思想的时代特征。这具体表现为对"人"作为"天地之心""五行之秀"的崇高地位的确认，对作为"人道"的"礼"在沟通天地、祭祀鬼神、修身齐家、治国安邦中关键作用的肯定，对"礼"的具体含义、发生历史以及周礼类别的精细甄别与丰富认识，对礼、乐的不同功能、意义及其互补关系的详赡辨析，对始于"大学"之知、中于"儒行"之行、终于"君子"之果的礼教历程的系统要求。

研究《礼经》不能完全脱离《周礼》。由于先秦文献没有提到《周礼》一书，《周礼》在西汉末年刘向的著录中被发现、提及，故曾被视为伪造与研究禁区，学者一度莫敢援引其说。然此未必是确论。张载《横渠语录》云："《周礼》是的当之书，然其间必有末世增入者。"《四库提要》云："夫《周礼》作于周初，而周事之可考者不过春秋以后，其东迁以前三百余年官制之沿革、政典之损益，除旧布新，不知凡几。其初去成、康未远，不过因其旧章，稍为改易，而改易之人不皆周公也。"晚清孙诒让著《周礼正义》，坚持《周礼》为周公所作："粤昔周公，缵文武之志，光辅成王，宅中作雒，爰述官政，以垂成宪，有周一代之典，炳然大备。"[①]金文材料证明，《周礼》确实保存有大量西周史料。今天多数学者认为：《周礼》成书于战国时期，乃至于汉初，是研究周代思想

---

① 《周礼正义序》。

不能绕开的经典。东汉末年，经学大师郑玄为《周礼》作了出色的注释，《周礼》因此一跃而居"三礼"之首，成为儒家的皇皇大典，宋以后列为儒家十三经之一，对中国思想史影响深远。有鉴于此，本章列专节，分析其职官设计背后的思想。《周礼》是系统叙述国家机构设置、职官分工的法规总集。在职官结构、功能的描述中，它穿插着许多人文思想的表述。一方面，《周礼》的六官设置体现了"以人法天"的思路，"春官"中设有许多神职人员从事鬼神祭礼，反映了殷商神学观念的遗留；另一方面，《周礼》反复强调"设官分职"是"以为民极"，安邦治国须"得民"为本，各处论析汇成保障民生、兼顾教化、以刑辅德、以德司法的仁政学说，是周代思想界重人轻神时代特征的重要证明。

《春秋》是鲁国的编年史。文字简约，虽包含微言大义，但后人难以领悟。于是出现了《春秋》三传，对《春秋》的记载进行解释和说明，其中左丘明的《春秋左氏传》（简称《左传》）最为有名，影响最大。宋以后，《春秋》三传均列入儒家十三经。因《左传》不属于"五经"，而属于记事记言的史书，所以本书将《左传》归入下章《周代史书中的思想构成》去评析。

一、《周易》：从"神道设教"走向"人文"之道

《周易》原属于"三易"之一。《易经》源于伏羲始作八卦，后来经历了夏朝的《连山易》、商朝的《归藏易》、周朝的《周易》三个阶段、三种形态。如今，《连山易》和《归藏易》已失传，只剩下《周易》，习惯称《易经》。《周易》的"周"指周人。"易"有变易（事物变化）、简易（执简驭繁）、不易（永恒不变）三义。《周易》即周人所作的以万变不离其宗的卦爻辞执简驭繁地追究万物变化规律、奥秘的卜筮之书。《周易》的内容包括《经》和《传》两部分。《经》主要是64卦和384爻，卦、爻各有说明其义的卦辞、爻辞，作为占卦之用。一般认为周文王被拘禁在羑里时将伏羲发明的八卦两两重叠，组合成64卦，并作卦辞、爻辞。《传》是对《经》的解释。旧说《易传》为孔子所作，据近人研究，大抵为战国末期儒家作品[①]。其内容包含解释卦辞、爻辞的七种文辞。其中，《彖》传附于每卦卦辞之后，是对一卦大意的裁定。《象》传穿插在各卦的卦辞、爻辞之后，阐释各卦的卦象及各爻的爻象所象征的意义。释卦象者称为《大象传》，释爻象者称为《小象传》。《文言》仅出现在《乾》《坤》两卦的

[①] 参徐志锐：《周易大传新注》序，齐鲁书社1986年版，第1页。

《彖》辞、《象》辞之后,在《彖》《象》的基础上对《乾》《坤》的卦意作出进一步阐发与拓展,也称《乾文言》《坤文言》。《系辞》《说卦》《序卦》《杂卦》则单独附于64卦的卦爻辞之后。由于《彖》传、《象》传分为上、下篇,《系辞》传也分上、下篇,加上《文言》《说卦》《序卦》《杂卦》,故《易传》称《十翼》。作为一部卜筮之书,周初诞生的《周易》的卦爻辞(亦即经的部分)更多地显示出万物有灵的思想和神道设教的特点。而春秋战国时期诞生的《易传》则用解经的方式对占卜之辞和鬼神观念作出了新的解释,冲淡了卦爻辞的神学色彩,聚焦于讨论人事道德问题,使得《周易》不再仅仅是占卜之书,而同时是修身指南①。

1. 对"神""天"概念的现实化改造

《周易》是一部借卜筮之法探讨、揭示万物之理,示人吉凶修咎的著作。《系辞》一再强调:卦象是"圣人""仰以观于天文、俯以察于地理","远取诸物""近取诸身",拟物形容、象物所宜创造产生的,它"言天下之至赜","通神明之德","类万物之情"。其涉及的万物包括天、地、人、神。《系辞上》说:"《易》与天地准,故能弥纶天地之道。仰以观于天文,俯以察于地理,是故知幽明之故;原始反终,故知死生之说;精气为物,游魂为变,是故知鬼神之情状。与天地相似,故不违;知周乎万物,而道济天下,故不过。""鬼神"的概念,与"天地"的概念、"人"的概念一样,明显地存在于《周易》的思想中。《乾·文言》说:"夫大人者,与天地合其德,与日月合其明,与四时合其序,与鬼神合其吉凶,先天而天弗违,后天而奉天时。天且弗违,而况于人乎?况于鬼神乎?"《丰·彖》云:"日中则昃,月盈则食,天地盈虚,与时消息,而况于人乎,况于鬼神乎?"

周人指称至上神,习惯用"天"。《周易》中所说的某些"天",也有至上神的含义。如《革·彖》云:"汤武革命,顺乎天而应乎人。"《兑·彖》云:"兑,说也。刚中而柔外,说以利贞,是以顺乎天而应乎人。"《系辞上》云:"祐者,助也。天之所助者,顺也;人之所助者,信也。履信思乎顺,又以尚贤也。是以'自天祐之,吉无不利'也。""是故君子所居而安者,《易》之序也;所乐而玩者,爻之辞也。是故君子居则观其象而玩其辞,动则观其变而玩其占,是以自天祐之,吉无不利。"这里的"天"解释为至上神才较为准确,也才好讲通。

不过,在《周易》中,"神"的含义已经发生了明显的变化。在不少场合,

---

① 本节以《〈周易〉:从"神道设教"走向"人文"之道》为题发表于《理论月刊》2019年第6期。

"神"已不只是神灵之意,而指阴阳变化莫测之道。《观·象》云:"观天之神道,而四时不忒。圣人以神道设教,而天下服矣。"这里的"神"虽然不能否认有"神灵""神明"的意思,但也有"神变""神易"的意思。宋人蔡渊《周易经传训解》:"神者,即《大传》神易之神也,在天则阴阳不测。"《系辞上》云:"阴阳不测之谓神。""子曰:知变化之道者,其知神之所为乎!"与此相似的是,《周易》中的"天",更多的情况不是指至上神,而是下降为与地、坤相对、并立的天、乾。如《系辞上》:"天尊地卑,乾坤定矣。卑高以陈,贵贱位矣。"《乾·文言》:"本乎天者亲上,本乎地者亲下。各从其类也。"《颐·象》:"天地养万物。"在天、地、人、神中,《周易》更注重形而下的天、地、人"三才"(或"三材")。六十四卦的卦象虽然由六根爻构成,但其所指,即天、人、地。"六爻之动,三极之道也。""《易》之为书也,广大悉备。有天道焉,有人道焉,有地道焉。"①由于天、人、地均是矛盾双方的对立统一体,由阴、阳两爻构成,所以反映人世间天、人、地状况的卦象由六爻组成。这就叫"兼三才而两之,故六;六者非它也,三材之道也"②。"是以立天之道,曰阴与阳;立地之道,曰柔与刚;立人之道,曰仁与义。兼三才而两之,故易六画而成卦。"③

值得注意的是,当《周易》将"天"用为至上神含义时,天意与民意是和谐统一的,所谓"顺乎天而应乎人"。由于天意并不存在,所以天意实际上由民意决定,天人合一实际上体现着对人心向背的侧重。通过将民意塑造成天意,周人再要求政治家效法作为民意化身的天意,《系辞上》谓之"天生神物,圣人则之"。当《周易》将"天"用为天、地之天,大讲天地之道时,我们发现,这天地之道最后都指向、落实于人道。一方面,天地之道往往就是人道。如《乾·象》云:"天行健,君子以自强不息。"《乾·文言》云:"大哉乾乎,刚健中正,纯粹精也。"《坤·象》云:"坤厚载物,德合无疆。"《坤·象》云:"地势坤,君子以厚德载物。"《大畜·象》云:"大畜,刚健笃实,辉光日新。其德刚上而尚贤。"《谦·象》云:"天道下济而光明,地道卑而上行。天道亏盈而益谦,地道变盈而流谦。"另一方面,天地之道是为人道提供依据的,所谓"天地变化,圣人效之"④。如《颐·象》云:"天地养万物,圣人养贤以及万民。"《咸·象》云:"天地感而万物化生,圣人感人心而天下和平。"《观·象》云:"风行地上,观。先王以省(察)方(地域)观民设教。"《序卦》云:"有天地,然后有万物;有万物,然后有男女;有男女,然后有夫妇;有夫妇,然后有父子;有父子,然后

---

① 《周易·系辞上》。
② 《周易·系辞上》。
③ 《周易·说卦》。
④ 《周易·系辞上》。

有君臣;有君臣,然后有上下;有上下,然后礼义有所错。"男女、夫妇、父子、君臣之间的尊卑之道其实都是由天地注定了的。天地之道还有易知、易从的特点,它为圣贤的效法提供了可行性。《系辞上》说:"乾以易知,坤以简能。易则易知,简则易从。易知则有亲,易从则有功。有亲则可久,有功则可大。可久则(有)贤人之德,可大则(有)贤人之业。""子曰:《易》,其至矣乎!夫《易》,圣人所以崇德而广业也。"

于是,《易传》通过对"神""天"含义的现实化改造,反映了春秋战国时期人们"事鬼敬神而远之,近人而忠"①的时代特征。

2. "人文"的提出和"文明"的阐释

出于对人事的重视,《周易》提出了"人文"的概念,并对"文明"作了独特的阐释。

"人文"一词,最早见于《周易·贲》中的《彖》传,它是与"天文""地理"相对的概念。"文明以止,人文也。观乎天文,以察时变。观乎人文,以化成天下。"贲卦作为别卦,卦象由离卦与艮卦这两个经卦构成。离卦的含义是"文明",也就是文采辉煌的意思;艮卦的含义是静止,王弼、孔颖达将"止"解释为"裁止"。"文明以止"本指贲卦的双重卦义。《易传》认为贲卦"文明以止"的双重含义就是"人文"的注脚或写照。那么,如何理解"文明以止"亦即"人文"的含义呢?王弼的注解是:"止物不以威武,而以文明,人之文也。"孔颖达的注解是:"用此文明之道裁止于人,是人之文、德之教。"可见,"人文"的含义就是"文明以止";"文明以止"就是用文明之道治人安物,实现天下稳定。这个"人之文"与"德之教"是相通的。

"人文"的"文",按《易传》的解释,有文理、文采、文明的意思。《系辞下》解释:"物相杂,故曰'文'。"因而,天上的日月云彩叫"天文",地上的百谷草木叫"地文"(又称"地理"),人间的道德文明叫"人文"。"文"就从自然界的文采,走向了人类的文明。

"文明"的含义也是这样。一方面,"文"指文理、文采,"明"指明亮辉煌。《乾·文言》说:"'见龙在田',天下文明。"这里,"文明"即文采。全句的意思是说,作为乾卦九二爻辞"见龙在田"的含义,指阳气已升出地面,草木萌芽,百花盛开,大地绘成文采。如上所述,构成贲卦的离卦的含义是"文明"。离卦何以有"文明"之义呢?《离·彖》云:"离,丽也。日月丽乎天,百谷草木丽乎土。重明……"《离·象》云:"明两作,离。"64 别卦中的离卦,由两个经卦

---

① 《礼记·表记》。

的离构成。"离"即附丽的"丽"(附着、依附)。两个经卦的"离"一指"日月丽乎天",二指"百谷草木丽乎土",故称"重明""明两作"。这都是指自然界文采焕发、光明灿烂的现象。

另一方面,人类的文明作为控制原始欲望冲动的仪礼规范,指"中正"的道德教化。《离·彖》在以"日月丽乎天,百谷草木丽乎土"解释过"离"的附丽之义后,又要求"重明以丽乎正","柔丽乎中正",指出这样"化成天下","故亨"。《离·象》在用"明两作"解释"离"后,又指出"大人以继明照于四方",意即以明而又明之德照耀四方,君临天下。又《同人·彖》云:"文明以健,中正而应,君子正也。"《大有·彖》云:"其德刚健而文明,应乎天而时行,是以元亨。"《临·象》尤其强调文明道德的中正之道:"大君之宜,行中之谓也。"又《革·彖》云:"文明以说,大亨以正。"①孔颖达径直将"文明"解释为"道德":"能思文明之德以说(悦)于人,所以革命而为民所信也。""民既说文明之德而从之,所以大通而利正也。"《明夷·彖》以周文王为典范举例说明:圣人要像周文王那样,做到"内文明而外柔顺",这样方可以"蒙大难"而免遭害,保其身而成大业。《系辞上》声称:《周易》64卦,以讲道德为主:"是故《履》,德之基也;《谦》,德之柄也;《复》,德之本也;《恒》,德之固也;《损》,德之修也;《益》,德之裕也;《困》,德之辨也;《井》,德之地也;《巽》,德之制也。""《履》以和行,《谦》以制礼,《复》以自知,《恒》以一德,《损》以远害,《益》以兴利,《困》以寡怨,《井》以辨义,《巽》以行权。"于是《周易》就从一部讲神道、天道的书,变成了一部讲人道的书。

3. "君子"概念的正面肯定与丰富要求

"人文"的核心是道德。道德的践行者是君子。由于对"人文""人道"的重视,《周易》对"君子"之名作了正面的肯定,提出了丰富的要求。

在《诗经》中,"君子"泛指贵族男子,在道德上可好可坏。但在《周易》中,"君子"则是一个与"小人"相对的概念。"小人不耻不仁,不畏不义,不见利不劝,不威不惩。"②"君子"恰恰与此相反,是道德善的化身,仅次于"圣人"的道德楷模,"圣人"的前身或候补者。《乾·文言》云:"君子以成德为行。""君子进德修业,欲及时也,故无咎。"《大畜·象》云:"君子以多识前言往行,以蓄其德。"《坎·象》云:"君子以常德行,习教事。"《升·象》云:"君子以顺德,积小以高大。"《小畜·象》:"君子以懿(积小至大)文德。"《晋·象》云:

---

① 文明:指道德。说:悦也。大:元。正:即上文"贞"。
② 《周易·系辞上》。

"君子以自昭明德。"《蹇·象》云:"君子以反身修德。"《蛊·象》云:"君子以振民育德。"《坤·文言》有一段带有小结性的话:"君子……美在其中,而畅于四支(肢),发于事业,美之至也。"前一"美"字通"善",指美德。心中充满美德,将其体现在行为和事业中,就是最美的人格。

"君子"的修养首先要树立一种积极进取的人生态度、不断自我超越的人格追求:"天行健,君子以自强不息。"①"刚健笃实,辉光日新。"②

其次,"君子"的前行进取要懂得以退为进的策略。"无平不陂,无往不复。"③"君子尚消息盈虚。"④什么叫"亢龙有悔"?"'亢'之为言也,知进而不知退,知存而不知亡,知得而不知丧。""知进退存亡,而不失其正者,其唯圣人乎!"⑤"刚健而不陷,其义不穷困矣。"⑥君子奋斗前进时应当根据可能出现的危险有所等待,不至陷入险境之中。

因此,"君子"在积极进取的同时,要学会居安思危,充分考虑和预防各种不可预测的困难与危险:"君子终日乾乾,夕惕若厉。"⑦君子行事不息,至于夕而忧惧若危。"君子以恐惧修省。"⑧君子任何时候都不能高枕无忧、放松懈怠。"君子以思患而豫(通预)防之。"⑨"君子安而不忘危,存而不忘亡,治而不忘乱。"只有这样,才能"身安而国家可保也"⑩。一旦陷入困境,"君子"要处险不惊,保持镇定从容,不丢君子本色:"险以说(悦),困而不失其所。"⑪特别要努力控制自己的情感:"君子以征忿窒欲。"⑫

"君子"的修养要从自己的思想、言行入手,思不出位,谨言慎行:"君子以思不出其位。"⑬"君子以言有物而行有恒。"⑭"乱之所生也,则言语以为阶。君不密则失臣,臣不密则失身,几事不密则害成。是以君子慎密而不出也。""言行,君子之枢机。枢机之发,荣辱之主也。言行,君子之所以动天地

---

① 《周易·乾·象》。
② 《周易·大畜·象》。
③ 《周易·泰》。
④ 《周易·剥·象》。
⑤ 《周易·乾·文言》。
⑥ 《周易·需·象》。
⑦ 《周易·乾》。
⑧ 《周易·震·象》。
⑨ 《周易·既济·象》。
⑩ 《周易·系辞上》。
⑪ 《周易·困·象》。
⑫ 《周易·损·象》。
⑬ 《周易·艮·象》。
⑭ 《周易·家人·象》。

也,可不慎乎!"①

"君子"的道德修养贵在平时把自我打造好、准备好,切忌急功近利、怨天尤人:"君子藏器于身,待时而动,何不利之有?"②孔子的"天下有道则见,无道则隐"、孟子的"达则兼济天下,穷则独善其身"、韩愈的"诸生业患不能精,无患有司之不明;行患不能成,无患有司之不公"与此是一个意思。

"君子"的人格修养说到底是扬善去恶,能够及时发现和改正自己的过错:"君子以遏恶扬善,顺天休(美)命。"③"无咎者,善补过也。"④"君子以见善则迁,有过则改。"⑤"善不积不足以成名,恶不积不足以灭身。小人以小善为无益而弗为也,以小恶为无伤而弗去也,故恶积而不可掩,罪大而不可解。"⑥行善扬善有吉报,所谓"积善之家必有余庆";怙恶不悛有凶报:"积不善之家必有余殃"⑦。历史上,君父因恶贯满盈而被臣子诛弑的例子很多:"臣弑其君,子弑其父,非一朝一夕之故,其所由来者渐矣。"⑧这是对"恶积"之后"罪大而不可解"的生动证明。

在道德善的修养实践中,元、亨、利、贞四德至为重要。什么是元、亨、利、贞四德呢?《乾·文言》说:"'元'者,善之长也;'亨'者,嘉之会也;'利'者,义之和也;'贞'者,事之干也。君子体仁足以长人,嘉会足以合礼,利物足以合义,贞固足以干事。君子行此四德者,故曰:乾,元、亨、利、贞。"同时,诚信也很重要:"闲(防)邪存其诚。""君子进德修业,忠信所以进德也。修辞立其诚,所以居业也。"⑨此外还要善于学问:"君子学以聚之,问以辩之,宽以居之,仁以行之。"⑩

君子的修养,还有内外不同的要求。"君子敬以直内,义以方外,敬义立而德不孤。"⑪"内阳而外阴,内健而外顺,内君子而外小人,君子道长,小人道消也。"⑫"内阴而外阳,内柔而外刚,内小人而外君子,小人道长,君子道消也。"⑬

---

① 《周易·系辞上》。
② 《周易·系辞上》。
③ 《周易·大有·象》。
④ 《周易·系辞上》。
⑤ 《周易·益·象》。
⑥ 《周易·系辞上》。
⑦ 《周易·坤·文言》。
⑧ 《周易·坤·文言》。
⑨ 《周易·乾·文言》。
⑩ 《周易·乾·文言》。
⑪ 《周易·坤·文言》。
⑫ 《周易·泰·象》。
⑬ 《周易·否·象》。

"君子"在修身的同时要承担"正家"的使命："女正位乎内,男正位乎外。男女正,天地之大义也。家人有严君焉,父母之谓也。父父,子子,兄兄,弟弟,夫夫,妇妇,而家道正。正家而天下定矣。"①

在经邦济世、与社会各阶层的人交往时,"君子"要注意不亢不卑,平等待人,保持友善与尊严："君子居上位不骄,在下位不忧。"②"君子上交不谄,下交不渎。"③

君子以仁德忠信为本,所以"君子以明慎用刑"④,"君子以议狱缓死"⑤。

"君子"在功成名就后,要功成弗居,做谦谦君子,切忌居功炫耀,矜夸自傲："地势坤,君子以厚德载物。"⑥"君子以施禄及下,居德则忌。"⑦"善世而不伐,德博而化。"⑧"乾始能以美利利天下,不言所利,大矣哉!"⑨"谦谦君子,卑以自牧。"⑩"人道恶盈而好谦。谦,尊而光,卑而不可逾,君子之终也。"⑪君子"劳而不伐,有功而不德,厚之至也,语以其功下人者也。德言盛,礼言恭,谦也者,致恭以存其位者也"⑫。

4. "顺天应人","与时偕行"

"易"的重要含义之一,是变易、变化、变革。《易》之卦象的构成法则,是阴阳六爻的不断变动。所以,《系辞》说："刚柔相推,变在其中矣。""爻者,言乎变者也。""《易》之……为道也屡迁。变动不居,周流六虚,上下无常,刚柔相易。不可为典要,唯变所适。"变易不仅是天地之道,而且是人道。人格修养中的迁善改过,改朝换代中的革故鼎新,社会分配中的损有余补不足,都是变易。《周易》指出,变革是阴阳矛盾冲突的必然结果,人们应当"与时消息",顺应变化、把握变化、积极能动地主宰变革、创造变革。在实施变革时,《周易》强调要"革而当"⑬。只有当乎理,这种变革才能"其悔乃亡"⑭,才能

---

① 《周易·家人·彖》。
② 《周易·乾·文言》。
③ 《周易·系辞下》。
④ 《周易·旅·象》。
⑤ 《周易·中孚·象》。
⑥ 《周易·坤·象》。
⑦ 《周易·夬·象》。
⑧ 《周易·乾·文言》。
⑨ 《周易·乾·文言》。
⑩ 《周易·谦·象》。
⑪ 《周易·谦·彖》。
⑫ 《周易·系辞上》。
⑬ 《周易·革·彖》。
⑭ 《周易·革·彖》。

"元亨利贞"。

关于"革而当",《周易》论述到两条原则。

一是"与时偕行"。《乾卦·文言》解释说:"'终日乾乾',与时偕行。"君子像太阳一样不懈运行,重要的特点是"与时偕行"。什么叫"与时偕行"呢?"变通者,趣(趋)时者也。"①就是说,一切变革应以当时的具体环境、条件、形势为转移。"时止则止,时行则行,动静不失其时,其道光明。艮其止,止其所也。"②"与时偕行"往往表现为"与时消息",即损、益、盈、虚的此消彼长。如《损·彖》云:"损益盈虚,与时偕行。"《益·彖》云:"损上益下,民说无疆……凡益之道,与时偕行。"《丰·彖》云:"日中则昃,月盈则食,天地盈虚,与时消息,而况于人乎?"

"革而当"的另一原则是"顺天应人"。《周易》中有一个"革"卦,是专门讲解变革的。《革·彖》以"汤武革命"为例说明:"天地革而四时成,汤武革命,顺乎天而应乎人。革之时大矣哉!"孔颖达正义说:"殷汤、周武聪明睿智,上顺天命,下应人心,放桀鸣条,诛纣牧野,革其王命,改其恶俗,故曰'汤武革命,顺乎天而应乎人'。计王者相承,改正易服,皆有变革,而独举汤武者,盖舜禹禅让,犹或因循;汤武于戈,极其损益,故取相变甚者,以明人革也。"于是,顺天命,应人心,成为人间革命至高无上的法理。不过,虽然这种"当乎理"的变革具有"元亨利贞"四种功德,然而在变革之初,人们尚不免狐疑,只有在大功告成之后,人们才能心悦诚服。所以"革"卦的卦辞说:"已日乃孚,元亨利贞,悔亡。"已日,指已革之日。孚,信也。亡,通无。变革之举,须到完成之日,民众才会信服,才会显示出元亨利贞的好处,才会消除民众的悔吝犹豫之心。所以,《革·彖》将这种现象称为"革而信之"。正如孔颖达在给"革"卦正义时阐释的那样:"夫民情可与习常,难与适变;可与乐成,难与虑始。故革命之初,人未信服,所以即日不孚,'已日乃孚'也。"这就是变革的艰难性。然而,当变不变,反遭其殃;当变而变,"变则通,通则久"③。因而,人们总是礼赞那些在革命之初高瞻远瞩、顶住众人怀疑、犹豫的压力,勇敢地领导起革命大业并取得成功的领袖。商汤王、周武王就是这样的领导人民反抗夏、商暴政,"革其王命"的英明领袖。据《尚书·仲虺之诰》记载,商汤在革命成功后,因自己作为夏朝的臣民以武力革命的方式推翻夏桀而有"惭德"。左相仲虺安慰他说:夏桀天怨人怒,讨伐、推翻夏

---

① 《周易·系辞下》。
② 《周易·艮·彖》。
③ 《周易·系辞下》。

桀是人心所向，不必惭愧。然而臣弑其君，直到春秋战国时期一直是有争议的。在位的统治者也不想赋予臣弑其君的合法性，因为这对他们来说有风险，是不利的。《易传》明确声称"汤武革命顺乎天而应乎人"，是给臣弑其君的革命公开正名。《坤·文言》曾肯定："臣弑其君，子弑其父，非一朝一夕之故，其所由来者渐矣。"无论是君主还是父亲，如果失去了道德，背离了君子之道，作恶太多太甚，那么，臣子就有理由和权利起来反抗、革命。可见，《周易》尤其是春秋战国时期诞生的《易传》在周代的"革命"学说中作出过重要的思想贡献。

二、《尚书》：敬天贵人的"民主"学说

研究周代思想的特征，《周书》是最直接的依据。不过这里遇到两个棘手的问题：一、《周书》是《尚书》的一部分，流传至今的《古文尚书》据说是晋人辑佚的"伪书"，那么，《周书》中的古文篇章还可不可以、该不该去研究？二、一般认为《尚书》经过孔子编订，成书于周代，它保留的《虞夏书》《商书》是否应作为折射周人思想的佐证加以兼顾？

对于第一个问题，笔者的看法是，《周书》及《虞夏书》《尚书》中不见于伏生今文尚书部分、被现代学者定论为"伪古文尚书"的篇章属于晋人对先秦诸子所引《尚书》的辑佚，在敬天、贵人、明德、慎罚等思想上与被征信的"今文尚书"篇章构成了一个水乳交融的整体，在唐、宋以后的流传中更是作为一个不可分割的整体出现，对中国古代士大夫及思想史影响深远。因此，本书将十三经注疏本《尚书·周书》中的所谓"伪书"部分作为认识周代思想史特征的辅助参考依据加以综合研究，或许这样更合理。

《尚书》在周代就有了孔子的编订本。经过秦始皇焚书坑儒和秦末战火，《尚书》散失。汉代崇尚儒术，《尚书》重见天日，被钦定为五经之一。汉代出现了两个《尚书》版本。一是汉惠帝时秦博士伏生所传、用汉隶所写的今文本，只有二十九篇（又有人将《周书》中的《顾命》与《康王之诰》合为一篇，称二十八篇）。二是汉武帝末年孔安国从先人孔子故居墙壁中得到的用古文字书写的古文本，共四十五篇，其中二十九篇与伏生本基本相同。然而不幸的是，在西晋永嘉年间爆发的战乱中，《尚书》的两种版本又一次散失。东晋初年，豫章内史梅赜献出一部《孔传古文尚书》，将伏生二十九篇分成三十三篇，又增加二十五篇，称"晚书"，合计五十八篇。不久立为官学。从东

晋到隋唐，人们坚信这就是孔壁本古文《尚书》，《传》也实出于孔安国之手。唐初孔颖达以此为底本主持《尚书正义》，作为官方定本公开颁行。后来，宋人又把它编入《十三经注疏》。不过，与此同时，对孔传本《尚书》真伪的怀疑也逐渐产生。首先是宋人吴棫怀疑"晚书"二十五篇是伪作，朱熹也表示赞同。明代梅鷟著《尚书考异》，指出不仅"晚书"，而且"孔传"都属伪作。清人阎若璩在此基础上著《尚书古文疏证》，列举一百二十八条证据说明《孔传古文尚书》是伪作。后代学者一致认定，《孔传古文尚书》五十八篇中三十三篇是伏生今文《尚书》所传，此外二十五篇《晚书》，即伏生今文《尚书》二十八篇之外的所有古文《尚书》篇目都是"伪作"①。"晚书"二十五篇分别是《虞夏书》中的《大禹谟》、《五子之歌》、《胤正》，《商书》中的《仲虺》、《汤诰》、《伊训》、《太甲》（上、中、下三篇）、《咸有一德》、《说命》（上、中、下三篇），《周书》中的《泰誓》（上、中、下三篇）、《武成》、《旅獒》、《微子之命》、《蔡仲之命》、《周官》、《君陈》、《毕命》、《君牙》和《冏命》等。它们虽为"伪书"，但并非作者凭想当然任意创造，而是对先秦《尚书》佚文的收辑。据阎若璩《尚书古文疏证》、惠栋《古文尚书考》、程廷祚《晚书订疑》考证，被视为"伪书"的《尚书》"晚书"中约有一百二十条见于先秦经史诸子所引《尚书》。因此，有研究者指出："晚书"二十五篇"主要是《尚书》的辑佚，它补充、丰富了《尚书》的内容，具有较高的史料价值"②。如《大禹谟》《汤诰》《泰誓》均被视为"伪书"，但在《论语·尧曰》中曾被明明白白地征引。如舜曾以"四海困穷，天禄永终"告诫禹，见于《大禹谟》；汤曾自我反省"朕躬有罪，无以万方；万方有罪，罪在朕躬"，见于《汤诰》；周武王曾说："虽有周亲，不如仁人。""百姓有过，在予一人。"见于《泰誓中》。《孟子·梁惠王下》引述说："《书》曰：'天降下民，作之君，作之师。'惟曰其助上帝，宠之四方。"这段话与现存《尚书·周书·泰誓》基本一致③。这说明，被清人视为"伪书"的《尚书》"晚书"，其实在《论语》《孟子》成书前就已存在。这是我们将现存《周书》乃至《尚书》中所有今文、古文篇章作为研究对象的重要依据。

关于第二个问题，笔者以为，虽然《虞夏书》《商书》是尧、舜、夏、商时期君臣的典、诰、誓、命，但因为经过周人的取舍与编订，也体现着周人的思想取向，在"敬天""贵人""明德""保民"方面，《虞夏书》《商书》与《周书》是一脉相承、浑然一体的。完全撇开《虞夏书》《商书》，仅仅根据《周书》来研究说明

---

① 江灏、钱宗武译注：《今古文尚书全译》前言，贵州人民出版社1990年版，第6页。
② 江灏、钱宗武译注：《今古文尚书全译》前言，贵州人民出版社1990年版，第7页。
③ 原文为："天佑下民，作之君，作之师，惟其克相上帝，宠绥四方。"江灏、钱宗武译注：《今古文尚书全译》，贵州人民出版社1990年版，第204页。

周人的思想,并非万全之策。所以,本章不是仅仅依据《周书》,而是依据周代编订的整个《尚书》来研究周人的思想特征。

《尚书》反映的思想,体现为敬天、贵人、明德、保民、慎罚、革命诸要点。然而在更高的层面上,这些思想要点可归纳为一点,即"民主"学说。"民主"一词在《商书·咸有一德》中出现过一次,在《周书·多方》中出现过三次,总计四次。其中,两次是正面说,两次是反面说。正面说的"民主"是商汤王,反面说的"民主"指殷纣王。其字面意思都指"民之主",即臣民的君主、主宰者。《尚书》虽然敬天,但所敬之天是由人决定的。人身上具有"人心"与"道心"二重性。芸芸众生主要由人心所统辖,唯利是图,无主乃乱,需要有"聪明"的君主来管理,为他们作出英明的决策。而君主必须是由"道心"主宰、大智大慧的"聪明"人来担任,既有为民做主的特殊权利,又有"无偏无党"的中正责任、"恺悌君子"的修养要求,这个要求集中体现在明德内省、克己保民方面。只有这样才有资格充当"民主"。如果反道败德,虐民害民,与人民离心离德,就会成为"独夫",不配当"民主";就会触怒天意,失去天命,受到天谴;臣民也就有理由起来"革命",将他推翻。可见,敬天贵人是"民主"学说的思想基础,对人心二重性的认识尤其是对民众劣根性和君主高明性的认识是"民主"产生的现实依据,为民做出正确决定是"民主"的权利与责任,敬德内省、保民慎罚是"民主"的德治要求,也是充当"民主"的资格与条件,而反道败德则是"民主"被臣民推翻的"革命"的理由所在。于是,作为一部由夏商周君主的典诰誓命构成的王道之书,独具特色的"民主"学说就成为《尚书》王道思想的典型学说①。

1. 以"人"代"神":肯定人民的至上地位

敬天,是《尚书》的一个基本主题。《商书·汤誓》记载商汤在讨伐夏桀的誓词中说:"非台小子,敢行称乱!有夏多罪,天命殛之。"《商书·说命中》说:"明王奉若天道。"周人用"天"取代"帝",称上帝多叫"天","天"成为至上神,不敢不敬。《周书·泰誓》说:"惟天惠民,惟辟奉天。""商罪贯盈,天命诛之。""奉予一人,恭行天罚。"《周书·多士》记载周公以周成王的名义告诫殷朝遗民:"尔殷遗多士,弗吊旻天,大降丧于殷。我有周佑命,将天明威,致王罚,敕殷命终于帝。"

不过,值得注意的是,《尚书》所敬奉的人格神"天",其意志是由人民的意志来决定的。《虞夏书·皋陶谟》记载舜时掌管刑法的大臣皋陶的话说:

---

① 本节以《〈尚书〉"民主"学说新探》为题,发表于《贵州师范大学学报》2019 年第 1 期。

"天聪明,自我民聪明;天明畏(威),自我民明威。"他替天行伐,主要依据人民的意志。《周书·泰誓中》记载周武王的话:"天视自我民视,天听自我民听。"他讨伐殷商,也是顺应民意替天行道。总之,"民之所欲,天必从之"。①"降灾下民",就是"弗敬上天"②,就要受到"天"的惩罚。《虞夏书·大禹谟》指出:"民弃不保,天降之咎。"《商书·伊训》告诫:"惟上帝不常,作善降之百祥,作不善降之百殃。"君主爱护臣民,就是最大的贤德。上天保佑的就是这样的人。伊尹还说:"惟吉凶不僭在人,惟天降灾祥在德。"③吉凶由人决定,这个道理分毫不差;天帝降灾还是降福,完全取决于人的德行。在此基础上,周成王指出:"皇天无亲,惟德是辅。"④因此,夏禹与皋陶在讨论如何治理国家的问题时就认识到:国家安康的根本不在知天敬神,而"在知人,在安民"。"知人则哲,能官人。安民则惠,黎民怀之。"⑤夏禹还留下一道遗训:"民可近,不可下;民惟邦本,本固邦宁。"周人在此基础上总结说:"天矜于民。""天佑下民。"⑥"惟天阴骘下民。"⑦"人无于水监,当于民监。"⑧周武王还提出一个响亮的命题:"惟人万物之灵。"⑨"灵",今人往往解释为"灵明""智慧",以为"万物之灵"就是万物之中有智慧的生物。其实这是一种莫大的误解。灵,古文写作"靈"。孔安国的权威解释是:"灵,神也。"这句话的意思是:"天地所生,惟人为贵。"考《说文解字》对"灵"的解释,指"巫以玉事神",亦与神灵有关。"惟人万物之灵"的本义,指人是万物中最高贵的神灵,不可轻视、亵渎,应当好好加以恭敬。它是后来《孝经》中所说"天地之性人为贵"最早的根据。

2. 二重人性的认识及"民主"的权利与要求

《尚书》不仅对"人"在宇宙万物和国家生活中的崇高地位有反复的强调,而且对"人"的本质属性也有深刻的认识。这就是人同时具有"人心"与"道心"的二重人性论。《虞夏书·大禹谟》记载舜帝的话:"人心惟危,道心惟微;惟精惟一,允执厥中。"关于这两句话,现有的解释都不太准确。宋代

---

① 《周书·泰誓上》。
② 《周书·泰誓中》。
③ 《商书·咸有一德》。
④ 《周书·蔡仲之命》。
⑤ 《虞夏书·皋陶谟》。
⑥ 均见《周书·泰誓上》。
⑦ 《周书·洪范》。
⑧ 《周书·酒诰》。
⑨ 《周书·泰誓上》。

朱熹曾据此说明:"人自有人心、道心。"①"虽上智不能无人心,虽下愚不能无道心。"②联系朱熹的解释,可见"人心"是指"人欲",它比较危险,有作恶的潜能;"道心"是指理义之心,它微妙灵明,有为善的倾向。凡人都具有危险的"人心"与微妙的"道心"二重性。二者与生俱来,不可偏废,只能精心谨慎地追求折中统一。据说"周人世硕以为人性有善有恶"③。世硕是孔门七十弟子之一。世硕之外,孔子弟子宓子贱、漆雕开及孔子再传弟子公孙尼子都持这种看法。据《孟子·告子上》所引,当时有人认为"性可以为善,可以为不善",大概就是指世硕、宓子贱、漆雕开、公孙尼子等人。这种性兼善恶的二重人性论,源头就是《尚书》的"人心""道心"同具、统一论。

《尚书》中所说的"人心"主要的追求是什么呢?是维持生命存在的物质欲望、利益诉求。所谓"生民有欲"④"惟惠是怀"⑤。《尚书》对这种欲望的态度是什么呢?是承认、尊重它,基本满足它。所谓"惟天惠民,惟辟(君主)奉天"⑥;"惠不惠"⑦。不过同时,周人也清醒地认识到,"民心无常"⑧,"小人难保"⑨,广大的普通民众由私利欲望所左右,目光短浅,不明大义,如果没有充满道心的英明君主管理他们,给他们做主,就会"为恶不同,同归于乱"⑩。

于是就诞生了中国古代特殊的"民主"概念。"民主"即臣民的主宰者、为民做主的君主。商汤王左相仲虺论证说:"惟天生民有欲,无主乃乱。惟天生聪明时乂。有夏昏德,民坠涂炭。天乃锡王勇智,表正万邦。"⑪君主的诞生缘于为民作主、防止民众为争夺利益产生动乱的需要。殷高宗的贤相傅说指出:"惟天聪明,惟圣时宪,惟臣钦若,惟民从乂。"⑫圣王要效法上天的英明,臣民要顺应、服从圣王的英明管理。周人一再强调:"亶聪明,作元(大)后(君主),元后作民父母。""天佑下民,作之君,作之师,惟其克相上帝,宠绥四方。"⑬只有英明的圣人才能充当伟大的君主,充当人民的父母和导

---

① 《朱子语类》卷六二。
② 朱熹:《中庸章句序》。
③ 王充:《论衡·本性》。
④ 《商书·仲虺之诰》。
⑤ 《周书·蔡仲之命》。
⑥ 《周书·泰誓中》。
⑦ 《周书·康诰》。
⑧ 《周书·蔡仲之命》。
⑨ 《周书·康诰》。
⑩ 《周书·蔡仲之命》。
⑪ 《商书·仲虺之诰》。时:是。乂:音义,治。聪明:英明,与昏庸相对。锡:通赐。表正,以身作则地治理。
⑫ 《商书·说命中》。
⑬ 均见《周书·泰誓上》。

师。这是昊天上帝为保护基层人民利益、实现天下安康的有意安排。芸芸众生只有接受圣王的英明领导,才能"为善不同,同归于治"①。周公说:讨伐夏桀的商汤就是这种由大家推举出来的英明的"民主"。"天惟时求民主,乃大降显休命于成汤,刑殄有夏。""乃惟成汤克以尔多方简,代夏作民主。"②

于是,正如《诗经》所说"恺弟君子,民之父母"一样,充当"民主"的人既有一份为民作主的权利,又有一份道德君子的要求。周武王灭纣后,带殷臣箕子归,向他讨教治国大法。箕子依据古代流传下来的《洛书》详细阐释了九种大法,第五条大法便是对充当民之父母的"民主""圣王"的道德规范:"无偏无陂,遵王之义;无有作好(私好),遵王之道;无有作恶,遵王之路。无偏无党,王道荡荡;无党无偏,王道平平;无反无侧,王道正直……以近天子之光。曰天子作民父母,以为天下王。"③只有"无偏无党"、平直中正的道德君子,才有资格"作民父母","为天下王"。

3. "敬德""保民":"民主"的道德修养使命

《尚书》中所说的"民主"作为臣民的主宰者,均指君王。既然君王的产生是由于为臣民服务的需要,所以他就不能只顾自己的享受,滥用权力为所欲为,而必须以保民、养民的道德修养为自己的终身使命。于是"敬德""保民"成为《尚书》反复强调的另一主题。

根据《虞夏书》的记载,尧、舜、禹都是品德高尚的圣王。《尧典》说尧:"允恭克让,光被四表,格于上下。克明俊德,以亲九族……平章百姓……协和万邦。"《大禹谟》记载伯益对帝尧的赞美:"帝德广运,乃圣乃神,乃武乃文。"记载皋陶对舜的赞美:"帝德罔愆,临下以简,御众以宽……好生之德,洽于民心。"记载伯益对禹的赞美:"惟德动天,无远弗届。"

根据《商书》的记载,商汤、盘庚也是这样的道德修养的楷模。《仲虺之诰》记载仲虺对汤王功德的赞美:"惟王不迩声色,不殖货利……用人惟己,改过不吝。克宽克仁,彰信兆民。""佑贤辅德,显忠遂良……德日新,万邦惟怀……懋昭大德,建中于民,以义制事,以礼制心,垂裕后昆。"商汤即位后,作《汤诰》,强调德治:"凡我造邦,无从匪彝,无即慆淫,各守尔典,以承天休。尔有善,朕弗敢蔽;罪当朕躬,弗敢自赦,惟简在上帝之心。其尔万方有罪,在予一人;予一人有罪,无以尔万方。"《盘庚》中多处讲到"德":"予亦不敢动

---

① 《周书·蔡仲之命》。
② 均见《周书·多方》。
③ 《周书·洪范》。

用非德","式敕民德,永肩一心。""邦之臧(善),惟汝众;邦之不臧,惟予一人有佚(失)罚。"商朝的重臣们也以德治为重。如伊尹告诫商汤嫡长孙、商朝第四位君主太甲:"德惟治,否德乱。""民罔常怀,怀于有仁。"①"天难谌,命靡常。常厥德,保厥位……非天私我有商,惟天佑于一德;非商求于下民,惟民归于一德。德惟一,动罔不吉;德二三,动罔不凶。……今嗣王新服厥命,惟新厥德。终始惟一,时乃日新。……德无常师,主善为师。善无常主,协于克一。"②

《虞夏书》《商书》记载的这些德治思想,在周代的政治家中得到了很好的继承和发展。"百姓有过,在予一人"③是周武王严于道德反省自律的名言。周公从古公亶父、王季说到文王,说明注重修德是周朝先王的传统:"厥亦惟我周太王、王季,克自抑畏。文王……徽柔懿恭,怀保小民,惠鲜鳏寡。自朝至于日中昃,不遑暇食,用咸和万民。文王不敢盘于游田,以(使用)庶邦惟正(税)之供。"④据此对即位的成王提出"敬德"的告诫:"继自今嗣王,则其无淫于观、于逸、于游、于田,以万民惟正之供。"⑤他还多次提出"明德"的要求⑥。召公明确向成王提出"慎德""敬德"的劝谏:"明王慎德,四夷咸宾。"⑦"王敬作所,不可不敬德。"⑧周成王也不负周公、召公的嘱托,敬修己德。他告诫官员:"凡我有官君子,钦乃攸司,慎乃出令,令出惟行,弗惟反;以公灭私,民其允怀。……位不期骄,禄不期侈。恭俭惟德,无载尔伪。作德,心逸日休;作伪,心劳日拙。居宠思危……推贤让能,庶官乃和。"⑨周公死后,成王发布策书,命令君陈继任周公职务,要求君陈继续执行周公制定的治理殷朝遗民的常法,实行德政:"君陈,惟尔令德孝恭。惟孝友于兄弟,克施有政。……昔周公师保万民,民怀其德。往慎乃司,兹率厥常,懋昭周公之训,惟民其乂。我闻曰:'至治馨香,感于神明。黍稷非馨,明德惟馨尔。'尚式时周公之猷训,惟日孜孜,无敢逸豫。"⑩成王之后,康王继位。他继承"文王、武王敷大德于天下,用克受殷命"的传统,以"惟德惟义"为"大训","彰善瘅恶",反对"以荡陵德",奢靡享乐。康王即位后第十二年,册命四朝

---

① 《商书·太甲》。
② 《商书·咸有一德》。
③ 《周书·泰誓中》。
④ 《周书·无逸》。
⑤ 《周书·无逸》。
⑥ 《周书·梓材》《康诰》。
⑦ 《周书·旅獒》。
⑧ 《周书·召诰》。
⑨ 《周书·周官》。
⑩ 《周书·君陈》。

元老毕公继承君陈的事业，继续治理殷朝遗民。他对毕公说："商俗靡靡，利口惟贤，余风未殄，公其念哉！……以荡陵德，实悖天道。敝化奢丽，万世同流。兹殷庶士，席宠惟旧，怙侈灭义，服美于人。骄淫矜侉，将由恶终。虽收放心，闲（束）之惟艰。资富能训，惟以永年。惟德惟义，时乃大训。""邦之安危，惟兹殷士。不刚不柔，厥德允修。"①再后来，周朝的第五位君主穆王任命伯冏为太仆正。他在册命书中说："惟予弗克于德，嗣先人宅（居）丕后（大君）。怵惕惟厉，中夜以兴，思免厥愆。昔在文、武，聪明齐圣，小大之臣，咸怀忠良。其侍御仆从，罔匪正人，以旦夕承弼厥辟（君），出入起居，罔有不钦（慎重），发号施令，罔有不臧。""今予命汝作大正，正于群仆侍御之臣，懋乃后德，交（共）修不逮。慎简（择）乃僚，无以巧言令色，便辟侧媚，其惟吉士。仆臣正，厥后克正；仆臣谀，厥后自圣。后德惟臣，不德惟臣。"②他希望伯冏选出正直的仆臣，勉励君王修养德行，帮助君王弥补不足。

统治者的个人道德修养，是与"保民"的要求并行的。因为"匹夫匹妇不获自尽，民主罔与成厥功"③，如果得不到臣民百姓的尽心尽力，君王就做不成任何功业。"民弃不保"是"反道败德"的直接表现④。一方面，"众非元后何戴"⑤？民众需要伟大的君王管理；另一方面，"后非众罔与守邦"⑥，君王也需要广大的民众守护国家。所以，"君"与"民"的关系是相辅相成的。"后非民罔使，民非后罔事"⑦。"民非后，罔克胥匡（互助）以生；后非民，罔以辟（君临）四方。"⑧臣民既需要君王英明的决策来事奉，从而实现相互协助，最终维护自己的生存；君王也需要臣民来使唤，为他效劳，从而君临天下。对于充当"民主"的统治者而言，最值得注意的是"无自广以狭人"⑨，不要自大而轻民。要时刻牢记"四海困穷，天禄永终"⑩的道理，全心全意地实行"养民""安民""惠民"的德政："德惟善政，政在养民。"⑪"安民则惠，黎民怀

---

① 《周书·毕命》。
② 《周书·冏命》。
③ 《商书·咸有一德》。
④ 《虞夏书·大禹谟》。
⑤ 《虞夏书·大禹谟》。
⑥ 《虞夏书·大禹谟》。
⑦ 《商书·咸有一德》。
⑧ 《商书·太甲》。
⑨ 《商书·咸有一德》。
⑩ 《虞夏书·大禹谟》。
⑪ 《虞夏书·大禹谟》。

之。"①只有"允迪（履行）厥德"，才能"谟明弼谐"②，天下永康。《虞夏书》《商书》中的"保民"思想，到处渗透、融化在《周书》各篇中。

"明德保民"不仅意味着君王克制自己的享受，保证民众生活需求的满足，而且表现在对犯罪百姓的"慎罚"方面。《周书·康诰》记载周公语："惟乃丕显考文王，克明德慎罚。"《多方》记载成王语："罔不明德慎罚。"所谓"慎罚"，就是处罚犯罪从仁德动机出发，不"乱罚无罪"，不乱"杀无辜"③，刑罚适中，疑罪从轻。这个思想，早在《虞夏书·大禹谟》中就有记载。皋陶是舜帝时掌管狱讼的大臣。他所称道的舜帝就是明德慎罚的表率："帝德罔愆，临下以简，御众以宽，罚弗及嗣，赏延于世。宥过无大，刑故无小；罪疑惟轻，功疑惟重；与其杀不辜，宁失不经；好生之德，洽于民心，兹用不犯于有司。"其总结"罪疑惟轻，功疑惟重""与其杀不辜，宁失不经"思想，成为中国古代法治思想的精髓。《周书·吕刑》将这一思想以法律条文的方式固定下来，提出"五刑之疑有赦，五罚之疑有赦"的司法原则。具体说就是"墨辟疑赦""劓辟疑赦""剕辟疑赦""宫辟疑赦""大辟疑赦"。对于五刑有怀疑的案例，可以在详加核实的基础上从轻处理，用罚款取代。判处墨刑感到可疑的，罚金一百锾；判处劓刑感到可疑的，罚金二百锾；判处剕刑感到可疑的，罚金五百锾；判处宫刑感到可疑的，罚金六百锾；判处死刑感到可疑的，罚金一千锾。《尚书》中的这个思想，后来被汉初的贾谊等儒家思想家大加弘扬。

4. 诛"独夫"的"革命"思想

作为"民主"的君王产生于为民作主、安民养民的需要，他必须"明德""慎罚"，以"保民"为旨归。只有这样才无愧于"君"的称号。如果反道败德，虐民害民，就会失去"君"的合法性，成为众叛亲离、孤家寡人的"独夫"、人民的仇敌。据此，周武王在讨伐殷纣王的誓词中说："抚我则后，虐我则仇。独夫受，洪惟作威，乃汝世雠。树德务滋，除恶务本。肆予小子，诞以尔众士，殄歼乃雠。"这在中国思想史上最早提出了诛"独夫"的"革命"思想。而这种诛"独夫"的"革命"是有历史依据的。《虞夏书·大禹谟》记载了舜帝命大禹征讨"反道败德""民弃不保"的有苗国的"革命"先例：

帝曰："咨，禹！惟时有苗不率，汝徂征。"禹乃会群后，誓于师曰：

---

① 《虞夏书·皋陶谟》。
② 《虞夏书·皋陶谟》。
③ 二语均见《周书·无逸》。

> "济济有众,咸听朕命。蠢兹有苗,昏迷不恭,侮慢自贤,反道败德,君子在野,小人在位,民弃不保,天降之咎。肆予以尔众士奉辞伐罪。尔尚一乃心力,其克有勋。"

商汤征伐夏桀,也是一场诛"独夫"的"革命"。《周书》中有一篇《多士》,提到"殷革夏命",就是指这场革命。《商书·汤誓》记载的征伐誓词是:

> 有夏多罪,天命殛之。……夏氏有罪,予畏上帝,不敢不正。今汝其曰:"夏罪其如台,夏王率遏众力,率割夏邑。"有众率怠弗协,曰:"时日曷丧?予及汝皆亡。"夏德若兹,今朕必往。尔尚辅予一人,致天之罚。

夏桀残酷剥削、压榨老百姓,也就触犯了天意,犯了天也不饶恕的大罪,所以"天命殛之",商汤伐夏是替天行道,"致天之罚"。商汤即位后,曾因自己是通过武力推翻夏桀登上帝位"有惭德"。仲虺则安慰他,夏桀荒淫暴虐,民不聊生,您代桀而立,符合天命和人心所向,不必感到惭愧①。

正是在肯定禹伐有苗、汤伐夏桀正义性、合法性的基础上,周武王理直气壮地讨伐殷纣王。讨伐殷纣王的主要依据是他残害人民,伤天害理,已失去了做君王的资格。

> 今商王受,弗敬上天,降灾下民,沉湎冒色,敢行暴虐,罪人以族,官人以世,惟宫室、台榭、陂池、侈服以残害于尔万姓。焚炙忠良,刳剔孕妇。皇天震怒,命我文考,肃将天威……受有臣亿万,惟亿万心;予有臣三千,惟一心。商罪贯盈,天命诛之。予不顺天,厥罪惟钧……②
>
> 今商王受力行无度,播弃犁(亦写作黎)老,昵比罪人,淫酗肆虐。臣下化之,朋家作仇,胁权相灭。无辜吁天,秽德彰闻。惟天惠民,惟辟奉天。有夏桀弗克若天,流毒下国。天乃佑命成汤,降黜夏命。惟受罪浮于桀。剥丧元良,贼虐谏辅。谓"己有天命",谓"敬不足行",谓"祭无益",谓"暴无伤"。……受有亿兆夷人,离心离德;予有乱臣十人,同心同德。虽有周亲,不如仁人。……我武惟扬,侵之于疆,取彼凶残;我伐用张,于汤有光。③

---

① 《商书·仲虺之诰》。
② 《周书·泰誓上》。
③ 《周书·泰誓中》。

> 天惟五年须(等待)暇(宽暇)之子孙,诞(延长)作民主,罔可念听。天惟求尔多方大动以威,开厥顾天。惟尔多方罔堪顾之。惟我周王灵承于旅,克堪用德,惟典神天。天惟式教我用休,简畀殷命,尹尔多方。①

上帝曾用五年时间等待、宽暇商的子孙——纣王悔改,让他继续做万民之主,但是,他不从天意,毫无悔改,继续作恶。上帝曾寻求你们各诸侯国大降声威,启发纣王顺应天意,但你们没人顾念他。只有我们周王能够顺从民众,以德善待神天,上天因此让我们接过殷商的天子之命,治理你们诸侯国。

于是,以夏桀、殷纣失德残民而被臣民的"革命"所推翻为戒,就成为周代政治家提醒统治者注意的"夏鉴""殷鉴"。周公代成王发布诰命说:"非天庸释有夏,非天庸释有殷。……乃惟有夏图厥政,不集于享,天降时丧,有邦间之。乃惟尔商后王逸厥逸,图厥政,不蠲烝,天惟降时丧。"②召公告诫成王说:"我不可不监于有夏,亦不可不监于有殷。我不敢知曰有夏服天命惟有历年,我不敢知曰不其延。惟不敬厥德,乃早坠厥命。我不敢知曰有殷受天命惟有历年,我不敢知曰不其延。惟不敬厥德,乃早坠厥命。今王嗣受厥命,我亦惟兹二国命(为鉴),嗣若功。"③

值得说明的是,《尚书》中的"民主"思想,在稍后的《左传》《国语》中也得到了相应的佐证,可以比照参看。《左传》《国语》的"民主"同样是"民之主"的意思。充当"民之主"的,不仅可以是国君,也可以是大臣。如《左传·襄公三十一年》中指晋国执政卿赵孟,《左传·宣公二年》中指晋国卿大夫赵宣子,《左传·昭公五年》中指郑国执政大臣罕虎。这是对《尚书》"民主"学说的补充。《左传》《国语》使用的"民主"也是一个有着崇高道德要求的积极概念。如《左传·宣公二年》说:"不忘恭敬,民之主也。"《左传·宣公十五年》说:"谋不失利,以卫社稷,民之主也。"《左传·昭公五年》说:"能用善人,民之主也。"《国语·晋语四》说:"事君不贰是谓臣,好恶不易是谓君。君君臣臣,是谓明训。明训能终,民之主也。"如果不符合道德要求,就没有资格充当"民主"。如《左传·襄公三十一年》说:"赵孟将死矣,其语偷,不似民主。"《左传·文公十七年》说:"齐君之语偷,臧文仲有言曰:民主偷,必死。"《国语·晋语一》说:"民之主也,纵惑不疚,肆侈不违,流志而行,无所不疚,是以

---

① 《周书·多方》。
② 《周书·多方》。
③ 《周书·召诰》。

及亡而不获追鉴。"《国语·晋语四》说:"今君之德宇,何不宽裕也?恶其所好,其能久矣?君实不能明训,而弃民主。"不过较之《尚书》,《左传》《国语》的"民主"思想不如《尚书》这样丰富、系统。

公元前六世纪,当古希腊哲学家告诫人们"认识你自己",提出人是"智慧的生物"时,在比这更早五百年的公元前11世纪,周武王提出了人是"万物之灵"的响亮命题。人是不是万物中的神灵,是不是可以与天神相通,这并不重要;重要的是将人视为与天意相通,可得到上天庇佑的万物之神,极大提高了人在世界万物中的地位,使得人在政治生活中显得神圣不可侵犯。

从唐尧、虞舜、夏禹、商汤到周代的武王、成王乃至康王、穆王,从舜帝时的皋陶、商初的伊尹、仲虺到周朝的周公、召公、君陈、毕公,上古到周朝的天子与大臣们日益形成了一种共识:人不可侮,民不可虐;失民者失天佑、失天下,得民者得天命、得天下。正因为人是"万物之灵",所以"民之所欲,天必从之","敬天"就必须"保民";正因为人是"万物之灵",所以君王必须以"民为邦本",以惠民、养民为个人道德修养的最高准则;也正因为人是"万物之灵",当夏桀、商纣"弗敬上天""不敬厥德""降灾下民"时,臣民就可以"天命"和"道德"的名义,用"革命"的手段推翻他们。

作为"万物"的一员,人在具有"道心""神性"之外,还具有"人心""欲望"。它反复无常,"唯惠是怀",颇为"危险","无主乃乱"。但生而不可去,是生命存在的基础,因而得到"天"的保护:"民之所欲,天必从之。"以此,"天"又生出"聪明"的圣王明君来治理人欲,管理臣民,确保大众的基本生存欲求都能有所满足,不致产生争斗动乱。

于是产生"民主"概念。《尚书》中多次出现"民主"一词。它不同于今天所说的"公民自主",而是"臣民之主""为民作主"之意。不过,《尚书》中的作民之主,并无现代人批判的凌驾于民众之上、任意欺民虐民之意,乃是为民父母、保民安民之意,具有积极的政治意义。它是中国古代政治文明——"仁政"学说的思想内核,不容轻易否定。

三、《诗经》的重人轻天倾向

一般的思想史著作都将《诗经》排除在研究对象之外。依流行的成见,《诗经》作为中国历史上第一部诗歌总集,只有在中国文学史的叙述中才有地位,在思想史的追溯中是无足轻重、可以忽略的。不过,我们在春秋战国时期的各种子书、史书中,看到士大夫在阐述、论证自己的观点时,屡屡引用《诗经》中的诗句,作为自己立论的思想依据,达到了孔子所说的"不学《诗》,无以言"的地步①,可见《诗经》在当时具有思想经典的价值。从《诗经》产生的情况看,它本是周代统治者派采诗官(酋人、行人)到民间采集歌谣和公卿列士献诗、太师陈诗,以观民风民情、调整政治得失的产物。《孔丛子·巡狩篇》记载:"古者天子命史采歌谣,以观民风。"《汉书·食货志》记载:"孟春之月,群居者将散,行人振木铎,徇于路以采诗,献之太师,比其音律,以闻于天子。故曰王者不出牖户而知天下。"《汉书·艺文志》还说:"古有采诗之官,王者所以观风俗、知得失、自考正也。"刘歆《与扬雄书》亦称:"诏问三代,周、秦轩车使者,遒人使者,以岁八月巡路,求代语、童谣、歌戏。"周朝朝廷派出专门的使者在农闲时到全国各地采集民谣,由周朝乐官汇集整理后给天子看,目的是通过诗歌了解民情,调整方针政策。所谓"治世之音安以乐,其政和;乱世之音怨以怒,其政乖;亡国之音哀以思,其民困;声音之道,与政通矣。"②《诗经·小雅·皇皇者华》也反映了周朝派使者到民间调查民情的情况:"载驰载驱,周爰咨诹。""载驰载驱,周爰咨谋。""载驰载驱,周爰咨度。""载驰载驱,周爰咨询。"《诗经》中的《国风》大概就是这样产生的。此外,周代天子为了"考其俗尚之美恶",还下令诸侯、大臣、贵族知识分子等人献诗。《国语·周语》载:"天子听政,使公卿至于列士献诗,瞽献曲……师箴,瞍赋,矇诵。"因此,《诗经》实际上是一部政治歌谣集。它采集、加工出来的目的,是为周朝统治者提供决策依据,而不是为了给人消愁破闷、提供审美享受。春秋战国时期人们引用它,并不是像今天某些人理解的那样,是为了"锻炼自己的口才,加强外交辞令"③,而是因为它本身就是政治正确、思想正确的依据。值得说明的是《诗经》在周代所处的地位。《诗经》是在汉武帝时才被奉为"经"的,在周代并不叫《诗经》,而叫《诗》或《诗三百》;但到春秋中叶,它已结集、加工、删定为一本定型的教科书,以供乐官加以传授,为士大夫"赋《诗》言志"提供蓝本。《周礼》说:"太师教六诗:曰赋、曰比、曰兴、曰风、曰雅、曰颂。""大司乐以乐语教国子。"《左传》所引《诗》句百分之九十五都见于今本《诗经》,可见春秋时代《诗》已有较为固定的教本。现在所见的《诗经》据《史记》说最终是经过孔子的整理、删定的:"古者诗三千余篇,及至孔子,

---

① 《论语·季氏》。
② 《礼记·乐记》。
③ 程俊英:《诗经译注》前言,华东师范大学出版社 1985 年版,第 2 页。按:这种观点影响很大,几乎为现代大多数中国文学史研究所采纳。

去其重,取可施于礼义三百五篇。"①这三百零五篇诗歌分为风、雅、颂三类,上起西周初年,下至平王东迁之后的春秋中叶②,真切反映了西周到东周初期周人由重天到重人的思想转换历程,以及重人轻天的时代特征。③

1. 对"上帝""昊天"从迷信走向怀疑和诅咒

殷商称至上神为"帝"或"上帝",《诗经》仍保留了这样的概念,并称上帝本来是明辨善恶、主持公道的,周王及其始祖代商而立,是得到上帝庇佑的。如《大雅·皇矣》说:"皇矣上帝,临下有赫。"上帝伟大又辉煌,洞察人间真英明。洞察到商朝的政治不得民心,于是"上帝耆(指)之,憎(增)其(周)式廓"。第一步,上帝让太王古公亶父打退犬戎、开辟岐山:"帝迁明德,串夷(犬戎)载(则)路(败)。"第二步,上帝让古公亶父之子王季建立了周国:"帝省其山……作邦作对,自大伯王季。维此王季,帝度其心。"第三步,上帝对文王循循善诱,谆谆教导,让他戒暴明德、团结诸侯:"帝谓文王:无然畔援,无然歆羡,诞先登于岸。""帝谓文王:予怀明德,不大声以色,不长夏以革。不识不知,顺帝之则。""帝谓文王:询尔仇方,同尔弟兄。以尔钩援,与尔临冲,以伐崇墉。"最后王文取得了伐崇伐密的胜利,开创了周朝江山:"比于文王,其德靡悔,既受帝祉,施于孙子。"关于文王受帝之佑,《大雅·文王》说:"上帝既命……侯服于周","文王陟降,在帝左右"。《大明》说:"维此文王,小心翼翼,昭事上帝,聿怀多福。"

不过,在沿袭前代传统概念之外,《诗经》更多地用"天"或"昊天""上天""苍天"来指称过去的"上帝"称谓。《大雅·板》说:"昊天曰明。""昊天曰旦。"昊天本来是清明的。《大雅·大明》说:"天位殷嫡,使不挟四方。""天监在下,有命既集。""有命自天,命此文王。"上天本来将天子之位赐给了殷纣,但又因其失德剥夺了他统辖四方的天子之位。上天明察人世间的善恶,将天命集中体现在周文王身上。上天有使命降临人间,天命就降给这位周文王。《下武》说周成王:"受天之祜。"《周颂·昊天有成命》说:"昊天有成命,二后(指文王、武王)受之。"《小雅·天保》说:"天保定尔,亦孔之固。""天保定尔,俾尔戩(福)穀(禄)。""天保定尔,以莫不兴。""神之吊矣,诒尔多福。"诗歌表达了作为周宣王的抚养人、老师及臣子的召伯虎在宣王登基之初对

---

① 《史记·孔子世家》。
② 程俊英《诗经译注》认为《下泉》作于公元前 516 年前后,是《诗经》中创作时间最晚的一首诗。
③ 本节以《贵"人"轻"天":〈诗经〉思想史价值的重新发现》为题发表于《学习与探索》2022 年第 9 期。

新王的热情鼓励及殷切期望。《王风·黍离》描写：平王东迁不久，朝中一位大夫行役至西周都城镐京，触目所见，昔日的城阙宫殿和都市繁华已经不再，只见一片黍苗在尽情地生长，不禁悲从中来，连连发问："悠悠苍天！此何人哉？"在这里，由自然神转换而来的至上神"苍天"是可以求助的正义之神的化身。《唐风·鸨羽》面对无休止的王事劳役，也发出同样的呼喊："悠悠苍天，曷其有所？""悠悠苍天，曷其有极？""悠悠苍天，曷其有常？"

然而，到了西周后期，与"上帝""昊天"有着"天命"联系的天子厉王、幽王的昏庸暴虐、世道黑暗，使人们认识到"昊天上帝"并不总是正义的化身，它也有反常的时候，也会作恶降祸。于是对上帝、昊天表示怀疑、发出批判。诞生于厉王时期的《大雅·板》说："上帝板板（反常）。"于是"天之方难""天之方蹶""天之方虐""天之方懠（怒）"。传说是刺厉王的另一首诗《荡》说："荡荡（骄纵放荡）上帝，下民之辟（君主，指厉王）。疾威上帝，其命多辟（邪僻）。"《桑柔》也是一首刺厉王的诗："我生不辰，逢天僤（大）怒。""倬彼昊天，宁不我矜？"《雨无正》《节南山》《小旻》《巧言》《蓼莪》《小弁》《召旻》《瞻卬》都是刺幽王诗，它们都将幽王时期的黑暗归咎到了"昊天"的不公上。《雨无正》刺幽王昏庸、饿殍遍野，坏人当道，好人遭罪："浩浩昊天，不骏其德。降丧饥馑，斩伐四国。""旻天疾威，弗虑弗图。舍彼有罪，既伏其辜。若此无罪，沦胥以铺。"《节南山》讥刺上天无眼，奸臣当道："不吊（善）昊天，不宜空（困乏）我师（民众）。""昊天不佣（明，又释为平），降此鞠（极）讻（乱）。昊天不惠（仁），降此大戾（恶）。"诅咒"不吊昊天，乱靡有定"；"昊天不平，我王不宁"。《小旻》批判："旻天疾威，敷于下土。"《巧言》指责："悠悠昊天，曰父母且。无罪无辜，乱如此幠（大）。昊天已（甚）威，予慎无罪。昊天大幠（疏忽），予慎无辜。"《蓼莪》说："父兮生我，母兮鞠我。抚我畜我，长我育我，顾我复我，出入腹我。欲报之德，昊天罔极！"诗人很想报答父母的养育之恩，但没想到老天却将无休止的徭役降临到我身上。《小弁》说："民莫不谷，我独于罹。何辜于天？我罪伊何？"人们生活都美好，独独是我遇灾祸。我对苍天有何罪？我的罪名是什么？老天你为什么这样不公平？《召旻》呼唤："旻天疾威，天笃降丧。瘨（降）我饥馑，民卒流亡。"《瞻卬》呼唤："瞻卬昊天，则不我惠？孔填（久）不宁，降此大厉！"《云汉》写西周末年发生过一场大旱，"旱既大甚"，尽管"靡神不举""靡神不宗"，但"昊天上帝，则不我遗"，"昊天上帝，则不我虞"，致使"周余黎民，靡有孑遗"，于是，周宣王只好"瞻昂昊天"，发出"曷（何时）惠（惠赐）其宁"的呼号。显然，"昊天上帝"没有给予人民安宁的生活。《秦风·黄鸟》描写春秋初期秦穆公死时以大量的活人殉葬，其中子车氏的三兄弟都被殉葬，而这三人都是当时有名的"良人"。《左传·文公六年》记载:"秦伯任好卒,以子车氏三奄息、仲行、鍼虎为殉,皆秦之良也,国人哀之,为之赋《黄鸟》。"诗人反复发出这样的呼唤:"彼苍者天,歼我良人!"质疑老天是否正义。

与此同时,《诗经》又以周文王有德,获得天佑取代商王成为天子为例说明:"天命靡常。"①呼应《周书》中所说的"皇天无亲,唯德是辅"②,告诫人们以德行求得天神保佑降福。《小明》告诫说:"嗟尔君子,无恒安处。靖共尔位,正直是与。神之听之,式穀(禄)以女。""嗟尔君子,无恒安处。靖共尔位,正直是与。神之听之,介(助)尔景(大)福。"殷商人以为天命是永恒不变的,只要获得了天命就可以永远得到庇佑。周人认识到,天命不是永恒不变的,它随人的道德状况而转移。有德就获得天佑,无德就遭到天谴。

2. 怨刺无德,歌颂有德

君王无道,天就降灾。说到底,人间的灾祸并不一定是由上天造成的,其真正的根源在人。诞生于幽王时期的《十月之交》说:"下民之孽,匪降自天。噂沓背憎,职竞由人。"黎民百姓受灾难,灾难并非降自天。当面聚欢背后恨,罪责应由小人担。同时代的《瞻卬》也从幽王宠幸褒姒以致亡国的现实中认识到:"乱匪降自天,生自妇人。"这与《左传·庄公十四年》所说的"妖由人兴"是一个意思。

那么,人在做什么的时候会招致灾祸呢?《左传·庄公十四年》说:"人无衅焉,妖不自作。人弃常,则妖兴,故有妖。"《诗经》中的"变风""变雅"说明,人失德无道,灾祸就会降临。"变风""变雅"指《风》《雅》中周政衰乱时期的作品,是以"政教得失"区分的概念。《毛诗序》说:"至于王道衰,礼义废,政教失,国异政,家殊俗,而变风、变雅作矣。"比如《小星》说诗人"肃肃宵征"、深夜都要赶路是因为"夙夜在公";《式微》说诗人天色渐晚仍"不归"岂"微君之故";《北门》说天天忙碌但"终窭且贫"遭家人抱怨的原因是"王事适我";《东方未明》说"东方未明,颠倒衣裳"是因为"自公召之";《鸨羽》说"不能艺稷黍"供养父母是因为"王事靡盬";《黄鸟》诅咒"良人"为秦穆公陪葬而死;《小雅》中的《杕杜》说征夫久久不归、"女心伤止"是因为"王事靡盬";《小弁》说"民莫不谷,我独于罹"的原因是"君子信谗""君子不惠";《候人》刺社会不公;《羔羊》《伐檀》诅咒统治者尸位素餐、不劳而获;《硕鼠》《北风》《墓门》《正月》讽刺王政暴虐,民生疾苦;《宾之初筵》讥刺统治者失礼败德;《抑》

---

① 《诗经·大雅·文王》。
② 《尚书·周书·蔡仲之命》。

讥刺周王"颠覆厥德""回遹其德,俾民大棘";《新台》《鹑之奔奔》《墙有茨》《君子偕老》《南山》《株林》讽刺统治者荒淫乱伦;《板》《荡》怨刺厉王无德,社会昏暗;《四月》《十月之交》《雨无正》《小旻》《小宛》怨刺幽王昏乱无道、奸臣当道,祸乱纷起,令人战战兢兢,如履薄冰;如此等等。这些批判现实、揭露社会黑暗的变风、变雅有一个共同的特点,即不是"怨天",而是"尤人",不是抱怨老天不公,而是指责"人"(主要是君王)的无道失德造成了这一切。如《荡》借周文王数落商纣王之语批判厉王无德:"女炰烋(咆哮)于中国,敛怨以为德。不明尔德,时无背无侧。尔德不明,以无陪无卿。"因此,诗人规劝周王:"敬慎威仪,以近有德。"①"辟尔为德,俾臧俾嘉,淑慎尔止,不愆于仪。""温温恭人,维德之基。""抑抑威仪"缘于"维德之隅"。启发周王:"无德不报",只要"有觉德行",就"四国顺之"②。呼唤"良人""圣人":"维此惠君,民人所瞻。"③

风、雅、颂中也有不少颂诗,所颂之功,均系人为,而非天作,而这功绩都是贤德的产物,所以"歌功"与"颂德"便联系在了一起。《定之方中》《干旄》赞颂卫文公重建宫室、务农重桑、招贤纳士、励精图治。《瞻彼洛矣》赞美天子能整军经武,保卫邦家,使周室有中兴气象。《蓼萧》赞美周王"其德不爽"。《思齐》赞美文王善于修身齐家治国。《下武》赞美武王、成王"世德作求""应侯顺德""永言孝思"。《假乐》记载群臣歌颂周王功德:"显显令德","德音秩秩"。《泂酌》歌颂周王是"岂弟君子,民之父母","岂弟君子,民之攸归"。《卷阿》赞颂周王"有冯有翼,有孝有德","岂弟君子,四方为则"。《崧高》颂扬周宣王之舅"申伯之德,柔惠且直"。《烝民》赞扬大臣仲山甫:"仲山甫之德,柔嘉维则。令仪令色,小心翼翼。""既明且哲,以保其身。""柔亦不茹,刚亦不吐。不侮矜寡,不畏强御。""德輶如毛,民鲜克举之……维仲山甫举之。""民之秉彝,好是懿德。"《维天之命》是祭祀文王的颂诗,赞美"文王之德之纯"。《清庙》要求"济济多士,秉文(文王)之德。"《烈文》也要求诸侯要以先王的德行为榜样:"不(丕,大)显维德,百辟(诸侯)其刑(型)之。"《泮水》赞颂鲁僖公:"穆穆鲁侯,敬明其德。""明明鲁侯,克明其德。"并赞美百官:"济济多士,克广德心。"由此可见,凶缘于无德,吉缘于有德。这就从一个侧面印证了《左传·僖公十六年》中的一个观点:"吉凶由人。"

3. 对"君子""良人""吉士"的呼唤

由于人间的幸福实际上是由德行造成的,所以《诗经》中充满了对"君

---

① 《诗经·大雅·民劳》。
② 《诗经·大雅·抑》。
③ 《诗经·大雅·桑柔》。

子""良人""吉士"的呼唤。

"君子"在《诗经》中并不都指有德之士。从身份上看，它是贵族男子的通称。如《关雎》："窈窕淑女，君子好逑。"《载驰》："大夫君子，无我有尤。"《鱼丽》："君子有酒，旨且多。"《南有嘉鱼》："君子有酒，嘉宾式燕以乐。"《瓠叶》："君子有酒，酌言尝之。""君子有酒，酌言献之。""君子有酒，酌言酢之。""君子有酒，酌言酬之。"这里的"君子"均指贵族男子。

贵族男子可以是君王。如《蓼萧》："既见君子，我心写（舒畅）兮。"《瞻彼洛矣》："君子至止，福禄如茨。""君子至止，鞞琫有珌。君子万年，保其家室。""君子至止，福禄既同。君子万年，保其家邦。"《頍弁》："未见君子，忧心奕奕；既见君子，庶几说怿。""未见君子，忧心怲怲；既见君子，庶几有臧。"这里的"君子"指周朝天子。《庭燎》："君子至止，鸾声将将。""君子至止，鸾声哕哕。""君子至止，言观其旂。""君子至止"即诸侯来朝。《桑扈》："君子乐胥，受天之祜。君子乐胥，万邦之屏。"《采菽》："君子来朝，何锡予之。""君子来朝，言观其旂。""载骖载驷，君子所届。""乐只君子，天子命之，乐只君子，福禄申之。""乐只君子，殿天子之邦。""乐只君子，万福攸同。""乐只君子，天子葵之。""乐只君子，福禄膍（厚）之，优哉游哉，亦是戾（止）矣。"二诗中的"君子"指诸侯国君。

作为贵族男子，"君子"也可指士大夫。如《淇奥》："有匪（斐）君子，如切如磋，如琢如磨。""有匪君子，如金如锡，如圭如璧。"

这种有地位的男子显然是当时社会中理想的夫君。《樛木》："乐只君子，福履绥之。"《鸳鸯》："君子万年，福禄宜之。""君子万年，宜其遐福。""君子万年，福禄艾（助）之。""君子万年，福禄绥（安）之。"这两首诗中的"君子"指新郎。《汝坟》："未见君子，惄如调饥。""既见君子，不我遐弃。"《召南·草虫》："陟彼南山，言采其薇；未见君子，我心伤悲。亦既见止，亦既觏止，我心则夷。""未见君子，忧心忡忡。亦既见止，亦既觏止，我心则降。""未见君子，忧心惙惙。亦既见止，亦既觏止，我心则说。"《殷其雷》："振振君子，归哉归哉！"《君子于役》："君子于役，不知其期。"《风雨》："风雨凄凄，鸡鸣喈喈，既见君子，云胡不夷？风雨潇潇，鸡鸣胶胶。既见君子，云胡不瘳？风雨如晦，鸡鸣不已。既见君子，云胡不喜？"《小戎》："言念君子，温其如玉。"《晨风》："未见君子，忧心钦钦。如何如何，忘我实多！""未见君子，忧心靡乐。如何如何，忘我实多！""未见君子，忧心如醉。如何如何，忘我实多！"《隰桑》："既见君子，其乐如何。""既见君子，云何不乐。""既见君子，德音孔胶。"这些诗中的"君子"均指丈夫。

此外，有些诗中的"君子"指代不明，如《君子阳阳》中的"君子"，朱熹解为丈夫，程俊英解为舞师。《车邻》中的"君子"，一般解为友人，程俊英解为君王。

要之，无论君王、大夫、丈夫、友人、舞师，他们都属于男性中的贵族阶层。

从道德上看，"君子"与后世所指的贤良之士有别，他们也可能有道德上的瑕疵。如《伐檀》讥刺说："彼君子兮，不素餐兮。"《雄雉》批评说："百尔君子，不知德行。"《巧言》讽刺周幽王听信谗言而祸国殃民："乱之初生，僭（潛言）始既涵。乱之又生，君子信谗。""君子如怒，乱庶遄（速）沮（止）。君子如祉（用贤），乱庶遄已。君子屡盟（结党），乱是用长。君子信盗，乱是用暴。"不过，在更多的场合，"君子"还是指道德上的良人贤士。《淇奥》诗运用大量比喻，如"如切如磋，如琢如磨"，"如金如锡，如圭如璧"，寓示君子之美在于后天的积学修养，磨砺道德。选作比喻的事物"竹""玉""金"都紧扣君子的内秀之美，才华横溢，光彩耀人。《毛诗序》云："《淇奥》，美武公之德也。有文章，又能听其规谏，以礼自防，故能入相于周，美而作是诗也。"这个武公，是卫国的武和，曾担任过周平王的卿士。晚年九十多岁还谨慎廉洁从政，宽容别人的批评，接受别人的劝谏，因此很受人们的尊敬，人们作了这首《淇奥》来赞美他。诗本身描写的时间、地点、人物的指涉性均不明，因此可以说，诗中赞美的"君子"形象并非实指，而是泛指周朝的一位品德高尚的士大夫。《鸤鸠》云："鸤鸠在桑，其子七兮。淑人君子，其仪一兮。其仪一兮，心如结兮。""淑人君子，其仪不忒。其仪不忒，正是四国。""淑人君子，正是国人。正是国人，胡不万年。"毛传："鸤鸠，秸鞠也。鸤鸠之养七子，朝从上下，莫从下上，平均如一。"郑玄注："兴者，喻人君之德当均一于下也。"朱熹《诗集传》解释："诗人美君子之用心平均专一。"方玉润《诗经原始》解释："诗词宽博纯厚，有至德感人气象。外虽表其仪容，内实美其心德"，"非开国贤君未足当此"。这里，"君子"与"淑（善）人"是连在一起的，"君子"就是道德上的"淑人"。《小雅·节南山》："君子如届（至），俾民心阕（止息）。君子如夷（除），恶怒是违（反抗）。"《鼓钟》："淑人君子，其德不回（邪）。淑人君子，其德不犹（毛病）。"《青绳》："岂弟君子，无信谗言。"《南山有台》："乐只君子，德音不已。""乐只君子，德音是茂。"《蓼萧》："既见君子，为龙为光。其德不爽……令德寿岂。"这里的"君子"都是道德高尚的榜样。所以，《湛露》说："显允君子，莫不令德。岂弟君子，莫不令仪。"《菁菁者莪》说："既见君子，乐且有仪。""既见君子，我心则喜。"

《左传·襄公七年》说过一句话："恤民为德。"《诗经》尤其赞美并强调：只有那些与民同乐、道德广远的"君子"才能充当"民之父母"一样的君主："岂弟君子，民之父母。""岂弟君子，民之攸归。"①"岂弟君子，四方为则。""岂

---

① 《诗经·大雅·泂酌》。

弟君子,四方为纲。"①"乐只君子,民之父母。"②岂,通恺。什么叫"恺弟君子"呢?《吕氏春秋·不屈》载惠子言:"恺者,大也;悌者,长也。君子之德长且大者,则为民父母。"什么叫"乐只君子"呢?《大学》解释说:"民之所好好之,民之所恶恶之,此之谓民之父母。"

在赞美道德高尚的"岂弟君子""乐只君子"之外,《诗经》又赞美"吉士""吉人"。如《卷阿》:"蔼蔼(众多)王多吉士,维君子使,媚(爱戴)于天子。""蔼蔼王多吉人,维君子命,媚于(爱护)庶人。"赞美"良人",如《小戎》:"言念君子,载寝载兴。厌厌良人,秩秩德音(好名誉)。"《谷风》:"德音莫违,及尔同死。"《有女同车》:"彼美孟姜,德音不忘。"《车辖》:"匪饥匪渴,德音来括。"与此同时,对"无良""失德"之举给予无情鞭挞。如《白华》批评:"之子无良,二三其德。"《日月》:"乃如之人兮,德音无良。"《谷风》怨刺丈夫:"忘我大德,思我小怨。"《相鼠》则发出了这样的呼喊:"相鼠有皮,人而无仪!人而无仪,不死何为?""相鼠有体,人而无礼,人而无礼!胡不遄死?"

4. 重视现世人生的现实生活反映

在万物有灵论流行的年代,人死为鬼,魂魄永在,因而对现世并不珍视。周人虽然仍有鬼神概念,但不像殷商那么虔诚了,所以"天道远,人道迩""未知生,焉知死"之类的思想应运而生。这在《诗经》中也有反映。《蜉蝣》从蜉蝣的一生朝生暮死的命运中感受到人生的短促,不免忧从中来。《无将大车》反复宽慰自己:"无思百忧",多忧伤身。《车邻》则教人们抓住此生,活好当下:"今者不乐,逝者其耋。""今者不乐,逝者其亡。"

于是,诗人们活在人的而非神的世界中,对现实人生的图景作了种种现实主义的描绘。如反映爱恋生活的有:《关雎》《汉广》《汝坟》《草虫》《野有死麕》《匏有苦叶》《简兮》《静女》《硕人》《有女同车》《野有蔓草》《葛生》《桑中》《木瓜》《采葛》《大车》《丘中有麻》《山有扶苏》《褰裳》《丰》《东门之墠》《子衿》《东方之日》《杕杜》《唐风羔裘》《蒹葭》《宛丘》《东门之枌》《衡门》《东门之池》《东门之杨》《防有鹊巢》《月出》《泽陂》《桧风·羔裘》《都人士》。《摽有梅》反映待嫁,《鹊巢》《何彼秾矣》《燕燕》《竹竿》《著》《载驱》反映出嫁,《车辖》反映娶亲,《鸳鸯》反映新婚,《桃夭》《行露》《柏舟》《螽斯》《将仲子》《女曰鸡鸣》《风雨》《郑风·扬之水》《出其东门》《绸缪》《伐柯》则反映婚后的生活。抒发女子思夫情感的有:《殷其雷》《雄雉》《伯兮》《有狐》《君子于役》《中谷

---

① 《诗经·大雅·卷阿》。
② 《诗经·大雅·南山有台》。

有薖》《采绿》《隰桑》。抒发男子思妇情感的有：《绿衣》《击鼓》《河广》《王风·扬之水》《四牡》。反映弃妇怨夫的有：《遵大路》《我行其野》《谷风》《白华》《江有汜》《柏舟》《日月》《终风》《谷风》《氓》。《黍离》《陟岵》《匪风》《小雅黄鸟》反映的是思乡。《唐风无衣》《权舆》抒发的是感旧。《素冠》写悼亡。《溱洧》写游春。《渭阳》写送别。《葛藟》写流亡。《鸿雁》写救济难民。描绘宴飨亲友兄弟、诸侯群臣的诗篇有：《九罭》《鹿鸣》《常棣》《伐木》《鱼丽》《南有嘉鱼》《湛露》《彤弓》《桑扈》《頍弁》《鱼藻》《行苇》《周颂有客》。描写田猎场景的有：《兔置》《驺虞》《叔于田》《大叔于田》《还》《庐令》《猗嗟》《驷驖》《车攻》《吉日》《绵蛮》《瓠叶》。反映征戍之事的有：《小戎》《秦风无衣》《东山》《破斧》《采薇》《出车》《六月》《采芑》《小明》《渐渐之石》《何草不黄》《江汉》《常武》。描绘农事畜牧的有：《七月》《周颂臣工》《噫嘻》《丰年》《无羊》。《采蘩》写养蚕。《苤苢》《汾沮洳》《十亩之间》写采撷。《干旄》《南山有台》《鹤鸣》《周颂清庙》写招贤尚贤。《凯风》《蓼莪》《下武》《既醉》写孝敬父母。等等。

　　祭神祭祖也是周人生活的一个重要组成部分。这在《诗经》中也有如实的反映。祭祖的诗如《采苹》《楚茨》《信南山》《汗麓》《既醉》《凫鹥》《周颂有瞽》《潜》；祭神诗如《甫田》（祭土地神、四方神、农神）、《大田》（祭农神田祖）、《械朴》（文王祭天神）、《云汉》（宣王祈雨），以及《周颂》中的《振鹭》《载芟》《良耜》（均为周王祭祀土神谷神的乐歌）；等等。

　　由于《诗经》对周人各方面的生活都有栩栩如生的反映，所以被誉为中国历史上伟大的现实主义诗歌的源头，具有研究周代社会现实的文献价值。

5. 记录周族祖先发生、发展历程的史诗

　　周人对现实人事的重视，还体现在《诗经》大雅和颂诗中的不少篇章真实记录了周族祖先发生、发展的轨迹，成为反映从后稷、公刘、古公亶父、王季到文王、武王时期周族早期演变历程的重要史诗。

　　《生民》是对周族始祖后稷神异事迹的诗歌记录。后稷是一个历史人物。传说他是黄帝的玄孙，帝喾的嫡长子，《史记·周本纪》《史记·三代世表》都有记载。但是关于他的出生、成长却带有浓重的神话色彩。周人信以为真，《生民》对这个人物的神话传说加以记载。"厥初生民，时维姜嫄……履帝武（足迹）敏（拇指）歆（感应）……载震（娠）载夙（肃），载生载育，时维后稷。"帝喾元妃、有邰之地的姜嫄因踩了上帝足印而受孕，生下了后稷。母亲因此深感不安，在后稷出生后将他抛弃，所以后稷又名"弃"，但后稷每次都

能化险为夷,被佑生还。"诞置(弃置)之隘巷,牛羊腓(庇护)字(养育,喂乳)之;诞置之平林,会伐平林;诞置之寒冰,鸟覆翼之,鸟乃去矣,后稷呱矣。"后稷从小就很聪明,并在种植百谷方面显出过人的天赋:"诞实匍匐,克岐(知)克嶷(识),以就(觅)口食。艺之荏菽,荏菽旆旆。禾役(颖)穟穟,麻麦幪幪,瓜瓞唪唪。"他被封为农官,将农业技术加以推广,于是带来了大面积的丰收,解决了一直扰着百姓的饥饿问题。鉴于他在农业生产方面的突出贡献,尧帝就封他为家乡有邰(在今陕西武功境内)的国君。《鲁颂·閟宫》也有相似的记载:"赫赫姜嫄,其德不回。上帝是依,无灾无害。弥月不迟,是生后稷。""降之百福:黍稷重穋,稙稚菽麦。奄(包括)有下国,俾民稼穑。有稷有黍,有稻有秬。奄有下土,缵禹之绪。"后稷因此被后世奉为农神。其后代公刘、古公亶父都是以农建国的周族首领。《思文》是郊祀后稷以配天的乐歌,一直对后稷发明播种百谷的文德念念不忘:"思文后稷,克配彼天!"《生民》对后稷事迹的记载,直接为《史记·周本纪》所本。

夏末商初,后稷的后代公刘为躲避夏桀,率族人从邰迁到豳(今陕西旬邑和彬州一带)。关于从后稷到公刘这段时期的社会变化,《史记·周本纪》说:"后稷卒,子不窋立。不窋末年,夏后氏政衰,去稷(废弃农师)不务,不窋以失其官而奔戎狄之间。不窋卒,子鞠立。鞠卒,子公刘立。公刘虽在戎狄之间,复修后稷之业,务耕种,行地宜,自漆、沮度渭,取材用,行者有资,居者有畜积,民赖其庆(福)。百姓怀之,多徙而保归焉。周道之兴自此始,故诗人歌乐思其德。"《公刘》一诗就叙述了公刘带领周民由邰迁豳、开拓疆土、发展农业、建立邦国、组织防卫的事迹。全诗分六章。首章写公刘出发前的准备。他在邰地划分疆界,将丰收的粮食装进谷仓,制成干粮,一袋袋包装好。然后挽弓带箭,拿起干戈斧钺,浩浩荡荡向豳地进发。以下各章写到达豳地以后的各种举措。他先是到原野上进行勘察,有时登上山顶,有时走在平原,有时察看泉水,有时测量土地。然后规划哪里种植,哪里建房,哪里养殖,哪里采石。一切安顿好了,便设宴庆贺,推举首领。忠实厚道的公刘被大家共同推举为氏族君长。首领既定,便组织军队进行防卫。全诗塑造了忠实厚道而又开拓进取的"笃公刘"形象。本来,他在邰地可以守成安居,但却居安思危,"匪居匪康",率领族人开辟更美好的环境。出发之前,他做了精心准备,必待兵精粮足而后动。既到之后,他勘察地形,规划建设,事无巨细,莫不躬亲。诗云:"陟则在巘,复降在原。何以舟之?维玉及瑶,鞞琫容刀。"吕祖谦评此节曰:"以如是之佩服,而亲如是之劳苦,斯其所以为厚于民也欤!"①于是,

---

① 朱熹《诗集传》引。

人民"君之宗之",他最终获得了人民的拥戴。

公刘之后,经九世传位,到古公亶父为部族首领时,为了避免因争夺财物、地盘、人民而与戎狄打仗造成人民的死伤,他一再向不断进犯的戎狄退让迁徙,最后来到渭河流域岐山以南的周原。原来豳地以及其他地方的人听说他如此仁德,反而都来投奔他。他因而成为周族发展史上上承后稷、公刘之业,下启文王、武王之世的关键人物。《史记·周本纪》对这段历史的记载是:"古公亶父复修后稷、公刘之业,积德行义,国人皆戴之。薰育、戎狄攻之,欲得财物,予之。已复攻,欲得地与民。民皆怒,欲战。古公曰:'有民立君,将以利之。今戎狄所为攻战,以吾地与民。民之在我,与其在彼,何异?民欲以我故战,杀人父子而君之,予不忍为。'乃与私属遂去豳,度漆、沮,逾梁山,止于岐下。豳人举国扶老携弱,尽复归古公于岐下。及他旁国闻古公仁,亦多归之。于是古公乃贬戎狄之俗,而营筑城郭室屋,而邑别居之。作五官有司。民皆歌乐之,颂其德。"《诗经》中的《绵》便叙述了古公亶父从豳迁岐、完成家业(妻太姜)、开国定基、告别游牧、走向定居、不断发展强大的历程。"古公亶父,来朝走马。率溪水浒,至于岐下。爰及姜女,聿来胥(视察)宇。""周原膴膴,堇荼如饴。爰始爰谋,爰契我龟。曰止曰时,筑室于兹。""筑之登登,削屡冯冯。百堵皆兴,鼛鼓弗胜。""乃立皋(郭)门,皋门有伉(高大)。乃立应门(王宫正门),应门将将。乃立冢(大)土(土神祭坛),戎(大)丑(众)攸(所)行(往)。"在古公亶父的领导下,周族人疏沟整地、划分邑落、开发沃野、建造房屋,并筑城郭、设宗庙、立太社,构建中央机关,设官分职,改变游牧习俗,大力发展农业,使周逐步强盛起来。因地处周原,初具国家雏形,定国号为"周"。在周人的观念中,他们推翻商纣的统治而建立周朝的大业是从古公亶父开始的。《鲁颂·閟宫》:"后稷之孙,实维大王。居岐之阳,实始翦商。"他有三个儿子:太伯、虞仲和季历。"古公欲立季历而传昌。"古公亶父非常喜欢孙子姬昌,想让姬昌以后能继承王位。但周人的传统是长子为裔,而姬昌是他三儿子季历的儿子。太伯、虞仲明白古公亶父的心思,为了让位给季历,出游荆楚,在夷蛮之地断发文身,失去了消息。于是古公亶父去世后季历继位。"古公卒,季历立。"作为文王的祖父,古公亶父到武王时被尊为"太王"。《周颂·天作》祭祀太王开拓岐山的功绩:"天作高山,大(太)王荒(扩大)之……岐有夷(平坦)之行(道路),子孙保之!"作为季历之母、古公亶父之妻的周姜(亦称太姜)亦受到称颂。如《大雅·思齐》云:"思媚周姜,京室(王室)之妇。"

在太王古公亶父到周文王之间,季历是一个重要的过渡人物。季历又名"王季",被尊称为"太伯"。他继承父业,开拓疆土,尚德修行,天下安康,巩固了周邦。《皇矣》颂之曰:"帝作邦作对,自大伯王季。维此王季,因心则友。则友其兄,则笃其庆(福),载锡(赐)之光。受禄无丧,奄有四方。维此王季,帝度其心。貊(广)其德音,其德克明。克明克类,克长克君。王此大邦,克顺克比(从)。"此外,王季的另一贡献是他与挚国任家二姑娘太任喜结良缘,生下了贤明的姬昌。《大明》颂之曰:"挚仲氏任,自彼殷商,来嫁于周,曰嫔(嫁)于京,乃及王季,维德之行。大任有身,生此文王。"

　　王季死后,其子姬昌继承西伯侯之位,称西伯昌,为西方诸侯之长。在位时期,建都丰京(今陕西西安),为虞、芮两国调解纷争,使这两国归附;攻灭黎(今山西长治)、邗(今河南沁阳)、崇(今河南嵩县)等国,为武王灭商奠定了基础,是周朝的直接奠基者。在位50年。死后十年,周武王姬发灭商,追尊他为周文王。可见,商朝的推翻、周朝的建立是在文王、武王手中共同完成的。所以,《诗经》往往将文、武放在一起歌颂。《昊天有成命》说:"昊天有成命,二后(二君,指文、武)受之。"《闷宫》也说:"至于文武,缵大王之绪,致天之届(诛),于牧之野。无贰无虞,上帝临女。敦(集合)商之旅(军队),克咸厥功。"《文王有声》还分别记录文王"作邑于丰",从岐山迁都于丰(西安沣河西岸),武王"镐京辟雍",迁都于镐(西安沣河东岸)两件大事。当然,也有分开记述歌颂的。《文王》称颂说:"文王在上,于昭于天。周虽旧邦,其命维新……文王陟降,在帝左右。""济济多士,文王以宁。""仪刑(效法)文王,万邦作孚。"《我将》祭颂文王:"仪式刑文王之典,日靖四方。伊嘏(假音,伟大)文王,既右飨之。"《皇矣》记叙文王继承太王、王季开创的事业,依托岐山、团结诸侯、整顿军队、伐崇取胜、平定天下的事迹。《大明》记叙、歌颂文王的一大功绩是与莘国的一位贤淑的长女太姒结婚生下了武王,武王最终完成伐纣壮举之事。"维此文王,小心翼翼。昭事上帝,聿怀多福。厥德不回,以受方国。""天监在下,有命既集。文王初载,天作之合。在洽之阳,在渭之涘。""文王嘉止,大邦有子。大邦有子,伣(好比)天之妹(少女)。文定厥祥,亲迎于渭。造舟为梁,不(丕,大)显其光。""有命自天,命此文王。于周于京,缵女维莘。长子(长女)维行,笃(语助词)生武王。保右命尔,燮(袭)伐大商。殷商之旅,其会如林。矢于牧野,维予侯兴。上帝临女,无贰尔心。"《思齐》歌颂文王修身齐家而后治国平天下,特别是齐家齐得好:"刑(法)于寡妻,至于兄弟,以御于家邦。"其中,他的妻子太姒尤其值得赞美。她继承太姜、太任之德,为文王生了十个儿子,其中包括二儿子姬发、四儿子姬旦:"大姒嗣徽音,则百斯男。"太姜、太任、太姒合称"三太",后世以"太太"作已婚女性的尊称,代表贤德直追"三太"。记叙和称颂武王的,如《时迈》说武王伐纣胜利后刀枪入库、求德访贤,及时进行政治方略的攻守转换,保证了周朝的安康:"载戢(藏)干戈,载櫜弓矢。我求懿德,肆(施行)于时(此)夏(中国)。"《执竞》祭颂武王:"执竞武王,无竞维烈。不(丕)显成康,上帝是皇(赞赏)。"《闵予小子》记载成王遭武王之丧时对父王的追思:"於(呜)乎皇考,永世克孝。"而在祖父、父王的影响下和叔父周公的教导下,成王也懂得修德尽孝。《载见》说他在诸侯朝觐时"率见昭考(指武王),以孝以享"。《昊天有成命》则记载即位后"成王不敢康(享乐),夙夜基(谋)命(政令)宥密(宽仁安定)"。

于是,从《生民》《公刘》《绵》到《文王》《大明》《思齐》《时迈》《昊天有成命》,一条从后稷、公刘、古公亶父、王季到文王、武王、成王的周族祖先创业、迁徙、发展、壮大的历史脉络,就以诗歌的形态特别呈现了出来。它是周代思想界重人轻天(神)时代特征的特殊表现和重要证明。

四、《周礼》:"设官分职,以为民极"

通常所说的儒家"五经"中的《礼经》,汉代指《仪礼》,宋朝以后指《礼记》,是不包括《周礼》的。然而作为"三礼"之一,《周礼》经郑玄作注,后一跃而居《三礼》之首。唐初贾公彦继郑玄《周礼注》之后作《周礼疏》,是汉代以后《周礼》学的第二次全面总结。南宋时期,《周礼》被纳入"十三经",成为影响深远的儒家经典。清末孙诒让的《周礼正义》,是古代《周礼》学的集大成之作。

关于此书的真伪及研究价值,一方面,先秦所有文献都没有提到《周礼》一书,其内容与周代官制并不完全相符,《周礼》被视为后人伪造似有一定道理;另一方面,大量金文材料证明《周礼》确实保存了许多西周史料,近世出土的文物多与《周礼》所记名物制度相合,大大冲击了过去以古书考辨古书真伪的传统。过去治中国古史者视为禁区,莫敢援引其说,实在是一大冤案。

关于《周礼》的作者和成书时间,大体有两种意见。古代学者大多认为是周公所作。西汉末年刘歆认定"周公致太平之迹,迹具在斯"[①]。东汉末年郑玄承袭此说,认定"周公居摄而作六典之职,谓之《周礼》"[②]。其后,唐代的孔颖达、贾公彦,宋代的司马光、朱熹,清代的汪中、孙诒让等都力主此说。

---

① 贾公彦:《序周礼废兴》,《十三经注疏》上册,上海古籍出版社 1997 年版,第 636 页。
② 郑玄:《周礼·天官·叙官》"惟王建国"之下注。

不过到了现代,学者大多反对这种看法,认为《周礼》成书年代偏晚,可能是战国时期归纳创作而成。笔者的看法是,古代训诂大师距离《周礼》的出现更近,占有的资料更多,他们的意见自然更值得采信,但现代学者的某些质疑也不能完全无视。兼顾二者之说,《周礼》很可能是一部由周公组织人马编撰、到战国时期有所增益的先秦经典。

关于《周礼》的名称,最初称《周官》。西汉哀帝、平帝之际,刘歆作《七略》,称之为《周官经》。王莽位居"摄皇帝"摄政后,刘歆为国师,将《周官经》更名为《周礼》,立为官学。东汉末郑玄《周礼注》被奉为经典后,《周礼》之名遂成定称。

关于《周礼》的出现时间。据班固《汉书·景十三王传》记载,西汉初期景帝时,景帝之子、河间献王刘德从民间献书中收得一批"先秦旧书",其中有一部叫《周官》。这是古籍所记载的《周礼》的最早出现年代。但当时《周官》藏于汉宫秘府中,并未公之于世。另据司马迁《史记·封禅书》记载,汉武帝"与公卿诸生议封禅,封禅用希旷绝,莫知其仪礼,群儒采封禅《尚书》《周官》《王制》之望祀射牛事",明确论及《周礼》在汉武帝时就成为儒生解释封禅仪式的依据。那么,《周礼》明明在景、武之世就出现了,为什么要等到一百多年后的西汉末年才公之于众呢?唐贾公彦《周礼疏序》解释说:"《周官》,孝武之时始出,秘而不传。《周礼》后出者,以其始皇特恶之故也。"直到汉成帝时,刘向、刘歆父子校理秘府所藏文献,发现此书并加以著录。王莽摄政后,刘歆适应建立新朝需要,奏请《周官》列入官学,并更名为《周礼》。作为"致太平"之书,《周礼》才成为官方承认、公开的经典。

关于《周礼》的内容。《周礼》原称《周官》《周官经》,刘歆说它反映的是西周的官制,但书中没有直接的证明。《春秋》《左传》《国语》中有不少东周职官记载,但没有一国的官制与《周礼》相同。从西周到西汉的每一个时期都可以找到若干与《周礼》相同的官名,但谁也无法指认与《周礼》职官体系一致的王朝或侯国。《周礼》作者的立意,似乎并不是实录某朝某代的典制,而是要为千秋万世的政治制度设立法则。因此,《周礼》记述的官制有相当的理想化成分,可以视为理想国的蓝图。《周礼》的基本框架是政治制度、设官分职,它以记述职官职能的形态,汇集当时的各类制度,是我国历史上第一部系统叙述国家机构设置、职能分工的法规总集。它涉及我国古代官制、军制、田制、税制、礼制等重要的政治制度,为秦汉以来历代国家机构建制提供了全面的参照体系。同时,《周礼》在职官职能的描述中穿插着"设官分职"指导思想的分析阐释,反复强调"设官分职"是"以为民极",安邦治国须"得民"为本,各处论析汇成保障民生、兼顾教化、以刑辅德、以德司法的仁政学说,是周代思想界重人轻神时代特征的重要证明,对认识周代思想界的特征具有重要的参考价值。然而,以往的研究差不多遗忘了《周礼》的思想价值,几乎所有的中国思想史、哲学史、伦理学史著作都对它未置一词。这不能不说是很大的缺失和遗憾。①

1. 神学笼罩:鬼神祭礼与以人法天

周代虽然呈现出"人"对自身本性、作用、地位的全面觉醒,但神灵概念依然是大量存在着的。它们分别表现为"天神""地示""人鬼"三类。《周礼》中的"春官"是"礼官",大、小宗伯的职责主要就是掌礼。礼包括吉、凶、宾、军、嘉五礼。吉礼的全部内容,即祭神求福。《周礼·春官·大宗伯》说:"大宗伯之职,掌建邦之天神、人鬼、地示之礼,以佐王建保邦国。""以吉礼事邦国之(人)鬼、(天)神、(地)示。"对"天神"的祭祀叫"祀":"以禋祀祀昊天上帝,以实柴祀日、月、星、辰,以槱祀祀司中、司命、风师、雨师。"禋祀、槱祀、实柴,都是祭天神的仪式。名称不同,方法则大同小异,即先焚烧干柴,再在上面加上牲体一块燃烧,以其上升的烟气和光焰上达于天。祭祀昊天上帝的禋祀最隆重,不仅加牲体,而且加玉帛在柴上焚烧。槱祀、实柴则指一般的以牲体置柴堆上焚烧的祭天仪式。对"地示"的祭祀叫"祭":"以血祭祭社稷、五祀、五岳,以狸沈祭山林川泽,以疈辜祭四方百物。"血祭,即用牲血祭祀。狸沈,即埋沉,指将祭品牲体、玉帛埋于山、沉于河。疈辜,即将牲体肢解分割以祭。社稷即土谷之神。五祀即五官之神,指春神句芒、夏神祝融、中央神后土、秋神蓐收、冬神玄冥。五岳,指东岳岱宗、南岳衡山、西岳华山、北岳恒山、中岳嵩山之神。四方百物,指四方百物的众多小神。对"人鬼"的祭祀叫"享":"以肆、献、祼享先王,以馈食享先王;以祠春享先王,以禴夏享先王,以尝秋享先王,以烝冬享先王。"祭祀的人鬼即先王的神灵。肆、献、祼、馈食,指进献剔解过的牲体、血腥、香酒、饭食四种仪式。祠、禴、尝、烝,指宗庙四时的祭名,即祠祭、禴祭、尝祭、烝祭。一年四季,以牲体、牲血、酒醴、饭食祭祀先王之灵,使之受享。②

《春官·大宗伯》要求:"以天产(指动物)作阴德,以中礼防之;以地产(指植物)作阳德,以和乐防之。以礼乐合天地之化,百物之产,以事鬼神,以谐万民,以致百物。"看来"谐万民"必须以"事鬼神"为前提。《春官·大宗伯》还要求:"以玉作六器,以礼天地四方:以苍璧礼天,以黄琮礼地,以青圭

---

① 本节以《〈周礼〉:设官分职,得民为本》为题,发表于《宝鸡文理学院学报》2018 年第 1 期。
② 《周礼·春官·大宗伯》。

礼东方,以赤璋礼南方,以白琥礼西方,以玄璜礼北方。皆有牲币,各放其器之色。"用玉制作六种玉器,祭祀时用以进献天地四方之神。用苍璧进献天,用黄琮进献地,用青圭进献东方,用赤璋进献南方,用白琥进献西方,用玄璜进献北方。都有牺牲和束帛,牲、帛之色各仿照所用玉器的颜色来定。"凡祀大神、享大鬼、祭大示,帅执事而卜日,宿,视涤濯,莅玉鬯,省牲镬,奉玉粢,诏大号,治其大礼,诏相王之大礼。"凡祭祀大天神、大人鬼、大地神,事先率领有关官吏占卜祭祀的日期,祭前三日重申对百官的告诫,祭祀的前夕视察祭器是否洗涤干净,检视行祼礼用的圭瓒,察看煮牲体用的镬,奉上盛黍稷用的玉敦,告诉大祝祭祀对象的大名号以便作祝祷辞,预习王所当行的祭祀礼仪,祭礼时教王并协助王行祭祀大礼①。

小宗伯是大宗伯的副手。祭神工作也是他职责的一部分。"小宗伯之职,掌建国之神位,右社稷,左宗庙。兆五帝于四郊,四望、四类亦如之。兆山川丘陵坟衍,各因其方。"兆,为祭坛划定营域。小宗伯的职责,是掌管建立王国祭祀的神位:右边建社稷坛,左边建宗庙。在四郊确定五帝祭祀坛场的范围。望祭四方名山大川之神,类祭日、月、星、辰、风师、雨师、司中、司命之神时也这样做。为山川丘陵坟衍之神确定祭祀坛场的范围,各依它们所在的方位来祭祀②。

在大、小宗伯之下,负责具体祭祀事务的职官有掌卜筮的官,包括大卜、卜师、龟人、菙氏、占人、筮人、占梦、视祲等八职,以及祝巫之官,包括大祝、小祝、丧祝、甸祝、诅祝、司巫、男巫、女巫等八职。如"大卜掌三兆之法,一曰玉兆,二曰瓦兆,三曰原兆。其经兆之体,皆百有二十,其颂皆千有二百。掌三易之法,一曰连山,二曰归藏,三曰周易。其经卦皆八,其别皆六十有四。掌三梦之法,一曰致梦,二曰觭梦,三曰咸陟。其经运十,其别九十。以邦事作龟之八命,一曰征,二曰象,三曰与,四曰谋,五曰果,六曰至,七曰雨,八曰廖。以八命者赞三兆、三易、三梦之占,以观国家之吉凶,以诏救政。"大卜掌管对于三类兆象的占卜法:一是玉兆,二是瓦兆,三是原兆。它们基本的兆象之体,都有一百二十种,它们的爻辞都有一千二百条。掌管三种《易》书的占筮法:一是《连山》,二是《归藏》,三是《周易》。它们的经卦都有八卦,它们的重卦都有六十四卦。掌管三种梦书的占梦法:一是《致梦》,二是《觭梦》,三是《咸陟》。它们所记载的基本占法有十种,又变化出九十种占法。根据国家大事制作八个方面的命龟辞:一是征伐与否,二是天象吉凶,三是

---

① 解释据徐正英、常佩雨译注:《周礼》上册,中华书局 2014 年版,第 412、414 页。
② 解释据徐正英、常佩雨译注:《周礼》上册,中华书局 2014 年版,第 417 页。

是否参与某事,四是谋议是否可行,五是事情结果如何,六是某人到达与否,七是是否下雨,八是疾病能否痊愈。用这八个方面的命辞,帮助推演三类兆象、三种《易》书和三种梦书之占,来观察国家的吉凶,如果不吉就告诉王采取挽救政事的措施①。"凡以神仕者掌三辰之法,以犹鬼、神、示之居,辨其各物。以冬日至致天神、人鬼,以夏日至致地示物鬼,以禬国之凶荒、民之札丧。"凡担任事神官职的,掌管根据日、月、星三辰以确定众神神位之法,以绘制人鬼、天神和地神在天位置的图形,辨别它们的名称和类别。在冬至那天招致天神和人鬼接受祭祀,在夏至那天招致地神和百物之神接受祭祀,以除去国家的凶年灾荒和民众的瘟疫死亡②。在《地官》中,服务于祭祀的职官还有封人、鼓人、舞师、牧人、牛人、充人等6职。

在所有神灵中,"昊天上帝"是级别最高、威力最大的至上神。既然是至上神,他就能决定天地人间的一切。虽然周人常常发现"天不可信""吉凶由人","天意"往往是"民意"的体现,"天"往往是"人"的化身,但是由于传统的"上帝"至上思维方式的惯性作用,在外部表现形式上,周人又肯定由"天"定"人",以"人"法"天"。战国时期,以《易传》和孟子为代表的儒家认为,人以及人组成的社会都不过是自然精神的复制品。与此同时,道家的变种"阴阳五行"学说勃兴,思想界盛行"以人法天"之风,讲求人与自然的联系,主张"人法地,地法天,天法道,道法自然",社会组织仿效自然法则。作为战国时期初步完成的理想国蓝图,《周礼》希望通过职官设置表达对天人关系的这种思考。《周礼》虽以王权政治为主体,但在此之上,神权观念是王权政治的依据和庇佑,笼罩着"由天定人"的思路。可以说,《周礼》乃是儒道合流的"以人法天"思想的典型实践。

《周礼》以天官、地官、春官、夏官、秋官、冬官等六篇为框架。天官系统诸职官中,大宰既是天官之长,又是六官之首,体现了"天"的无上地位。作为天官之长、六官之首,大宰的职权很大。既"掌建邦之六典",作为天、地、春、夏、秋、冬六个系统官吏的典则,又掌理王国的"八法""八则""八柄""八统""九职""九赋""九式""九贡""九两"等等。天、地、春、夏、秋、冬约等于古人所说的宇宙时空元素。人间六官的设置即宇宙结构框架的仿效。这六官框架的设置由于符合天理而万世不易。唐以后吏、户、礼、兵、刑、工六部官制的设置,就体现了六官官制的构架。《周礼》六官,根据作者的安排,每官统领六十官职:"以官府之六属举邦治:一曰天官,其属六十,掌邦治,大事

---

① 解释据徐正英、常佩雨译注:《周礼》上册,中华书局2014年版,第513—515页。
② 解释据徐正英、常佩雨译注:《周礼》上册,中华书局2014年版,第583—584页。

则从其长,小事则专达。二曰地官,其属六十,掌邦教,大事则从其长,小事则专达。三曰春官,其属六十,掌邦礼,大事则从其长,小事则专达。四曰夏官,其属六十,掌邦政,大事则从其长,小事则专达。五曰秋官,其属六十,掌邦刑,大事则从其长,小事则专达。六曰冬官,其属六十,掌邦事,大事则从其长,小事则专达。"①所以,六官的职官总数为三百六十②。三百六十正是周天的度数。《周礼》原名,有学者理解为"周天之官"之意,认为《周官》一名暗含了该书的宇宙框架和周天度数的布局与"以人法天"的原则。

在道家开辟的传统宇宙发生论中,阴、阳是最基本的一对范畴。《周礼》将这对概念充分运用到政治机制的层面。《天官·内小臣》说政令有阳令、阴令;《天官·内宰》说礼仪有阳礼、阴礼;《地官·牧人》说祭祀有阳祀、阴祀;等等。王城中"面朝后市""左祖右社"的布局,也是阴阳思想的体现。南为阳,故天子南面听朝;北为阴,故王后北面治市。左为阳,是人道之所向,故祖庙在左;右为阴,是地道之所尊,故社稷在右。《春官·大宗伯》中有"阴德""阳德"。《周礼》王城的选址也是在阴阳之中。正如钱穆《周官著作时代考》所指出:《周礼》"把整个宇宙、全部人生,都阴阳配偶化了"。

战国是五行思想盛行的时代。阴、阳二气相互摩荡,产生金、木、水、火、土五行。世间万事万物,都得纳入以五行作为框架的体系,如东南西北中五方,宫商角徵羽五声,青赤白黑黄五色,酸苦辛咸甘五味,犬鸡豕羊牛五畜,等等。五行思想在《周礼》中也得到了重要体现。在五行体系中,牛为土畜,鸡为木畜,羊为火畜,犬为金畜,豕为水畜。因此,在《周礼》所记载的国家重大祭祀中,地官奉牛牲、春官奉鸡牲、夏官奉羊牲、秋官奉犬牲、冬官奉豕牲。五官所奉五牲,与五行思想中五畜乃至五方完全对应。与此相应,地官有"牛人"一职,春官有"鸡人"一职,夏官有"羊人"一职,秋官有"犬人"一职,冬官有"豕人"一职。如此等等,不一而足。

2. 指导思想:安邦治国,"得民"为本

《周礼》的职官设置虽然体现了"由天定人"的思路,《春官》中吉礼的论述也充分体现了作者的鬼神观念,然而《周礼》的主体部分是人世职官、邦国政体的描述。《周礼》并未陷入不同职官所承担的角色、事务的具体描述中。在这一点上,恰与《仪礼》形成鲜明的对比。在 360 多种职官职责的具体描

---

① 《周礼·天官·小宰》。
② 《春官》所说每官官职"六十",取其大数,或为设计之初的设想,并非实属。实际官职据统计,天官 63 职,地官 78 职,春官 70 职,夏官 69 职,秋官 66 职,冬官 30 职,共 376 职。有的官职有职官而无职文,明确记有职文内容的为 366 职。

述中,《周礼》屡有"设官分职"指导思想的分析阐释。这个指导思想集中体现为两点,一是以"民"为本,二是以"邦国"为归。《周礼》原缺《冬官》,汉人以《考工记》补之,然体例与前面的五官并不统一。《天官》《地官》《春官》《夏官》《秋官》开头,均安插一段"叙官",概述本类职官的设置思想和官名、爵等、员数。"惟王建宫,体国经野,设官分职,以为民极"是前五官设置的统一的指导思想,每官开头不厌其烦地加以重申。因职责不同,各官在邦国治理中承担的角色、发挥的作用也稍有不同。《天官》说:"立天官冢宰,使帅其属,而掌邦治,以佐王均(治)邦国。"《地官》说:"立地官司徒,使帅其属,而掌邦教,以佐王安扰(安)邦国。"《春官》说:"立春官宗伯,使帅其属而掌邦礼,以佐王和邦国。"《夏官》说:"立夏官司马,使师其属而掌邦政,以佐王平邦国。"《秋官》说:"立秋官司寇,使帅其属而掌邦禁,以佐王刑邦国。"以为民极、安邦治国,是《周礼》设官分职的最终目标。"民"也好,"邦"也好,都是远离神界的此岸世界、现实世界,它们典型体现了周代"近人而忠"的思想特征。

具体说来,《周礼》六官的分工大致为:天官主管宫廷事务,负责"邦治",是"治官";地官主管民政,负责"邦教",是"教官";春官主管宗族,负责"邦礼",是"礼官";夏官主管军事,负责"邦政",是"政官";秋官主管刑罚,负责"邦禁",是"刑官";冬官主管营造,负责"邦事",是工程官。它们都关乎国计民生,乃立国之本。《天官·大宰》指出:《周礼》所建"邦之六典""一曰治典,以经邦国,以治官府,以纪万民。二曰教典,以安邦国,以教官府,以扰万民。三曰礼典,以和邦国,以统百官,以谐万民。四曰政典,以平邦国,以正百官,以均万民。五曰刑典,以诘邦国,以刑百官,以纠万民。六曰事典,以富邦国,以任百官,以生万民。"这里,"经邦国""安邦国""和邦国""平邦国""诘邦国""富邦国"与"纪万民""扰万民""谐万民""均万民""纠万民""生万民"是互为因果、二位一体的。《天官·小宰》又提出:"以官府之六职辨邦治:一曰治职,以平邦国,以均万民,以节财用。二曰教职,以安邦国,以宁万民,以怀宾客。三曰礼职,以和邦国,以谐万民,以事鬼神。四曰政职,以服邦国,以正万民,以聚百物。五曰刑职,以诘邦国,以纠万民,以除盗贼。六曰事职,以富邦国,以养万民,以生百物。"六官的设置是为了"平邦国,均万民""安邦国,宁万民""和邦国,谐万民""服邦国,正万民""诘邦国,纠万民""富邦国,养万民"。这是上述《天官·大宰》思想的重申。一方面,《周礼》的职官是为了邦国的长治久安。如《夏官·大司马》说:"大司马之职,掌建邦国之九法,以佐王平邦国。制畿封国,以正邦国;设仪辨位,以等邦国;进贤兴功,以作邦国;建牧立监,以维邦国;制军诘禁,以纠邦国;施贡分职,以任邦国；简稽乡民，以用邦国；均守平则，以安邦国；比小事大，以和邦国。"另一方面，维系邦国利益的根本在于赢得民心。如《天官·大宰》说："以'九两'系邦国之民：一曰牧，以地得民。二曰长，以贵得民。三曰师，以贤得民。四曰儒，以道得民。五曰宗，以族得民。六曰主，以利得民。七曰吏，以治得民。八曰友，以任得民。九曰薮，以富得民。"治国之道即得民之道。治国安邦不外是用各种手段、从各个方面赢得民心。以"得民"为标志的民本、仁政学说，是《周礼》安邦治国学说的关键。

3. 仁政学说：德治礼教与法治主张

由"得民"的民本思想发展而来的仁政学说是《周礼》政治思想的主导部分。《周礼》虽然没有明确提出"仁政"概念，但仁政学说是客观存在的。仁政的基本要求，是保障老百姓的生计。《天官·大宰》要求"以九职任万民"，保证万民基本生活需求的满足："一曰三农，生九谷。二曰园圃，毓草木。三曰虞衡，作山泽之材。四曰薮牧，养蕃鸟兽。五曰百工，饬化八材。六曰商贾，阜通货贿。七曰嫔妇，化治丝枲。八曰臣妾，聚敛疏材。九曰闲民，无常职，转移执事。"《地官·大司徒》主张分配十二种职业，使天下百姓各有所养："颁职事十有二于邦国、都鄙，使以登万民：一曰稼穑，二曰树艺，三曰作材，四曰阜藩，五曰饬材，六曰通财，七曰化材，八曰敛材，九曰生材，十曰学艺，十有一曰世事，十有二曰服事。"这十二种职业一是种植谷物粮食，二是种植瓜果蔬菜，三是开发山林川泽的材物，四是畜牧养殖，五是手工加工，六是商业流通，七是丝麻纺织，八是采集业，九是做雇工，十是学习技艺，十一是世代相传的专业，十二是在官府做杂役。此外，还要用六项政策养育万民："以保息六养万民：一曰慈幼，二曰养老，三曰振穷，四曰恤贫，五曰宽疾，六曰安富。"要推行六种传统风俗安定百姓："以本俗六安万民：一曰媺（美）宫室，二曰族坟墓，三曰联兄弟，四曰联师儒，五曰联朋友，六曰同衣服。"如果遇到荒年，就采取十二种措施赈济百姓，保证民众不流离失所："以荒政十有二聚万民：一曰散利（借种、粮），二曰薄征，三曰缓刑，四曰弛力（减免徭役），五曰舍禁（放松关市山泽的禁令），六曰去几（关市之税），七曰眚礼（简省吉礼、嘉礼），八曰杀哀（减少丧礼、葬礼），九曰蕃乐（屏蔽舞乐），十曰多昏（简化婚礼，使民多婚），十有一曰索鬼神（求祭鬼神），十有二曰除盗贼（惩除盗贼）。"① 乡师要及时巡视城乡，以王的名义施予恩惠，帮助民众

---

① 均见《地官·大司徒》。

解除饥饿贫困:"以岁时巡国及野,而赒万民之艰,以王命施惠。"① 此外,《天官》设有"大府""玉府""内府""外府""司会""司书""职内""职岁""职币"九职分掌治藏和会计,形成了一个财经管理系统。《地官》设置"小司徒"把土地分成三等,按人口、劳力多少加以分配;设"司稼"负责"均万民之食,而赒其急"②;设"均人"主管"均地政、均地守、均地职,均人民、牛马、车辇之力政"③。如此等等,保证了国家经济活动的正常运行和每个人生存权利的均衡享有。

仁政的另一要求,是在百姓基本生活得到保障的基础上,对百姓实施道德教化。《尚书》曾经指出:百姓"唯惠是怀",一方面,这种基本的生存欲求应当懂得满足,另一方面,"无主乃乱",必须由英明的君主加以管理和教化。《周礼》的思路如出一辙。贾公彦《周礼正义序》说:"夫天育蒸民,无主则乱;立君治乱,事资贤辅。"这是颇得《周礼》作者之用心的。《地官》提出:大司徒负责"施教法于邦国、都鄙,使之各以教其所治民。令五家为比,使之相保;五比为闾,使之相爱;四闾为族,使之相葬;五族为党,使之相救;五党为州,使之相赒;五州为乡,使之相宾"。要以"三物"教万民:"一曰六德:知、仁、圣、义、忠、和。二曰六行:教、友、睦、姻、任、恤。三曰六艺:礼、乐、射、御、书、数。"要从十二方面对百姓实施教化:"一曰以祀礼教敬,则民不苟。二曰以阳礼教让,则民不争。三曰以阴礼教亲,则民不怨。四曰以乐礼教和,则民不乖。五曰以仪辨等,则民不越。六曰以俗教安,则民不偷。七曰以刑教中,则民不暴。八曰以誓教恤,则民不怠。九曰以度教节,则民知足。十曰以世事教能,则民不失职。十有一曰以贤制爵,则民慎德。十有二曰以庸制禄,则民兴功。"要在每年之初组织宣传德教政令,"以考其德行、道艺而劝之,以纠其过恶而戒之"。要派员经常考察、督促百姓的德教状况:"司谏掌纠万民之德而劝之朋友。正其行而强之道艺,巡问而观察之,以时书其德行道艺,辨其能而可任于国事者。"要定期举行评比检查,举荐贤能,奖励先进:"三年则大比,考其德行、道艺,而兴贤能者","使民兴贤,出使长之;使民兴能,入使治之"。道德教化不仅是针对基层民众的,也是针对王公贵族及其子弟的:"师氏掌以媺诏王。以三德教国子:一曰至德,以为道本;二曰敏德,以为行本;三曰孝德,以知逆恶。教三行:一曰孝行,以亲父母;二曰友行,以尊贤良;三曰顺行,以事师长。""保氏掌谏王恶,而养国子

---

① 《地官·乡师》。
② 《地官·司稼》。
③ 《地官·均人》。

以道。乃教之六艺，一曰五礼，二曰六乐，三曰五射，四曰五驭，五曰六书，六曰九数。"①

在德治教化中，礼教是一个重要组成部分。礼教包括吉礼、凶礼、宾礼、军礼、嘉礼五礼。"以吉礼事邦国之鬼、神、示。"吉礼包括祀天神之礼、祭地示之礼、享人鬼（祖宗神）之礼。"以凶礼哀邦国之忧。"包括"以丧礼哀死亡，以荒礼哀凶札，以吊礼哀祸灾，以襘礼哀围败，以恤礼哀寇乱"。"以宾礼亲邦国。"其中，"春见曰朝，夏见曰宗，秋见曰觐，冬见曰遇，时见曰会，殷见曰同，时聘曰问，殷覜曰视"。"以军礼同邦国。"其中，"大师之礼，用众也；大均之礼，恤众也；大田之礼，简众也；大役之礼，任众也；大封之礼，合众也"。"以嘉礼亲万民。"包括"以饮食之礼，亲宗族兄弟；以婚冠之礼，亲成男女；以宾射之礼，亲故旧朋友；以飨燕之礼，亲四方之宾客；以脤膰之礼，亲兄弟之国；以贺庆之礼，亲异姓之国"②。德治不仅包括"以五礼防万民之伪而教之中"，而且包括"以六乐防万民之情而教之和"③。所以德教是礼乐合一、相辅相成的。"大司乐掌成均（大学）之法，以治建国之学政，而合国之子弟焉。凡有道者，有德者，使教焉。……以乐德教国子，中、和、祇（敬）、庸（常）、孝、友；以乐语教国子，兴、道、讽、诵、言、语；以乐舞教国子，舞《云门》、《大卷》（黄帝之舞）、《大咸》（唐尧之舞）、《大韶》（虞舜之舞）、《大夏》（夏禹之舞）、《大濩》（商汤之舞）、《大武》（周武王之舞）。以六律、六同（偶数六律，又称六吕）、五声、八音、六舞大合乐，以致鬼、神、示，以和邦国，以谐万民，以安宾客，以说远人，以作（生）动物。"④"乐师掌国学之政，以教国子小舞。"⑤"大师掌六律、六同，以合阴阳之声。……教六诗：曰风，曰赋，曰比，曰兴，曰雅，曰颂。以六德为之本，以六律为之音。"⑥

仁政以德治为主，是否排斥法治呢？不。道德教化并不是万能的。"其有不正，则国有常刑。"⑦所以，《周礼》在设置"春官"掌管礼教德治之外，又设置"秋官"掌管刑法。秋官的最高长官是大司寇。"大司寇之职，掌建邦之三典，以佐王刑邦国，诘四方。一曰刑新国用轻典；二曰刑平国（承平之国）用中典；三曰刑乱国用重典。"要"以五刑纠万民：一曰野刑，上（尚）功纠力；二曰军刑，上命纠守；三曰乡刑，上德纠孝；四曰官刑，上能纠职；五曰国刑；上

---

① 以上引文均见《地官》各篇。
② 《春官·大宗伯》。
③ 《地官·大司徒》。
④ 《春官·大司乐》。
⑤ 《春官·乐师》。
⑥ 《春官·大师》。
⑦ 《地官·大司徒》。

愿纠暴"①。大司寇之下设有一系列的司法职官。其中,"司刑掌五刑之法,以丽(附)万民之罪。墨罪五百,劓罪五百,宫罪五百,刖罪五百,杀罪五百。若司寇断狱弊讼,则以五刑之法诏刑罚,而以辨罪之轻重。"此外,其他部门的职官地官也有责任协助司法,如大司徒"以乡八刑纠万民:一曰不孝之刑,二曰不睦之刑,三曰不姻之刑,四曰不弟之刑,五曰不任之刑,六曰不恤之刑,七曰造言之刑,八曰乱民之刑"②。

不过,使用刑法,实施处罚并非目的。《周礼》刑罚思想的立足点是以仁立法、以德司法。《秋官·士师》提出预先告示"五禁"来辅助刑罚,即"宫禁""官禁""国禁""野禁""军禁","皆以木铎徇之于朝,书而县(悬)于门闾",为的是"毋使罪丽于民",防患于未然。对于案件的审理,有"三刺"(讯群臣、群吏、万民,查明实情)、"三宥"(宽恕因"不识""过失""遗忘"而杀人的情况,区分故意行凶与误杀)、"三赦"(赦免幼弱、老耄、智力障碍犯罪)之法。民间的诉讼,可根据契约判决。肇事后能民间调解的,尽量调解解决。对于过失犯罪,也可采取民间调解的方法:"调人掌司万民之难而谐和之。凡过而杀伤人者,以民成(调解)之。"③对于初犯,要给反省改过的机会:"凡害人者,置之圜土而施职事焉,以明刑耻之,其能改者,反于中国。其不能改而出圜土者,杀。"④要用"圜土"即狱城聚教不良之民。对那些到处惹是生非但尚未犯法的游民,可罚跪思过和拘役改造,用"嘉石"来感化其改过向善:"以嘉石平罢民,凡万民之有罪过而未丽于法而害于州里者,桎梏而坐诸嘉石,役诸司空。重罪,旬有(又)三日坐(双膝跪地,臀部靠在脚跟上,即跪也),期(一年)役;其次,九日坐,九月役;其次,七日坐,七月役;其次,五日坐,五月役;其下罪,三日坐,三月役。使州里任(担保)之,则宥而舍(释放)之。"⑤《周礼》所说的司法尤其注意保护下层百姓的申诉权利:"以肺石达穷民,凡远近茕独、老幼之欲有复于上,而其长弗达者,立于肺石三日,士听其辞,以告于上,而罪其长。"⑥"肺石"即像肚肺一样红色的石头。它是官府保护穷苦无助之民申诉权利的护身符。凡远近孤独无靠或年老幼弱之民想要向上申诉冤屈,而他们的长官不予转达的,就可来到肺石上站三天,向朝士诉说冤屈,由朝士报告朝廷,最终惩罚欺压他们的官吏。《周礼》的法治学说体现了仁德情怀和初衷,

---

① 《秋官·大司寇》。
② 《地官·大司徒》。
③ 《地官·调人》。
④ 《秋官·大司寇》。
⑤ 《秋官·大司寇》。
⑥ 《秋官·大司寇》。

从一个侧面证明了它是仁政学说的一个部分,是德治礼教学说的一个补充。

4. 操作实践:六官职责的具体设置

综上所述,不难看出,《周礼》的政治思想,在神灵观念的庇佑下,由经邦治国的目标出发,走向赢得民心的民本路径,再形成民生与德教并重、德治与法治并举,且德主刑辅的仁政主张,在德教中,礼教、乐教又是突出的组成部分。在这样的总体思路下,《周礼》"设官分职",进行了王权体系的构建。

"天官"系统的职官属于治理国政之官,实际上 63 职中属于治官的只有大宰、小宰、宰夫、大府、内府、外府、司会、司书、职内、职岁、职币等 11 职。

"地官"系统属于掌管政教之官,但 77 职中属于政教之官的仅 16 职,其中有掌都郊六乡各级政教的乡师、乡老、乡大夫、州长、党正、族师、闾胥、比长等 8 职;有掌郊外野地六遂各级政教的遂人、遂师、遂大夫、县正、鄙师、酂长、里宰、邻长等 8 职。

"春官"系统属于掌礼事的官,如大、小宗伯的职责主要就是掌礼。其下 68 属官,大多数也是如此。如直接掌礼事的官,有肆师、郁人、鬯人、鸡人、司尊彝、司几筵、典瑞、典命、司服、典祀、守祧、世妇、内宗、外宗、冢人、墓大夫、职丧、都宗人、家宗人、神仕等,凡 20 职。通过掌乐事辅助礼教的官,有大司乐、乐师、大胥、小胥、大师、小师、瞽矇、视瞭、典同、磬师、钟师、笙师、镈师、韎师、旄人、籥师、籥章、鞮鞻氏、典庸器、司干等,凡 20 职。掌卜筮的官凡 8 职,掌祝巫的官也有 8 职。天府一职主要职责是掌宗庙宝器等收藏,亦可归入此类。此外掌车旗的官有巾车、典路、车仆、司常 4 职,亦与礼事相关。

"夏官"系统属于军政之官。除大、小司马之外,所属 67 职中军司马、舆司马、行司马、掌疆、司甲五官职文佚缺,其他 62 职中直接掌军事或与军事有关者,有司勋、环人、挈壶氏、诸子、司右、司兵、司戈盾、司弓矢、槁人、戎右、戎仆、掌固、司险、候人、都司马、虎贲氏、旅贲氏等,凡 17 职。另有掌天下邦国者,有职方氏、量人、土方氏、怀方氏、合方氏、训方氏、形方氏、山师、川师、原师、匡人、撢人等,凡 12 职。盖对邦国的管理需依靠军事实力,故将此类职官列入司马之下。还有掌养马及马政者,有校人、趣马、巫马、牧师、廋人、圉师、圉人、马质等,凡 8 职。盖马为军事所需,故将此类官属之司马。第四类是为王掌车者,其中戎右、戎仆掌王军车,此外还有齐右、道右、大驭、齐仆、道仆、田仆、驭夫等 7 职,分掌王其他诸事所乘车。

"秋官"系统属于掌刑法之官。如大司寇的主要职责就是掌刑法。小司寇协助大司寇工作,其主要职责也是掌刑法。大小司寇之下的 64 属官,其中掌察、掌货贿、都则、都士、家士等五官职文佚缺。其他 59 官,第一类是掌刑法狱讼的官,有司寇、士师、乡士、遂士、县士、方士、讶士、司刑、司刺、司厉、司圜、掌囚、掌戮、布宪、禁杀戮、禁暴等,凡 16 职。第二类是掌各种禁令的官,有雍氏(掌沟渎之禁)、萍氏(掌水禁)、司寤氏(掌宵禁)、司烜氏(掌火禁)、野庐氏(掌路禁)、修闾氏(掌国中路禁)、衔枚氏(禁喧哗)等,凡 7 职。禁令近于刑法,故属之司寇。第三类是掌隶民的官,有罪隶、蛮隶、闽隶、夷隶、貉隶等,凡 5 职,将隶民罪犯和少数民族战俘当作奴隶加以监管役使。第四类是掌管盟约的官,有司约、司盟 2 职。

"冬官"系统的职官,按作者的构想,当为事官,掌"事典",其职责在于"富邦国""养万民""生百物"。然而《周礼》原缺《冬官》,汉人以《考工记》补足六篇之数,以"工"为名,为后世六部之工部所本。依《天官·小宰》之说,冬官"其属六十",然《考工记》仅列 30 工,其中六工职文佚缺。《考工记》为战国后期人所作,是战国时期手工业发展水平的一部总结性著作。《考工记》既别为一书,则自与《周礼》原书不同。其首为全篇之总叙,其中论百工的分工一节,则是《考工记》全篇的大纲,可据此略述各工种职事。第一类木工,凡 7 职:"轮人",制作车轮、车盖;"舆人",制作车厢;"弓人",制作弓;"庐人",制作庐器,即戈、戟、殳、矛等长柄的兵器;"匠人",建造城郭、宫室、门墙、道路,开挖沟渠等;"车人",制作牛车,兼制耒;"梓人",制作悬挂钟磬的笋虡、饮器等。第二类金工,凡 6 职:"筑氏",制作书写工具;"冶氏",制作矢、戈和戟;"凫氏",制作钟;"栗氏",制作量器;"段氏",原文缺;"桃氏",制作剑。第三类皮工,凡 5 职:"函人",制作甲衣;"鲍人",揉制皮革;"韗人",制作鼓;"韦氏"原文缺;"裘氏",原文缺。第四类色工,凡 4 职:"画绘",负责设色、施彩、绘画、刺绣;"钟氏",掌染羽毛;"筐人",原文缺;"巟氏",掌涑丝、帛。第五类是刮磨之工,凡 5 职:"玉人",制作圭、璧、琮、璋等玉器;"楖人",原文缺;"雕人",原文缺;"磬氏",制作磬;"矢人",制作矢。第六类为抟埴之工,凡 2 职:"陶人",制作甗、盆、甑、鬲等陶器;"瓬人",制作簋、豆。以上六大类,总为 30 工。因"周人尚舆",所以《考工记》中车工之事尤详。其次则详于弓矢。又《考工记》所记诸制作,不仅详其尺度、要求和要领,且善于做经验总结以找出带规律性的东西。

不过,《周礼》所列六官官职,职责与所属大类并不完全吻合。《冬官》因为后人增补,已非原文,这里不去说它。在《天官》《地官》《夏官》中,这种名实不符的情况十分明显。《天官》掌"邦治",本为治官,但六分之五的官职不是治官,而是属于管内务、后勤的职官。可分这么几类。第一类是负责饮食的职官。或负责烹煮和制作食物,如膳夫、庖人、内饔、外饔、亨人、腊人、醢人;或负责捕获兽类、鱼鳖等以供膳食,如兽人、渔人、鳖人;或负责进献食物,如笾人、醢人;或负责酒浆,如酒正、酒人、浆人;还有专门为王调配饮食的食医,掌盐的盐人,掌供巾幕以覆盖饮食的幂人,掌供冰以冷藏食物的凌人等。第二类负责服装。如掌王皮裘的司裘,为王、王后缝制衣服的缝人,掌王后、九嫔等人头饰的追师,为王、王后掌鞋的屦人。第三类是医官,有医师、疾医、疡医、兽医。第四类是掌寝舍的官,如为宫寝清除污秽的宫人,为王外出设宫舍、帷帐等的掌舍、幕人、掌次。第五类是宫官,有宫正、宫伯、内宰、内小臣、阍人、寺人、内竖。第六类是妇官,有服侍王并协助王后行礼事的九嫔、世妇、女御,为王后掌祭祀和礼事的女祝、女史,亦可附于此类。第七类是掌妇功的官,有典妇功、典丝、典枲。另外还有为王耕种借田的甸师,为王掌收藏的玉府,掌皮革的掌皮,掌染丝帛的染人,掌大丧为王招魂的夏采。不难看出,天官下属的63职以服务宫内事务和生活的职官为多。有研究者指出:天官"以掌宫中事务者为最多,凡寝舍、膳食、饮料、服装、医药、妇寺,皆统于天官,次则为掌财货会计者。可见天官一方统摄六官,一方兼掌杂务,恰似现代各机关中之总务处焉"[①]。

"地官"本为"教官",但细按《地官》全文,政教固其职责之一,然并非主要职责。"地官"的主要职责,是掌管土地和人民。《大司徒》开头就说:"大司徒之职,掌邦之土地之图,与其人民之数。"即道出其主旨。小司徒是大司徒的副手,协助大司徒工作,其主要职责,亦不外掌土地和人民两大类。政教官之外,地官下属的大多数职官是负责管理土地和人民的政务官。有如下几类。一类掌赋税、力役,有载师、闾师、县师、遗人、均人、旅师、稍人、委人、土均、角人、羽人、掌葛、掌染草、掌炭、掌荼、掌蜃等,凡16职。第二类掌管山林、川泽、场圃、矿藏等,有山虞、林衡、川衡、泽虞、迹人、矿人、囿人、场人等,凡8职。第三类指导农业生产,有草人、稻人、司稼3职。第四类掌管粮食及仓储,有廪人、仓人、司禄、舂人、饎人、槁人等,凡6职。第五类掌管市政及门关,有司市、质人、廛人、胥师、贾师、司暴、司稽、胥、肆长、泉府、司门、司关、掌节等,凡13职。第六类掌管教育,有师氏、保氏、土训、诵训、司谏、司救等,凡6职。此外还有掌为民调解仇怨的调人,掌民婚姻的媒氏。

《夏官》所设职官,虽然绝大部分与军政有关,但也有少部分属于他官。如掌吏治及朝仪的司士,掌出纳王命的大仆、小臣,掌吏民向王的上书和奏事的御仆,掌王冕服的节服氏、弁师,以及掌寝庙杂役的隶仆,当属天官。掌射礼之事的缮人、射人,掌视察祭祀准备情况的祭仆,掌羊牲以供祭祀和宾客的小子、羊人,掌驯养猛兽以供祭祀的服不氏,掌射鸟、捕鸟、养鸟以供祭

[①] 蒋伯潜:《十三经概论》,上海古籍出版社1983年版,第272页。

祀和膳馐的射鸟氏、罗氏、掌畜,掌驱疫鬼和魍魉的方相氏,等等,则当属春官。又《夏官·职方氏》详载天下九州的划分,以及各州的山川、泽薮、人民和物产,与其他职文的写法不同,颇类《禹贡》之体。

要之,《周礼》之六官,数《天官》《地官》《夏官》所列职官的职责名实相舛,最为错综复杂,或因作者思之未密,未及改定,或因后人有所增改,未及统一所致。

总括而论,《周礼》的政治思想,在《周礼》职官设置的操作实践中分别得到了实现。崇拜神灵、祭祀神灵,主要由《春官》设置的卜筮巫祝职官担任。安邦治国、得民为本,不仅在每官叙言中开宗明义,在《天官·大宰》《小宰》中有所论述,并在每官正副首长的设置中得到体现。保障民生,主要由《天官》《地官》《冬官》的具体职官实施。德治、礼教、乐教,主要由《春官》的属官担当。立法、司法、刑罚的职官,则由《秋官》具体配置。而军官作为国家政权体系的保卫者,则由《夏官》具体承担。显然,《周礼》的职官设置虽然笼罩着神灵庇佑的色彩,但其重心已完全转入现实的人间生活。这与甲骨卜辞所反映的殷商图景已完全不同。

《周礼》作为"设官分职""致天下太平"之书,西汉末年王莽摄政时立为官学,成为朝廷承认的儒家经典。东汉末年,郑玄作《周礼注》,《周礼》跃居"三礼"之首。唐代,国家设科取士,考九经,《周礼》列入其中,贾公彦根据《周礼注》作《周礼疏》,《周礼》的地位进一步得到确认。宋代,《周礼》纳入"十三经"刻行,成为其后历代士大夫的思想依据之一。《周礼》对中国古代的影响不仅发生在思想领域,而且发生在政治实践方面。历史上不少人在进行社会变革时,往往都参用《周礼》。如王莽利用《周礼》改汉制,苏绰借鉴《周礼》改革官制,王安石取法《周礼》搞新政,以致反对派说他"以《周礼》乱天下"。《周礼》的六官设置,在隋朝以后基本付诸实施。汉至两晋,实行的官制是三公九卿制。南北朝时是向三省六部制的过渡时期。隋代设五省六部制,尚书省下设吏部、礼部、兵部、都官(开皇三年改刑部)、度支(开皇三年改民部)、工部。唐宋设三省六部,尚书省下置吏、户、礼、兵、刑、工六部。元代废三省六部为一省六部,吏、户、礼、工、刑、兵六部归中书省。明清罢中书省,设中央六部制,六部直接对皇帝负责。这些都可溯源到《周礼》的六官结构设计。

五、《礼记》:"周人尊礼","近人而忠"

春秋时期孔子私学传授的"六艺"与汉代设定的"五经"中,《礼》都是指

《仪礼》。《仪礼》记载周代士大夫的冠礼、婚礼、丧礼、祭礼、射礼、朝礼、聘礼等各种具体的仪式。三礼之中,《仪礼》出现时间最早。据《礼记·明堂位》记载,周公摄政六年时,曾经"制礼作乐",篇中还记述了周天子在明堂朝见诸侯时公、侯、伯、子、男及九夷、八蛮、六戎、五狄所站的位置等,与《仪礼》所记有若干相似之处。南北朝治礼大家崔灵恩,唐朝饱学之士陆德明、孔颖达、贾公彦等人均认为《仪礼》为周公所作。《史记·孔子世家》和《汉书·儒林传》则认为《仪礼》出自孔子之手。①

《仪礼》只记载礼仪规范,不涉及仪式背后的"礼义"。内容枯燥,文字艰涩。而不了解"礼义",仪式就成了毫无内涵的花架子。所以,孔子七十子后学在习礼的过程中,撰写了大量阐发礼义的论文,总称"记",属于《仪礼》的附庸。秦始皇焚书坑儒后,西汉能见到的用先秦古文撰写的"记"依然不少,《汉书·艺文志》记载有"百三十一篇",作者为"七十子后学"。《隋书·经籍志》说,这"一百三十一篇"文献是西汉前期河间献王刘德从民间征集所得,作者为"仲尼弟子及后学"。至西汉末年刘向考校经籍时,检得这"一百三十一篇"中"一百三十篇","又得《明堂阴阳记》三十篇、《孔子三朝记》七篇、《王史氏记》二十一篇、《乐记》二十三篇",凡五种,二百十余篇②。由于《记》的数量太多,加之有所重复,到了西汉宣帝时,"戴德删其繁重,和而记之,是为八十五篇,谓之《大戴记》";戴德侄子"戴圣又删大戴之书,为四十六篇,谓之《小戴记》";东汉初年,"马融遂传小戴之学","又定《月令》一篇,《明堂位》一篇,《乐记》一篇,合四十九篇"③。至此,《礼记》的两种选本定型。《大戴礼记》流传不广,到唐代已亡佚大半,仅存 39 篇。《小戴礼记》因东汉末年郑玄为之作注,立为官学,影响日隆,后人简称《礼记》。唐朝设科取士,《礼记》被列为"九经"之一,且为"大经"。宋代将《礼记》列入"十三经"之中。"五经"中的《礼经》,宋朝以后即指《礼记》。不难看出,"《礼记》只是解《仪礼》"④,是对《仪礼》背后礼教思想的阐释和说明。

《礼记》的编选者虽然是西汉后期的戴圣,但关于各篇的作者,《汉书·艺文志》《隋书·经籍志》已说明是孔子弟子及后学。孔颖达《礼记正义》据

---

① 今天有人因怀疑《礼记·明堂位》是汉儒的伪托,认为《仪礼》出自周公一说不足信。又有人认为《仪礼》中多篇是公元前 5 世纪中期至前 4 世纪中期由孔子弟子及其后学陆续撰作(彭林译注:《仪礼》前言,岳麓书社 2001 年版,第 1—2 页)。笔者认为还是信古为好,《仪礼》为周公所作。否则,《礼记》作为解释《仪礼》之作,为孔子弟子所作一说就无法成立。
② 《隋书·经籍志》。
③ 均见《隋书·经籍志》。
④ 《朱子语类》卷八十七。

此说:"《礼记》之作,出自孔氏。""七十二之徒共撰所闻,以为是记。"可见,"《礼记》四十九篇,记述了以周王朝为主的秦汉以前的典章、名物、制度和自天子以下各等级的冠、婚、丧、祭、享、朝、聘等礼仪"①及其礼义。因此,本书作者将《礼记》视为周代有关礼仪制度、礼教思想的论著选集。

《礼记》各篇由多人撰写,编排比较凌乱,内容极为庞杂,大体可分为三方面。一是诠释《仪礼》、考证古礼,体现了《礼记》是《仪礼》附庸的特点。如《礼记》的《冠义》释《仪礼》的《士冠礼》,《昏义》释《士昏礼》,《问丧》释《士丧礼》,《祭义》《祭统》释《郊特馈食礼》《少牢馈食礼》《有司》,《乡饮酒义》释《乡饮酒礼》,《射义》释《乡射礼》《大射礼》,《燕义》释《燕礼》,《聘义》释《聘礼》,《丧服四制》释《丧服》。二是关于礼教思想的理论性论述,体现了《礼记》对《仪礼》仪式背后"礼义"的抉发,这集中在《大学》《中庸》《礼运》《学记》《乐记》《礼器》《儒行》等篇中。三是孔子言行或孔门弟子及时人杂事,如《孔子闲居》《孔子燕居》《檀弓》《曾子问》《哀公问》《表记》《坊记》等,体现了《礼记》为孔子弟子及其后学所记的特点。

作为周代有关礼仪制度、礼教思想的论著选集,《礼记》反映了周代思想界的什么特点呢?笔者可借用《礼记·表记》的两句话来概括:"周人尊礼","近人而忠"。

所谓"近人而忠",是指贴近人事道德,"事鬼敬神而远之"②。《表记》还补充说:"周人强民,未渎神,而赏爵、刑罚穷矣。"孙希旦《礼记集解》解释说:"言周人远鬼神而尽于人事,爵赏、刑罚,所以为治之具备尽而无遗也。"③周代思想界的这个特点,是《表记》在与夏、商思想界特点的比较中提出来的。"殷人尊神,率民以事神,先鬼而后礼",周代与此明显不同。"夏道尊命,事鬼敬神而远之,近人而忠焉"。"命",孙希旦《礼记集解》释为"上之政教"。夏人的"事鬼敬神而远之,近人而忠焉",孙希旦释为"不以鬼神之道示人也"。"盖夏承重黎绝地天通之后,惩神人杂糅之弊,故事鬼敬神而远之,而专以人道为教。"④据《国语·楚语下》记载:上古民神不杂,只有神职人员才可与天地沟通。及少昊之时,九黎乱德,民神混杂,以至于家家有巫祝,人人可通神,百姓逐渐失去了对鬼神的敬畏感。因此,颛顼实行宗教改革,"命南正重司天以属神,命火正黎司地以属民,使复旧常,无相侵渎,是谓绝地天通。"这项民神分离的改革影响深远,"尧复育重、黎之后,不忘旧者,使复典

---

① 沈啸寰:孙希旦《礼记集解》校点说明,中华书局1989年版,第4页。
② 《礼记·表记》。
③ 孙希旦:《礼记集解》下册,中华书局1989年版,第1311页。
④ 孙希旦:《礼记集解》下册,中华书局1989年版,第1309—1310页。

之,以至于夏商。"夏朝的"事鬼敬神而远之",就是响应朝廷政令,防止"民神同位""神人杂糅"的产物。虽然民神分离,但对鬼神的祭拜并未减弱,只是由专业人员巫觋承担而已。它与"周人尊礼尚施"所产生的"事鬼敬神而远之,近人而忠"现象并不是一回事。《表记》同时指出夏商周三代存在的神灵祭祀:"昔三代明王皆事天地之神明,无非卜筮之用,不敢以其私亵事上帝。是故不犯日月,不违卜筮。"因此,本书作者仍然倾向于认为,夏朝思想界的特征是神本主义,殷商思想界的神本主义不过是它的继承和进一步发展,而这种情况到周朝才发生了根本性的转变。这就是从"神本"走向"人本"。《表记》在论述周人"近人而忠"特点时还有一个限定"尊礼尚施"。"施"一般理解为施惠,这是一个与"忠"类似的人道概念,大概可以视为"礼"下属的子范畴。核心范畴是"礼"。易言之,周人对人事的高度重视,尤其体现在"尊礼"上[①]。

1. "人"的崇高地位及"礼"的关键作用

周人所尊的"礼"实际上是一种"人道"。"尊礼"的实质乃是"尊人"。

与这个时期《周书》中出现的"惟人(为)万物之灵"、《孝经》中出现的"天地之性人为贵"等思想相呼应,《礼记》中也出现了对"人"在宇宙万物中崇高地位的热情赞美:"人者,其天地之德,阴阳之交,鬼神之会,五行之秀气也。""人者,天地之心也,五行之端也,食味别声被色而生者也。"[②]人是阴阳的交集、天地的产物、鬼神的会聚,是五行中精气的化身、有智慧的万物之灵,同时又是有感性欲望的肉身之躯。作为"五行之秀气"、万物之灵,人可以主宰万物,成为天地万物的核心。所谓"天地之心",指"天地所主宰以生物者"[③]。凭借特有的灵秀、智慧,产生了"父慈、子孝、兄良、弟弟、夫义、妇听、长惠、幼顺、君仁、臣忠"十种"人义",这是创造"人利"的根源。作为"食味别声被色而生者"的肉身之躯,人与生俱来地具有"喜怒哀惧爱恶欲"这七种"人情",其中,"饮食男女"是"人之大欲","死亡贫苦"是"人之大恶"。人们从"大欲""大恶"出发"争夺相杀",从而导致了许多"人患"[④]。而以"人义"控制"人情",就是统治者、政治家所要制定、倡导、推行的"人道"。"圣人南面而治天

[①] 本节以《〈礼记〉"尊礼""敬人"的思想取向及系统构成》为题,发表于《澳门理工学报》2019年第4期。
[②] 《礼记·礼运》。
[③] 孙希旦:《礼记集解》中册,中华书局1989年版,第612页。
[④] 均见《礼记·礼运》。

下,必自人道始矣。"①"人道"的根本或原点,是"亲亲"。由此而衍生出其他规范:"人道亲亲也。亲亲故尊祖,尊祖故敬宗,敬宗故收(聚)族,收族故宗庙严,宗庙严故重社稷,重社稷故爱百姓(百官),爱百姓故刑罚中(公正),刑罚中故庶民安,庶民安故财用足,财用足故百志成,百志成故礼俗刑(典范),礼俗刑然后乐。"②而"礼"就是最重要的"人道"。"夫礼,先王以承天之道,以治人之情。""故圣人所以治人七情,修十义,讲信修睦,尚辞让,去争夺,舍礼何以治之?""欲恶者,心之大端也。人藏其心,不可测度也;美(喜好)、恶(厌恶)皆在其心,不见其色也,欲一以穷之,舍礼何以哉?"③

作为"人道"之"礼",在社会生活中具有不可或缺的关键作用。

首先,"礼"是人与其他动物的根本区别之一,是人所以为人的立足之本。"礼义也者,人之大端也,所以讲信修睦而固人之肌肤之会、筋骸之束也。"④"夫礼……故失之者死,得之者生。《诗》曰:'相鼠有体,人而无礼;人而无礼,胡不遄死?'"⑤"鹦鹉能言,不离飞鸟;猩猩能言,不离禽兽。今人而无礼,虽能言,不亦禽兽之心乎?夫唯禽兽无礼,故父子聚麀。是故圣人作,为礼以教人。使人以有礼,知自别于禽兽。"⑥每个人在"察物""出言""作事"时,都要以"礼"为指导。《礼器》说:"欲察物而不由礼,弗之得矣;故作事不以礼,弗之敬矣;出言不以礼,弗之信矣。故曰:'礼也者,物之致也。'是故昔先王之制礼也,因其财物而致其义焉尔。"

其次,"礼"是修身齐家的基本准则。如《郊特牲》指出:"礼,始于谨夫妇,为宫室,辨外内。""男帅女,女从男,夫妇之义由此始也。妇人,从人者也;幼从父兄,嫁从夫,夫死从子。夫也者,夫也;夫也者,以知帅人者也。""父母有过,下气怡色,柔声以谏。谏若不入,起敬起孝,说则复谏;不说,与其得罪于乡党州间,宁孰谏。父母怒、不说,而挞之流血,不敢疾怨,起敬起孝。"

再次,"礼"是治国安邦的大政方针。《礼运》指出:"礼者,君之大柄也,所以别嫌明微,傧鬼神,考制度,别仁义,所以治政安君也。"《仲尼燕居》指出,"礼"是治国的明灯与手杖:"礼者何也?即事之治也。君子有其事,必有其治。治国而无礼,譬犹瞽之无相与?伥伥其何之?譬如终夜有求于幽室之中,非烛何见?"《经解》将规范人情的"礼"比作测量轻重的砝码、衡量曲直

---

① 《礼记·大传》。
② 《礼记·大传》。
③ 《礼记·礼运》。
④ 《礼记·礼运》。
⑤ 《礼记·礼运》。
⑥ 《礼记·曲礼上》。

的绳墨、规范方圆的规矩:"礼之于正国也,犹衡之于轻重也,绳墨之于曲直也,规矩之于方圆也。故衡诚县,不可欺以轻重;绳墨诚陈,不可欺以曲直;规矩诚设,不可欺以方圆;君子审礼,不可诬以奸诈。是故,隆礼由礼,谓之有方之士;不隆礼、不由礼,谓之无方之民。敬让之道也,故以奉宗庙则敬,以入朝廷则贵贱有位,以处室家则父子亲、兄弟和,以处乡里则长幼有序。孔子曰:'安上治民,莫善于礼。'此之谓也。"《礼运》则由"礼"讲到对相关的"义""学""仁""乐""顺"的要求:"故治国不以礼,犹无耜而耕也;为礼不本于义,犹耕而弗种也;为义而不讲之以学,犹种而弗耨也;讲之于学而不合之以仁,犹耨而弗获也;合之以仁而不安之以乐,犹获而弗食也;安之以乐而不达于顺,犹食而弗肥也。"达到社会生活中人际关系的和顺,是"礼"的最终目标。

最后,"礼"也是实现人神关系和谐的根本保障。如《礼运》指出:"故礼义也者……所以养生送死事鬼神之大端也,所以达天道顺人情之大窦也。"《曲礼上》说:"祷祠祭祀,供给鬼神,非礼不诚不庄。"《哀公问》说:"非礼无以节事天地之神也。"

总之,"礼"渗透在一切社会生活中,是须臾不可缺少的人生规范,是达到天、地、神、人、国、家和谐、安康的根本之道:"若无礼,则手足无所错,耳目无所加,进退揖让无所制。是故,以之居处,长幼失其别;闺门,三族失其和;朝廷,官爵失其序;田猎,戎事失其策;军旅,武功失其制;宫室,失其度;量鼎,失其象;味,失其时;乐,失其节;车,失其式;鬼神,失其飨;丧纪,失其哀;辩说,失其党;官,失其体;政事,失其施;加于身而错于前,凡众之动,失其宜。如此,则无以祖洽于众也。"①"民之所由生,礼为大。非礼无以节事天地之神也,非礼无以辨君臣上下长幼之位也,非礼无以别男女父子兄弟之亲、昏姻疏数之交也。"②"道德仁义,非礼不成;教训正俗,非礼不备;分争辨讼,非礼不决;君臣上下父子兄弟,非礼不定;宦学事师,非礼不亲;班朝治军,莅官行法,非礼威严不行;祷祠祭祀,供给鬼神,非礼不诚不庄。"③"故圣人以礼示之,故天下国家可得而正也。"④《礼记》以"礼"为尊,是以"人道"为尊思想的最突出的体现。

2. "礼"的含义、历史与类别

那么,"礼"这个概念的内容到底是怎样的呢?

---

① 《礼记·仲尼燕居》。
② 《礼记·哀公问》。
③ 《礼记·曲礼上》。
④ 《礼记·礼运》。

首先来看它的基本内涵。"礼也者,理也。"①"礼"说到底是一种理性规范。这种理性规范以"义"为主,兼及其"仁"的内涵和"乐"的形式,属于"人义"的体现:"礼也者,义之实也。……义者,艺之分,仁之节也。协于艺,讲于仁,得之者强。仁者,义之本也,顺之体也,得之者尊。以乐(音乐)而不达于顺,犹食而弗肥也。"②这种属于"人义"的理性规范是针对"人情"而设的,主要功能是防止自然人情犯乱作恶:"夫礼,禁乱之所由生,犹坊止水之所自来也。故以旧坊为无所用而坏之者,必有水败;以旧礼为无所用而去之者,必有乱患。"③"礼"的实质是表达尊敬:"君子以此之为尊敬然。"④"君子恭敬撙节退让以明礼。"⑤"礼"是建立在"仁""义"基础上的:"仁者人也,亲亲为大;义者宜也,尊贤为大。亲亲之杀,尊贤之等,礼所生也。"⑥凭借以理节情、用一系列礼仪表达出来的敬顺,"礼"可以理顺与天、地、人、神的关系,成为治理天下万物的仪轨:"礼也者,合于天时,设于地财,顺于鬼神,合于人心,理万物者也。"⑦

其次来看"礼"的发生和历史流变。周人尊"礼",但"礼"并非周代所独有,《礼器》指出:"三代之礼一也,民共由之。"孔子也曾说过:"殷因于夏礼","周因于殷礼"⑧。夏商周三代都有"礼",当然具体内涵和要求有不同的时代印记。《礼运》回顾"礼"的历时运行:"礼运者,言礼之运行也。盖自礼之本于天地者言之,四时五行,亨毒(化育)流播,秩然灿然,而礼制已自然运行于两间矣。然必为人君者体信达顺,然后能则天道,治人情,而礼制达于天下,此又礼制待圣人而后运行者也。"⑨从发生学的角度来看,"礼,必本于大一,分而为天地,转而为阴阳,变而为四时,列而为鬼神。……夫礼必本于天,动而之地,列而之事,变而从时,协于分艺。"⑩将人道视为天道,这是孔门后学、思孟学派的一贯做法,如我们在《易传》《孟子》《大学》《中庸》中看到的那样。其实这是经不起科学检验的,所以对这段话我们不必较真。关键是下面这段话:"大道之行也,天下为公。选贤与能,讲信修睦,故人不独亲其亲,不独

---

① 《礼记·仲尼燕居》。
② 《礼记·礼运》。
③ 《礼记·经解》。
④ 《礼记·哀公问》。
⑤ 《礼记·曲礼上》。孙希旦《礼记集解》:"有所抑而不敢肆谓之撙,有所制而不敢过谓之节。"
⑥ 《礼记·中庸》。
⑦ 《礼记·礼器》。
⑧ 《论语·为政》。
⑨ 孙希旦:《礼记集解》中册,中华书局1989年版,第581页。
⑩ 《礼记·礼运》。

子其子,使老有所终,壮有所用,幼有所长,矜寡孤独废疾者,皆有所养。男有分,女有归。货恶其弃于地也,不必藏于己;力恶其不出于身也,不必为己。是故谋闭而不兴,盗窃乱贼而不作,故外户而不闭,是谓大同。"①《礼记》曾用"讲信修睦"指代"礼"。这段话表明,在《礼运》作者看来,"礼"不只在三代,而且早在上古原始公有制、禅让制的大同社会就产生了,上古原始公有制、禅让制的选举原则,就是"选贤与能",公平竞争。到了世袭制的夏商周封建社会,"礼"作为人道规范,出现了新的时代要求:"今大道既隐,天下为家,各亲其亲,各子其子,货力为己,大人世及以为礼。城郭沟池以为固,礼义以为纪;以正君臣,以笃父子,以睦兄弟,以和夫妇,以设制度,以立田里,以贤勇知,以功为己。……禹、汤、文、武、成王、周公,由此其选也。此六君子者,未有不谨于礼者也。以著其义,以考其信,著有过,刑仁讲让,示民有常。如有不由此者,在势者去,众以为殃。是谓小康。"②"天下为家",孙希旦释为"传子不传贤";"大人世及",孙希旦释云:"大人,诸侯也。父子曰世,兄弟曰及,谓父传国于子,无子则传弟也。"③其实"大人"不仅指诸侯国君,也指天子。三代之"礼"的最大共性特点,是按照"天下为家""大人世及"的原则来设定各方面的规范。虽然较之"天下为公"的"大同"之世"选贤与能,讲信修睦"的礼教法则有所欠缺,不尽合理,导致"谋用是作""兵由是起",但因此可以维护天下安定,所以这种社会仍可称之为"小康"④。彭林指出:先秦贵族经常举行各种礼典,"这些礼典起源于原始社会的风俗习惯,为了适应发展着的社会的需要,夏、商、周三代贵族对它作了加工和改造,使之具有权威性的礼仪程式。"⑤"礼"是重要的道德规范。《礼运》的上述分析从一个侧面表明,当代学界某些学者认为上古至夏商均无道德观念的观点,是不能成立的。

周代之礼与夏商之礼有其共性特征,也有其特殊要求。《明堂位》记载:"周公相武王以伐纣。武王崩,成王幼弱,周公践天子之位以治天下;六年,朝诸侯于明堂,制礼作乐,颁度量,而天下大服。"古代治礼的学者据此认为《仪礼》就是周公"制礼作乐"的产物。从周礼覆盖的范围来看,"其行之以货力、辞让、饮食、冠昏、丧祭、射御、朝聘"⑥。根据《仪礼》的记载,周礼涉及冠、

---

① 《礼记·礼运》。
② 《礼记·礼运》。
③ 孙希旦:《礼记集解》中册,中华书局1989年版,第583页。
④ 《礼记·礼运》。
⑤ 彭林译注:《仪礼》前言,岳麓书社2001年版,第1页。
⑥ 《礼记·礼运》。

婚、丧、祭、飨、射、朝、聘等各种礼仪。《礼记》对这些礼仪的意义、作用多有阐发。《仲尼燕居》记录孔子的话:"郊社之义,所以仁鬼神也;尝禘之礼,所以仁昭穆也;馈奠之礼,所以仁死丧也;射乡之礼,所以仁乡党也;食飨之礼,所以仁宾客也。""居处有礼,故长幼辨也";"闺门之内有礼,故三族和也";"朝廷有礼,故官爵序也";"田猎有礼,故戎事闲也";"军旅有礼,故武功成也"。《经解》解释说:"朝觐之礼,所以明君臣之义也。聘问之礼,所以使诸侯相尊敬也。丧祭之礼,所以明臣子之恩也。乡饮酒之礼,所以明长幼之序也。昏姻之礼,所以明男女之别也。""故昏姻之礼废,则夫妇之道苦,而淫辟之罪多矣。乡饮酒之礼废,则长幼之序失,而争斗之狱繁矣。丧祭之礼废,则臣子之恩薄,而倍死忘生者众矣。聘觐之礼废,则君臣之位失,诸侯之行恶,而倍畔侵陵之败起矣。"

关于周礼的类别及其不同功能,《礼记》有一段精辟的概括:"夫礼始于冠,本于昏,重于丧祭,尊于朝聘,和于射乡,此礼之大体也。"①对于周代通行的这些冠礼、婚礼、丧祭之礼、朝聘之礼、射乡(飨)之礼的操作细节,《仪礼》曾有详细的论述,但其缘由、意义、作用则付诸阙如,《礼记》弥补了这一缺憾,分设诸篇作了很有思想价值的理论阐释。

"冠礼"是一个人将要走上社会之初举行的加冕礼,对于一个人来说,是礼之始。《冠义》阐释"冠礼"的地位和意义:"凡人之所以为人者,礼义也。礼义之始,在于正容体、齐颜色、顺辞令。容体正,颜色齐,辞令顺,而后礼义备。以正君臣、亲父子、和长幼。君臣正,父子亲,长幼和,而后礼义立。故冠而后服备,服备而后容体正、颜色齐、辞令顺。故曰:冠者,礼之始也。是故古者圣王重冠。""敬冠事所以重礼。""冠礼"实际上是成人礼,内容是要求"正容体、齐颜色、顺辞令"。"成人之者,将责成人礼焉也。责成人礼焉者,将责为人子、为人弟、为人臣、为人少者之礼焉。""故孝弟忠顺之行立,而后可以为人;可以为人,而后可以治人也。故圣王重(冠)礼。""为人"首先从"冠礼"做起。

人成年后不久,就得成家立业。"婚礼"是"合二姓之好"、完成传宗接代使命的重要契机。《昏义》阐释"婚礼"的意义:"昏礼者,将合二姓之好,上以事宗庙,而下以继后世也,故君子重之。"婚礼的仪式要"敬慎重正",彰显"亲"爱。婚姻中要承认"男先于女"的差别和夫妇不同的义务,从而保证家庭中父亲的地位最高,正如国家中君主的地位最高:"礼之大体,而所以成男女之别,而立夫妇之义也。男女有别,而后夫妇有义;夫妇有义,而后父子有

---

① 《礼记·昏礼》。

亲;父子有亲,而后君臣有正。"婚姻家庭中"男先于女",强调的是"家无二主,尊无二上",这个道理与"天无二日,土无二王"是一致的①。婚礼不仅是祭祀祖宗、延续子嗣的立家之本,也是"君臣有正"的立国之本。所以说,"昏礼者,礼之本也。"婚礼还包括"成妇礼"。行过此礼,出嫁女子才被承认加入了男方宗族,成为男方家族的一员。她有责任以和顺的态度处理好与男方家族原有成员的关系,保证家庭的和谐长久、绵延不绝。"成妇礼,明妇顺,又申之以著代,所以重责妇顺焉也。妇顺者,顺于舅姑,和于室人;而后当于夫,以成丝麻布帛之事,以审守委积盖藏。是故妇顺备而后内和理,内和理而后家可长久也,故圣王重之。"

"身也者,父母之遗体也……敢不敬乎?"②对父母的最大的尊敬就是"孝"。"孝"者,"畜"也,"养"也。"孝子之事亲也,有三道焉:生则养,没则丧,丧毕则祭。"③当父母健在,供养他们时,"孝"体现为对父母的顺从,这就叫"养则观其顺也"④。在父母过世之际,"孝"体现为表达哀痛的"丧礼";在丧礼结束、父母下葬之后,"孝"体现为表达尊敬的"祭礼",这就叫"丧则观其哀也,祭则观其敬而时也";"祭者,所以追养继孝也"⑤。可见,"丧礼""祭礼"都是表达对父母之孝的外在仪礼。曾子说:"夫孝,置之而塞乎天地,溥之而横乎四海,施诸后世而无朝夕,推而放诸东海而准,推而放诸西海而准,推而放诸南海而准,推而放诸北海而准。"⑥与"冠礼""婚礼"相比,这种表达对父母之孝的"丧祭"之礼显得更加重要,所以《礼记》强调"重于丧祭"之礼。"丧礼"有一系列的繁文缛节,目的只有一个:显示对去世父母的哀痛。《问丧》说:父亲或母亲刚死的时候,脱冠、括发、光脚,将衣服的前襟掖在腰间,交手痛哭,"恻怛之心,痛疾之意,伤肾、干肝、焦肺,水浆不入口,三日不举火,故邻里为之糜粥以饮食之"。所以衣冠不整,"形变于外","口不甘味,身不安美",是因为"悲哀在中""痛疾在心"。之所以守尸三日而后下葬,是因为"孝子亲死,悲哀志懑,故匍匐而哭之……以俟其生(死而复生)也";同时也是为了给丧事的筹办、入殓衣物的准备和远方亲戚的到来留下足够的时间,"是故圣人为之断决以三日为之礼制也"。三天后"动尸举柩"往送下葬途中抢天呼地、捶胸顿足、"哭踊无数"、"望望然、汲汲然如有追而弗及也",是因

---

① "天无二日,土无二王,家无二主,尊无二上",引自《礼记·仲尼闲居》。本节其余引文未注明者均引自《昏义》。
② 《礼记·祭义》曾子语。
③ 《礼记·祭统》。
④ 《礼记·祭统》。
⑤ 《礼记·祭统》。
⑥ 《礼记·祭义》。

为"悲哀痛疾之至也"。入土后返回途中失声痛哭,回家以后睹物思人而"哭泣辟踊",是因为"若有求而弗得也",逝者死而不可复生也。于是三年守丧,"不入处室,居于倚庐","寝苫枕块","哭泣无时",是因为一直怀念在荒郊野外土中长眠的考妣。所以要配一根哭丧棒给孝子,是因为"孝子丧亲,哭泣无数,服勤三年,身病体羸,以杖扶病也"。

"丧礼"办完之后,要继续表示对已故父母的怀念和崇敬,就得"祭之宗庙,以鬼飨之"①,举行"祭礼"。宗庙里祭拜的考妣及祖先的亡灵,就是民间所说的"人鬼"或"鬼"。"大凡生于天地之间者,皆曰命。其万物死,皆曰折;人死曰鬼;此五代之所不变也。"②宗庙祭祖,实际上就是祭鬼。反过来说,祭鬼只能发生在宗庙,对鬼神的祭祀乃是"孝子""贤者"对先祖虔诚的孝敬之心的表现:"唯贤者能尽祭之义。""是故,贤者之祭也,致其诚信与其忠敬,奉之以物,道之以礼,安之以乐,参之以时……此孝子之心也。"③祭祀鬼神或祖宗亡灵的主要意义,是"反古复始",也就是"不忘其所由生":"众生必死,死必归土,此之谓鬼。骨肉毙于下,阴为野土;其气发扬于上,为昭明,焄蒿,凄怆,此百物之精也,神之著也。因物之精,制为之极,明命鬼神,以为黔首则,百众以畏,万民以服。圣人以是为未足也,筑为宫室,谓为宗祧(宗庙),以别亲疏远迩,教民反古复始,不忘其所由生也……是以致其敬,发其情,竭力从事,以报其亲,不敢弗尽也。""天下之礼,致反始也,致鬼神也……致反始,以厚其本也;致鬼神,以尊上也。"④这里,祭祀鬼神就是推尊祖先,不忘所自。对祖先鬼神的祭祀因四时而有不同的称谓:"凡祭有四时:春祭曰礿,夏祭曰禘,秋祭曰尝,冬祭曰烝。礿、禘,阳义也;尝、烝,阴义也。禘者阳之盛也,尝者阴之盛也。故曰:莫重于禘、尝。"⑤这种对祖宗鬼神的祭礼从虞舜时就有了:"有虞氏禘(祭祀最早的祖先)黄帝而郊喾,祖颛顼而宗尧。夏后氏亦禘黄帝而郊鲧,祖颛顼而宗禹。殷人禘喾而郊冥,祖契而宗汤。周人禘喾而郊稷,祖文王而宗武王。"⑥周代关于祖先鬼神的祭礼,乃是古老祭礼的继承和发展。周代的祭礼不仅包括祭鬼祭祖,还包括祭天祭地。祭天称"郊"祭,祭地称"社"祭。《郊特牲》称之为"社祭土而主阴气也","郊之祭也……大报天而主日也。"祭天神的仪式是"燔柴",祭地祇的仪式是"瘗埋"。"燔柴于泰

---

① 《礼记·问丧》。
② 《礼记·祭法》。
③ 《礼记·祭统》。
④ 《礼记·祭义》。
⑤ 《礼记·祭统》。
⑥ 《礼记·祭法》。

坛,祭天也;瘗埋于泰折,祭地也。"①这种礼仪的意义是:"天神在上,非燔柴不足以达之;地示在下,非瘗埋不足以达之。"②这里要特别说一下"郊"祭。"周之始郊",郊天之礼是周代最为隆重的祭典。"于郊"而祭,"故谓之郊";"牲用骍,尚赤也;用犊,贵诚也"③。一方面,"郊所以明天道也",郊祭是对天神、上帝的一种祭礼,但同时,"受命于祖庙,作龟于祢(亡父)宫",仪式在祖庙、祢宫中进行,表达"尊祖亲考之义",所以又具有"报本反始"的祭祖功能。郊祭实际上是祭天与祭祖的统一。它将祖先当做天神、上帝的配享神来祭拜,用祭天的盛大典礼来同时祭祖,是对祖先的最高祭礼。"万物本乎天,人本乎祖,此所以配上帝也。郊之祭也,大报本反始也。"④

在国家政治生活中,君臣之间的朝聘之礼至为神圣,所以《礼记》说"尊于朝聘"。"朝聘"的含义之一,指诸侯朝见天子之礼。其中,亲往曰"朝",遣使曰"聘"。《礼记·王制》说:"诸侯之于天子也,比年一小聘,三年一大聘;五年一朝。"郑玄注:"比年,每岁也。小聘,使大夫;大聘,使卿;朝,则君自行。""朝礼",又称"觐礼",指天子高高在上,诸侯主动朝拜。《明堂位》说:"朝觐之礼,所以明君臣之义也。"《郊特牲》指出:"觐礼,天子不下堂而见诸侯。"西周周夷王之后天子"下堂而见诸侯",是"失礼"行为⑤。发展到春秋时期,朝聘天子的周礼已开始窳败。据《春秋》所记 242 年间,鲁国朝王仅 3 次,聘周仅 4 次,由此可见一斑。"聘礼"中诸侯朝拜天子,"天子"亦"所以抚诸侯"⑥,通过聘礼表达对诸侯的安抚。其次,"朝聘"也指诸侯间的相互访问。如《左传·襄公八年》说:"公如晋朝,且听朝聘之数。"《左传·昭公三年》说:"昔文、襄之霸也,其务不烦诸侯,令诸侯三岁而聘,五岁而朝。"这尤其体现在"聘礼"上。《仪礼》所载"聘礼",均指诸侯国君之间相互聘问之礼。《礼记》以《聘义》释之,"聘礼"亦有此义。《明堂位》指出:"聘问之礼,所以使诸侯相尊敬也。"这个礼制是由周天子制定的。《聘义》指出:"天子制诸侯,比年小聘,三年大聘,相厉(勉励)以礼。"天子管理诸侯,为了保证他们"外不相侵,内不相陵",所以制定了每年一小聘、三年一大聘、"相厉以礼"的制度。"此天子之所以养诸侯,兵不用而诸侯自为正之具也。"据《春秋》记载,春秋242 年间,鲁国朝齐 11 次,聘齐 16 次,朝晋 20 次,聘晋 24 次。可见诸侯国

---

① 《礼记·祭法》。
② 《礼记·郊特牲》。
③ 《礼记·郊特牲》。
④ 以上引文均见《礼记·郊特牲》。
⑤ 《礼记·郊特牲》。
⑥ 孙希旦:《礼记集解》下册引吕大临语,中华书局 1989 年版,第 1456 页。

之间的访问比觐见周天子频繁得多。访问诸侯国时，访问一方须按照受访一方爵位的贵贱设定不同数量的使者，以一定的礼节表达足够的尊敬："聘礼，上公七介（介：使者），侯、伯五介，子、男三介，所以明贵贱也。介绍而传命，君子于其所尊弗敢质（直接、简易），敬之至也。三让而后传命，三让而后入庙门，三揖而后至阶，三让而后升，所以致尊让也。"并且以"圭璋"这样的"重礼"来表示至高无上的敬意。受访一方的国君也要对来访者表达相应的礼让和好意："君使士迎于竟（境），（使）大夫郊劳，君亲拜迎于大门之内而庙受，北面拜贶，拜君命之辱，所以致敬也。""已聘而还圭璋，此轻财而重礼之义也。"要派人迎宾于边境，派大夫到郊外用束帛慰劳，亲自拜迎于大门之内，在宗庙中接受来宾的好意，答谢来访君主的辛劳，退还来宾带来的"圭璋"，表达"轻财重礼"之义。"诸侯相接以敬让，则不相侵陵"，君臣相安矣①。

与"朝聘"之礼相近的还有"燕礼"。"燕"通"宴"。"燕礼"属于一种饮食之礼。有天子燕诸侯者，有诸侯燕臣子者，等等。《仪礼》所列《燕礼》，乃诸侯燕其群臣之礼。《礼记·燕义》即是对这种"诸侯燕礼"意义的阐释。一方面，国君独自站在高高的台阶之上，面朝西方举杯向群臣赐酒，群臣饮酒前必须稽首再拜，具有无与伦比、不可挑战的绝对权威；另一方面，面对群臣的稽拜之礼，国君"礼无不答"，以"明君上之礼也"。"礼无不答，言上之不虚取于下也。上必明正道以道民，民道之而有功，然后取其什一，故上用足而下不匮也。"这样就形成了臣忠君仁的良性互动。"臣下竭力尽能以立功于国，君必报之以爵禄，故臣下皆务竭力尽能以立功，是以国安而君宁。""是以上下和亲而不相怨也。""故曰：燕礼者，所以明君臣之义也。"

《礼记》又强调"和于乡射"，通过"乡射"之礼实现人与人之间的和谐共处。"乡"，郑玄解释为"乡饮酒"，也就是"飨"，指基层社会——"乡"中用酒食招待宾客之礼②。《射义》概括说："乡饮酒之礼者，所以明长幼之序也。"《乡饮酒义》揭示：乡饮酒礼的设计旨在培养人与人之间的洁身自好、互敬尊让和尊长养老、孝悌之德。"乡饮酒之义：主人拜迎宾于庠门（乡学之门）之外，入，三揖而后至阶，三让而后升，所以致尊让也。"洗手举杯，"所以致洁也"。宾主互拜，"所以致敬也"。"君子尊让则不争，洁敬则不慢，不慢不争，则远于斗辨矣。"乡饮酒之礼，规定六十岁以上的人坐着，五十岁的人站着听候使唤；六十岁的人上三个菜，七十岁的人上四个菜，八十岁的人上五个菜，九十岁的人上六个菜，所以明"尊长""养老"之意也。"民知尊长养老，而后

---

① 均见《礼记·聘义》。
② 《周礼·大司徒》："五州为乡。"注："万二千五百家。"《广雅》："十邑为乡。"是三千六百家为一乡。

乃能入孝弟。民入孝弟,出尊长养老,而后成教,成教而后国可安也。"①

乡间民众的和谐不能只依赖"乡饮酒礼",还依赖"乡射礼"。《礼记·射义》阐释"射礼"的道德意义:"故射者,进退周还必中礼,内志正,外体直,然后持弓矢审固;持弓矢审固,然后可以言中,此可以观德行矣。""射者,仁之道也。射求正诸己,己正然后发,发而不中,则不怨胜己者,反求诸己而已矣。""射者,男子之事也,因而饰之以礼乐也。故事之尽礼乐、而可数(多次、经常)为,以立德行者,莫若射,故圣王务焉。""是故古者天子以射选诸侯、卿、大夫、士。"

《周礼·大宗伯》曾从"五礼"角度概括、总述过"礼",将"礼"分为祭祀之事的"吉礼"、丧葬之事的"凶礼"、军旅之事的"军礼"、宾客之事的"宾礼"、冠婚之事的"嘉礼"。《礼记》则依据《仪礼》,从人生的自然流程(纵)及不同社会角色的人的相处、管理(横)的角度将"礼之大体"分为"冠礼""婚礼""丧祭礼""朝聘礼""乡射礼",并用多个专篇,论析了"冠礼"为礼之"始"、"婚礼"为礼之"本"、"丧祭礼"为礼之"重"、"朝聘礼"为礼之"尊"、"乡射礼"为礼之"和"。经过《礼记》的这种阐释,中国作为一个礼仪之邦,在周代奠定了坚实的基础。

3.《乐记》:论礼、乐关系及乐教的功能、特点

《礼记》在浓墨重彩地强调不同类别的礼仪的意义、作用的同时,还专设《乐记》,探讨了音乐对于礼教必不可少的辅助作用。同时,在"乐"与"礼"异同的比较中,"礼"的功能特点也得到进一步分析说明。

关于礼、乐之同,《礼运》说:"故人情者,圣王之田也。修礼以耕之,陈义以种之,讲学以耨之,本仁以聚之,播乐以安之。"《乐记》指出:"礼乐之说,管乎人情矣。"礼、乐都承载着对自然人情实施道德教化的功用。不过,二者有诸多不同,因而必须相互补充。

首先,从发生学上看,"乐由天作,礼以地制"。"天高地下,万物散殊,而礼制行矣。流而不息,合同而化,而乐兴焉。""乐者,天地之和也","和故百物皆化"。"乐"是按照天地调和、阴阳相生的自然法则产生的和谐音乐,就像元气大化一样不分差别,所以说"乐由天作"。"礼者,天地之序也","序故群物皆别",因而"天地之序"又称"天地之别"。"礼"是按照"天高地下,万物散殊"的自然法则设定的人类社会中不同的等级秩序,其差别就像地理的高低参差、地上所见万物的不同一样,所以说"礼以地制"。

---

① 引文均见《礼记·乡饮酒义》。

其次,从发生结果、表现形态上看,"乐者为同,礼者为异";"乐统同,礼辨异"。"乐"的特点是强调统一于快乐之上的和同,"礼"的特点是辨别尊卑贵贱的差异。"乐胜则流,礼胜则离。"追求快乐太过分,就会导致荡而不返;强调差别太过分,就会导致离心离德。所以必须将音乐的和同与礼教的差别控制在合适的范围内。

第三,从礼、乐的功能来看,"同则相亲,异则相敬";"乐极和,礼极顺";"礼者,殊事合敬者也;乐者,异文合爱者也";"礼主其减,乐主其盈";"礼节民心,乐和民声";"大乐与天地同和,大礼与天地同节";"乐者所以象德也;礼者所以缀(止)淫(乱)也";"乐至则无怨,礼至则不争"。"乐"用的是加法,是从积极的一面促进人们相亲相爱,激发人们的道德自觉;"礼"用的是减法,是从消极的一面防止人们争斗,培养人们的敬让之心。

第四,从礼、乐的本体及功能的存在方式来看,"乐也者,动于内者也;礼也者,动于外者也";"乐,所以修内也;礼,所以修外也"①。音乐所激发的"和""同"存在于内,礼教激发的"顺""敬"存在于外,"内和而外顺",则民"不生易慢焉","弗与争也"。

由于音乐在节制人情这点上有着礼教不可替代的功能,所以从辅助礼教的要求出发,《乐记》详细剖析了音乐的产生与本质。"夫乐(音乐)者,乐(快乐)也,人情之所不能免也。乐必发于声音,形于动静,人之道也。声音动静,性术之变,尽于此矣。故人不耐(能)无乐,乐不耐无形。""说(悦)之,故言之;言之不足,故长言之。"歌唱、舞蹈就是人们追求快乐的外在表现样式。"故歌者,上如抗,下如队,曲如折,止如槁木,倨中矩,句中钩,累累乎端如贯珠。故歌之为言也,长言之也。""长言之不足,故嗟叹之;嗟叹之不足,故不知手之舞之,足之蹈之也。""凡音之起,由人心生也。人心之动,物使之然也。感于物而动,故形于声。声相应,故生变;变成方,谓之音;比音而乐之,及干戚羽旄,谓之乐。乐者,音之所由生也;其本在人心之感于物也。""凡音者,生人心者也。情动于中,故形于声,声成文,谓之音。"追求快乐,是人的天性。音乐产生于人们对快乐的追求。但如果对这种快乐追求不加理性控制,就会"以欲忘道","有淫泆作乱之事"。这就叫"形而不为道,不耐无乱"。因此,《礼记》主张:"欲不可从,志不可满,乐不可极。"②"喜怒哀乐之未发,谓之中;发而皆中节,谓之和。"③情感在音乐中的表达一定要以"中节"、

---

① 《礼记·文王世子》。按:本节未加注明的引文,均出自《乐记》。
② 《礼记·曲礼上》。本节未加注明的引文,均出自《乐记》。
③ 《礼记·中庸》。本节未加注明的引文,均出自《乐记》。

合度的"和"为坚守的底线原则。为了防止因乐生乱,政治家"制雅、颂之声以道之,使其声足乐而不流,使其文足论而不息,使其曲直繁瘠、廉肉节奏足以感动人之善心而已矣,不使放心邪气得接焉"。《乐记》还说:"夫物之感人无穷,而人之好恶无节,则是物至而人化物也。"人引起自然好恶而被外物主宰,就会"灭天理而穷人欲","于是有悖逆诈伪之心,有淫泆作乱之事。是故强者胁弱,众者暴寡,知者诈愚,勇者苦怯,疾病不养,老幼孤独不得其所,此大乱之道也。是故先王之制礼乐,人为之节;衰麻哭泣,所以节丧纪也;钟鼓干戚,所以和安乐也……""是故治世之音安以乐,其政和。乱世之音怨以怒,其政乖。亡国之音哀以思,其民困。声音之道,与政通矣。"因此,"乐者,通伦理者也",是故"审乐以知政,而治道备矣"。

这样,音乐就不只是纯粹的声音旋律,正如礼仪也不是单纯的外在形式,二者都是有道德教化内涵和使命的。"故钟鼓管磬,羽龠干戚,乐之器也;屈伸俯仰,缀兆舒疾,乐之文也。簠簋俎豆,制度文章,礼之器也;升降上下,周还裼袭,礼之文也。"这些都不是礼乐的本质。"乐者,非谓黄钟大吕弦歌干扬也,乐之末节也,故童者舞之。铺筵席,陈尊俎,列笾豆,以升降为礼者,礼之末节也,故有司掌之。"礼乐的真谛在道德教化。"礼乐皆得,谓之有德。德者得也。是故乐之隆,非极音也。食飨之礼,非致味也。……是故先王之制礼乐也,非以极口腹耳目之欲也,将以教民平好恶而反人道之正也。""奸声乱色,不留聪明;淫乐慝礼,不接心术。"那些只有令人快乐的形式、没有道德内涵的"郑卫之音""桑间濮上之音",都属于"乱世之音""亡国之音"。

由此可见,音乐作为一种快乐的艺术样式,分为两类——君子之乐与小人之乐:"君子乐得其道,小人乐得其欲。以道制欲,则乐而不乱;以欲忘道,则惑而不乐。"《乐记》崇尚的君子之乐、圣人之乐,是古来英明的先王都倡导的音乐。"乐也者,圣人之所乐也,而可以善民心,其感人深,其移风易俗,故先王著其教焉。"这种君子之乐、圣人之乐的组成结构是:"德者性之端也;乐者德之华也;金石丝竹,乐之器也;诗言其志也,歌咏其声也,舞动其容也。"其本质是"德之华"。所以其效果是"乐行而伦清","乐终而德尊"。"是故乐在宗庙之中,君臣上下同听之则莫不和敬;在族长乡里之中,长幼同听之则莫不和顺;在闺门之内,父子兄弟同听之则莫不和亲。"音乐最终就会实现"合和父子君臣,附亲万民也"的政治目的。

4. 礼乐的践行历程:"大学""儒行""君子"

"礼"追求不同差别的人之间的敬顺,"乐"追求父子君臣万民之间的亲和。作为一种外在的行为规范和内在的情感规范,礼乐的实质在践行。《仲尼燕居》记载孔子的告诫:"君子明于礼乐,举而错之而已。"《曲礼上》云:"修身践言,谓之善行。"《礼记》许多篇章,都是围绕着这一主题展开论述的。

首先,礼乐所包含的"道"乃天命之道,属于"天理":"天命之谓性,率性之谓道,修道之谓教。"因此,"道也者,不可须臾离也,可离非道也。"这个"人道"虽为天赋,但并非高高在上,远离日常生活:"道不远人,人之为道而远人,不可以为道。"①

其次,礼乐之"道"的践行要从"学"开始。"礼者不可不学也。"②"好学近乎知。"③"博学而不穷。"④学的目的是"知",也就是从认识上将礼乐包含的道理搞清楚。从统治者一端说,必须将对人民的道德教化当做治国理政的大事来抓。"古之王者建国君民,教学为先。"⑤"夫民,教之以德,齐之以礼,则民有格心。"⑥所谓"大学""博学",就是要从思想上认清至善的道理。《大学》说:"古之欲明明德于天下者,先治其国;欲治其国者,先齐其家;欲齐其家者,先修其身;欲修其身者,先正其心。""自天子以至于庶人,壹是皆以修身为本。""修身在正其心。""知止而后有定。""大学之道,在明明德……在止于至善。"《学记》指出:"玉不琢,不成器;人不学,不知道。"教学的目的在于使民知"道"。古代的教学体制是:"家有塾,党有庠,术有序,国有学。比年入学,中年考校。一年视离经辨志,三年视敬业乐群,五年视博习亲师,七年视论学取友,谓之小成;九年知类通达,强立而不反,谓之大成。夫然后足以化民易俗,近者说服,而远者怀之,此大学之道也。"教学中必须确立师道尊严:"凡学之道,严师为难。师严然后道尊,道尊然后民知敬学。……大学之礼,虽诏于天子,无北面;所以尊师也。"教师在教学时,要注意运用启发的方法:"君子之教喻也,道而弗牵,强而弗抑,开而弗达。""其言也约而达,微而臧,罕譬而喻。"学生在问学时,也要注意学习方法:"善学者,师逸而功倍,又从而庸之;不善学者,师勤而功半,又从而怨之。善问者,如攻坚木,先其易者,后其节目,及其久也,相说以解;不善问者反此。"这些都是"进学之道"。

"学"不仅得之于"教",而且得之于"经"。《经解》记载孔子语:"温柔敦厚,《诗》教也;疏通知远,《书》教也;广博易良,《乐》教也;洁静精微,《易》教也;恭俭庄敬,《礼》教也;属辞比事,《春秋》教也。故《诗》之失,愚;《书》之

---

① 均见《礼记·中庸》。
② 《礼记·曲礼上》。
③ 《礼记·中庸》。
④ 《礼记·儒行》。
⑤ 《礼记·学记》。
⑥ 《礼记·缁衣》。

失,诬;《乐》之失,奢;《易》之失,贼;《礼》之失,烦;《春秋》之失,乱。""其为人也:温柔敦厚而不愚,则深于《诗》者也;疏通知远而不诬,则深于《书》者也;广博易良而不奢,则深于《乐》者也;洁静精微而不贼,则深于《易》者也;恭俭庄敬而不烦,则深于《礼》者也;属辞比事而不乱,则深于《春秋》者也。"

教师所教、受众所学、经典所载之"道",指"礼"的实质,是以理防欲,毋使过度。《仲尼闲居》说:"礼者,因人之情而为之节文,以为民坊者也。""夫礼,坊民所淫,章民之别,使民无嫌,以为民纪者也。"于是,"中庸"作为一条道德修养的准则被提到突出位置。"中庸",即中和的常理、不走极端的法则。《中庸》指出:"喜怒哀乐之未发,谓之中;发而皆中节,谓之和。中也者,天下之大本也;和也者,天下之达道也。致中和,天地位焉,万物育焉。"大多数人做不到"中庸":"中庸其至矣乎!民鲜能久矣!""道之不行也……知者过之,愚者不及也。道之不明也……贤者过之,不肖者不及也。"小人则走得更偏,"无忌惮",只有君子才能做到"中庸":"君子中庸,小人反中庸。""天下国家可均也,爵禄可辞也,白刃可蹈也,中庸不可能也。"因此,"中庸"在礼教、乐教的道德修养中显得不可或缺、弥足珍贵。

"中庸"所说的"中和"标准,是"礼义"。"礼也者,义之实也。"①因而也是"仁"。"仁者,义之本也。"②因此要求:"礼义以为干橹;戴仁而行,抱义而处。"③"仁"包含许多子概念。"温良者,仁之本也;敬慎者,仁之地也;宽裕者,仁之作也;孙(逊)接者,仁之能也;礼节者,仁之貌也;言谈者,仁之文也;歌乐者,仁之和也;分散者,仁之施也。"④"仁义"之外,"忠信"也很重要。《儒行》说:"儒有不宝金玉,而忠信以为宝。""儒有忠信以为甲胄。"⑤

对于礼、义、仁、信,《礼记》主张不仅要"博学而不穷",而且要"笃行而不倦"⑥。"礼仪三百,威仪三千,待其人然后行。""博学之,审问之,慎思之,明辨之,笃行之。"⑦笃行的根本在于怀有"诚意",保持"慎独"。《大学》要求:"所谓诚其意者,毋自欺也……故君子必慎其独也!"《中庸》要求:"君子戒慎乎其所不睹,恐惧乎其所不闻。莫见乎隐,莫显乎微,故君子慎其独也。"为了开导人们必须守诚,《中庸》将"诚"这个"人道"说成必须遵守的"天道":"诚者,天之道也;诚之者,人之道也。"

---

① 《礼记·礼运》。
② 《礼记·礼运》。
③ 《礼记·儒行》。
④ 《礼记·儒行》。
⑤ 《礼记·儒行》。
⑥ 《礼记·儒行》。
⑦ 均见《礼记·中庸》。

在怀有"诚意",保持"慎独"的基础上,道德修养从哪里入手?《礼记》要求从自我反省入手,反对怨天尤人,给自己放松道德要求找借口。《中庸》指出:"正己而不求于人,则无怨。上不怨天,下不尤人。"《曲礼上》指出:"礼闻取于人,不闻取人。礼闻来学,不闻往教。""礼,不妄说人,不辞费。"

道德修养的路径是自我反省,道德修养的旨归是自卑尊人。《曲礼上》指出:"夫礼者,自卑而尊人。虽负贩者,必有尊也,而况富贵乎?富贵而知好礼,则不骄不淫;贫贱而知好礼,则志不慑。"《仲尼闲居》告诫说:"君子贵人而贱己,先人而后己,则民作让。""善则称人,过则称己,则民不争;善则称人,过则称己,则怨益亡。"

于是有了笃行,实践礼、义、仁、信的"儒行"。《礼记》中有一个专篇叫《儒行》,讲的是儒家举手投足中的道德践行:"儒有委之以货财,淹之以乐好,见利不亏其义;劫之以众,沮之以兵,见死不更其守;鸷虫攫搏不程勇者,引重鼎不程其力;往者不悔,来者不豫;过言不再,流言不极;不断其威,不习其谋。其特立有如此者。""儒有衣冠中,动作慎,其大让如慢,小让如伪,大则如威,小则如愧,其难进而易退也,粥粥若无能也。其容貌有如此者。""儒有可亲而不可劫也,可近而不可迫也,可杀而不可辱也,其居处不淫,其饮食不溽,其过失可微辨而不可面数也。其刚毅有如此者。""儒有内称不辟亲,外举不辟怨,程功积事,推贤而进达之,不望其报;君得其志,苟利国家,不求富贵。其举贤援能有如此者。"

如此修养践行的结果,就是道德君子。在《礼记》中,"君子"已不同于《诗经》中可以包括道德上有瑕疵的贵族男子,而只是指道德上无瑕疵的"大人"。《礼运》说:"礼之于人也,犹酒之有蘖也,君子以厚,小人以薄。"《曲礼上》说:"博闻强识而让,敦善行而不怠,谓之君子。"《礼器》说:"君子有礼,则外谐而内无怨,故物无不怀仁,鬼神飨德。""君子之于礼也,有所竭情尽慎,致其敬而诚若,有美而文而诚若。"《杂记下》:"君子有三患:未之闻,患弗得闻也;既闻之,患弗得学也;既学之,患弗能行也。""君子有五耻:居其位,无其言,君子耻之;有其言,无其行,君子耻之;既得之而又失之,君子耻之;地有余而民不足,君子耻之;众寡均而倍焉,君子耻之。"《表记》说:"君子隐而显,不矜而庄,不厉而威,不言而信。""君子不以其所能者病人,不以人之所不能者愧人。""君子不自大其事,不自尚其功……彰人之善而美人之功,以求下贤。""君子不失足于人,不失色于人,不失口于人。是故君子貌足畏也,色足惮也,言足信也。""君子服其服,则文以君子之容;有其容,则文以君子之辞;遂其辞,则实以君子之德。是故君子耻服其服而无其容,耻有其容而无其辞,耻有其辞而无其德,耻有其德而无其行。""君子之接如水,小人之接如醴;君子淡以成,小人甘以坏。""君子不以口誉人,则民作忠。故君子问人之寒,则衣之;问人之饥,则食之;称人之美,则爵之。"《中庸》说:"君子尊德性而道问学,致广大而尽精微,极高明而道中庸。温故而知新,敦厚以崇礼。是故居上不骄,为下不倍;国有道,其言足以兴;国无道,其默足以容。"《易传》有言:"天行健,君子以自强不息。"《礼记·哀公问》发挥此义说:"(哀)公曰:'敢问君子何贵乎天道也?'孔子对曰:'贵其不已。如日月东西相从而不已也,是天道也;不闭其久,是天道也;无为而物成,是天道也;已成而明,是天道也。'"君子的道德修养就要吸取"天道",像日月"东西相从"、一刻不停地运行一样,永不停息。"天子""君主"就是从"君子"中产生的,是"君子"中出类拔萃的"圣人"。为什么"天子""君主"必须是道德"君子""圣人"呢？因为他们是万民的表率,一举一动都起示范作用。《礼器》说:"上好是物,下必有甚者矣。故上之所好恶,不可不慎也,是民之表也。""上好仁,则下之为仁争先人。故长民者章志、贞教、尊仁,以子爱百姓,民致行己,以说(悦)其上矣。""民以君为心,君以民为体;心庄则体舒,心肃则容敬。心好之,身必安之;君好之,民必欲之。心以体全,亦以体伤;君以民存,亦以民亡。""是故昔先王尚有德、尊有道、任有能,举贤而置之,聚众而誓之。"《经解》说:"天子者,与天地参。故德配天地,兼利万物,与日月并明,明照四海而不遗微小。其在朝廷,则道仁圣礼义之序;燕处,则听雅、颂之音;行步,则有环佩之声;升车,则有鸾和之音。居处有礼,进退有度,百官得其宜,万事得其序……发号出令而民说,谓之和;上下相亲,谓之仁;民不求其所欲而得之,谓之信;除去天地之害,谓之义。义与信,和与仁,霸王之器也;有治民之意而无其器,则不成。"《大传》说:"圣人南面而听天下,所且先者五……一曰治亲,二曰报功,三曰举贤,四曰使能,五曰存爱。五者一得于天下,民无不足、无不赡者。五者,一物纰缪,民莫得其死。"《大学》说:"君子先慎乎德,有德此有人,有人此有土,有土此有财,有财此有用。德者本也,财者末也……是故财聚则民散,财散则民聚。"在此基础上,《中庸》提出了为政的"三达德""五达道"的方针:"天下之达道五,所以行之者三。""君臣也、父子也、夫妇也、昆弟也、朋友之交也,五者天下之达道也。"这是天下必须处理好的五种最基本的关系,其要求是孟子说的"父子有亲、君臣有义、夫妇有别、长幼有序、朋友有信"。"知,仁,勇,三者天下之达德也。"朱熹《中庸章句》释为"知,所以知此也;仁,所以体此也;勇,所以强此也"。以"知、仁、勇"认识、体认、促进"父子"之亲、"君臣"之义、"夫妇"之别、"长幼"之序、"朋友"之信,就是古往今来治理天下的通理。

周代实行天下一家的封建制,周天子是天下最大的家长。爱民如子的仁君圣王,周人普遍称之为"民之父母"。《诗经》中反复吟咏:"恺弟君子,民之父母。""乐只君子,民之父母。"要求充当"民之父母"的天子、国君必须同时是与民同乐的"凯弟君子"。《礼记》中有许多篇章都论述到这一点。如《大学》说:"《诗》云:'乐只君子,民之父母。'民之所好好之,民之所恶恶之,此之谓'民之父母'。"《礼器》记载孔子的话说:"君子之所谓仁者其难乎!《诗》云:'恺弟君子,民之父母。''凯'以强教之,'弟'以说安之。乐而毋荒,有礼而亲,威庄而安,孝慈而敬,使民有父之尊,有母之亲。如此,而后可以为民父母矣。非至德,其孰能如此乎?"《仲尼闲居》记载说:"子夏曰:'敢问《诗》云:恺弟君子,民之父母。何如斯可谓民之父母矣?'孔子曰:'夫民之父母乎,必达于礼乐之原,以致五至,而行三无,以横于天下。四方有败,必先知之。此之谓民之父母矣。'"什么是"五至"?"志之所至,诗亦至焉;诗之所至,礼亦至焉;礼之所至,乐亦至焉;乐之所至,哀亦至焉。"什么叫"三无"?"无声之乐,无体之礼,无服之丧,此之谓三无。""无声之乐,气志不违;无体之礼,威仪迟迟;无服之丧,内恕孔悲。无声之乐,气志既得;无体之礼,威仪翼翼;无服之丧,施及四国。无声之乐,气志既从;无体之礼,上下和同;无服之丧,以畜万邦。无声之乐,日闻四方;无体之礼,日就月将;无服之丧,纯德孔明。无声之乐,气志既起;无体之礼,施及四海;无服之丧,施于孙子。"这些论述,与《尚书》中对"民主"的道德要求是一致的,可互参互证。

第九章 周代史书的思想取向

现有的中国思想史著作在论述先秦思想史时,基本上都将史书排除在评述范围之外。然而事实上,史书是记事记言的。"言"直接反映着发言人的思想主张,"事"作为行事人意志的实践,也体现着其思想取向。同时,史书作者在对言和事的取舍、记述及最后的评论中,也间接或直接体现着自己的思想倾向。不过研究史书的思想倾向比较麻烦。本书知难而上,将弥补这一现有思想史著作的不足。

记载周代历史的史书主要有《尚书》《左传》《国语》《战国策》。《尚书》与经书交叉,上章已述。本章按所记史实的时间顺序,分别论析《国语》《左传》《战国策》的思想取向。

《国语》记录了西周初期至东周战国初期五百多年的周代史实和这个时期周代思想界的状况。一方面,周人肯定神灵的存在,主张"民神异业""绝地天通",重新恢复"神"的权威和神职人员的神圣性;另一方面,周人又将"人"提高到了与"神"同等的地位,要求"事神保民",达到"民神无怨",并将决定神意的根本归结到民意、道德上,提出"道而得神,是谓逢福""君子之行,唯道是从",倡导节俭利民的君德,体现出尚贤、尚信、谏失德、诛无道的人道取向。

《左传》是根据鲁国国史《春秋》编成的一部编年体史书。以记事为主,但事不离言。通过周王室和诸侯国君臣之间的对话,反映了春秋时期周人贵人轻神、礼德为重的思想倾向。这种倾向具体表现为这个时期人们认识到"吉凶由人""唯人所召",因而主张"先民后神";认为"礼"为"政之舆""民之行",只要"德礼不易",就"无人不怀";体现为从保障民利与尊重民意两方面对民本思想的强调和对无视民本的无良之君的革命实践的肯定。《左传》给我们留下了一系列提出闪光人文思想的历史人物的名字,如叔兴、申繻、闵子马、宫之奇、史嚚、季梁、邾文公、师旷、史墨、穆叔,其中晏婴、子产、叔向更值得注意。

《战国策》虽然是一部反映战国时代诸侯争霸、游士朝秦暮楚的"乱世之文",但从一个侧面反映了战国时期思想界的风貌。《战国策》揭示：战国时期虽然礼崩乐坏,但人们依然守护着西周以来崇尚的孝、义、仁、忠、信等道德,"有英伟气";这种道德在现实中常常遭到挑战、"不得施谋"。同时,《战国策》肯定了"士贵于王"的神圣地位,塑造了以"尽忠直言"为业,以独处民间为"全",以机智勇敢为特点的"良士"形象,表现了对虚心纳谏的仁君的向往和对讳疾忌医的暴君的否定。

一、《国语》："君子之行,唯道是从"

《国语》是我国历史上第一部国别体史书,先后分"周语""鲁语""齐语""晋语""郑语""楚语""吴语""越语"记载周朝及各诸侯国朝聘、宴飨、讽谏、辩说、应对之辞以及部分历史事件与传说史实。以对话为主,证之以事,故名"国语"。全书21卷,各国篇幅并不均衡,如"晋语"9卷,约占全书一半,"齐语""郑语""吴语"各只有1卷。在时间范围上,上起西周初期周穆王十二年(前990年),下至东周定王十六年(前453年)战国初期,叙写了共538年的周代史实。

《国语》的作者传说是左丘明。对此,晋代傅玄最先提出不同意见。宋代至清,这种质疑意见渐甚,宋人如朱熹、郑樵,清人如尤侗、刘逢禄、皮锡瑞、康有为皆然。因为《国语》的某些内容与《左传》存在抵触,文字风格也明显不同。现代学者一般认为它是由战国初期一位熟悉周朝各国历史掌故的人根据各国史官的原始记录加工整理汇编而成。本着信古取今原则,笔者倾向于认为《国语》是左丘明所作、经过后人加工整理、在战国初期成书的国别体史书。

现存最早的、流行最广、影响最大的《国语》注本是三国时吴国韦昭的注本。《国语》各卷并无细目。1978年上海师范大学古籍整理组整理校勘的《国语》韦注本在目录中为每则史实加了小标题,便于查考。后来的注本基本上都采用了这些小标题。

《国语》与《左传》是相互联系的两部史书。一来,《国语》在宋朝以前大都认为与《左传》同出鲁国史官左丘明之手,所以在汉、唐时都把《左传》叫作《春秋内传》,把《国语》称作《春秋外传》①。二来,《国语》与《左传》所反映的

---

① 薛安勤、王连生：《国语译注》前言,吉林文史出版社1991年版,第1页。如司马迁《报任安书》说："左丘失明,厥有《国语》。"班固《汉书·艺文志》记载："《国语》二十一篇,左丘明著。"

时代部分重合,反映的事件部分交叉,而《国语》重在记言,《左传》重在记事,《国语》按国别记言,《左传》按编年记事,二者呈互补状态。在人文思想的整体倾向上,《国语》与《左传》是一致的,同时又从不同角度补充、丰富了《左传》①。

1. 是"民神同位"、天地相通,还是"民神异业""绝地天通"

对于上帝及天地山川的神灵,周人是确信其有、承认其存在的。为了说明神灵确实存在,冥冥之中掌握着人间的祸福,周人将神灵的存在视为古已有之的史实。如周王室内史过说:"或见神以兴,亦或以亡。昔夏之兴也,融(祝融,南方之神)降于崇山;其亡也,回禄(火神)信于聆隧。商之兴也,梼杌(鲧,神化为黄熊)次于丕山;其亡也,夷羊(神兽)在牧。周之兴也,鸑鷟(凤之别名,祥瑞之神鸟)鸣于岐山;其衰也,杜伯(杜伯之鬼)射王(周宣王)于鄗。是皆明神之志者也。"②神灵既然决定着国家的兴亡与人间的祸福,所以神灵的祭祀成为先王留下的祖制。内史过指出:"古者,先王既有天下,又崇立上帝、明神而敬事之。"③周襄王回顾说:"昔我先王之有天下也,规方千里……以供上帝山川百神之祀,以备百姓兆民之用……其余,以均分公、侯、伯、子、男,使各有宁宇,以顺及天地,无逢其灾害。先王岂有赖焉?内官不过九御,外官不过九品,足以供给神祇而已,岂敢厌纵其耳目心腹,以乱百度(各种法令制度)?"④

在肯定神灵存在的基础上,周代天子、诸侯、卿大夫、士、庶人对天地山川、日月星辰、宗庙祖先"群神"的祭祀非常虔诚恭敬。楚大夫观射父指出:"天子禘郊之事,必自射其牲,王后必自春其粢;诸侯宗庙之事,必自射牛、刲羊、击豕,夫人必自春其盛;况其下之人,其谁敢不战战兢兢,以事百神!天子亲舂禘郊之盛,王后亲缫其服,自公以下至于庶人,其谁敢不齐肃恭敬致力于神!民所以摄固(巩固)者也,若之何其舍之也!"⑤

在周代盛行的神灵祭祀中,由于受到幽王之乱的影响,春秋以后出现了民、神(神职人员)混同、天(神)地(民)相通的状况,导致民神互狎,神怨民怒,祸乱频发,国无宁日。对此,楚大夫观射父主张重回颛顼时期的重、黎之

---

① 本节以《〈国语〉的思想取向:"君子之行,唯道是从"》为题,发表于《湖北社会科学》2019年第10期。
② 《内史过论神》,《国语·周语上》。
③ 《内史过论晋惠公必无后》,《国语·周语上》。
④ 《襄王拒晋文公请隧》,《国语·周语中》。
⑤ 《观射父论祀牲》,《国语·楚语下》。

道,"绝地天通",分开民神,重新恢复"神"的权威和神职人员的神圣性。

问题是由楚昭王提出来的。楚昭王问观射父:"《周书》所谓'重、黎实使天地不通'者,何也?"如果不是这样,而是天地相通,"民将能登天乎"?

《尚书·周书》所谓"重、黎实使天地不通"者,见《周书·吕刑》。原文说颛顼:"乃命重、黎,绝地天通,罔有降格(升)"。颛顼此举,是针对少皞时代"民神杂糅"状况展开的改革。而在少皞之前的上古时代,情况恰恰是"天地不通"。

于是,观射父将古往今来天、地、民、神关系的历史演变分为三个阶段。第一个阶段是上古,特征是"民神不杂"、天地不通;第二个阶段是少皞末世,特点是"民神杂糅"、天地相通;第三个阶段是颛顼之后直至夏商周,整体特点是民神分离,"绝地天通"。

观射父的论述涉及四个主要概念:"地""天""民""神"。它们可分为两组:"天"与"神"一组,相互联系,因为"神"高高在上,与"天"一体;"地"与"民"一组,因为"民"生活于大地,与"地"密切相连。同时,"神"与神职人员巫觋、太祝、宗伯是二位一体的。观射父所谓的"民神不杂""民神杂糅"云云,"神"理解为神职人员,才讲得通。

观射父认为,在少皞之前的上古时代,"民神不杂","民神异业",各司其职,"民"不能"登天",只有"神"或"神"的代言人巫觋、太祝、宗伯才可以"登天"。所谓"民神不杂",是指上古时代普通民众与神职人员是界限分明、不相混淆的。神职人员不同于一般民众,他们是普通民众中道德高尚、聪明杰出的佼佼者,主要分为巫觋、太祝、宗伯三类。其中,"民之精爽不携贰者,而又能齐肃衷正,其智能上下比义,其圣能光远宣朗,其明能光照之,其聪能听彻之,如是则明神降之,在男曰觋,在女曰巫","使先圣之后之有光烈,而能知山川之号、高祖之主、宗庙之事、昭穆之世、齐敬之勤、礼节之宜、威仪之则、容貌之崇、忠信之质、禋洁之服,而敬恭明神者,以为之祝","使名姓之后,能知四时之生、牺牲之物、玉帛之类、采服之仪、彝器之量、次主之度、屏摄之位、坛场之所、上下之神、氏姓之出,而心率旧典者为之宗"。巫觋、太祝、宗伯这些神职人员专门负责祭神之礼,"制神之处(居)位次主,而为之牲器时(四时)服"。在这个基础上产生了"天、地、神、民、类物之官"[①],是谓"五官"。他们"各司其序,不相乱也"。"神"因此有降福于民的"明德","民"也因此有对神的"忠信"、敬畏与虔诚。"民神异业(事),敬而不渎。"所以,"神降之嘉生",福佑六畜百谷生长;"民以物享",芸芸众生又有充足的六畜百谷

---

① 韦昭注:类物谓别善恶、利器用之官。《国语》,韦昭注,明洁辑评,上海古籍出版社 2008 年版,第 263 页。

来祭享神灵,天人相和,"祸灾不至",丰衣足食,国泰民安①。

不过,到了黄帝之后少皞的衰落之世,南方出现了九黎部落的叛乱,"民神异业"的界限被打破,"民神杂糅,不可方(辨)物(名)";神职人员的神圣感销蚀殆尽,充当神职人员"无有要质",不再需要什么特殊的素质,"夫人作享,家为巫史",家家可为巫史,人人都可祭神;"烝享无度",对神灵的祭祀不再讲究什么法度。于是"民神同位",神因而失去了对百姓的"明德","神狎民则,不蠲(洁)其为";民也因此失去了对神灵的虔诚、敬畏与忠信,"民渎齐(同也)盟,无有严(敬也)威(畏也)"。因而,神不再降福以"嘉生",造成"无物以享"的后果,祭神的供品无以为继。对神灵的祭祀因而成为一件折磨人的痛苦之事。"民匮于祀,而不知其福。""祸灾荐(频)臻(至),莫尽其气(生机)。"②

颛顼继少皞君临天下后,为了改变这种状况,"乃命南正重司天以属神,命火正黎司地以属民,使复旧常,无相侵渎,是谓绝地天通"③。"重""黎"是颛顼时代大臣的人名。"南正",即阳位之长。"司天属神",即主管天神事务。"火"当为"北"。"火正",即阴位之长。"司地属民",即主管地民事务。"使复旧常",是说让分管天神事务的大臣"重"与分管地民事务的大臣"黎"恢复上古"民神不杂"的原有界限和传统秩序,使天与地、神职人员与普通民众之间不再相互侵犯、亵渎,重新确立天、神及神职人员的神圣地位,恢复民众对天、神及神职人员的忠信与敬畏。这种杜绝少皞世"民神同位"、地天相通的改革举措,称"绝地天通"。

从颛顼时代到周朝,天地、民神的关系总体上属于"民神异业""绝地天通"的状态,但经历过两次"民神同位"、天地相通的反扑。一次是颛顼死后,"三苗复九黎之德",三苗部落要回到九黎"民神杂糅"的做法上去。不过,这种做法受到了尧帝的阻击。"尧复育重、黎之后,不忘旧者,使复典之,以至于夏、商。"尧特别关照、培育的重、黎后代是羲氏、和氏。据《尚书·尧典》所记,尧"乃命羲和,钦若昊天,历象日月星辰,敬授民时"。孔安国传:"重、黎之后,羲氏、和氏,世掌天地四时之官。"马融说:"羲氏掌天官,和氏掌地官。"这种天官地官分离、民众与神职人员分离的状况一直延续到夏、商及周。周代掌管神灵祭祀的叫"宗伯",掌管土地民人事务的叫"司徒"。重、黎在周的后代,是"程伯休父"。程伯休父生活在西周末年宣王时期。这时,一方面,他"失其官守",即失去了世世代代掌管天地之分的官位和职守,另一方面官

---

① 《观射父论绝地天通》,《国语·楚语下》。
② 《观射父论绝地天通》,《国语·楚语下》。
③ 《观射父论绝地天通》,《国语·楚语下》。

至司马，执掌国家军队，平定叛乱，立下大功，周宣王许以官职为姓，遂成"司马氏"。他的后代为了"取威于民"，故意神化其祖先，杜撰出"重实上（动词，举也）天，黎实下（动词，抑也）地"，令天地不复相通的神话。所以观射父说："重、黎氏世叙（序）天地，而别其分主者也。"①重氏、黎氏后人世代掌管天神地民秩序，分别天、地、神、民的主次尊卑地位。

第二次是西周幽王、东周平王以来迄今，"遭世之乱"，民神同位、天地相通的情况又出现了，世道衰微，"莫之能御（止）"。否则，"天地成而不变，何比（近）之有？"②

不难看出，天地不相近、民神不同位，就能民神互敬，神享民足，"祸灾不至"，天下安康。因而，观射父对此大加肯定。而民神同位、天地相通则会民神互狎，"嘉生不降"，祸灾频发，战乱不绝。所以，观射父对此大加贬责。面对东周以来天、地、神、民杂糅的乱象，观射父主张重回重、黎之道，严天地之分、神民之别。这对于今人认识中国古代"天人合一"文化特色的复杂性，是一段不可忽视的参考。

2."道而得神，是谓逢福；淫而得神，是谓贪祸"

周代，神灵观念虽然像殷商那样栩栩如生地存在，但它的地位和作用却大不如从前。首先，欲求福利，仅有神灵的保佑还不行，还必须有民意的调和，所以必须民神并尊。晋大夫胥臣说周文王所以成为圣王，在于他"亿（安）宁百神，而柔和万民"③。周卿士祭公谋父指出："事神保民"，是周武王留下的宝贵传统④。周宣王卿士虢文公主张"媚于神而和于民"，反对"匮神乏祀而困民之财"⑤。周景王伶官州鸠提出"德音不愆，以合神人，神是以宁，民是以听"，反对君主做事"离民怒神"⑥。内史过指出："不禋于神而求福焉，神必祸之；不亲于民而求用焉，人必违之。"如果"民神怨痛，无所依怀"，则"明神不蠲而民有远志"。"离民怒神而求利焉，不亦难乎！"因此，他提出"民神无怨"的主张。具体做法是以"精意以享"为神之"禋"，以"慈

---

① 《观射父论绝地天通》，《国语·楚语下》。叙，同序。司马迁《太史公自序》："昔在颛顼，命南正重以司天，北正黎以司地。唐虞之际，绍重黎之后，使复典之，至于夏商，故重黎氏世序天地。"

② 《观射父论绝地天通》，《国语·楚语下》。按：本节对观射父论绝地天通的解释，参《国语》，韦昭注，明洁辑评，上海古籍出版社2008年版，第263页；薛安勤、王连生《国语译注》，吉林文史出版社1991年版。

③ 《胥臣论教诲之力》，《国语·晋语四》。

④ 《祭公谏穆王征犬戎》，《国语·周语上》。

⑤ 《虢文公谏宣王不籍千亩》，《国语·周语上》。

⑥ 《单穆公谏景王铸大钟》，《国语·周语下》。

保庶民"为民之"亲"①。越王勾践与范蠡商量报复吴国的时机,范蠡先是说"人事至矣,天未应也"②,"天地未形",其事"不成"③;后又说"天应至矣,人事未尽"④。这让越王很恼火,问范蠡:是"道固然乎",还是你"妄欺不谷邪"?范蠡说:"王姑勿怪。夫人事必与天地相参,然后乃可以成功。"⑤这就从原来的唯神论走向了神、人二元论,"人"或"民"具有了与"神"平起平坐的地位。

其次,神灵是英明的,但神灵的出现并不一定意味着降福,也可能降祸。内史过称之为"或见神以兴,亦或以亡"。到底是降福还是降祸,取决于人事的作为是否有德。对此,神灵看得很清楚,而且奖惩分明。君主有德,"故明神降之,观其政德而均布福焉";君主失德,"故神亦往焉,观其苛慝而降之祸"⑥。所以内史过将"神"称为"明神"。

再次,吉凶祸福由人的所作所为造成,君主只有"齐明、衷正、精洁、惠和,其德足以昭其馨香,其惠足以同其民人",才能"神飨而民听",带来"国之将兴"。反之,国君"贪冒、辟邪、淫佚、荒怠、粗秽、暴虐","其政腥臊","其刑矫诬",就会"馨香不登""百姓携贰",导致"国之将亡"⑦。

因而,君主对神灵的祭祀其实与对人民的尊重是一致的。祭祀的实质是尊人敬民。内史过指出:"祀,所以昭孝息民、抚国家、定百姓也。"⑧鲁大夫柳下惠强调:"夫祀,国之大节(制)也;而节,政之所成也。故慎制祀以为国典。""夫圣王之制祀也,法施于民则祀之,以死勤事则祀之,以劳定国则祀之,能御大灾则祀之,能扞大患则祀之。非是族也,不在祀典。"⑨圣王制定祭祀礼节的原则是:凡是以完善的法规治理人民的就祭祀他;凡是为国事操劳,至死不懈的就祭祀他;凡是有安定国家的功劳的就祭祀他;凡是抵御重大灾祸的就祭祀他。不属这几类的,不能列入祭祀的范围。于是,到了周代,所祭之神就从上帝或天神地祇向有功德于民的祖宗神灵方面转化。祭神实际上是祭祀人鬼、尊崇功德的仪式。柳下惠举历史上的例子说明:"昔

---

① 均见《内史过论神》,《国语·周语上》。
② 《范蠡谓人事至而天应未至》,《国语·越语下》。
③ 《范蠡谓先为之征其事不成》,《国语·越语下》。
④ 《范蠡谓人事与天地相参乃可以成功》,《国语·越语下》。
⑤ 《范蠡谓人事与天地相参乃可以成功》,《国语·越语下》。
⑥ 《内史过论神》,《国语·周语上》。
⑦ 《内史过论神》,《国语·周语上》。按:《国语》中《内史过论神》的记载要比《左传·庄公三十二年》的相关记载详细、丰富得多,更值得重视。
⑧ 《观射父论祀牲》,《国语·楚语下》。
⑨ 《展禽论祭爰居非政之宜》,《国语·鲁语上》。

烈山氏之有天下也,其子曰柱,能殖百谷百蔬;夏之兴也,周弃(周朝之祖弃)继之(柱之农功),故(后人)祀以为稷(谷神)。共工氏之伯九有(州)也,其子曰后土,能平九土,故后人祀以为社(土神)。黄帝能成命(名)百物,以明民共财。颛顼能修之。帝喾能序三辰(调顺时节,促进农业)以固(安)民。尧能单(尽)均刑法以仪(善)民。舜勤民事而野死。鲧鄣洪水而殛死。禹能以德修鲧之功。契(殷之祖)为司徒(尧之司徒)而民辑(和)。冥(契之六世孙,夏朝治水之官)勤其官而水死。汤以宽治民而除其邪。稷(周弃)勤百谷而山死(死于黑水之山)。文王以文(文德)昭。武王去民之秽(指纣王)。"因此,后人以禘祭、祖祭、郊祭、宗祭、报祭五种祭礼祭拜上述有功德的祖先神灵。"有虞氏禘黄帝而祖颛顼,郊尧而宗舜;夏后氏禘黄帝而祖颛顼,郊鲧而宗禹;商人禘舜而祖契,郊冥而宗汤;周人禘喾而郊稷,祖文王而宗武王。""幕(舜之后,虞思),能帅(循)颛顼者也,有虞氏报焉。杼(禹七世孙,即少康之子季杼),能帅(循)禹者也,夏后氏报焉。上甲微(契八世孙),能帅(循)契者也,商人报焉;高圉(后稷十世孙)、大王(高圉曾孙古公亶父),能帅稷者也,周人报焉。""凡禘、郊、祖、宗、报,此五者国之典祀也。"①

这样,周人就从对神灵的祭礼走向了对人事道德的崇尚与追求。

3. "君子之行,进退周旋,唯道是从"

重视道德,以德治国,是周代先王留下的一个传统。周穆王准备讨伐远方的犬戎,周朝的卿士祭公谋父以"先王耀德不观兵"谏之。后稷的后代、周人先王不窋在夏朝废除农官,"自窜于戎、翟(狄)之间"的困境中,"不敢怠业,时序其德,纂修其绪,修其训典,朝夕恪勤,守以敦,奉以忠信,奕世(累世)戴德,不忝前人"。到周武王手中,"昭前之光明,而加之以慈和,事神保民,莫不欣喜"。他讨伐商纣王时虽然动用过武力,但那是为民除害,不得已而为之。"商王帝辛,大恶于民,庶民弗忍,欣戴武王,以致戎于商牧。是先王非务武也,勤恤民隐,而除其害也。"在推翻商纣王的革命成功后便刀枪入库,偃武修文,以德君临天下。所以周公在《周颂·时迈》中赞颂武王说:"载戢干戈,载櫜(藏也,音郭)弓矢;我求懿德,肆(陈)于时(是)夏(华夏)。"可见:"先王之于民也,茂正其德,而厚其性;阜(大、盛多)其财求,而利其器用;明利害之乡(向),以文修之,使务利而避害,怀德而畏威,故能保(守)世以滋(益)大。"对于诸侯蛮夷,即便他们朝觐进贡有所怠慢,周王也不会诉诸兵戎,而是反思自己的不足,"增修于德",而不会"勤民于远",让民众到远方的

---

① 《展禽论祭爰居非政之宜》,《国语·鲁语上》。

蛮夷之地去打仗,"是以近无不听,远无不服"①。

周王君临天下,必须以德怀人。诸侯称霸,亦须以德为先。鲁襄公二十七年,诸侯在宋国签订停止战争的盟约。楚国令尹子木一再要求先歃血盟誓。晋大夫叔向对晋相赵文子说:"夫霸王之势,在德不在先歃。子若能以忠信赞君,而裨诸侯之阙,歃虽在后,诸侯将载之,何争于先?若违于德而以贿成事,今虽先歃,诸侯将弃之,何欲于先?……子务德无争先。务德,所以服楚也。"②于是赵文子就让楚国先歃血。叔向是春秋后期晋大夫中富有远见卓识的杰出思想家。《晋语》中关于他的记载最多。同样的贵德思想,在他与晋卿韩宣子的一段对话中也有鲜明的记载。一次叔向去见晋卿韩宣子,韩宣子正为自己有卿之名而无富之实感到发愁。与富有的卿大夫相比,他自惭形秽,颇有抱怨。叔向反而向他道贺。韩宣子困惑不解,叔向从正反两方面举例说明,君子忧德不忧贫。有了声名远播的美德,即使没有大片良田、完备的礼器,诸侯也可亲近,戎狄也可归附,有难还可幸免,如晋卿栾武子。作恶多端,失去了德行,即使富可敌国,也可能身死族灭,如晋卿郤昭子。"夫八郤,五大夫三卿,其宠大矣,一朝而灭,莫之哀也,唯无德也。"八个姓郤的当中,有五个做大夫,三个做卿,不可一世,但最后都被灭掉了,连一个同情的人都没有。"今吾子有栾武子之贫,吾以为能其德矣,是以贺。"如今你虽有栾武子般的清贫,但我以为也能达到他那样的道德境界,所以后福不浅,向你道贺。"若不忧德之不建,而患货之不足,将吊不暇,何贺之有?"③如果你现在不致力于道德建树,而只为财富的多寡操心,我恐怕哀悼还来不及,还有什么可以道贺的呢?一番话说得韩宣子茅塞顿开,稽首下拜。

类似的思想也出自晋大夫窦犨之口。晋卿赵简子曾经感叹:不少动物都能发生变化,"唯人不能,哀夫!"窦犨进言说:人不是没有变化。如果无德,就会从贵族变为庶民。"夫范、中行氏不恤庶(众)难,欲擅晋国,今其子孙将耕于齐。宗庙之牺为畎亩之勤,人之化也,何日之有!"由此他告诫说:"君子哀无人,不哀无贿;哀无德,不哀无宠;哀名之不令,不哀年之不登。"④

于是,美德,是称霸天下的根本。内史兴论晋文公必霸,单襄公论晋周将成为晋君,依据的都是有美德。晋文公即位时,接待过周天子的使臣内史兴。晋文公知礼、遵礼,给内史兴留下了深刻印象。内史兴回到王室后向周襄王禀报:"晋不可不善也,其君必霸。逆(接受)王命敬,奉礼义成。敬王

---

① 《祭公谏穆王征犬戎》,《国语·周语上》。
② 《叔向论务德无争先》,《国语·晋语八》。
③ 《叔向论忧德不忧贫》,《国语·晋语八》。
④ 《窦犨论君子哀无人》,《国语·晋语九》。

命,顺之道也;成礼义,德之则也。则德以导诸侯,诸侯必归之。且礼所以观忠、信、仁、义也……臣入晋境,四者不失,臣故曰晋侯其能礼矣,王其善之。树于有礼,艾(报答)人必丰。"周襄王采纳了内史兴的建议。襄王二十一年,晋文公主持践土之盟,成为诸侯霸主①。晋悼公晋周即位前,一直寄居在周王室,事奉周卿士单襄公。他在事奉单襄公的若干年中,"立无跛,视无还,听无耸,言无远;言敬必及天,言忠必及意,言信必及身,言仁必及人,言义必及利,言智必及事,言勇必及制,言教必及辩,言孝必及神,言惠必及和,言让必及敌(对手);晋国有忧未尝不戚,有庆未尝不怡"。单襄公生病时,吩咐儿子说:"必善晋周,将得晋国。其行也文,能文则得天地。……夫敬,文之恭也;忠,文之实也;信,文之孚也;仁,文之爱也;义,文之制也;智,文之舆也;勇,文之帅也;教,文之施也;孝,文之本也;惠,文之慈也;让,文之材也。象天能敬,帅意能忠,思身能信,爱人能仁,利制能义,事建能智,帅义能勇,施辩能教,昭神能孝,慈和能惠,推敌能让。此十一者,夫子皆有焉。""且夫立无跛,正也;视无还,端也;听无耸,成也;言无远,慎也。夫正,德之道也;端,德之信也;成,德之终也;慎,德之守也。守终纯固,道正事信,明令德矣。慎成端正,德之相也。为晋休戚,不背本也。"综上所述,单襄公断言:"被文相德,非国何取!"后来,晋厉公被杀,晋周被召回国,果然被拥立为君,即晋悼公②。

相反,君主如果无德,就会失去天下;大夫如果无德,就会引来杀身之祸。先看单襄公对被晋周取代的晋厉公和被叔向作为反面案例列举的郤氏兄弟的评论。在郑国柯陵举行的诸侯盟会上,单襄公见晋厉公"视远步高",晋郤锜"语犯",郤犨"语迂",郤至"语伐",认为他们未来的命运不会好。适逢鲁成公会见单襄公,谈到晋对鲁的责备以及郤犨在晋侯面前诬陷自己的事,感到忧心忡忡。单襄公安慰他说:"君何患焉!晋将有乱,其君与三郤其当之乎!"鲁成公特别关心:这个"将有乱",是"天道"造成的,还是"人故"造成的? 单襄公说:"吾非瞽、史,焉知天道?"他明确否定了"天道"的原因,而是从"人故"方面分析:"吾见晋君之容而听三郤之语矣,殆必祸者也。"他先分析晋厉公"必祸"的原因。"夫君子目以定体,足以从之,是以观其容而知其心矣。目以处义,足以步目。今晋侯视远而足高,目不在体而足不步目,其心必异矣。目体不相从,何以能久? 夫合诸侯,民之大事也,于是乎观存亡。故国将无咎,其君在会(盟会),步言视听,必皆无谪(毛病),则可以知德

---

① 《内史兴论晋文公必霸》,《国语·周语上》。
② 《单襄公论晋周将得晋国》,《国语·周语下》。

矣。视远，日绝其义；足高，日弃其德；言爽，日反其信；听淫，日离其名。夫目以处义，足以践德，口以庇信，耳以听名者也，故不可不慎也。偏丧（部分丧失）有咎，既丧（全部丧失）则国从之。晋侯爽二（视、步两样有差失），吾是以云。"其次分析郤氏兄弟"必祸"的原因："夫郤氏，晋之宠人也，三卿而五大夫，可以戒惧矣。……今郤伯之语犯、叔迂、季伐。犯则陵人，迂则诬人，伐则掩人，有是宠也，而益之以三怨，其谁能忍之！"事情的发展果然不出单襄公所料。周简王"十三年，晋侯弑"，"十二年，晋杀三郤"①。

无独有偶。春秋时期的晋惠公是一个有名的昏君。周朝大夫内史过从他不守礼法的行为中推断他"必无后"，结果也应验。周襄王派邵公过与内史过向晋惠公颁赐任命，晋惠公把礼器拿得很低，跪拜时头不触地，吕甥、郤芮随从晋惠公行礼时也不恭敬。内史过回来，把这件事告诉周襄王说："晋不亡，其君必无后，且吕、郤将不免。"王曰："何故？"对曰："长众使民，不可不慎也。民之所急在大事，先王知大事之必以众济也，是故祓除其心以和惠民，考中度衷以莅之，昭明物则以训之，制义庶孚以行之。祓除其心，精也；考中度衷，忠也；昭明物则，礼也；制义庶孚，信也。然则长众使民之道，非精不和，非忠不立，非礼不顺，非信不行。今晋侯即位而背外内之赂，虐其处者，弃其信也；不敬王命，弃其礼也；施其所恶，弃其忠也；以恶实心，弃其精也。四者皆弃，则远不至而近不和矣，将何以守国？……况可以淫纵其身乎？""夫执玉卑，替（废）其贽（聘享的礼物）也；拜不稽首，诬其王也。替贽无镇（自重），诬王无民。……晋侯诬王，人亦将诬之；欲替其镇，人亦将替之。大臣（吕甥、郤芮）享其禄，弗谏而阿之，亦必及焉。"周襄王三年，晋惠公即位，襄王八年，在秦晋韩原之战中被秦军俘虏。襄王十六年，晋人杀了他的儿子晋怀公，而晋怀公没有后代。晋惠公的两位宠臣吕甥和郤芮也被秦人杀死②。

总之，有德就有福，无德就有祸。因此，"君子之行，欲其道也。故进退周旋，唯道是从"③。

4. 君德以利民为本，反对损民以自利

周人所一再肯定、强调的"道""德"，内涵是什么呢？

是爱人、利人，还是爱己、利己，是衡量道德的根本标准。晋大夫赵衰引

---

① 《单襄公论晋将有乱》，《国语·周语下》。
② 《内史过论晋惠公必无后》，《国语·周语上》。
③ 《左史倚相儆司马子期唯道是从》，《国语·楚语上》。

《礼志》的话说:"将有请于人,必先有人焉。欲人之爱己也,必先爱人。欲人之从己也,必先从人。无德于人,而求用于人,罪也。"①对于君主来说,其最大的道德就是利民,也就是"仁"。《国语》之《周语下》:"爱人能仁。"《周语中》:"仁,所以保民也。"《晋语一》:"为仁者,亲爱之谓仁。""为国者,利国之谓仁。"《晋语三》:"杀无道而就有道,仁也。"《楚语上》:"明慈爱以导之仁。"于是,反对君主亏民以自利,成为《国语》反复重申的一个主题。

荣夷公是善于为周厉王理财的大夫。他理财的方法是与民争利,对山林川泽的物产实行"专利",由官府直接控制,不准平民进山林川泽谋生。周厉王很高兴,打算提拔荣夷公为卿士,担任周朝的执政官。周大夫芮良夫进言说:君王的职责是施利于上下神人,他最应担心、防范的是神怨人怒,"夫王人者,将导利而布之上下者也,使神人百物无不得其极,而犹日怵惕惧怨之来也"。实行朝廷专利,搜刮民脂民膏,会激起民怨沸腾,潜藏着巨大危险:"王室其将卑乎!夫荣公好专利而不知大难。夫利,百物之所生也,天地之所载也,而或专之,其害多矣。天地百物,皆将取焉,胡可专也?所怒甚多,而不备大难,以是教王,王能久乎?……今王学专利,其可乎?"芮良夫甚至说:"匹夫专利,犹谓之'盗',王而行之,其归(归附者)鲜矣。荣公若用,周必败。"但是周厉王并未听取芮良夫的意见,仍然提拔荣夷公为卿士。最终,诸侯离心离德,周厉王被流放②。

周厉王之后,周宣王继位。他即位后,废除了天子带头农耕之礼。周文王弟弟虢叔的后代、周宣王的卿士虢文公进言说:"不可。"他的理由是:"夫民之大事在农,上帝之粢盛于是乎出,民之蕃庶于是乎生,事之供给于是乎在,和协辑睦于是乎兴,财用蕃殖于是乎始,敦庞纯固于是乎成",所以,古时候农官是地位很高的大官,君王"唯农是务,无有求利于其官以干农功,三时务农而一时讲武,故征则有威、守则有财"。只有这样,才能"媚于神而和于民","享祀时至而布施优裕"。"今天子欲修先王之绪而弃其大功(指天子亲耕、带头务农),匮神乏祀而困民之财,将何以求福用民?"但是,宣王没有采纳他的建议,结果也不妙。"三十九年,战于千亩,王师败绩于姜氏之戎。"③

到了东周,周天子逐渐被架空,诸侯朝觐周天子之礼日趋荒废,周王室财政日见窘迫。春秋后期周景王在位时,朝廷财政是如此困难,连器皿都要向诸侯国乞讨。在这种状况下,周景王仍然坚持奢靡的追求。造大钟、铸大

---

① 《重耳婚媾怀嬴》,《国语·晋语四》。
② 《芮良夫论荣夷公专利》,《国语·周语上》。
③ 《虢文公谏宣王不籍千亩》,《国语·周语上》。

钱就是两个著名的案例。不过他的卿士单穆公并没有顺着他。单穆公不断给他提意见。"景王二十一年，将铸大钱。""大钱"即下文的"重币""母钱"，面额大，费料多。单穆公说："不可。古者，天灾降戾，于是乎量资币，权轻重，以振救民。民患轻，则为作重币以行之，于是乎有母权子而行，民皆得焉。若不堪重，则多作轻而行之，亦不废重，于是有子权母而行，小大利之。今王废轻而作重，民失其资，能无匮乎？若匮，王将有所乏，乏将厚取于民。民不给，将有远志（逃往远方的想法），是离民也。且夫备有未至而设之，有至而后救之，是不相人（混淆）也。可先而不备，谓之怠；可后而先之，谓之召灾。周固羸国也①，天未厌祸焉，而又离民以佐灾，无乃不可乎？将民之与处而离之，将灾是备御而召之，则何以经国？国无经，何以出令？""且绝民用以实王府，犹塞川原而为潢污（水池）也，其竭也无日矣。若民离而财匮，灾至而备亡，王其若之何？吾周官之于灾备也，其所怠弃者多矣。而又夺之资，以益其灾，是去其藏而翳（弃）其人也。王其图之！"但周景王并未接受这个建议，继续铸大钱②。两年后，又准备铸"无射""有林"这样的大钟。单穆公又进言说："不可。作重币以绝民资，又铸大钟以鲜其继。若积聚既丧，又鲜其继，生何以殖？且夫钟不过以动耳，若无射有林，耳弗及也……是故先王之制钟也，大不出钧，重不过石，律度量衡于是乎生，小大器用于是乎出，故圣人慎之。今王作钟也，听之弗及，比之不度，钟声不可以知和，制度不可以出节，无益于乐，而鲜民财，将焉用之！"周景王听不进去，又向伶官州鸠咨询，希望得到他的支持。州鸠也没有顺着他说话，而是提出了与单穆公一致的批评意见："细过其主妨于正，用物过度妨于财，正害财匮妨于乐。""若夫匮财用，罢民力，以逞淫心，听之不和，比之不度，无益于教，而离民怒神，非臣所闻也。"然而景王仍然不听，"卒铸大钟"。一年后，钟成，景王洋洋自得地告诉州鸠：大钟的声音很美，"钟果和矣"。但州鸠并不认同："未可知也。……上作器，民备乐之，则为和。今财亡民罢（疲），莫不怨恨，臣不知其和也。且民所曹（群）好，鲜其不济也；其所曹恶，鲜其不废也。"州鸠还连同三年之前铸大钱的事一起批评："三年之中，而害金再兴焉，惧一之废也。"景王骂他："尔老耄矣，何知？"一年后，"王崩，钟不和"③。

  同样的事例也发生在楚国。与周景王同时的楚灵王是春秋后期以穷奢极欲著称的暴君。他大兴土木，建造章华之台。台榭完工后，与大夫伍举一

---

  ① 这是指东周以后的状况。东周以后，周王室名存实亡，周已从当初统治若干诸侯国的王朝缩小、降格为一个虚弱的国家。周景王在位时，朝廷财政已相当困难。
  ② 《单穆公谏景王铸大钱》，《国语·周语下》。
  ③ 《单穆公谏景王铸大钟》，《国语·周语下》。

道参观,赞叹说:"台美夫!"伍举提出了不同意见:"夫美也者,上下、内外、小大、远近皆无害焉,故曰美。若于目观则美,缩于财用则匮,是聚民利以自封而瘠民也,胡美之为?""臣闻国君服宠(穿天子因国君贤明而奖赐的宠服,指贤明)以为美,安民以为乐,听德以为聪,致远以为明;不闻其以土木之崇高、彤镂为美,而以金石匏竹之昌大、嚣庶为乐,不闻其以观大、视侈、淫色以为明。""夫君国者,将民之与处;民实瘠矣,君安得肥?且夫私欲弘侈,则德义鲜少;德义不行,则迩者骚离而远者距违。天子之……有美名也,唯其施令德于远近,而小大安之也。若敛民利以成其私欲,使民蒿(耗其财力)焉望其安乐,而有远心,其为恶也甚矣,安用目观?""夫为台榭,将以教民利也,不知其以匮之也。若君谓此台美而为之正,楚其殆矣!"①公元前529年,不堪重负的楚国臣民推翻了楚灵王的统治,灵王众叛亲离,被迫逃亡,最后吊死在郊外。

君奢则民薄,君俭则民厚。因此,俭朴,是以民利为本的君德的一个重要标志。周人强调,不仅君主应当俭朴,大臣也应当俭朴。周定王的卿士刘康公到鲁国访问,发现鲁国官员有的奢侈,有的俭朴,回来后对周定公有一段评论:"俭所以足用也。""以俭足用则远于忧。""人臣而侈,国家弗堪,亡之道也。"②晋大夫叔向访问周王室,发现周王的卿士单靖公敬俭让咨,便大加赞誉,认为单靖公可给周朝带来中兴。他说:"动莫若敬,居莫若俭,德莫若让,事莫若咨。"单靖公待我之礼,这四端都有了。"夫宫室不崇,器无彤镂,俭也;身耸除洁,外内齐给,敬也;宴好享赐,不逾其上,让也;宾之礼事,放上而动,咨也。""居俭动敬,德让事咨","以为卿佐,其有不兴乎!"③

5. 任贤、举贤、让贤与尚信

"贤"是《国语》中另一个出现频率很高的概念。"贤",不仅指善良,也指有才能。前者如《周礼·太宰》"三曰进贤"郑玄注:"有善行也。"《庄子·徐无鬼》:"以财分人谓贤。"《吕氏春秋·察今》:"非不贤也。"后者如许慎《说文解字》:"贤,多才也。"综合二义,"贤"指有才德的人。

周代的尚德,突出体现为君主尚贤任贤,量才授官。晋悼公与司马侯一起登上高台眺望,情不自禁地感叹:"乐夫!"司马侯说:诚然有居高临下的

---

① 《伍举论台美而楚殆》,《国语·楚语上》。
② 《刘康公论鲁大夫俭与侈》,《国语·周语中》。
③ 《晋羊舌肸聘周论单靖公敬俭让咨》,《国语·周语下》。

观景快乐,但"德义之乐则未也"。晋悼公问:"何谓德义?"司马侯说:"诸侯之为,日在君侧,以其善行,以其恶戒,可谓德义矣。"悼公问:"孰能?"司马侯推荐:"羊舌肸习于《春秋》。"于是悼公就召见叔向,让他做太子彪的师傅①。

有了君主的尚贤、任贤,就有了臣子的举贤与让贤。周人的举贤,崇尚出以公心、光明磊落,传诵着不避亲、不避仇的佳话。这方面最典型的例子是祁奚荐贤。关于这个故事,《左传·襄公三年》曾有一段完整的记载:"祁奚请老,晋侯问嗣焉,称解狐,其仇也。将立之而卒。又问焉,对曰:'午也可。'于是羊舌职死矣,晋侯曰:'孰可以代之?'对曰:'赤也可。'于是使祁午为中军尉,羊舌赤佐之。君子谓祁奚于是能举善矣。称其仇,不为谄;立其子,不为比;举其偏,不为党。《商书》曰:'无偏无党,王道荡荡。'其祁奚之谓矣。解狐得举,祁午得位,伯华得官;建一官而三物成,能举善也。夫为善,故能举其类。"《晋语七》则详细叙述了祁奚向晋悼公举荐自己的儿子祁午接替自己任职的片段。"祁奚辞于军尉,公问焉,曰:'孰可?'对曰:'臣之子午可。……午之少也,婉以从令,游有乡,处有所,好学而不戏。其壮也,强志而用命,守业而不淫。其冠也,和安而好敬,柔惠小物,而镇定大事,有直质而无流心,非义不变,非上不举。若临大事,其可以贤于臣。臣请荐所能择,而君比义(宜)焉。'"于是晋悼公委任祁午为军尉。一直到晋平公死,军队中没有出现过错误的政令②。

祁奚举仇为官的事,《晋语》没有写,但却写了晋大夫臼季举荐晋文公仇人之后的故事,也颇有传奇色彩。臼季奉命出使,在冀邑郊外住了一宿。这天他看到冀缺在田中锄草,妻子给他送饭来,夫妻相敬如宾。"夫敬,德之恪也。恪于德以临事,其何不济!"臼季觉得他是个难得的贤才,一上去打听,才知道他就是冀芮的儿子,而冀芮恰恰是当今晋国君主晋文公的仇人。但他还是把冀缺带回到国都,向晋文公举荐为官。文公曰:"其父有罪,可乎?"臼季答:"国之良也,灭其前恶,是故舜之刑也殛鲧,其举也兴禹。今君之所闻也,齐桓公亲举管敬子,其贼也。"最后,晋文公亲自接见了冀缺,任命他为下军大夫③。

臼季引用的齐桓公亲举仇人管仲任齐相的故事,《国语·齐语》中有生动的记载。管仲与鲍叔牙原来是一对好朋友。齐君死后,公子诸儿当上了国君,是为齐襄公。不过他每天沉迷于享乐,二人预感齐国会发生内乱,管

---

① 《司马侯荐叔向》,《国语·晋语七》。
② 《祁奚荐子午以自代》,《国语·晋语七》。
③ 《臼季举冀缺》,《国语·晋语五》。

仲便带着公子纠逃到鲁国,鲍叔牙则带着公子小白逃到莒国。不久,齐襄公被人杀死,齐国发生了内乱。管仲想杀掉小白,让纠能顺利当上国君,遗憾的是管仲在暗算小白的时候,把箭射偏了,只射到小白的腰带,小白幸免一死。后来,鲍叔牙和小白抢先回到齐国,小白就当上了齐国的国君,即齐桓公。即位后,齐桓公打算封鲍叔牙为宰相,鲍叔牙却对桓公说:"臣,君之庸臣也。君加惠于臣,使不冻馁,则是君之赐也。若必治国家者,则非臣之所能也。若必治国家者,则其管夷吾乎。臣之所不若夷吾者五:宽惠柔民,弗若也;治国家不失其柄,弗若也;忠信可结于百姓,弗若也;制礼义可法于四方,弗若也;执枹鼓立于军门,使百姓皆加勇焉,弗若也。"桓公说:"夫管夷吾射寡人中钩,是以滨于死。"你难道忘了吗?鲍叔牙回答说:"夫为其君动也。君若宥而反之,失犹是也。"不过这时,管仲被扣在鲁国。鲍叔牙设计让人将管仲带回齐国。"桓公亲逆之于郊,而与之坐而问焉。"[①]最后,齐桓公在管仲的辅佐下成为春秋第一霸主,管仲也成为功劳卓著的春秋第一相。

《齐语》中的这个故事既反映了齐桓公能够不计旧恶用贤进贤,又反映了鲍叔牙能够胸怀坦荡让贤荐贤。而让贤的例子,《国语》中记载很多。赵衰是跟随晋文公流亡多年、辅佐晋文公回国夺取君位的重要功臣,后辅佐晋文公成为春秋第二霸主,居功至伟,颇受文公倚重。但他从不争权夺利,不计较个人地位,而是一再让贤荐贤。《国语·晋语四》记载,晋文公问他谁可以担任元帅,他举荐郤縠;让他担任卿士,他又推荐栾枝、先轸和胥臣。后来上军帅狐毛去世,晋文公让他继任,他又推荐先且居。晋文公称赞他的让贤为"不失德义",每次都让给社稷之臣,利于晋国。

> 文公问元帅于赵衰,对曰:"郤縠可,行年五十矣,守学弥惇。夫先王之法志,德义之府也。夫德义,生民之本也。能惇笃者,不忘百姓也。请使郤縠。"公从之。
>
> 公使赵衰为卿,辞曰:"栾枝贞慎,先轸有谋,胥臣多闻,皆可以为辅佐,臣弗若也。"乃使栾枝将下军,先轸佐之。取五鹿,先轸之谋也。郤縠卒,使先轸代之。胥臣佐下军。
>
> 公使原季(即赵衰)为卿,辞曰:"夫三德者,偃之出也。以德纪民,其章大矣,不可废也。"使狐偃为卿,辞曰:"毛(狐偃之兄)之智,贤于臣,其齿(年齿)又长。毛也不在位,不敢闻命。"乃使狐毛将上军,狐偃佐之。

[①] 《管仲对桓公以霸术》,《国语·齐语》。

狐毛卒,使赵衰代之,辞曰:"城濮之役,先且居之佐军也善,军伐有赏,善君有赏,能其官有赏。且居有三赏,不可废也。且臣之伦,箕郑、胥婴、先都在。"乃使先且居将上军。

赵衰一再让贤,晋文公很感动:"赵衰三让。其所让,皆社稷之卫也。废让,是废德也。"于是,文公在清原地方举行阅兵,把原来的三军扩充为五军,任命赵衰担任五军之一的新上军统帅。狐偃死后,先且居请求文公委派上军副帅。文公说:"夫赵衰三让不失义。让,推贤也。义,广德也。德广贤至,又何患矣。请令衰也从子。"于是,晋文公便派赵衰担任上军的副帅①。

有了这样一个传统,晋国让贤蔚成风气。晋悼公时,任命张老为卿,张老辞谢说:"臣不如魏绛。夫绛之智能治大官,其仁可以利公室不忘,其勇不疚于刑,其学不废先人之职。若在卿位,外内必平。且鸡丘之会,其官不犯而辞顺,不可不赏也。"悼公五次任命张老为卿,他都坚决推辞,于是让他任中军司马,命魏绛为新军副帅②。晋定公时,少室周为晋国重臣赵简子驾车,虽不是什么显要的官职,但也是非常让人羡慕的职位。他听说牛谈力气很大,便比试了一番,结果并未获胜。他觉得牛谈为赵简子驾车比自己更合适,于是将车右的职位主动让给牛谈。赵简子对此很赞赏,便安排少室周为家里总管,说:"知贤而让,可以训矣。"③

《国语》中反映较多的另一个道德范畴是"忠信"。鲁襄公二十七年,晋、楚和其他诸侯国为了停止攻杀,在宋国举行会盟,楚国令尹子木想借机偷袭晋军,杀掉晋卿赵武,削弱晋国。赵武听说这个消息后问叔向怎么办,叔向回答说:"忠不可暴,信不可犯。"忠诚出自内心,信义出于自身,"其为德也深矣,其为本也固矣",所以是不可动摇的。现在我们忠心为诸侯作打算,用守信义去证明我们的忠诚,楚国"若袭我,是自背其信而塞其忠也。信反必毙,忠塞无用,安能害我"?④

"春秋时代没有'忠臣不事二主'的'忠君'观念。"⑤所以,在"忠信"中,这个时期的人们对"信"更加重视。晋文公所以成为春秋第二霸主,与他对"信"的崇尚很有关系。一次晋国发生饥荒,晋文公问大夫箕郑:"救饥何以?"箕郑说:"信。"晋文公问:"安信?"箕郑说:"信于君心,信于名,信于令,

---

① 《文公任贤与赵衰举贤》,《国语·晋语四》。
② 《悼公使魏绛佐新军》,《国语·晋语七》。
③ 《少室周知贤而让》,《国语·晋语九》。
④ 《叔向论忠信而本固》,《国语·晋语八》。
⑤ 张岂之主编:《中国思想史》,西北大学出版社1989年版,第23页。

信于事。""信于君心,则美恶不逾;信于名,则上下不干;信于令,则时无废功;信于事,则民从事有业。于是乎民知君心,贫而不惧,藏出如入,何匮之有?"①国君之心讲信用,那善恶就不会混淆;尊卑名分上讲信用,那上下就不会侵犯;实施政令讲信用,那就不会误时废功;安排民事讲信用,那百姓从业就各得其所。这样一来,百姓了解国君的心,即使贫困也不害怕,富裕的拿出收藏的财物用来赈济,如同往自己家里送一样,那又怎么会穷困匮乏呢?又一次,晋文公攻打原邑,命令士兵各带三天的粮食。过了三天,原邑仍未投降。晋文公就下令军队撤离。谍报人员禀报:"原邑支撑不了一两天了!"军吏把这情况报告晋文公,让他考虑是否让军队再坚持一会。晋文公说:"得原而失信,何以使人?夫信,民之所庇也,不可失也。"②如果夺得了原邑,却在士兵中失了信用,今后还凭什么指挥军队?守信用是百姓所依赖的东西,不可失去。于是还是坚持撤离了原邑。耐人寻味的是,还没走远,原邑就主动投降了。

6. 良臣的职责与革命的权利

春秋时期不仅反对死守"忠臣不事二主"的"忠君"观念,也不流行"愚忠"概念。"臣忠"的前提是"君仁",所谓"君仁臣忠"。二者是相辅相成,互为因果的。如果君主有失德之处,良臣就有当谏臣的规讽责任。晋国大夫史黯辩论什么是"良臣":"夫事君者,谏过而赏善,荐可而替否,献能而进贤,择材而荐之,朝夕诵善败而纳之(早晚讲述善恶成败的事迹给君主听)。道之以文,行之以顺,勤之以力,致之以死,听则进,否则退。"③

臣民有讽谏君主的责任。然而对于臣民的讽谏,专制君主是不能容忍的,必欲想方设法加以禁锢。比如西周末期的厉王就是典型的例子。他找来卫地的巫师,派他们暗中监视批评天子的人,发现一个杀掉一个,从此再没有哪个国人敢说话,路上遇见只能侧目而视。厉王洋洋得意,对卿士邵公说:"吾能弭谤矣,乃不敢言。"邵公告诫他:"是障之也。防民之口,甚于防川。川壅而溃,伤人必多。民亦如之。"接着邵公提出"为民者宣之使言"的主张,发表了一段为臣民伸张讽谏权利的名言:"为川者决之使导,为民者宣之使言。故天子听政,使公卿至于列士献诗,瞽献曲,史献书,师箴,瞍赋,矇诵,百工谏,庶人传语,近臣尽规,亲戚补察,瞽、史教诲,耆、艾修之,而后王

---

① 《箕郑对文公问》,《国语·晋语四》。
② 《文公伐原》,《国语·晋语四》。
③ 《史黯论良臣》,《国语·晋语九》。

斟酌焉,是以事行而不悖。民之有口,犹土之有山川也,财用于是乎出;犹原隰之有衍沃也,衣食于是乎生。口之宣言也,善败于是乎兴。行善而备败,其所以阜财用衣食者也。夫民虑之于心而宣之于口,成而行之,胡可壅也?若壅其口,其与能几何?"①

如果说邵公、史黯所说的"良臣"对君主的失德行为的劝谏是口头上的,鲁大夫里革对鲁君不仁之举的阻止则是直接诉诸行动。夏天,鲁宣公把渔网投入泗水深处捕鱼,里革干脆割断他的渔网,将渔网扔掉,并批评鲁宣公说:古时候大寒到来,水中的鱼类养大时,掌管湖泽的官才考虑使用渔网和竹笼,去捕捉鱼鳖等水产;这个时节让国人捕鱼,是为了帮助地下的阳气宣泄出来。而鸟产卵、兽怀胎、小鱼成长时,便禁止使用网捕捉鸟兽,这是为了帮助鸟兽的生长。小鱼要放养,等它们长大后再取用,正如上山砍柴不能伐掉树苗,岸边割草不能割取嫩草,捕兽时要留下小鹿和小麇,捕鸟时要保护雏鸟和鸟卵,捕虫时要避免伤害幼虫。这些都是为了保护万物生长繁殖。这是自古以来的教导。"今鱼方别孕,不教鱼长,又行网罟,贪无艺(限度)也。"鲁宣公不但没有发怒,反而对他褒奖有加,称道里革好比是一张防止自己犯错的良网:"吾过而里革匡我,不亦善乎!是良罟也。"他吩咐人把渔网保存起来,以便永远提醒他不忘这个教训②。

就是这个里革,胆子大到发现君主书信有错误之处,不惜以杀头的风险私改书信的地步。"莒太子仆弑纪公,以其宝来奔。宣公使仆人以书命季文子曰:'夫莒太子不惮以吾故杀其君,而以其宝来,其爱我甚矣。为我予之邑。今日必授,无逆命矣。'里革遇之而更其书曰:'夫莒太子杀其君而窃其宝来,不识穷固又求自迩(意识不到自己已陷穷途末路,还想来和我套近乎),为我流之于夷。今日必通,无逆命矣。'明日,有司复命,公诘之,仆人以里革对。公执之,曰:'违君命者,女亦闻之乎?'对曰:'臣以死奋笔,奚啻闻之也!臣闻之曰:毁则者为贼,掩贼者为藏,窃宝者为宄,用宄之财者为奸。使君为藏奸者,不可不去也。臣违君命者,亦不可不杀也。'"鲁宣公是个知错就改、能够容谏的仁君。听里革一席话,幡然醒悟:"寡人实贪,非子之罪。"于是又一次赦免了里革③。

鲁宣公之后,鲁成公继位。一次边人报告:晋厉公被大臣杀了。鲁成公便拿这件事在大臣中讨论,希望他们引以为戒:"臣杀其君,谁之过也?"其

---

① 《邵公谏厉王弭谤》,《国语·周语上》。
② 《里革断宣公罟而弃之》,《国语·鲁语上》。
③ 《里革更书逐莒太子仆》,《国语·鲁语上》。

他大臣相对无语,还是那个里革直言不讳:"君之过也。夫君人者,其威大矣。失威而至于杀,其过多矣。且夫君也者,将牧民而正其邪者也。若君纵私回而弃民事,民旁有慝,无由省之,益邪多矣。若以邪临民,陷而不振,用善不肯专,则不能使。至于珍灭而莫之恤也,将安用之?""夫君也者,民之川泽也,行而从之,美恶皆君之由,民何能为焉?"晋厉公遭杀,过不在于臣,而在其自身。作为一国之君,他非但没有做好榜样,反而"以邪临民","纵私回而弃民事"。他"失威而至于杀",正如"桀奔南巢""纣踣于京""厉流于彘""幽灭于戏"一样,属于咎由自取。应当从这件事中吸取教训的不是大臣而是国君。① 里革在这里强调和重申的是臣民对于暴君的革命权。《晋语三》还记有秦公子縶的话:"杀无道而就有道,仁也。"这些与《尚书》《易传》《左传》中所肯定的"诛无道"的"革命"思想是相通的,可相互参看。

二、《左传》:"吉凶由人"、先民后神

《左传》,又称《左氏春秋》②《春秋左氏传》③《春秋左传》④,相传是春秋末年鲁国史官左丘明根据鲁国国史《春秋》编成的。

理解《左传》是怎样一部书,有这么几个重要问题需搞清楚。

一是《左传》与《春秋》的关系。《春秋左传》,顾名思义,是左氏为《春秋》作传。古往今来,这种观点是主流。这方面古代著名的代表人物,有司马迁、班固、刘歆、郑众、贾逵、桓谭、杜预、孔颖达,近代的有章太炎、刘师培,当代的有杨伯峻。不过值得说明的是,从西汉起,也有一种观点,否认《左传》是为《春秋》作传的解经之作,而认为它是独立的史书,与《春秋》不存在依附关系,但学界一般不予采信。事实上,《左传》是一部"以《春秋》为纲、并仿照它的体例编成的编年史"⑤。

二是《春秋》是怎样一部书。《春秋》是鲁国的编年史,相传经过孔子修订,所谓"仲尼厄而作春秋"⑥"世道衰微……孔子惧,作《春秋》"⑦。记载了

---

① 《里革论君之过》,《国语·鲁语上》。
② 司马迁《史记·十二诸侯年表序》称为《左氏春秋》。
③ 班固《汉书》有《左氏春秋》《春秋左氏传》并称的情况,分别见《河间献王传》《楚元王交传·附刘歆传》。
④ 《十三经注疏》所收晋杜预注、唐孔颖达正义的《左传》,称《春秋左传》。
⑤ 郭丹等译注:《左传》前言,中华书局 2012 年版,第 7 页。
⑥ 司马迁:《报任安书》。
⑦ 《孟子·滕文公下》。

从鲁隐公元年(前722年)到鲁哀公十六年(前479年)间244年的历史①,内容以鲁国为主,兼及周王室和其他诸侯国的事迹。《汉书·艺文志》说:"古之王者世有史官,君举必书……左史记言,右史记事,事为《春秋》,言为《尚书》。"《春秋》不仅是以记事为主的中国古代第一部编年体史书,而且记事中寓意褒贬,体现出儒家倾向,所以在汉代被列为儒家"五经"之一。由于它记事极为简略,所以春秋时鲁人左丘明为之作《春秋左氏传》,战国时齐人公羊高为之作《春秋公羊传》,鲁人谷梁赤作《春秋谷梁传》。在"春秋三传"中,《左传》成就最高,影响最大。在记事的时间跨度上,《左传》上起鲁隐公元年(前722年),与《春秋》所记上限同时,下讫鲁哀公二十七年(前468年),比《春秋》所记下限多了11年,历史跨度为255年。先后顺序是隐公、桓公、庄公、闵公、僖公、文公、宣公、成公、襄公、昭公、定公、哀公。

三是《左传》与左丘明的关系。"左"本来说指春秋时鲁国史官左丘明。司马迁《史记·十二诸侯年表序》、西汉后期刘歆的《七略》、班固《汉书·艺文志》,东汉时期的桓谭、王充、许慎、何休、郑玄,汉末曹魏贾逵、西晋杜预,唐孔颖达等都持此说。但从唐代以后,有人开始对《左传》的作者表示怀疑,清代刘逢禄、康有为甚至提出《左传》系西汉刘歆割袭《国语》伪造。不过学界对怀疑《左传》作者是左丘明的观点一般不予采信②。

四是《左传》的成书时间。既然认为《左传》的作者是左丘明,而左丘明是春秋末期人,与孔子几乎同时③,那么《左传》的成书时间应当就在春秋末期了。不过,现在看到的《左传》,不仅文字上有战国时期的文风痕迹,而且有一些史事属于战国时代④。这说明,《左传》在后来口头传诵的授受过程中加入了传诵者的解说。所以,"《左传》的成书年代,大约在战国中前期"⑤。

《左传》以记事为主。而人物的事迹并不仅由行为构成,还由对话构成。而对话是思想的直接表达,行动往往也是思想的直接实现。所以,《左传》作为一部史书,其史学价值也体现在思想史方面。通过周王室和诸侯国君臣之间的对话,可以研究和把握东周春秋时期的思想倾向。这个倾向就是贵人轻神,礼德为重。⑥

---

① 笔者按:郭丹等译注《左传》前言说《春秋》记事的下限为鲁哀公十四年,《春秋》记事的历史跨度为242年,实际下限为鲁哀公十六年,历史跨度为244年。
② 郭丹等译注:《左传》前言,中华书局2012年版,第5页。
③ 《论语·公冶长》载孔子语:"巧言令色足恭,左丘明耻之,丘亦耻之。"
④ 郭丹等译注:《左传》前言,中华书局2012年版,第6页。
⑤ 郭丹等译注:《左传》前言,中华书局2012年版,第5页。
⑥ 本节以《〈左传〉的思想取向:"吉凶由人"、先民后神》为题,发表于《理论月刊》2019年第11期。

1. "祸福无门,唯人所召"

周代虽然"尊礼""近人",而神灵观念依然存在,而且是栩栩如生地存在。在《左传》中我们看到这样的记载:"秋七月,有神降于莘""神居莘六月"①。事实上,"神"是不存在的。《左传》所记,只能是"神"的象征物。

春秋时期尽管仍然拥有神灵观念,但神灵的作用和地位下降了,人民的作用和地位上升了。一个突出的表现是神、民并尊,认为治国安邦既不能"弃神",也不能"弃人"。鲁昭公元年,周景王派刘君定公慰劳晋国的正卿赵孟,刘定公希望赵孟向大禹学习,为晋国的未来深谋远虑。赵孟回答说:"老夫罪戾是惧,焉能恤远?吾侪偷食,朝不谋夕,何其长也?"回到京师后,刘定公把这个情况向周景王报告,说:赵孟身为晋国正卿主持国政,却把自己混同于目光短浅的下等人,"朝不谋夕,弃神人矣"。这会导致"神怒民叛"。"神怒,不歆(飨)其祀;民叛,不即其事","何以能久"?"赵孟不复年矣"②。"弃神人"导致"神怒民叛",不仅个人的政治生命不会长久,而且政权的基础也会动摇。与此类似的是,桓公六年,随国大夫季梁说过一段话:"所谓'道',忠于民而信于神也。上思利民,忠也;祝史正辞,信也。"③这是用民、神并尊来解释"道",也体现了神人并重的思想。

传统神学观念认为,神灵的出现是吉利的征兆。德薄行虐的虢国国君在祭神方面事无巨细,虔诚有加,他祈求"神赐之土田"。鲁庄公三十二年,神灵的征兆果然出现在虢国的莘地,甚至在这里停留了六个月。周惠王问内史过,这预示着什么。虢国果真会因此扩张疆土吗?内史过不以为然地说:自古以来,神灵的出现既可能意味着国之将兴,是吉利的征兆,也可能预示着国之将亡,是不祥的征兆。因为神灵只是人的德行或恶行的监察者。"国之将兴,明神降之,监其德也;将亡,神又降之,观其恶也。故有得神以兴,亦有以亡。"虢国国君"多凉(薄)德","虐而听于神",只是派了许多神职人员祭祀神灵,对本国人民却很暴虐。连受命祭神的史嚚(音夷)也说:尽管神灵的征兆出现了,但无济于事,虢国不仅不能扩张国土走向昌盛,反而会加速灭亡。"虢其亡乎!吾闻之:国将兴,听于民;将亡,听于神。神,聪明正直而一者也,依人而行。虢多凉德,其何土之能得!"④史嚚在这里提出了一个十分宝贵的思想:"神"的意志最终是由"人""民"决定的。他"聪明正

---

① 《左传·庄公三十二年》。
② 《左传·昭公元年》。
③ 《左传·桓公六年》。
④ 《左传·庄公三十二年》。

直",专一保民。一个国家如果违逆民意,只在神灵祭祀方面花工夫,那么就离灭亡不远了。同样的例子也发生在此前的鲁僖公五年。虞国国君曾高枕无忧地说:"吾享祀丰洁,神必据我。"以为只要把神灵供奉好了,就万事大吉。这是传统观念。大夫宫之奇则提醒他说:"鬼神非人实亲,唯德是依。""非德,民不和,神不享矣。神所冯依,将在德矣。"①鬼神并不保佑对它恭敬的人,只保佑有德之人。如果国君失去了道德,臣民就不会和谐,神灵也不会接受你的祭祀。

可见,人的道德,是神灵依凭的最终根据。于是神人并重就走向了重人轻神、先民后神。随国大夫季梁说:"夫民,神之主也,是以圣王先成民而后致力于神。"②"民"实际上是"神"背后的主宰者、决定者,比"神"更重要,所以英明的君王必须先把满足臣民需求的工作做好,而把对神灵的祭祀放到这之后去做。君主有德,人民拥护,吉祥的神灵就会降临,并赐予福佑;反之,君主无道,人民反叛,不祥的妖孽就会出现,并降下灾难。鲁国大夫申繻因此提出了一个了不起的论断:"妖由人兴也。人无衅焉,妖不自作。人弃常,则妖兴,故有妖。"③鲁臣闵子马则响亮地提出:"祸福无门,唯人所召。"④

用这种观点去观照战争的成败,则战争的成败最终取决于人,而不是神。《左传·庄公十年》记载一介布衣曹刿主动请缨帮助鲁庄公战胜齐军的故事:"十年春,齐师伐我(鲁)。(鲁庄)公将战,曹刿请见……乃入见。问何以战,公曰:'衣食所安,弗敢专也,必以分人。'对曰:'小惠未遍,民弗从也。'公曰:'牺牲玉帛,弗敢加(虚报)也,必以信。'对曰:'小信未孚,神弗福也。'公曰:'小大之狱,虽不能察,必以情(实际)。'对曰:'忠之属也。可以一战。战则请从。'公与之乘。(与齐人)战于长勺。公将鼓之。刿曰:'未可。'齐人三鼓,刿曰:'可矣。'齐师败绩。公将驰之。刿曰:'未可。'下,视其辙,登,轼而望之,曰:'可矣。'遂逐齐师。既克,公问其故。对曰:'夫战,勇气也,一鼓作气,再而衰,三而竭。彼竭我盈,故克之。夫大国难测也,惧有伏焉。吾视其辙乱,望其旗靡,故逐之。'"在曹刿看来,战争的法宝不是对民众的小恩小惠,也不是对神灵的恭敬有加,而是对民众发自内心的忠诚,这样就可换来士兵为你死心塌地地卖命。在具体发动战斗的环节,不是靠对神灵的占卜祭祷,而是靠对敌我双方心理变化规律和战争规律的精准分析。曹刿后来

---

① 《左传·僖公五年》。
② 《左传·桓公六年》。
③ 《左传·庄公十四年》。
④ 《左传·襄公二十三年》。

成为鲁国将领,可能与这场胜仗有关①。

同理,一个人的死后不朽也与神灵信仰、宗教祭祀无关,而取决于人的生前作为。鲁襄公二十四年春,鲁国大夫穆叔②到晋国访问,范宣子问他:古人说"死而不朽"是什么意思?我世世代代享受贵族禄位,是不是称得上"不朽"?穆叔回答:"此之谓世禄,非不朽也。"真正的不朽有三种情况:"大(太)上有立德,其次有立功,其次有立言,虽久不废,此之谓不朽。"③最高的不朽境界是树立德行,其次是建立功业,再次是立言不朽,指人死了,仍可因其崇高的德行、伟大的功业、杰出的言论久久不废,永远被人怀念或称说。

人事的吉凶由人自造,与神灵无关,而天象的凶吉亦与人事无关,无须将此与人间的休咎对应起来。鲁僖公十六年,宋国发生了五颗陨石从天上坠落、六只鸟儿倒退着飞过宋都的异常天象。适逢周朝内史叔兴到宋国聘问,宋襄公问这是否预示着什么人间的吉凶。叔兴虽然表面上敷衍了一下,回来后却对人说:宋君"失问",即问得不合适,此为"阴阳之事","非吉凶所出也"。意即这属于自然天象,与人间吉凶无关。人间的吉凶是由人自己的所作所为造成的,所以,他提出:"吉凶由人。"④这个命题堪称精辟。

类似的情形和认识也出现在郑国。鲁昭公十七年冬,彗星出现。鲁国阴阳家申须认为,彗星是扫帚星,"所以除旧布新",与大火星相生相伴,在火星出现的国家将有火灾。鲁国另一位阴阳家梓慎进一步附和说:宋、陈、郑三国是大火星所居之处,会有火灾;卫国属大水星所在的位置,水配火,所以卫国也会发生火灾。郑国的阴阳家裨灶向执政卿子产建议,用玉器祭神,防止灾害降临:"宋、卫、陈、郑将同日火,若我用瓘斝玉瓒,郑必不火。"不过,子产并未理会⑤。第二年夏五月,大火星开始在黄昏出现。初七,刮起了风。梓慎说:这是火灾开始的征兆,七天后火灾就可能发生。果然,几天后风越刮越大,宋、卫、陈、郑都发生了火灾。裨灶再次提醒说:如果"不用吾言"以玉器祭神,"郑又将火"。郑国的朝臣纷纷请求按裨灶的话去做,但子产仍然不同意。有大臣进言:裨灶的话很准,已在梓慎的预言中得到初步证实;宝物是用来"保民"的,"若有火,国几亡";既然瓘斝玉瓒"可以救亡",大人您有什么舍不得的?于是子产说出了自己不这样做的理由:"天道远,人道迩,非所及也,何以知之?"天道邈远,人道切近,二者不相关联,怎能由天道推断人

---

① 《史记·刺客列传》有曹沫的记载,称为"鲁将"。曹沫,《史记索引》谓即曹刿。
② 姬姓,叔孙氏,名豹,谥号曰"穆",故史称叔孙豹、叔孙穆子、叔孙穆叔。
③ 《左传·襄公二十四年》。
④ 《左传·僖公十六年》。
⑤ 《左传·昭公十七年》。

道？"灶焉知天道？是亦多言矣,岂不或信？"神灶哪里懂得天道？不过话说多了,也有偶尔说中的。"遂不与",子产仍然坚持不用玉器祭神。结果"亦不复火",火灾一直没有在郑国再次发生①。

九年后,齐国的晏婴遇到了几乎同样的事,也表达了同样的思考。昭公二十六年,彗星在齐国出现,齐景公以为不祥,派祝史"禳之",举行祈祷消灾的仪式。晏子劝阻说:"无益也,只取诬焉。""天道"按照自己的规律运行,不受人的意志影响。向神灵祈祷消灾只是欺骗自己罢了,"若之何禳之"？再说,"天之有彗也,以除秽也。君无秽德,又何禳焉？若德之秽,禳之何损？""君无违德,方国将至,何患于彗？""若德回乱,民将流亡,祝史之为,无能补也。"齐景公觉得晏子说得有理,就停止了消灾的祭祷。

天灾不一定导致人祸,它有自己的发生原因,当然也不能归咎于人。所以,因发生天灾而惩罚祭天的神职人员,就失去了合理性。鲁僖公二十一年夏,"大旱"。鲁僖公迁怒于祭天祈雨的女巫,"欲焚巫尪"。"尪"指骨骼弯曲、面部朝天的残疾人。鲁僖公认为天大旱是祈雨的巫尪没有尽到自己的责任,要烧死她来缓解旱情。大夫臧文仲阻止说:"非旱备也。"烧死巫尪不是缓解旱灾的有效办法。"巫尪何为？天欲杀之,则如勿生；若能为旱,焚之滋甚。"巫尪有什么责任呢？如果上天要杀死她,就不会让她来到人世；如果巫尪能造成旱灾,那么烧死她旱灾就会更厉害。不如从人事的努力入手,"修城郭,贬食省用,务穑劝分",这才是迫在眉睫的任务。鲁僖公是开明的,采纳了臧文仲的建议。"是岁也,饥而不害。"②请注意《左传》对结果的交代:虽然当年发生了饥荒,但老百姓却未受其害。这说明,臧文仲的建议是正确的。

由于天道邈远难凭,人道切实可征,这个时期还发生了因在论争中枉揣鬼神之意作证从而治罪的事件。鲁定公元年,晋国下令增筑洛阳成周的城墙。在是否参加成周城墙扩建工程的问题上,宋国的左师仲几与薛国的宰臣之间发生了争论。仲几不接受宋国的筑城任务,说宋国的任务应由薛国代劳。薛国的宰臣抱怨说:一方面,他们受到宋国的无理要挟,不得不转事楚国,服从宋国的要求；另一方面,他们加入了晋文公牵头组织的对抗楚国的中原盟国,按盟约"各复旧职",没有理由为宋国承担劳务。到底代劳还是不代劳,听命宋国与晋国协商的结果。于是仲几又与晋国的理官士弥牟展开争论。士弥牟发现,在仲几与薛臣争论时,"薛征于人,宋征于鬼",即薛臣

---

① 《左传·昭公十八年》。
② 《左传·僖公二十一年》。

以实实在在的人事历史为根据,宋臣以虚无缥缈、无法证实的鬼神为根据。仲几在与自己争论到理屈词穷时,便"抑我以神","以神"诬我",拒不承担周王室役务。于是士弥牟大怒,向晋国执政官韩简子报告:"宋罪大矣!""必以仲几为戮(辱)。"于是就把仲几抓回晋国,后来又把他送到周王朝京师问罪。① 以仲几辩论时"征鬼"为由,起诉他拒不承担周王室役务理由的荒谬,这就对鬼神的客观神圣性作了彻底否定。

2. "德礼不易,无人不怀"

既然"祸福无门,唯人所召",而人的福报与人的德行密切相关,所以,《左传》强调的一个主要思想,是尊礼贵德。齐大夫仲孙湫强调:"亲有礼,因重固,间携贰,覆昏乱,霸王之器也。"②齐相管仲说:"德礼不易,无人不怀。"③凡事不违背德和礼,就没有人不归附。另一位齐相晏婴说:"礼之可以为国也久矣,与天地并。"④楚大夫伍举说:"诸侯无归,礼以为归。"⑤郑国的执政卿子产说:"夫令名,德之舆也。德,国家之基也。有基无坏,无亦(毋乃)是务乎?有德则乐,乐则能久。"⑥"夫礼,天之经也。地之义也,民之行也。"⑦郑国正卿子大叔指出:"礼,上下之纪,天地之经纬也,民之所以生也。""故人之能自曲直以赴礼者,谓之成人。"⑧晋国太傅叔向说:"礼,政之舆也。"⑨"明王之制,使诸侯……讲礼于等,示威于众,昭明于神。……存亡之道,恒由是兴。"⑩晏子指出:"礼"是讲究不同等级的社会角色的道德规范的,道德的实施也不可逾等。对于逾越等级的行为,"唯礼可以已之"。"在礼,家施不及国,民不迁,农不移,工贾不变,士不滥,官不滔,大夫不收公利。"⑪如果符合礼,大夫家族的施舍就不能扩大到国内,那么农民百姓就不会迁徙,工匠商人就不会改行,士人不会失职,官吏不会怠慢,大夫就不占取诸侯国的利益。礼是立国之本。礼在国存。闵公元年,鲁国宫廷内乱不已。当齐桓公问是否可以乘鲁国内乱而取之时,齐大夫仲孙认为"不可",理由是鲁国"犹秉周

---

① 《左传·定公元年》。
② 《左传·闵公元年》。
③ 《左传·僖公七年》。
④ 《左传·昭公二十六年》。
⑤ 《左传·昭公四年》。伍举因封于椒,又称"椒举",如原文中所称。
⑥ 《左传·襄公二十四年》。
⑦ 《左传·昭公二十五年》。
⑧ 《左传·昭公二十五年》。
⑨ 《左传·襄公二十一年》。
⑩ 《左传·昭公十三年》。
⑪ 《左传·昭公二十六年》。

礼"。"鲁不弃周礼,未可动也。"①直到鲁昭公二年,晋国的韩宣子在鲁太史那里查阅史籍,仍然感叹说:"周礼尽在鲁矣。"②综上所述,《左传》的作者总结说:"礼,经国家、定社稷、序民人、利后嗣者也。"③这说明,春秋诸侯争霸时期,虽然周礼开始毁坏,但政治家的主流观点,仍然是重视礼教道德对经邦济世的决定作用的。这与上节所讲的"吉凶由人"、唯德所召是一致的。

在强调礼教道德重要地位的基础上,《左传》对礼教道德的认识有了进一步的深化。夏商之礼是以祭神为主的,它设立的规范多是神灵祭祀的要求。周礼既包含祭神的吉礼,也包括处理人际关系、确保其和谐的人伦之礼,如冠礼、婚礼、丧礼、朝聘礼、饮酒礼、燕礼、射礼,而且后者占更大的比重。到东周春秋时期,人们对礼仪背后不同社会角色的人所承担的道德规范有了进一步具体的、丰富的、明确的认识。比如晋国叔向说:"忠信,礼之器也。卑让,礼之宗也。"④"礼"的核心含义不仅包括"忠信""卑让",而且包括"孝"。"郑伯克段于鄢"是《左传》中人们耳熟能详的故事。这个故事所蕴含的意义是多方面的。其中一个重要的主旨是宣扬孝道。即便是母亲做了错事,儿子曾经发过毒誓,也应想方设法尽孝。郑武公与武姜生有二子:长子寤生、少子共叔段。因寤生是难产而生,所以武姜不喜欢寤生,而宠爱共叔段。郑武公病重时,武姜曾请求立共叔段为太子,但武公不允。武公去世后,寤生即位,为郑庄公。庄公即位后,母亲暗中帮助小儿子政变谋反,试图推翻郑庄公。庄公事先得知消息,平定了叛乱,一气之下,把母亲软禁在城颍,发誓"不及黄泉,无相见也",发完毒誓后马上又后悔了。庄公想念母亲,但又不愿违背誓言,后来在堪称孝子的颍谷地方官员颍考叔智慧的建议下,郑庄公掘地及泉,与母亲在隧道中相见,恢复了当初的母子关系。《左传》作者评点说:"颍考叔,纯孝也,爱其母,施及庄公。《诗》曰:'孝子不匮,永锡尔类。'其是之谓乎!"⑤

在"忠信""卑让""孝顺"的基础上,卫大夫石碏提出"六顺"要求。隐公三年,卫庄公因为娶了庄姜不生孩子,娶了厉妫生子早死,所以对与爱妾所生的公子州吁特别宠爱。州吁喜好玩弄兵器,放肆无礼,卫庄公也不加约束。大夫石碏进谏说:"臣闻爱子,教之以义方,弗纳于邪。骄、奢、淫、泆,所

---

① 《左传·闵公元年》。
② 《左传·昭公二年》。
③ 《左传·隐公十一年》。
④ 《左传·昭公二年》。
⑤ 《左传·隐公元年》。

自邪也。四者之来，宠禄过也。""且夫贱妨贵、少陵长、远间亲、新间旧、小加大、淫破义，所谓六逆也。君义、臣行、父慈、子孝、兄爱、弟敬，所谓六顺也。"州吁"去顺效逆，所以速祸也"。作为"君人者"，卫君应当"将祸是务去"①。这里，石碏提出了"君义、臣行、父慈、子孝、兄爱、弟敬"的"六顺"概念，涉及君臣、父子、兄弟三种关系。

两百多年后，晏子对此又有继承与发展。他揭示："君令臣共，父慈子孝，兄爱弟敬，夫和妻柔，姑（婆婆）慈妇（媳妇）听，礼也。""君令而不违，臣共而不贰；父慈而教，子孝而箴；兄爱而友，弟敬而顺；夫和而义，妻柔而正；姑慈而从，妇听而婉：礼之善物也。"②在"礼"涉及的五大关系中，首先是君臣、父子、兄弟关系，其次夫妇、婆媳关系，与石碏一样表现了春秋时期礼教规范的男权特色，与后世的"三纲"并不完全相同；同时又将礼教规范扩展到夫妇、婆媳关系中，对十种社会角色提出了明确的道德要求，标志着对礼教规范认识的深化。

此外，郑国的子大叔还指出：礼不是"揖让周旋"的仪式，"是仪也，非礼也"；而是人民必须遵守的克制过分欲望的天地法则："淫则昏乱，民失其性。""天地之经，而民实则之。"这个法则规定的范围比晏子所说的五大关系十项要求更加广泛："是故为礼以奉之：为六畜、五牲、三牺，以奉五味；为九文、六采、五章，以奉五色；为九歌、八风、七音、六律，以奉五声；为君臣、上下，以则地义；为夫妇、外内，以经二物；为父子、兄弟、姑姊、甥舅、昏媾（翁婿）、姻亚（连襟），以象天明；为政事、庸力、行务，以从四时；为刑罚、威狱，使民畏忌，以类其震曜杀戮；为温慈、惠和，以效天之生殖长育。"③"礼"渗透到人类社会生活的各个领域。

决定人间祸福的道德主体是人。这里的人，固然包括"民"，如晋大夫伯宗说："天反时为灾，地反物为妖，民反德为乱，乱则妖灾生。"④但更多地指作为"君人者"的"民主"，他们主宰百姓，为民之主，权力和影响更大。所以，作为"君人者"的"民主"的道德修养就显得特别重要。晏子提出："君人执信，臣人执共（恭），忠信笃敬，上下同之，天之道也。"⑤晋大夫解扬说："君能制命为义，臣能承命为信，信载义而行之为利。谋不失利，以卫社稷，民之主

---

① 《左传·隐公三年》。
② 《左传·昭公二十六年》。
③ 《左传·昭公二十五年》。
④ 《左传·宣公十五年》。
⑤ 《左传·襄公二十二年》。

也。"①卫大夫北宫文子说:"君有君之威仪,其臣畏而爱之,则而象之,故能有其国家,令闻长世。臣有臣之威仪,其下畏而爱之,故能守其官职,保族宜家。顺是以下皆如是。是以上下能相固也。""故君子在位可畏,施舍可爱,进退有度,周旋可则,容止可观,作事可法,德行可象,声气可乐,动作有文,言语有章,以临其下,谓之有威仪也。"②

据此,《左传》肯定、赞美"君人者"的德行。晋国勇士赞叹晋国卿大夫赵宣子:"不忘恭敬,民之主也。贼民之主,不忠。"③晏子称赞郑国执政大臣罕虎:"能用善人,民之主也。"④僖公七年,齐相管仲向齐桓公提议:"招携以礼,怀远以德。"招抚离心的国家用礼,征服远方的国家用德。于是"齐侯修礼于诸侯,诸侯官受方物"⑤。齐桓公就以礼对待诸侯,诸侯国的官员从此也就不断收到齐国的特产。僖公二十七年,晋国阅兵,商量元帅人选。晋大夫赵衰(音崔)推荐郤縠,理由是他"悦礼乐而敦《诗》《书》"。"《诗》《书》,义之府也。礼乐,德之则也。德义,利之本也。"⑥选择元帅人选的依据不是武艺、不是军功,而是"德义"。襄公二十四年,晋大夫范宣子执政时,其他诸侯国向晋国进贡的负担很重。郑简公访问晋国时,郑国的子产就托随行官员带了一封信给范宣子。信上说:"君子长国家者,非无贿之患,而无令名之难。夫诸侯之贿聚于公室(指晋室),则诸侯贰(离心)。若吾子赖之则晋国贰。诸侯贰,则晋国坏;晋国贰,则子之家坏。""将焉用贿?"因此他希望范宣子"恕思以明德",获得好的道德声誉,以此达到"远至迩安"的更大利益。最终,范宣子接受了子产的意见,减轻了诸侯的贡奉⑦。如果说范宣子是能够虚心纳谏、重德轻财的典范,晏子则是自觉以道节欲、以民利克制私利的楷模。鲁襄公二十八年,齐景公赐给晏子邶殿边上六十个城邑,晏子不接受。有人问:"富,人之所欲也,何独弗欲?"晏子回答:诚然,"吾邑不足欲也。益之以邶殿,乃足欲"。然而,"利过则为败",一旦"足欲,亡无日矣"。"不受邶殿,非恶富也,恐失富也。""且夫富如布帛之有幅(边界)焉",为了人民"生厚而用利",于是乎"吾不敢贪多","正德以幅之,使无黜嫚,谓之幅利"⑧。"幅利",即限制一己之利。

---

① 《左传·宣公十五年》。
② 《左传·襄公三十一年》。
③ 《左传·宣公二年》。
④ 《左传·昭公五年》。
⑤ 《左传·僖公七年》。
⑥ 《左传·僖公二十七年》。
⑦ 《左传·襄公二十四年》。
⑧ 《左传·襄公二十八年》。

反之,"君人者"或"民主"如果做人有问题,就会受到批评。鲁大夫臧文仲曾批评齐懿公"语偷":"齐君之语偷,臧文仲有言曰:民主偷,必死。"①鲁大夫穆叔也批评晋国执政卿赵孟"语偷":"赵孟将死矣。其语偷,不似民主。"②"偷",据《春秋左传正义》杜预对这两处的解释,均指"苟且"。"语偷",即说话草率,只顾眼前,得过且过,没有远虑。又有甚者。鲁桓公二年夏季四月,鲁桓公从宋国取来了郜国进献的大鼎,安放在太庙里。鲁大夫臧哀伯认为,这简直是把别国的贿赂之物放本国的太庙里供奉,会在百官、子孙中起到很坏的示范影响,不符合礼制。他直言劝谏:"君人者将昭德塞违(邪),以临照百官,犹惧或失之。故昭令德以示子孙……以临照百官,百官于是乎戒惧,而不敢易纪律。今灭德立违,而置其赂(财物)器于大庙,以明示百官,百官象之,其又何诛焉? 国家之败,由官邪也。官之失德,宠赂章也。郜鼎在庙,章孰甚焉? ……将昭违乱之赂器于大庙,其若之何?"③更有甚者。鲁庄公三十二年,庄公病故,其子子般为君。不到两个月,子般被庆父派人杀死,立姬启为君,为鲁闵公。面对鲁国发生的一系列祸难,闵公元年冬,齐桓公便派大夫仲孙湫前往吊唁慰问,并了解鲁国情况。仲孙湫回国后对齐桓公说:祸难的根子出在权倾一世的庆父身上。"不去庆父,鲁难未已。"④庆父是庄公的弟弟,他与庄公的夫人哀姜私通,荒淫无忌;为得到自立为君的目的,先杀死鲁君,即自己的侄儿子般,不久又杀死他亲手所立的鲁闵公,心狠手辣,蛮横无礼。最终在弟弟季友、姬申的联合声讨下,出逃莒国,被押回处死。

春秋时仍然重礼,但礼教是否与法治矛盾呢? 有人认为有矛盾,尚礼就应该轻刑。如晋大夫叔向就持这种看法。昭公六年三月,郑子产在鼎上铸刻刑书,叔向专门致信子产提出不同意见:"今吾子相郑国……立谤政(设置毁谤政事的条例),制参辟(制定三种法规),铸刑书,将以靖民,不亦难乎?""国将亡,必多制,其此之谓乎!""锥刀之末,将尽争之,乱狱滋丰,贿赂并行,终子之世,郑其败乎!"⑤郑国大臣子大叔与叔向也持同样的观点。不过子产并未接受叔向的意见,并在临死时对继任者子大叔交代:"'我死,子必为政。唯有德者能以宽服民,其次莫如猛。夫火烈,民望而畏之,故鲜死焉。水懦弱,民狎而玩之,则多死焉。故宽难。'疾数月而卒。"起初,"大叔为政,不忍

---

① 《左传·文公十七年》。
② 《左传·襄公三十一年》。
③ 《左传·桓公二年》。
④ 《左传·闵公元年》。
⑤ 《左传·昭公六年》。

猛而宽",于是"郑国多盗",抢劫杀人的犯罪不断发生。"大叔悔之",兴兵讨伐盗贼,"尽杀之",天下渐归太平。于是孔子评论说:"善哉!政宽则民慢,慢则纠之以猛;猛则民残,残则施之以宽。宽以济猛,猛以济宽,政是以和。"①《左传》借孔子之口,肯定了子产德主刑辅、宽猛并济的治国思想和实践。

3. "民本"思想与"革命"实践

《左传》要求执政者尊礼修德,目的是赢得民心,获得人民的拥戴,为政权的巩固、诸侯的称霸服务。说到底,是"民本"思想的体现。

《左传》没有使用"民本"一词,但其保障民利、尊重民意的言论,则直接指向"民本"思想。

《左传》要求保障民生,以民利为君利。古代帝王每年冬季颁发来年的历日与政令,诸侯受而行之,叫"朔政"。诸侯于月初在祭庙举行接受朔政的仪式,称"告朔"。鲁文公六年,因为闰月,文公不举行"告朔"仪式,《左传》作者认为"非礼也"。"闰以正时,时以作事,事以厚生,生民之道,于是乎在矣。不告闰朔,弃时政也,何以为民?"②闰月用来补正四时,根据四时来安排农事,农事合于时令可以使民生得到保障,所以,闰月告朔是养活百姓的重要手段。鲁文公不举行闰月告朔仪式,是放弃了施政的时令,怎能保障民生?

鲁文公十三年,邾文公派人占卜迁都到绎邑是否吉利。巫史占卜的结果是:"利于民而不利于君。"邾文公说:"苟利于民,孤之利也。天生民而树之君,以利之也。民既利矣,孤必与(分享)焉。"迁都!左右大臣说:"命可长也,君何弗为?"既然不迁都可以延长大王的寿命,为什么不遵从神意呢?邾文公说:"命在养民。死之短长,时也。民苟利矣,迁也,吉莫如之。"生死是由时运决定的,与迁不迁都没有关系。民利就是最大的君利。只要利于民,没有比这更吉利的了。"遂迁于绎。"迁都后不久邾文公真的死了。《左传》作者评论说:"知命。"③意即邾文公对生命的真谛看得最透彻,死得其所。

《左传》还主张尊重民意,允许民言。鲁襄公十年,子孔在郑国掌握国政,想专权,于是制作盟书,要求官员民众都严格执行。一部分官员、贵族带头违抗,子孔准备诛杀。子产及时劝阻,请求烧掉盟书。子孔起先不答应,认为"为书以定国,众怒而焚之,是众为政也,国不亦难乎?"子产说:"众怒难

---

① 均见《左传·昭公二十年》。
② 《左传·文公六年》。
③ 《左传·文公十三年》。

犯,专欲难成,合二难以安国,危之道也。不如焚书以安众,子得所欲,众亦得安,不亦可乎?专欲无成,犯众兴祸,子必从之。"于是在仓门外边烧掉了盟书,民众这才安定下来①。襄公三十一年,"郑人游于乡校,以论执政"。郑大夫然明向主事者子产建议:"毁乡校,何如?"子产回答:为什么呀?于是说出了一段名言:"夫人朝夕退而游焉,以议执政之善否。其所善者,吾则行之;其所恶者,吾则改之。是吾师也,若之何毁之?我闻(为政者)忠善以损怨,不闻作威以防怨,岂不遽止?然犹防川,大决所犯,伤人必多,吾不克救也。不如小决使道,不如吾闻而药之也。"然明说:"今而后知吾子之信可事也。小人实不才。若果行此(指不毁乡校,允许民众议论为政得失),其郑国实赖之!"②

不仅如此,这个时期的一些英明的诸侯国君还推出了积极保护民言、鼓励民谏的机制和措施。襄公十四年,晋大夫师旷对晋悼公说:"天生民而立之君,使司牧之,勿使失性。"君主的职责是让广大民众的天性需求得到基本满足。为了确保君主这个职责的实现,"有君而为之贰,使师保之,勿使过度"。"贰",指辅助者,即国卿;"师",指佐师。有了国君又为他设立辅助者,让他们去帮助他、教育他、保护他,不让他做出格的事。这样的辅助者,实际上存在于各个方面。"是故天子有公,诸侯有卿,卿置侧室,大夫有贰宗,士有朋友,庶人、工、商、皂、隶、牧、圉皆有亲昵,以相辅佐也。善则赏(褒奖)之,过则匡之,患则救之,失则革之。"此外,"自王以下,各有父兄子弟,以补察其政。"也就是在"公""卿""侧室""贰宗""朋友""亲昵"之外,在王室统治的天下,还有"史""瞽""工""大夫""士""庶人""商旅""百工"这样的人通过议论"补察其政",所谓"史为书,瞽为诗,工诵箴谏,大夫规诲,士传言,庶人谤,商旅于市(在集市议论),百工献艺(通过献艺讽谏)"③。值得注意的是,晏子关于臣民对君主保持"和谐"之"和"的确切含义的解释。鲁昭公二十年,齐景公打猎回来,晏子侍奉,梁丘据驱车来到景公身边。景公说:只有据与我最为"和"啊!晏子于是献上一份机智的谏言:"据亦'同'也,焉得为'和'?""'和'如羹焉,水火醯醢盐梅以烹鱼肉,燀之以薪,宰夫和之,齐之以味,济其不及,以泄其过。君子食之,以平其心。君臣亦然。君所谓可而有否焉,臣献其否以成其可;君所谓否而有可焉,臣献其可以去其否。是以政平而不干,民无争心。"明乎此,先王不仅用"济五味"的饮食启发君主,而且

---

① 《左传·襄公十年》。
② 《左传·襄公三十一年》。
③ 《左传·襄公十四年》。

用"和五声"的音乐开导君主,以让君主从中领悟到"和"是不同元素互生共存的道理,"以平其心,成其政也"。音乐之"和"体现在哪里呢?"一气、二体、三类、四物、五声、六律、七音、八风、九歌以相成也,清浊、大小、短长、疾徐、哀乐、刚柔、迟速、高下、出入、周疏以相济也。"真正属于"君子"的君主听了这由不同元素组成的和谐音乐,可以"心平德和",理解到君主必须允许大臣以不同的意见与自己保持和谐的真谛,因而音乐就成了"德音"。晏子乘胜追击,批评时时刻刻伴随齐景公、事事处处与齐景公保持统一的梁丘据:"今据不然,君所谓可,据亦曰'可';君所谓否,据亦曰'否'。若以水济水,谁能食之?若琴瑟之专一,谁能听之?'同'之不可也如是!"①由此不难理解,在尊礼尚德的周代,不仅众声相和的音乐属于"德音",而且众味相和的饮食也属于"德味"。晏子此论,从一个角度为我们破译了中国古代乐教昌隆的原因和饮食文化五味调和的民族特色的生成奥秘。

既然民为邦本,天立君"使司牧之",那么君主就没有理由将为民众服务的职责异化为自己纵欲享受的特权。这样做就叫"过度"。如果国之卿师也约束不了他,臣民的意见他也听不进去,为所欲为,与民为敌,那么,臣民就有权利把他推翻。这样,就从民本出发,走向推翻无视民本的暴君的革命。《左传》没有使用"革命"一词,而是使用"出君"(即驱逐、赶跑君主)的说法指称革命事变。襄公十四年,卫国政坛发生了一件重大变故,卫国的臣民把他们的国君赶跑了。晋悼公在与师旷谈论这件事时说:"卫人出其君,不亦甚乎?"师旷却回答:"或者其君实甚。"也许是他们的国君实在太过分了。"良君将赏善而刑淫,养民如子,盖之如天,容之如地。民奉其君,爱之如父母,仰之如日月,敬之如神明,畏之如雷霆,其可出乎?"然而卫君不是这样,而是"肆于民上,以从其淫"的"困民之主",天怒人怨,已经失去了"社稷之主"的资格,不推翻他干什么?"夫君,神之主而民之望也。若困民之主,匮神乏祀,百姓绝望,社稷无主,将安用之?弗去何为?""天之爱民甚矣。岂其使一人肆于民上,以从其淫,而弃天地之性?必不然矣。"②无独有偶,春秋后期③,在鲁国也发生了辅佐国君的大夫季氏放逐鲁昭公的事件,不仅百姓拥护,其他诸侯国也不问罪。晋大夫赵简子问晋太史史墨:"季氏出其君,而民服焉,诸侯与之,君死于外,而莫之或罪也。"史墨说:"物生有两,有三,有五,有陪贰。故天有三辰,地有五行,体有左右,各有妃耦。王有公,诸侯有卿,

---

① 《左传·昭公二十年》。
② 《左传·襄公十四年》。
③ 鲁昭公二十五年,发生昭公被季平子赶跑事件。鲁昭公先出奔到齐国,三年后来到晋国,最终于鲁昭公三十二年病死在晋国。

皆有贰也。"这与前述晋大夫师旷的一段话如出一辙,是一个意思。"天生季氏,以贰鲁侯,为日久矣。"由于"季氏世修其勤","鲁君世纵其失","民之服焉,不亦宜乎?""民忘君矣,虽死于外,其谁矜之?"再说,"社稷无常奉,君臣无常位,自古以然"。正如《诗》所说:"高岸为谷,深谷为陵。""三后之姓,于今为庶,主所知也。"①于是,《左传》此论与《周书》《国语》《易传》《孟子》《荀子》中的"革命"学说相生相发,汇成周代人本-民本思想的一种振聋发聩的强音。

4. 晏婴、子产、叔向:"礼"为"政之舆""民之行"

《左传》在对《春秋》所记载的历史事件的铺写诠释中,给我们留下了一系列提出闪光思想的历史人物的名字,如提出"吉凶由人"的周内史叔兴,提出"妖由人兴"的鲁大夫申繻,提出"祸福无门,唯人所召"的鲁大夫闵子马,提出"神所冯依,将在德矣"的虞国大臣宫之奇,提出"神,聪明正直,依人而行"的虢国太史史嚚,提出"夫民,神之主也"、主张"先成民而后致力于神"的随国大夫季梁,提出"有得神以兴,亦有以亡"的周内史过,提出"天生民而树之君,以利之也"、"民利"即"君利"的邾文公,提出"天生民而立之君,使司牧之,勿使失性""困民之主,百姓绝望,弗去何为"的晋大夫师旷,提出"社稷无常奉,君臣无常位""民忘君矣,虽死于外,其谁矜之"的晋太史史墨,提出"三不朽"的鲁国大夫穆叔,等等。其中,《左传》所记载的晏婴、子产、叔向的思想更为丰富,更值得注意。

晏婴是辅佐齐景公的齐相。他继承春秋初期辅佐齐桓公的齐相管仲的"德礼不易,无人不怀"思想②,高举"礼之可以为国也久矣"的大旗③,主张以礼治国,提出了"君令臣共,父慈子孝,兄爱弟敬,夫和妻柔,姑慈妇听"的十项礼教规范④,为后世所遵循。这十项规范在政治实践中,"君令臣共"最为重要。"君令"的要求是"不违"而有"信","臣共"的要求是"不贰"而有"恭",所以晏子提出:"君人执信,臣人执共(通恭),忠信笃敬,上下同之,天之道也。"⑤大臣的"恭",不是意味着什么意见都要与君主保持"同",而是从独立的是非判断出发,"和"而不"同",对君主的意见加以臧否补察,从根本上维护君主的权威和利益。所谓"君所谓可而有否焉,臣献其否以成其可;君所

---

① 《左传·昭公三十二年》。
② 《左传·僖公七年》。
③ 《左传·昭公二十六年》。
④ 《左传·昭公二十六年》。
⑤ 《左传·襄公二十二年》。

谓否而有可焉,臣献其可以去其否"①。在家庭关系中,父子关系有尊卑之分,父辈对子女有教育的权利,也有慈爱的责任,子女对父辈也有孝顺的责任,也有规谏的权利,这就叫"父慈而教,子孝而箴"②。礼与人的自然欲望是有矛盾的。人不可无限放纵自然欲望,追求欲望的无限满足。在礼与欲的关系上,必须以礼节欲。"富,人之所欲也。"但齐景公因为晏子功劳卓著,赐给他60座城邑,他却坚辞不受,认为过分满足个人的欲望就会"亡无日矣",过分追求个人财富就会"失富",并提出"正德"以"幅(限)利"的主张,体现了过人的政治智慧和做人智慧。

子产,又称公孙侨,公元前543年到前522年执掌郑国国政,是当时最负盛名的政治家。与晏婴有《晏子春秋》留世不同,子产没有著述传世。他的事迹和思想,主要见于《左传》。因他曾铸刑律于鼎,是中国历史上第一个将刑法公布于众的人,被后世视为法家先驱,这个形象定位易造成人们对他思想的误解。其实他治国,倡导以礼德为主,以刑罚为辅。他提出:"夫礼,天之经也,地之义也,民之行也。"③一方面,国家的利益是至高无上的,"苟利社稷,死生以之"④。另一方面,国家利益与人民的利益又不是对立的,必须照顾民利,防止专权,"专欲无成,犯众兴祸"⑤;必须倾听民意,允许民言,对于民众的批评意见,应当"小决使道","闻而药之",以"忠善"的态度"损怨"⑥。一方面,"德,国家之基也"⑦,"唯有德者能以宽服民"⑧;另一方面,光用宽厚的德治是不行的,治理天下"其次莫如猛"⑨,必须辅以法治,所以鲁昭公六年三月,在他的主持下,"郑人铸刑书"⑩,并在死前留下宽猛并济、德主刑辅的遗言。史载,郑国在子产执政期间达到中兴,这与子产的政治理念密不可分。

叔向,又称羊舌肸,春秋后期晋国贤臣,历事晋悼公、平公、昭公三世,为晋平公傅、上大夫。叔向与晏婴、子产是同时代人,以正直和才识见称于世。与晏婴、子产一样,叔向也主张以礼治国。他提出"礼,政之舆也"⑪;"明王之

---

① 《左传·昭公二十年》。
② 《左传·昭公二十六年》。
③ 转引自《左传·昭公二十五年》。
④ 《左传·昭公四年》。
⑤ 《左传·襄公十年》。
⑥ 《左传·襄公三十一年》。
⑦ 《左传·襄公二十四年》。
⑧ 《左传·昭公二十年》。
⑨ 《左传·昭公二十年》。
⑩ 《左传·昭公二十年》。
⑪ 《左传·襄公二十一年》。

制……讲礼于等"①;"忠信,礼之器也;卑让,礼之宗也"②。但同时,他与子产对礼治的理解有微妙的差异。子产认为礼治德主刑辅,包含法治,所以强调法治,公开铸刑书于鼎,要求上下严格遵守。叔向则在这个节骨眼上特意给子产送来一封信,指出刑书的公布将导致"民知争端","弃礼而征于书",出现"乱政""叔世(衰世)",认为"民知有辟(法),则不忌于上,并有争心,以征于书,而徼幸以成之,弗可为矣",主张"不为刑辟",废除刑书,"行之以礼,守之以信,奉之以仁","诲之以忠,耸之以行,教之以务,使之以和,临之以敬"③。当然,这只是表达了叔向一厢情愿的美好愿望。在治国实践中,仅用德治手段是不行的。叔向在信中同时也说要"莅之以强,断之以刚","严断刑罚以威其淫"④。看来在以刑为辅的治国理念上,他与子产并无根本矛盾,不同观点主要集中在是否将刑法公之于众这个具体的操作方法上。

晏婴、子产、叔向以他们大同小异的政治主张,体现了春秋时期对偏重"人道"的"礼治"的崇尚,印证了《礼记·表记》所揭示的"周人尊礼近人"的时代特征。

三、《战国策》:"乱世之文,然有英伟气"

在先秦史书中,《左传》反映春秋年间的历史,《国语》反映周初至战国初期的历史,而《战国策》则反映战国年间的历史。

与《国语》以记言为主相似,《战国策》亦以记言为主,是战国时期纵横家或游说之士策谋、言论的汇编。现有497篇,非一时一人之作,作者不可考,汇集成书当在秦统一以后。编订者为西汉末年的刘向。初有《国策》《国事》《事语》《短长》《长语》《修书》等名称和本子,刘向删其重复,勘其错讹,编订为33卷,定名《战国策》。与《国语》是国别体史书一样,《战国策》也是国别体史书,分"东周""西周""秦""楚""齐""赵""魏""韩""燕""宋""卫""中山"十二国,上起战国初年,下讫秦灭六国,记述245年间各国的史实。

《战国策》成书以后,东汉高诱为之作注。由于种种原因,到北宋时,已缺失很多。曾巩奉旨"访之士大夫家,始尽得其书",得以校补。现今所见《战国策》已非旧本,清学者多疑为取自《史记》之伪书。其中有一些记载与

---

① 《左传·昭公十三年》。
② 《左传·昭公二年》。
③ 均见《左传·昭公六年》。
④ 均见《左传·昭公六年》。

其说是历史,不如说是包含虚构的文学故事。

尽管如此,研究战国时期的思想史如果完全抛开《战国策》,势必又是不完整的。毫无疑问,《战国策》应当成为认识战国时代思想状况的重要历史依据①。

1. "乱世之文""有英伟气"

关于周代思想史的发展演变,刘向《〈战国策〉序》有一个精辟的分析。他将周代思想史分为三个阶段。第一阶段是西周,这是一个道德礼义占主导地位的时代:"周室自文、武始兴,崇道德,隆礼义……叙人伦,正夫妇……仁义之道,满乎天下。""下及康、昭之后,虽有衰德,其纲纪尚明。"第二个阶段是东周的春秋时代,这是道德礼义走向解体的过渡阶段。西周的道德礼义"余业遗烈,流而未灭"。"时君虽无德,人臣辅其君者,若郑之子产,晋之叔向,齐之晏婴,挟君辅政,以并立于中国,犹以义相支持……天子之命,犹有所行……小国得有所依,百姓得有所息。"第三个阶段是战国时代,这是一个礼崩乐坏的时代。这个时期,周天子名存实亡,国与国之间以势力相争,以智谋相夺。那些活跃在政治舞台上的策士,以自己的才智纵横捭阖,迎合不同的国君,换取功名利禄,朝秦暮楚已司空见惯。"战国之时,君德浅薄。"早期的情况是:"捐礼让而贵战争,弃仁义而用诈谲,苟以取强而已矣。夫篡盗之人,列为侯王;诈谲之国,兴立为强。传相放效,后生师之,遂相吞灭,并大兼小,暴师经岁,流血满野。"后期的情况是:"上无天子,下无方伯;力功争强,胜者为右;兵革不休,诈伪并起。""为之谋策者,不得不因势而为资,据时而为画。故其谋扶急持倾,为一切之权;虽不可以临教化,兵革救急之势也。"由此给思想界带来的结果是:"道德大废,上下失序。""父子不相亲,兄弟不相安,夫妇离散,莫保其命,湣然道德绝矣。""虽有道德,不得施谋。"《战国策》反映的就是这个阶段"高才秀士度时君之所能行,出奇策异智,转危为安、运亡为存"的奇事异闻。

由此可见,《战国策》是一部反映战国乱世策士为诸侯国君兼并他国效力服务的"乱世之书"。曾巩《战国策目录叙》指出:"战国之游士……不知道之可信,而乐于说之易合。其设心注意,偷为一切之计而已。故论诈之便而讳其败,言战之善而蔽其患。""其相率而为之者,莫不有利焉而不胜其害也,

---

① 本节以《"乱世之文,有英伟气":〈战国策〉人文思想研究》为题,发表于《湖北社会科学》2018年第11期。

有得焉而不胜其失也。"因此,自古以来,《战国策》就被视为"乱乎圣人之经"①,"或以其坏人心术而摈之"②,"或曰,邪说之害正也,宜放而绝之"③。

不过,古代另有一些有识之士,从立此存照、以警世人的角度,认为《战国策》不可"放而绝之":"君子之禁邪说也,固将明其说于天下,使当世之人,皆知其说之不可从,然后以禁则齐;使后世之人,皆知其说之不可为,然后以戒则明。岂必灭其籍哉?"④"今夫鸟喙、砒石,毒药也,国医恒用之以收捷效,不善用之,则钟乳参著,或至杀人也;鲸徒盗寇,险人也,名将恒用之以建奇功,不善用之,则虽端人介士,或至偾事也;善作文者,牛溲马勃,皆可入用;不善用之,则虽准经酌雅,未必能制胜也。我以仁义用纵横之言,可以排难;我以忠诚运游说之知,可以纳诲;吾有以转《国策》,而不为《国策》所转,安在《国策》之不可读,而读之可不必注哉?"⑤然而这些辩解,都是把《战国策》当作离经叛道的反面教材来对待的。

在笔者看来,《战国策》所载游士计谋论说虽有"机变之巧",然其"机变"之中仍贯穿着不变的道德礼义,这是其论说的道义制高点,只不过这些道义在战国时代未必被广泛践行而已。诚如刘向所说:"虽有道德,不得施谋。"朱熹曾指出:"六经,治世之文;《国策》,乱世之文,然有英伟气,非治世、衰世之文之比。"⑥这文中透露出来的"英伟气",就是周代一直宣扬的道德礼义。在《战国策》中,我们既看到"民本君末""士贵王轻"思想的生动诠释,又看到独立不阿、清正自守的士人形象的塑造。如此等等。因此,笔者不同意古代将《战国策》视为"邪说"的定论。它诚然是一部"乱世之文",但同时是一部"有英伟气"、闪耀着进步人文思想光辉的史书,可与《左传》《国语》等参照起来看。

2."虽有道德,不得施谋"

战国时期,虽然礼崩乐坏,周代原有的道德礼义不能得到有效贯彻,但并不是说这个时期就没有道德,或不崇尚道德。相反,在《战国策》中,我们看到不同阶层的人都在宣扬和守护传统道德,不过这种道德在现实中常常遭到挑战,"不得施谋"而已。

---

① 程夔初:《〈战国策〉序》,程夔初《战国策集注》,上海古籍出版社2013年版,第1页。
② 王崇炳:《〈战国策集注〉序》,程夔初《战国策集注》,上海古籍出版社2013年版,第3页。
③ 曾巩:《战国策目录叙》。
④ 曾巩:《战国策目录叙》。
⑤ 王崇炳:《〈战国策集注〉序》,程夔初《战国策集注》,上海古籍出版社2013年版,第4页。
⑥ 转引自程夔初:《〈战国策〉序》,程夔初《战国策集注》,上海古籍出版社2013年版,第1页。

比如魏文侯知音不知政,曾受到魏国谋士田子方的批评。一次,魏文侯与田子方一边饮酒,一边欣赏音乐。魏文侯音乐造诣很深,他从演奏的钟声中发现细微的瑕疵,问田子方:"钟声不比(协调)乎?左高(左侧钟的声音偏高)。"田子方不以为然颔首一笑。文侯问:"何笑?"田子方说:"臣闻之,君明则乐官(国家政事),不明则乐音。今君审于音,臣恐其聋于官也。"①魏文侯虽然称"善",但他本人并没有很好地贯彻将注意力集中于为政的君德,而是继续醉心于"审音",在音乐欣赏方面投入了太多的精力。

秦王嬴政的生母赵姬与假太监嫪毐淫乱的事情败露后,秦王处死嫪毐,将母亲囚禁在曾与嫪毐居住过并生下二子的雍县,并下令:谁敢为太后说情,砍断四肢,格杀勿论。秦士顿弱冒死以谏秦王复"孝之名"、行"孝之实"。事情是由秦王挑起的。秦王政想召见顿弱。顿弱欲擒故纵地说:臣有一种坏习惯,就是对君王不行参拜之礼。假如大王能特许免我参拜之礼,可见大王,否则,臣拒不见王。秦王答应了他的条件。于是顿弱入见,对秦王说:"天下有有其实而无其名者,有无其实而有其名者,有无其名又无其实者。王知之乎?"秦王说:"弗知。"顿弱说:"有其实而无其名者,商人是也;无把铫推耨之势,而有积粟之实,此有其实而无其名者也。无其实而有其名者,农夫是也;解冻而耕,暴背而耨,无积粟之实,此无其实而有其名者也。无其名又无其实者,王乃是也;已立为万乘,无孝之名;以千里养,无孝之实。"秦王勃然而怒,顿弱毫无惧色,继续说:"山东战国有六,威不掩于山东,而掩于母,臣窃为大王不取也。"②大王只将声威施加于母后,却不能征服山东六国,这是很不妥的。秦王既没有立即接受他的意见恢复孝道,也没有加害于他,而是与他讨论兼并山东六国的方略,顿弱躲过一劫。这是"虽有道德,不得施谋"的一个实例③。

战国末期,赵惠文王死,赵威后代子孝成王当政。齐襄王派使者来看望她。赵威后在与使者的对话中询问说:"齐有处士曰钟离子,无恙耶?是其为人也,有粮者亦食,无粮者亦食,有衣者亦衣,无衣者亦衣,是助王养其民者也,何以至今不业也?叶阳子无恙乎?是其为人,哀鳏寡,恤孤独,振困穷,补不足,是助王息(养)其民者也,何以至今不业也?北宫之女婴儿子无

---

① 《魏文侯与田子方饮酒而称乐》,《战国策·魏策》。官,吕壮《战国策译注》释为"国家政事"(上海三联书店 2014 年版,第 221 页);程篯初《战国策集注》释为"治官"(上海古籍出版社 2013 年版,第 225 页)。
② 《秦王欲见顿弱》,《战国策·秦策》。
③ 据说因此事被秦王杀害的说情人达到二十七人,直到齐人茅焦智谏秦王,太后才回到咸阳,与嬴政恢复母子关系。

恙耶？彻其环瑱，至老不嫁，以养父母，是皆率民而出于孝情者也，胡为至今不朝也？此二士弗业，一女不朝，何以王齐国，子万民乎？"①钟离子是齐国有名的隐士，他为人，有粮食的人给他们饭吃，没粮食的人也给他们饭吃；有衣服的给他们衣服穿，没有衣服的也给他们衣服穿，但是齐王至今没有重用他。叶阳子也是齐国著名的隐士。他为人，怜恤鳏寡孤独，赈济穷困不足，齐王至今也没有用他。婴儿子是北宫家有名的孝女，她摘去耳环玉饰，终身不嫁，一心奉养双亲，是恪守孝道的典范，也一直没有入朝受封，被朝廷褒奖。这样的两位隐士不受重用，一位孝女不被表彰，齐王怎能治理齐国、抚恤万民呢？这是"虽有道德，不得施谋"的又一个实例。

张仪为了实现自己连横以事秦的计谋，一方面以自己的外交才能取得了在魏国作相国的权位，另一方面心存二心，吃里扒外，不讲忠信，利用手中的权力暗中使魏国投靠秦国。他想以魏国为突破口，逐个在山东六国中铺开，实现其连横以事秦的战略。楚怀王发现了这一点，认为张仪作为魏国的臣子，对魏王"不忠不信"，便从传统的"忠信"观念出发，准备提议魏国驱逐张仪。但他的这个想法遭到了楚臣陈轸的否定。陈轸认为，"忠信"是相对而言，对魏王的不忠不信未必是对您楚王的害处："且魏臣不忠不信，于王何伤？忠且信，于王何益？"再说"逐而听则可，若不听，是王令困也。"②驱逐张仪的主张，如果魏王听从还罢了；如果不被采纳，就会使自己处于很尴尬的处境。这里，张仪从私利出发不讲忠信，受到批判后又得到辩护，是这个时代"虽有道德，不得施谋"道德状况的又一例证。

当然，周初以来几百年形成的传统道德力量是巨大的。受到冲击的道德礼义在战国时代也有经人点拨或守卫得到维护的情况。冯谖为孟尝君"市义"就是典型的例子。《战国策》以欲扬先抑的手法生动传神地描写了这个故事：

  齐人有冯谖者，贫乏不能自存，使人属孟尝君，愿寄食门下。孟尝君曰："客何好？"曰："客无好也。"曰："客何能？"曰："客无能也。"孟尝君笑而受之曰："诺。"
  左右以君贱之也，食以草具。居有顷，倚柱弹其剑，歌曰："长铗归来乎！食无鱼。"左右以告。孟尝君曰："食之，比门下之客。"居有顷，复弹其铗，歌曰："长铗归来乎！出无车。"左右皆笑之，以告。孟尝君曰："为之驾，比门下之车客。"于是乘其车，揭其剑，过其友曰："孟尝君客

---

① 《齐王使使者问赵威后》，《战国策·齐策》。
② 《楚王逐张仪于魏》，《战国策·楚策》。

我。"后有顷,复弹其剑铗,歌曰:"长铗归来乎! 无以为家。"左右皆恶之,以为贪而不知足。孟尝君问:"冯公有亲乎?"对曰,"有老母。"孟尝君使人给其食用,无使乏。于是冯谖不复歌。

后孟尝君出记,问门下诸客:"谁习计会,能为文收责于薛者乎?"冯谖署曰:"能。"孟尝君怪之,曰:"此谁也?"左右曰:"乃歌夫长铗归来者也。"孟尝君笑曰:"客果有能也,吾负之,未尝见也。"请而见之,谢曰:"文倦于事,愦于忧,而性懧愚,沉于国家之事,开罪于先生。先生不羞,乃有意欲为收责于薛乎?"冯谖曰:"愿之。"于是约车治装,载券契而行,辞曰:"责毕收,以何市而反?"孟尝君曰:"视吾家所寡有者。"

驱而之薛,使吏召诸民当偿者,悉来合券。券遍合,起矫命以责赐诸民,因烧其券,民称万岁。

长驱到齐,晨而求见。孟尝君怪其疾也,衣冠而见之,曰:"责毕收乎? 来何疾也!"曰:"收毕矣。""以何市而反?"冯谖曰;"君之'视吾家所寡有者'。臣窃计,君宫中积珍宝,狗马实外厩,美人充下陈。君家所寡有者,以义耳! 窃以为君市义。"孟尝君曰:"市义奈何?"曰:"今君有区区之薛,不拊爱子其民,因而贾利之。臣窃矫君命,以责赐诸民,因烧其券,民称万岁。乃臣所以为君市义也。"孟尝君不悦,曰:"诺,先生休矣!"

后期年,齐王谓孟尝君曰:"寡人不敢以先王之臣为臣。"孟尝君就国于薛,未至百里,民扶老携幼,迎君道中。孟尝君顾谓冯谖:"先生所为文市义者,乃今日见之。"

……孟尝君为相数十年,无纤介之祸者,冯谖之计也。①

冯谖为孟尝君所买之"义",是通过烧掉孟尝君在薛地的所有债券、免除薛地平民所欠孟尝君的所有债务实现的。孟尝君没有意识到,开始做得不是很好,冯谖自作主张这么做后他起初很不开心,直到一年后落难,受到薛地人民的热烈欢迎,他才意识到冯谖的智慧和"市义"的价值。

冯谖通过减免债务为孟尝君所买之"义",是周代爱人利民的"仁"德的表现形态。关于这种"仁"德的故事,《战国策》中有另一段记载。齐襄王在父王逃亡被杀、自己被立为齐君的过程中曾经与齐相田单发生过一些误会。一次过菑水,"有老人涉菑而寒,出不能行,坐于沙中。田单见其寒,欲使后车分衣,无可以分者,单解裘而衣之"。但田单的这个善举却引来了齐襄王的反感,他感叹说:"田单之施,将欲以取我国乎? 不早图,恐后之。"当时他

---

① 《齐人有冯谖》,《战国策·齐策》。

左右无人陪伴,只看到岩下有一位穿珠子的人,襄王呼而问之:"女以为何若?"穿珠人恰好是位隐于民间的高人,他给齐襄王出主意说:"王不如因以为己善。王嘉单之善,下令曰:'寡人忧民之饥也,单收而食之;寡人忧民之寒也,单解裘而衣之;寡人忧劳百姓,而单亦忧之,称寡人之意。'单有是善而王嘉之,善单之善,亦王之善已。"齐襄王接受了他的建议,改变了自己的主意。过了几天,贯珠者复见王谋划说:"王至朝日,宜召田单而揖之于庭,口劳之。乃布令求百姓之饥寒者,收谷(收养、赈济)之。"襄王一一照办,并派人到民间去听反应,老百姓都在相互议论:田单的爱人之举,原来都是齐王教导的结果①。

齐襄王之向仁,如同孟尝君之市义一样,都是在其谋士的点拨下完成的善举。这说明,战国时代也不都是"虽有道德,不得施谋"的。这时候传统的道德虽然遭到挑战,但在不少场合还在起作用,自有其难以抗拒的力量。

赵武灵王改穿胡服,大臣赵燕一再拒穿,赵武灵王对他说了下面一番话:"子道顺而不拂,臣行让而不争。子用私道者家必乱,臣用私义者国必危。反亲以为行,慈父不子;逆主以自成,惠主不臣也。寡人胡服,子独弗服,逆主罪莫大焉。以从政为累,以逆主为高,行私莫大焉。故寡人恐亲犯刑戮之罪,以明有司之法。"赵武灵王软硬兼施,先从"让而不争"的臣道开始晓之以理,再从"恐亲犯刑戮之罪,以明有司之法"方面威之以刑,最后赵燕只好再拜稽首,改穿胡服②。

公元前257年,秦国攻打赵国,晋鄙奉魏安釐王之命率军救赵,但由于惧怕秦军,魏安釐王又下令停止进军。安釐王之弟信陵君得知此事后,派人盗取了兵符,击杀了晋鄙,引兵救赵,最终打败秦兵,救下邯郸,使赵国得以幸存。为此,赵孝成王举行大礼,准备亲自到郊外去迎接信陵君给予答谢。在信陵君见赵王之前,魏国谋士唐雎及时提醒信陵君不要自恃其功,要尽快忘掉对人的恩德,哪怕是大德:"事有……不可忘者,有不可不忘者。""人之有德于我也,不可忘也;吾有德于人也,不可不忘也。今君杀晋鄙,救邯郸,破秦人,存赵国,此大德也。今赵王自郊迎,卒然(很快、待会儿)见赵王,愿君之忘之也。"③信陵君是战国时期著名的仁德君子,他立即接受了唐雎的谏议,践行功成弗居的至德。

在造福于人、与人为善的道德建树中,还有一些值得注意的问题。如中

---

① 《燕攻齐章》,《战国策·齐策》。
② 《赵燕后胡服》,《战国策·赵策》。
③ 《唐雎说信陵君》,《战国策·魏策》。

山君指出:"与(给予)不期众少,其于当厄;怨不期深浅,其于伤心。"①惠施指出:人"树(成)之难而去(毁)之易",因而他主张"必善左右"②,多与周围人处理好关系。

3. "士贵耳,王者不贵"

春秋战国时代诸侯争霸,招贤纳士、礼贤下士成为这个时代的突出现象。在《国语》《左传》所反映的春秋时代,这种现象主要表现为尚"贤"。而在《战国策》所反映的战国时代,这种现象侧重表现为尚"士"。"贤"虽然包含才能,但内涵偏重德行。"士"虽然包含人格,但主要指靠智慧、学识、才能谋生的知识分子,所谓"学以居位曰士"(班固)。《战国策》集中叙写了战国时代"士"的活动,塑造了"士"的形象,并在这种描写中体现了关于"士"的"暗思想"。

首先是"士"的地位问题。"士"属于臣民的一部分,在君王面前属于被统治者,地位显然在君王之下。但在战国时期,连统治者也认识到君王高高在上的地位最终又是由臣民的拥戴和效力决定的。比如战国末期代赵孝成王执政的赵威后明确提出"民本君末":"齐王使使者问赵威后。书未发,威后问使者曰:'岁亦无恙耶?民亦无恙耶?王亦无恙耶?'使者不悦,曰:'臣奉使,使威后,今不问王,而先问岁与民,岂先贱而后尊贵者乎?'威后曰:'不然。苟无岁,何以有民?苟无民,何以有君?故有舍本而问末者耶?'"③既然"民为本君为末","士"作为"民"中的精英阶层,为君王出谋划策,是君王称霸天下的参谋和辅佐,地位就更高了。齐国名士颜斶提出的"士贵耳,王者不贵"命题振聋发聩,颇具代表性:

> 齐宣王见颜斶,曰:"斶前!"斶亦曰:"王前!"宣王不悦。
> 左右曰:"王,人君也。斶,人臣也。王曰'斶前',亦曰'王前',可乎?"斶对曰:"夫斶前为慕势,王前为趋士。"
> 王忿然作色曰:"王者贵乎,士贵乎?"对曰:"士贵耳,王者不贵。"
> 王曰:"有说乎?"斶曰:"有。昔者秦攻齐,令曰:'有敢去柳下季垄五十步而樵采者,死不赦。'令曰:'有能得齐王头者,封万户侯,赐金千镒。'由是观之,生王之头,曾不若死士之垄也。"宣王默然不悦。

---

① 《中山君飨都士》,《战国策·中山策》。
② 《田需贵于魏王》,《战国策·魏策》。
③ 《齐王使使者问赵威后》,《战国策·齐策》。

左右皆曰:"斶来!斶来!大王据千乘之地,而建千石钟、万石簴。天下之士,皆来役处;辩知并进,莫不来语;东西南北,莫敢不服;求万物无不备具,而百物无不亲附。今夫士之高者,乃称'匹夫',徒步而处农亩,下则鄙野、监门、闾里,士之贱也,亦甚矣。"

斶对曰:"不然。斶闻古大禹之时,诸侯万国,何则?德厚之道,得贵士之力也。故舜起农亩,出于野鄙,而为天子。及汤之时,诸侯三千。当今之世,南面称寡者,乃二十四。由是观之,非得失之策与?稍稍(渐渐)诛灭之时,欲为监门、闾里,安可得而有乎哉?是故《易传》不云乎:'居上位,未得其实,以喜其为名者,必以骄奢为行。据慢骄奢,则凶从之。'是故无其实而喜其名者削,无德而望其福者约(穷),无功而受其禄者辱,祸必握……是以尧有九佐,舜有七友,禹有五丞,汤有三辅。自古及今而能虚成名于天下者,无有。是以君王无羞亟(屡)问,不愧下学,是故成其道德而扬功名于后世者,尧、舜、禹、汤、周文王是也。……老子曰:'虽贵,必以贱为本;虽高,必以下为基。'是以侯王称'孤''寡''不谷',是其贱之本与?非乎'孤''寡'者,人之困贱下位也,而侯王以自谓,岂非下人而尊贵士与?夫尧传舜,舜传禹,周成王任周公旦,而世世称曰'明主',是以明乎士之贵也。"

宣王曰:"嗟乎!君子焉可侮哉!寡人自取病耳。今及闻君子之言,乃今闻细人之行。"①

在诸侯争霸、士人以自己的才学为君主所用的战国时代,一部分士人趋炎附势、朝秦暮楚、唯利是图,如苏秦之流②,受人诟病;另有一部分士人独立不阿,坚守着自己的人格尊严,以特有的才智向君王灌输传统的道德礼义主张,颜斶就是这样的杰出代表。齐宣王求贤若渴,礼贤下士,是当时有名的仁君。但是骨子里,还是对贤士缺乏真正的尊重,只是把他们看作自己使用的工具而已。颜斶以对王威的挑战探明这一点,以历史上大量的事实和理论论证"士贵耳,王者不贵",进一步确立了士人的神圣地位。当齐宣王知错就改,请颜斶接受他为弟子,给予"颜先生与寡人游,食必太牢,出必乘车,妻子衣服丽都"的种种优厚待遇时,颜斶则辞谢说:"夫玉生于山,制则破焉,非弗宝贵矣,然夫璞不完。士生乎鄙野,推选则禄焉,非不得尊遂也,然而形神

---

① 《齐宣王见颜斶》,《战国策·齐策》。
② 苏秦早年拟连横以事秦惠王,后来因"说秦王书十上而说不行",落得个"资用乏绝""形容枯槁"的下场,一怒之下改变了主意,说六国之君合纵以抗秦。见《战国策·秦策》。

不全。斶愿得归,晚食以当肉,安步以当车,无罪以当贵,清净贞正以自虞。制言者王也,尽忠直言者斶也。言要道已备矣,愿得赐归,安行而反臣之邑屋。"最后"再拜而辞去"①。颜斶所为,是孟子所称道的"威武不能屈,富贵不能淫,贫贱不能移"的"大丈夫"的生动诠释。

"士"以"尽忠直言"、建言献策为业。在掌握着生杀予夺大权的君主专制之下,进言必须讲究机智和技巧,于是,"士"就显示出纵横家风范。在《战国策》中,我们经常看到士人以三寸之舌鼓动君王、化险为夷的机智及其纵横家风采。《楚策》所记"有献不死之药于荆王者"的故事就是典型的一例:"有献不死之药于荆王者,谒者操以入。中射之士问曰:'可食乎?'曰:'可。'因夺而食之。王怒,使人杀中射之士。中射之士使人说王曰:'臣问谒者,谒者曰可食,臣故食之。是臣无罪,而罪在谒者也。且客献不死之药,臣食之而王杀臣,是死药也。王杀无罪之臣,而明人之欺王。'王乃不杀。"有人拜谒楚王,献上长生不死之药。入宫时遇到一位宫中卫士,实际上是个有智慧的谋士。卫士问:"这药可吃吗?"谒者说:"可以吃。"卫士于是抢过来吃了下去。楚王为此大怒,要杀死这个卫士。卫士托人向楚王辩解说:"我问送药的人,他告诉我说可以吃,所以我吃了。这事我没罪,有罪的乃是送药人。再说他所献的是不死药,我吃了药大王就杀我,岂不成了死药?大王杀死一个没罪的臣子,岂不是证明有人献不死之药是在欺骗大王?"理由无可辩驳,楚王只好放了他。

"尽忠直言"在君主专制之下是个高风险的事。如果遇到刚愎自用、讳疾忌医的暴君,就可能招来杀身之祸。历史上,夏桀杀关龙逄,殷纣王杀鬼侯、鄂侯、比干都是前车之鉴。齐国有个叫狐咺的草民直言齐闵王过失,有个叫陈举的贵族对国事直言不讳,都被闵王处死。所以,以"尽忠直言"为业的"士"还必须具有视死如归的胆识。魏国名士唐雎堪称这方面的代表:

秦王使人谓安陵君曰:"寡人欲以五百里之地易安陵,安陵君其许寡人!"安陵君曰:"大王加惠,以大易小,甚善;虽然,受地于先王,愿终守之,弗敢易!"秦王不说。安陵君因使唐雎使于秦。

秦王谓唐雎曰:"寡人以五百里之地易安陵,安陵君不听寡人,何也?且秦灭韩亡魏,而君以五十里之地存者,以君为长者,故不错意也。今吾以十倍之地,请广于君,而君逆寡人者,轻寡人与?"唐雎对曰:"否,

---

① 去:离开。

非若是也。安陵君受地于先王而守之，虽千里不敢易也，岂直五百里哉？"

秦王怫然怒，谓唐雎曰："公亦尝闻天子之怒乎？"唐雎对曰："臣未尝闻也。"秦王曰："天子之怒，伏尸百万，流血千里。"

唐雎曰："大王尝闻布衣之怒乎？"秦王曰："布衣之怒，亦免冠徒跣，以头抢地耳。"唐雎曰："此庸夫之怒也，非士之怒也。夫专诸之刺王僚也，彗星袭月；聂政之刺韩傀也，白虹贯日；要离之刺庆忌也，仓鹰击于殿上。此三子者，皆布衣之士也，怀怒未发，休祲降于天，与臣而将四矣。若士必怒，伏尸二人，流血五步，天下缟素，今日是也。"挺剑而起。

秦王色挠，长跪而谢之曰："先生坐！何至于此！寡人谕矣：夫韩、魏灭亡，而安陵以五十里之地存者，徒以有先生也。"①

因此，"士"的生存发展有赖于广开言路、虚心纳谏的仁君的出现。《战国策》表达了对这种仁君的美誉与向往。战国时代的齐国是一个大国。至齐威王时，"地方千里"，拥有一百二十座城邑。不仅国内一片赞美，其他诸侯国也是一片喝彩。齐威王有理由接受这些赞美。可齐相邹忌则从别人对自己形貌言过其实的赞美中另有所悟，特为进谏，提醒齐威王不要被这些由利害关系决定的叫好声迷惑，指出这些言过其实的叫好其实是对大王最大的蒙蔽。齐威王大彻大悟。为了了解政治得失的真相，他下令国人只允许提意见，并根据对自己过失批评的直接、激烈程度分别给予不同级别的奖赏，并及时加以改进。由此带来的结果是：齐政愈加完美，一年之后，国人即使想提出批评，也提不出什么来了。故事是这么写的：

邹忌修八尺有余，形貌昳丽。朝服衣冠窥镜，谓其妻曰："我孰与城北徐公美？"其妻曰："君美甚，徐公何能及君也？"城北徐公，齐国之美丽者也。忌不自信，而复问其妾曰："吾孰与徐公美？"妾曰："徐公何能及君也！"旦日，客从外来，与坐谈，问之客曰："吾与徐公孰美？"客曰："徐公不若君之美也。"明日，徐公来，孰视之，自以为不如。窥镜而自视，又弗如远甚。暮寝而思之曰："吾妻之美我者，私我也；妾之美我者，畏我也；客之美我者，欲有求于我也。"

于是入朝见威王。曰："臣诚知不如徐公美。臣之妻私臣，臣之妾畏臣，臣之客欲有求于臣，皆以美于徐公。今齐地方千里，百二十城。

---

① 《唐雎不辱使命》，《战国策·魏策》。

宫妇左右，莫不私王；朝廷之臣，莫不畏王；四境之内，莫不有求于王。由此观之，王之蔽甚矣！"王曰："善！"乃下令："群臣吏民能面刺寡人之过者，受上赏；上书谏寡人者，受中赏；能谤讥于市朝，闻寡人之耳者，受下赏。"令初下，群臣进谏，门庭若市。数月之后，时时而间进。期年之后，虽欲言，无可进者。燕、赵、韩、魏闻之，皆朝于齐。此所谓战胜于朝廷。①

当然，有仁君，亦有暴君。当诛杀良士的暴君出现时，臣民就有权利顺应天意民心推翻他。比如齐闵王。"齐负郭之民有狐咺者，正议，闵王斮之檀衢，百姓不附；齐孙室子陈举直言，杀之间，宗族离心；司马穰苴，为政者也，杀之，大臣不亲。"齐王滥杀良士忠臣，君民离心离德。燕王趁机派昌国君乐毅率军攻齐，闵王从国都临淄逃至莒城避祸。楚将淖齿奉楚顷襄王之命率军救齐，被任命为齐相，淖齿反戈一击。他历数闵王罪状："夫千剩、博昌之间，方数百里，雨血沾衣，王知之乎？""嬴、博之间，地坼至泉，王知之乎？""人有当阙（宫门）而哭者，求之则不得，去（离开）之则闻其声，王知之乎？"闵王都说不知道。淖齿告诉他："天雨血沾衣者，天以告也；地坼至泉者，地以告也；人有当阙而哭者，人以告也。天、地、人皆以告矣，而王不知戒焉，何得无诛乎？"②天下血，地塌陷，人哭诉，都是你作恶多端、引得天怒人怨的告诫，而你不知引以为戒，你不该杀吗？于是，在鼓里这个地方，淖齿顺天应人将闵王杀死。这与这个时期《易传》中"汤武革命，顺乎天而应乎人"和《孟子》中"诛独夫民贼"的"革命"思想是一致的。

---

① 《邹忌修八尺有余》，《战国策·齐策》。
② 《齐负郭之民有狐咺者》，《战国策·齐策》。

第十章　儒家及其支流墨家的思想主张

东周时期，周天子因为实行分权的封建制而被诸侯国架空，成为诸侯国通过相互兼并不断发展壮大自己的时代。各诸侯国君为了称霸天下，纷纷招贤纳士，希望知识分子们为自己提供最有效的政治学说。于是诞生了诸子百家学说。儒家是其中最重要的一种学说。

孔子是儒家学说的创始人。不过，孔子创立的儒家学说不是毫无依傍、凭空而起的。他提出的许多道德范畴其实此前早已有之。传说夏禹、商汤以仁德治天下，"周室自文、武始兴，崇道德，隆礼义……叙人伦，正夫妇……仁义之道，满乎天下"①。在《管子》《晏子春秋》关于管仲、晏子政治主张的记述中，有许多仁政的观点主张。我们可以说，孔子的儒家学说是对古代圣王良臣仁德思想的继承和综合。孔子的思想主要记录在《论语》中。从孔子到孟子，曾参、孔伋是重要的过渡，曾参的《大学》与孔伋的《中庸》《孝经》是过渡时期的重要著作。孟子由此上承孔子，明确提出"仁政"的完整主张，留下一部《孟子》。荀子从法家中汲取部分法治思想，提出治理天下礼、刑并重的主张，成为儒家学说的改造者和周代儒学的集大成者。综合而论，尽管以仁爱为本的儒学在那个靠武力兼并称霸的年代不受诸侯国君欢迎，但在治理国家的时候，所讲所用，仍然离不开儒家学说。那个主张法治的商鞅也认识到："武王逆取而贵顺，争天下而上让。其取之以力，持之以义。"②儒家学说虽然只是诸子百家中的一家，但却是影响最大的一家。而墨家是"学仁义而流者也"③，属于儒学的一个支流。战国时期人们常常"儒墨"并称④，或"孔墨"并提⑤。"孔子、墨子俱道尧、舜，而取舍不同。"⑥墨家与儒家虽然在

---

① 刘向：《〈战国策〉序》。
② 《商君书·开塞》。
③ 《河南程氏遗书》卷六。
④ 《韩非子·显学》。
⑤ 《列子·黄帝》。
⑥ 《韩非子·显学》。

一些枝节问题上观点有差异,但同样都主张爱人利民,在当时都产生了很大影响。如韩非子说:"世之显学,儒、墨也。"①因此,我们把墨家与儒家放在一起评述。

孔子出身于儒业,承认神灵的存在是儒生的先决条件。然而在贵人轻神的周代文化氛围中,他敬鬼神而远之,对现实人生更加关注,他依据"君子儒"的文化积累创立了以仁为本的儒家学说。孔子仁学的起点是"性相近,习相远"的人性论。在此基础上形成了以"仁"为核心的道德范畴系统。由此出发,孔子论述了"为仁由己"的君子之道、重德明礼的为政之道以及教育的目的、内容、理念和方法,并整理编订了"六经"。于是,有理想的儒生、儒家学说创始人、圣人君子、有抱负的政治家、杰出的教育家和文化整理大师这六重形象,就构成了孔子的完整形象。

《孔子家语》是战国后期孔子弟子记录整理的一部孔子言行录。它为人们在《论语》之外完整理解孔子及孔门儒学主张提供了重要补充。《孔子家语》保留孔子家世、生平、业绩及"七十二弟子"名录等一手资料,揭示了孔子的"存亡祸福,皆己而已"的神人感应观,从"仁""礼""德""法"四方面论析了孔子心中的"明王之道",从"士人""君子""贤人""圣人"诸方面阐述了孔子眼中的修身之道,阐释了孔子关于人的"性命""人情"的涵义以及"人义"规范的思考。宋代以来,《孔子家语》一直被视为王肃假托的伪书。20世纪70年代两次汉墓出土文献证明此书不伪,应当纳入先秦儒学研究视野。

《大学》是孔子总结、曾参阐释高等教育的教学大纲。《大学》所讲的教育的主要内容,是自新与新民、修己与治人之道。自新即不断自我更新完善,关键在于明德。明德的途径是正心诚意、格物致知,从而寻求天理,恢复天赋之良知和善性。这是君子做人的起点,所谓"明德为本"。新民即推己及人,将"明德"推广到天下,使他人革新,共同向善。新民、治人的途径是"齐家、治国、平天下"。这是君子自新、修己的延伸和扩展,所谓"新民为末"。《大学》所论,夯实、奠定了先秦诸子学说"内圣外王"的思维模式。

围绕着孔子所说的"中庸"之至德,沿着孔子"有道则见、无道则隐"的思路和《大学》修己治人的模式,《中庸》要求人们以巨大的真诚,修养不偏不倚、不动好恶的思维方法,理性恪守礼教规范,处理社会的各种矛盾,合内外之道成己成物、内圣外王。它将"中庸""至诚"之"人道"升格、物化为"天道"的做法,直接开启了孟子的"天人合一"论、汉儒的"天人感应"论、宋儒的人道天理论。它提出的无过与不及的"中庸"方法是通向内圣外王的保证,因

---

① 《韩非子·显学》。

而具有价值论、道德论意义。不偏不倚、中正平和,成为古代士大夫完美人格修养的根本之道。

《孝经》作为孔伋记录孔子为曾参讲述孝道的儒家经典,从"天道"论证"孝道"的神圣性,将"孝道"提升为"天地之经",要求上至天子国君,下至大夫士人庶民,都加以服从恪守。"孝"的本质是对长辈的尊敬和顺从。因而,"事亲"之"孝"可以转化为"事君"之"忠","孝"不仅是"立身"齐家之道,也是"事君"之道、治国平天下之道。当然,"孝"及基于孝的"忠"不是无条件无原则的。当父亲、君主有"不义"的时候,孝子就应当做"诤子"、忠臣就应当做"诤臣"。

孟子是先秦儒家的"亚圣"。他继承孔子的政治主张,发展出"仁政"学说。"仁政"学说的要义是要求君主像百姓的父母一样爱民保民,以"不忍人之心行不忍人之政",从而获得人民的拥戴。作为"不忍人之心"的政治实践,外王之道本自内圣之道,亦即仁义礼智之心的培育。为了启发人们内圣修养的自觉,孟子提出了"仁义礼智""心所同然",无此之心"非人也"的人性本善论。"仁政"学说的基础是"民贵君轻"的民本论。当君主实行暴政导致民不聊生时,孟子赋予臣民"诛独夫民贼"的革命权。于是,从人性论到内圣论、到外王论,再到革命论,就成为以"仁政"为标志的孟子思想的逻辑结构。

生于战国末期的荀子是先秦儒家思想的集大成者。他高扬舜禹之道和孔子仁学,在批判六家、五霸偏颇的基础上广采博取、融化出新,构筑了天人相分、人性本恶、内圣外王、礼主刑辅、革命义兵的思想大厦。在天人关系上,他彻底否定了有神论,在尊重自然规律的同时强调发挥主观能动性,"制天命而用之"。在人性问题上,他既肯定人欲本恶,又强调善的道德意识是人的特征,它源于人的"心知"本性,实际上走向二重人性论。由此建构起"君子之道"和"君之所道"。"君子之道"包括贵礼、尚诚、劝学、隆师、征圣、宗经的个人修养。"君之所道"包括仁政民主、裕民富民、礼主刑辅、尚贤使能的经世方略。进而提出"从道不从君"的"臣道"、"从义不从父"的"子道"与"议兵以仁义为本"的军事主张。荀子学说体大思精,具有求真务实的科学精神和人文主义关怀,是周代贵人轻天、贵德轻神思想特征的典型证明。

墨学属于"仁义而流者",所以时人"儒墨"并提,与儒家有同有异。墨子首先从"别爱""非神""顺命""厚葬""奢乐"五方面"非儒",指出缺乏对"天""鬼"的敬畏是导致天下祸乱的最终根源,所以"尊天事鬼"成为墨子思想的逻辑起点。墨子的"天""鬼"是有意志的人格神,主持正义,除暴安良,与民意民利相通。所以"尊天事鬼"必然走向尽人力的"非命"和"爱利万民"的"贵义""兼爱"。从"兼爱"出发,墨子主张"非攻""非乐""节用""节葬"。从"贵义"出发,墨子"尚同""尚贤",主张将"爱利万民"的公义通过定于一尊的君主专制确定下来,统一天下人的是非善恶标准,并让贤人忠臣贯彻实施。于是,以"上利乎天,中利乎鬼,下利乎人"为"三表"、以"尊天事鬼、贵义兼爱、爱利万民"为核心主张的墨家学说体系便由此建立起来。

一、《论语》：孔子的六重形象及其思想主张

东周中叶,春秋后期,鲁国诞生了一位文化巨人孔子。他年轻时以儒生为业,但却是有着崇高理想的"君子儒",创立了以仁为本的儒家学说;他30岁前后告别儒业,创办私学,打破学在官府的传统,以儒家的内圣外王之道教授学生,培养出弟子三千,贤人七十二,成为伟大的教育家;他用儒家的内圣学说修养自身,不断扬善去恶,成为具有崇高人格的道德楷模,被后世奉为"千古圣人""至圣先师";他将儒家的外王学说付诸政治实践,取得重大成功,成为杰出的政治家。

孔子(前551年[①]—前479年),名丘,字仲尼。出生于春秋后期的鲁国。先辈是宋国贵族,后迁居鲁国。父亲叔梁纥(叔梁为字,纥为名)为陬邑大夫,是臂力过人的勇士。叔梁纥与施氏生九女,与妾生一子孟皮,但有足疾。在当时情况下,女子和有残疾的男子都不宜继嗣。据《史记》记载,"纥与颜氏女野合而生孔子,祷于尼丘得孔子"[②]。孔子是叔梁纥72岁时与18岁的年轻女子颜征在所生。孔子出生时,头顶中央凹下,故起名"丘"。孔子出生前,叔梁纥与颜征在曾去尼丘山祈祷,又因孔子在男孩中排行第二,故字"仲尼"。

孔子三岁时,父亲病逝。此后家道衰落,家境贫寒。不过长成后,他继承了父亲的血统,身高九尺三寸,约合今1.9米以上,孔武有力。孔子说:"吾少也贱,故多能鄙事。"[③]这些"鄙事"指给人送终办丧事的儒生之业。

19岁娶宋人亓官氏为妻。翌年生子。鲁昭公派人送鲤鱼表示祝贺,因而取名孔鲤,字伯鱼。不幸的是,孔鲤先孔子而死,留下遗腹子孔伋。孔伋字子思,是孔子学说到孟子学说的重要过渡。与此同时,从19岁起,孔子为

[①] 此生年据《春秋公羊传》和《春秋谷梁传》。《史记·孔子世家》认为孔子生于鲁襄公二十年,即公元前550年。
[②] 《史记·孔子世家》。司马贞索隐:"今此云'野合'者,盖谓梁纥老而征在少,非当壮室初笄之礼,故云野合,谓不合礼仪。"中国古代礼仪认为结婚生育的合适年龄,男性在16至64岁之间,女性在14岁至49岁之间。在这个范围之外都是不合礼仪的。叔梁纥迎娶颜征在时已72岁,故称之为"野合"。
[③] 《论语·子罕》。

鲁国贵族季孙氏做文书和管理仓储的委吏,21 岁时改作乘田,管理畜牧。这成为后来他走上政坛的契机。30 岁时开办私学①,有了第一批学生。颜回的父亲颜路、曾参的父亲曾点等都在其中。

51 岁到 54 岁之间,孔子在鲁国做了三年多时间的官,从中都宰、鲁国司空做到鲁国大司寇、代理宰相。因政绩突出,引起与之争霸的齐国的嫉恨和离间。鲁定公十三年春,孔子被迫离开鲁国,开始了周游列国、宣传儒家政治主张的征程。但这段历程并不顺利。他冷遇于卫,胁迫于匡,斥逐于蒲,困厄于陈蔡,危难于宋郑,受阻于晋楚,"不容于天下"②。68 岁归鲁,继续从事教育及整理文献工作。亲手整理、编订过《诗》《书》《礼》《乐》《易》《春秋》。鲁哀公十六年四月,孔子患病而卒,时年 73 岁。

孔子生活的鲁国,是周公旦后人的封地,保存了大量的西周文化典籍。当时,鲁国不但是东方各国的文化中心,也是旧周王朝管辖的各国文化的中心。公元前 544 年,吴国季札访问鲁国,观赏"周乐",叹为"观止"③。公元前 540 年,晋国韩宣子到鲁国访问,惊叹"周礼尽在鲁矣"④。孔子生活在这样一种文化环境中,从小便开始大量阅读古籍,向老子请教过周礼,整理、编订过周代文化典籍。在吸收、总结周文化中敬德、保民、重礼思想的基础上,以儒生的文化积累和君子儒的远大理想,创立了独特的儒家学说。

孔子创立的儒家学说,主要保留在《论语》中⑤。《论语》是孔子与其弟子的语录结集。班固《汉书·艺文志》说:"《论语》者,孔子应答弟子时人及弟子相与言而接闻于夫子之语也。当时弟子各有所记。夫子既卒,门人相与辑而论纂,故谓之《论语》。"柳宗元著《论语辩》指出:"儒者称《论语》孔子弟子所记,信乎?曰:未然也。……或曰:孔子弟子曾杂记其言,然而卒成其书者,曾子之徒也。"后世多认为《论语》是由孔子弟子及再传弟子(主要指曾参门人)共同完成的。通过《论语》,我们可以看到孔子儒生、儒家创始人、圣人、政治家、教育家、文化整理大师的完整形象,而且可以理解孔子的基本思想主张⑥。

---

① 杨伯峻:《论语译注》前言"试论孔子",中华书局 1980 年版,第 20 页;吴高飞:《孔子传》,中国人事出版社 2000 年版,第 38 页;钱穆:《孔子传》,生活·读书·新知三联书店 2002 年版,第 14 页。
② 《庄子·盗跖》。
③ 《左传·襄公二十九年》。
④ 《左传·昭公二年》。
⑤ 本文所引《论语》,采用朱熹《四书章句集成》本,中华书局 1996 年版。
⑥ 参祁志祥:《论孔子的五重形象及其思想主张》,《宝鸡文理学院学报》2019 年第 5 期,《高等学校文科学术文摘》2020 年第 1 期转摘。

1. 作为儒生的孔子:"敬鬼神而远之"

中国人历来重视丧葬礼仪。这种广泛的社会需求促进了一种专门负责办理丧葬事务的神职人员——"儒"的产生。"儒"早在商代就出现了。春秋时代的"儒",从古代专为贵族服务的巫史祝卜中发展成为特定的知识阶层和靠礼仪知识谋生的自由职业者。孔子早年的生活主要是靠"儒"业维持的。孔子曾描述说:"出则事公卿,入则事父兄,丧事不敢不勉,不为酒困,何有于我哉?"①

孔子所从事的"儒",是"君子儒"而非"小人儒"。他曾对子夏说:"女为君子儒,无为小人儒。"②"君子儒"是指通晓礼仪、人格高尚、具有远大理想的知识分子,如上述"出则事公卿,入则事父兄"、"丧事不为酒困"的儒生;"小人儒"指仅通礼仪但胸无大志、唯利是图、目光短浅的神职人员,如《墨子·非儒》批评的那种"富人有丧,乃大说喜曰:此衣食之端也"之类。孔子创立儒家学说,是他立志做"君子儒"的崇高理想的自然产物。

出身于送丧的儒业,承认神灵的存在是儒生的先决条件。在孔子的神灵观念中,"天"是至高无上的有意志的人格神。《论语》中多处出现孔子对"天"的感叹,大多是这个意思。《乡党》记载,"迅雷风烈必变"。孔子遇见迅雷大风,一定改变神色,以示对天神的敬畏。《述而》记载,孔子曾说:"天生德于予,桓魋其如予何?"老天赋予我高尚的品德,追杀我的宋国大夫桓魋能把我怎样?《宪问》记载孔子语:"不怨天,不尤人。下学而上达,知我者其天乎!"我不埋怨天,也不责备人,下学礼乐而上达天意,了解我的只有天吧!《子罕》记载:"子畏于匡,曰:'文王既没,文不在兹乎?天之将丧斯文也,后死者不得与于斯文也;天之未丧斯文也,匡人其如予何!'"孔子在匡地被人们围困时说:周文王死了以后,周代的礼乐文化不都体现在我的身上吗?上天如果想要消灭这种文化,那我就不可能掌握这种文化了;上天如果不消灭这种文化,那么匡人又能把我怎么样呢?《雍也》记载:孔子去见南子,子路不高兴。孔子发誓说:"予所否者,天厌之!天厌之!"如果我做什么不正当的事,让上天谴责我吧!《八佾》记载孔子的话:"获罪于天,无所祷也。"得罪了天,祈祷也是没有用的。《子罕》记载:"子疾病,子路使门人为臣。病间,曰:'久矣哉,由之行诈也。无臣而为有臣。吾谁欺?欺天乎?且予与其死于臣之手也,无宁死于二三子之手乎?且予纵不得大葬,予死于道路

---

① 《论语·子罕》。
② 《论语·雍也》。

乎?'"子路在孔子患重病之际,叫门人充当孔子的家臣,准备由此人总管安葬孔子之事。孔子当时已不是大夫,并无家臣。后来,孔子的病好了一些,便感叹说:仲由一直干这种弄虚作假的事情。我明明没有家臣,却偏偏要装作有家臣。我骗谁呢?我骗上天吗?孔子的弟子子夏说:"死生由命,富贵在天。"①"天"也指至上神。

在承认至上神"天"的前提下,孔子肯定"天命"的存在。"天命"即最高人格神的意志。《子罕》记载:"子罕言利,与(赞同)命与仁。"孔子很少谈到利益,却赞成天命和仁德。"天命"有绝对的权威,不可抗拒,君子应当"知命"。孔子曾提出:"不知命,无以为君子也。"②"君子有三畏:畏天命,畏大人,畏圣人之言。小人不知天命而不畏也,狎大人,侮圣人之言。"③他说自己经过长期的追求,"五十而知天命"④。颜渊贫困早夭,孔子感叹这是天命。"颜渊死。子曰:'噫!天丧予!天丧予!'"⑤冉伯牛得了重病,孔子归结为"命":"伯牛有疾,子问之,自牖执其手,曰:'亡之,命矣夫,斯人也而有斯疾也!斯人也而有斯疾也!'"⑥

人死为鬼。鬼神的地位,在孔子心目中比"天"是次一等级的,但他同样承认其存在,对它们心怀敬畏。《尧曰》记载,孔子"所重:民、食、丧、祭"。孔子重视的四件事中包括丧礼、祭祀。《述而》记载:"子之所慎:斋,战,疾。""斋",即斋戒,祭神前的准备,清心寡欲,以示虔诚。孔子一生谨慎对待的事情包括斋戒。《乡党》记载:"乡人傩,朝服而立于阼阶。""见齐衰(zī cuī,一种丧服)者,虽狎(亲近),必变。"乡里人举行迎神驱鬼的宗教仪式时,孔子总是穿着朝服站在东边的台阶上。看见穿丧服的人,即使是关系很亲密的,孔子的神态也一定变得严肃起来。他推崇大禹,认为禹有许多伟大之处,其中之一是"菲饮食而致孝乎鬼神"⑦,自己的饮食很简单,对祖先神灵的祭祀孝敬却很丰盛。他还说:"祭如在,祭神如神在。子曰:'吾不与祭,如不祭。'"⑧祭祀祖先就像祖先真在面前,祭神就像神真在面前。如果不亲自参加祭祀,那就和没有举行祭祀一样。

作为给富人养老送丧的儒生,孔子对天神、鬼神是虔诚、敬畏的。不过,

---

① 《论语·颜渊》。
② 《论语·尧曰》。
③ 《论语·季氏》。
④ 《论语·为政》。
⑤ 《论语·先进》。
⑥ 《论语·雍也》。
⑦ 《论语·泰伯》。
⑧ 《论语·八佾》。

处于重人轻天、贵人轻神的周代文化氛围中,孔子对天命鬼神又表现出敬而远之的态度。孔子曾明确主张:"敬鬼神而远之。"①其表现形态是"子不语怪、力、乱、神"②。孔子并不过多提及鬼神之事。他还批评说:"非其鬼而祭之,谄也。"③对于鬼神,该祭祀的才祭,不该祭祀的去祭祀,是谄媚的表现。据《先进》记载:"季路问事鬼神。子曰:'未能事人,焉能事鬼?'敢问死。曰:'未知生,焉知死?'"孔子对人死之后祭祀鬼神之类的事并不热衷去追求,对自然宇宙背后的奥秘也很少探究,而对人生事务则倾注了更大热情。子贡说他的老师:"夫子之文章,可得而闻也;夫子之言性与天道,不可得而闻也。"④一方面,孔子认识到,"道之将行也与,命也;道之将废也与,命也"⑤,理想之"道"能否得到推行,是天命决定的;另一方面,在天命、神力面前,孔子又不愿意束手就擒,坐以待毙,而是知天命,尽人力,被人称为"知其不可而为之者"⑥。由此,他创立了仁本主义的儒家学说。

2. 作为儒家创始人的孔子:人性论及其仁学谱系

孔子仁学的起点是对人性的认识。关于人性,孔子指出:"性相近也,习相远也。"⑦"性"指人的天性。人的天性是相近的、基本相同的。这个相同的天性是什么呢?就是物质欲望与意识属性。"夫人受才乎大本,复灵以生。"⑧人最重要的特性是心灵智慧。"哀莫大于心死。"⑨心灵停止活动,是人最大的悲哀。"饱食终日,无所用心,难矣哉!不有博弈者乎?为之,犹贤乎已。"⑩整天吃饱了饭,什么心思也不动,是不行的!不是有掷采下棋的游戏吗?玩玩它也比不动脑筋好。在后天的修养中,能否以理性智慧克制感性欲望,就形成不同的人格差别,这就叫"习相远"。这种差别在孔子有多种分法。一是分为"上智"与"下愚"、"君子"与"小人"两等。"唯上智与下愚不移。"⑪"君子而不仁者有矣夫,未有小人而仁者也。""君子易事而难说也,说

---

① 《论语·雍也》。
② 《论语·述而》。
③ 《论语·为政》。
④ 《论语·公冶长》。
⑤ 《论语·宪问》。
⑥ 《论语·宪问》。
⑦ 《论语·阳货》。
⑧ 《庄子·寓言》引孔子语。
⑨ 《庄子·田子方》引孔子语。
⑩ 《论语·阳货》。
⑪ 《论语·阳货》。

之不以道,不说也……小人难事而易说也,说之虽不以道,说也……"①二是把人格分为"中人以上""中人""中人以下"三等:"中人以上,可以语上也,中人以下,不可以语上也。"②三是分为四等:"生而知之者,上也;学而知之者,次也;困而学之,又其次也;困而不学,民斯为下矣。"③综而言之,孔子的意思大抵是:上等之人,属于"智者","生而知之",是君子中的"仁者";中等之人,属于"不仁"而懂得"学而知之"的君子和"困而学之"的普通百姓;"困而不学"、无"仁"可言的人是下等的"小人""愚人"。孔子的人性论,论及人天性的共同性和修养结果的差别性,旨在引导人们通过后天的心灵道德修养超凡入圣,远离"小人",成为"君子"。

由人性论出发,孔子建构了他的仁学思想系统。

在孔子看来,处于春秋诸侯争霸的乱世,君子应当有自己的人格操守和道德理想,这个道德理想就是"道"。"道不行,乘桴浮于海。"④"天下有道则见,无道则隐"⑤;"邦有道则知,邦无道则愚"⑥;"邦有道则仕,邦无道,则可卷而怀之"⑦;"用之则行,舍之则藏"⑧。当"无道则隐""舍之则藏""邦无道则愚,则卷而怀之"时,独守善道体现为内圣之道、君子之道;当"有道则见""有道则智则仕""用之则行"时,道济天下体现为外王之道、为政之道。它们都是由一个核心的概念"仁"串联、贯通起来的。

孔子是一个有着远大理想和崇高人格的"君子儒"。这个远大理想和崇高人格就是"道"。孔子曾说:"笃信好学,守死善道。"⑨"朝闻道,夕死可矣!"⑩"君子谋道不谋食……君子忧道不忧贫。"⑪孔门弟子有子发挥说:"君子务本,本立而道生。"⑫

这个"道"的核心内涵就是"仁"。

"仁"字在殷商卜辞、金文中尚未出现。周代出现了"仁"字。《尚书·周

---

① 器之,朱熹《论语集注》注:随其材器而使之也。说,朱熹《论语集注》释为"悦"。
② 《论语·雍也》。
③ 《论语·季氏》。
④ 《论语·公冶长》。
⑤ 《论语·泰伯》。
⑥ 《论语·公冶长》。
⑦ 《论语·卫灵公》。
⑧ 《论语·述而》。
⑨ 《论语·泰伯》。
⑩ 《论语·里仁》。
⑪ 《论语·卫灵公》。
⑫ 《论语·学而》。

书·金縢》出现过"予仁若考"①。《诗·郑风·叔于田》:"洵美且仁。"《齐风·卢令》:"其人美且仁。"《老子·五章》:"天地不仁,以万物为刍狗。"《左传·僖公九年》:"宋公疾,太子兹父固请曰:'目夷长且仁,君其立之。'公命子鱼,子鱼辞曰:'能以国让,仁孰大焉?臣不及也。'"《僖公三十三年》:"臼季曰:'臣闻之,出门如宾,承事如祭,仁之则也。'"《成公九年》:"(晋)范文子曰:'楚囚,君子也。言称先君,不背本也。不背本,仁也。'"《昭公二十年》:"无极曰:'(伍)奢之子材,若在吴,必忧楚国,盍以免其父召之?彼仁必来。'"《论语》中,"仁"字出现的频率呈爆发式增长。据杨伯峻统计,《论语》讲到"仁"字109次②。孔子从各个不同角度阐释"仁","仁"成为孔子儒家学说的核心范畴。孔子曾说:"道不同,不相为谋。"③据《孟子·离娄上》所引,孔子曾说过:"道二,仁与不仁而已矣。"这不同的"道",以仁为分野,主要表现为"仁"与"不仁"。

孔子所说的"仁",基本含义是"爱人"。"樊迟问'仁'。子曰:'爱人。'"④如何理解"爱人"呢?

首先,"爱人"意味着"爱人"高于"爱物",重点是以人为本。《论语·乡党》记载:"厩焚。子退朝,曰:'伤人乎?'不问马。"马厩马多人少。失火后马肯定死伤不少。当时的马很重要,好马也很名贵,远比马夫值钱。但孔子只关心马夫的安全,而不问马的死伤情况,说明在他心目中,"人"比"马"更重要。朱熹注解说:"盖贵人贱畜,理所当然。"孔子"非不爱马,然恐伤人之意多,故未及问"⑤。孔子之后,吕不韦据此重新界定"仁"的含义:"仁于他物,不仁于人,不得为仁;不仁于他物,独仁于人,犹若为仁。"⑥"仁于人"而不"仁于物",尚可称"仁";如果仅仅"仁于物"而不"仁于人",就决不能叫"仁"。在仁爱中,"爱人"比"爱物"重要得多。

"爱人"的第二个要义是"爱他人"。孔子说:"君子成人之美,不成人之恶,小人反是。"⑦原思是孔子的学生。孔子在鲁国任司寇的时候,原思曾担任他家的总管。当时孔子给他俸米九百,原思推辞不要。孔子说:"毋,以与

---

① 但这里的"仁"究竟何义后世尚存在争论,未必是仁爱的仁。参钟云端:《〈尚书·金縢〉篇"予仁若考"解诂》,《青岛农业大学学报》2015年第3期。
② 杨伯峻:《论语译注》前言,中华书局1980年版,第16页。
③ 《论语·卫灵公》。
④ 《论语·颜渊》。
⑤ 朱熹:《论语集注》卷五,《四书章句集注》,中华书局1983年版。
⑥ 《吕氏春秋》卷二十一《开春论第一·爱类》。
⑦ 《论语·颜渊》。

尔邻里乡党乎!"①不要推辞,如果有多的,就给你的乡亲们吧。不过同时,孔子提出,君子的"爱人"济急不济富。公西赤出使齐国,冉求替他的母亲向孔子请求补助一些谷米。孔子说:"给他六斗四升。"冉求请求再增加一些。孔子说:"再给他二斗四升。"冉求却给他八十斛。孔子批评冉求说:"赤之适齐也,乘肥马,衣轻裘。吾闻之也:君子周急不济富。"②在爱人问题上,如果能够"博施于民而能济众"③,那是"仁"的最高境界"圣"。"子贡曰:'如有博施于民而能济众,如何?可谓仁乎'?子曰:'何事于仁,必为圣乎!'"④朱熹《论语集注》:"言此何止于仁,必也圣人能之乎。"在孔子看来,洁身自好并不是"仁"。如《宪问》载弟子原宪问:"克、伐、怨、欲不行焉,可以为仁矣?"好胜、自夸、怨恨、贪欲都没有的人,可以算做到"仁"了吧?孔子回答:"可以为难矣,仁则吾不知也。"能够做到这样是很难得的,但至于是不是做到了"仁",那就不知道了。只有走向"爱人",才称得上"仁"。如《雍也》记录孔子语:"夫仁者,己欲立而立人,己欲达而达人。"《宪问》记载:"子路问君子。子曰:'修己以敬。'曰:'如斯而已乎?'曰:'修己以安人。'曰:'如斯而已乎?'曰:'修己以安百姓。'"只有走向"立人""达人""安人""安百姓",才无愧于"仁"。

从"爱人"出发,孔子提出"忠恕之道"。《为政》篇记载:

> 子曰:"参乎!吾道一以贯之。"曾子曰:"唯。"子出。门人问曰:"何谓也?"曾子曰:"夫子之道,'忠''恕'而已矣。"

朱熹《论语集注》云:"尽己之谓'忠',推己之谓'恕'。"所谓"忠",即"己欲立而立人,己欲达而达人";所谓"恕",孔子解释即"己所不欲,勿施于人"⑤。《中庸》引孔子的话说:"忠恕违(离)道不远。施诸己而不愿,亦勿施于人。"也是同样的意思。可见,"恕"即宽容别人之意。《宪问》谓之"以直报怨,以德报德";《公冶长》谓之"不念旧恶,怨是用希"。要之,"仁"者"爱人",应将对自己的爱扩展到对他人的爱。正如董仲舒所解释:"仁之法,在爱人,不在爱我。"⑥

"爱人"必须从对父母长辈的爱和对兄弟朋友的敬做起。所以"仁"包含

---

① 《论语·雍也》。
② 《论语·雍也》。
③ 《论语·雍也》。
④ 《论语·雍也》。
⑤ 《论语·卫灵公》。
⑥ 董仲舒:《春秋繁露·仁义法》。

"孝""悌","孝""悌"是"仁"的出发点。有子指出:"'孝''弟'也者,其为'仁'之本与?"①孔子这样教导弟子:"弟子入则孝,出则悌,谨而信,泛爱众,而亲'仁'。"②孔子还具体解释了"孝":"今之孝者,是谓能养。至于犬马,皆能有养。不敬,何以别乎?"③"孝"不仅包括对父母物质上的赡养,而且包括对父母精神上的敬爱,这是人与其他动物的根本区别。对父母精神上的敬爱,集中表现为对父母之命"无违",表现为对待父母,"生,事之以礼;死,葬之以礼,祭之以礼"④。宰我认为为去世的父母守丧三年时间太久,这个制度不可取:"三年之丧,期已久矣。君子三年不为礼,礼必坏;三年不为乐,乐必崩",认为可改为"一年之丧",孔子批评他这是"不仁"⑤。由于"仁"可包含"孝",所以孟子说:"未有仁而遗其亲者"⑥。

对君主的"忠",是"爱人"之"仁"的最终归属,所谓"臣事君以忠"⑦;"事君,敬其事而后其食。"⑧"其为人也孝弟,而好犯上者,鲜矣。"⑨所以"仁"又包含"忠"。孔子一生要求自己严格按照周礼的规定事奉君主,如果这样不行,宁可辞职不干:"所谓大臣者,以道事君,不可则止。"⑩不过,这受到别人的讥讽,认为他是在向君主谄媚:"事君尽礼,人以为谄也。"⑪其实,他要求的"事君"之忠是"勿欺也,而犯之"⑫,切忌欺骗君主,但可以当面劝谏君主,并无谄谀之意。这表明,当时的君臣关系已经遭到破坏,已经没有多少人再重视君臣之礼了。

"爱人"与"敬人"是密切联系在一起的。关于"仁"与敬人的联系,孔子在回答樊迟问仁时说:"居处恭,执事敬,与人忠"⑬;在回答子张问仁时重申"恭"而"不侮"⑭;在回答仲弓问仁时,以"出门如见大宾,使民如承大祭"为喻相求⑮,大意是说,出门与人相晤,犹如接见大宾,使用民力,犹如承奉大祭。

---

① 《论语·学而》。
② 《论语·学而》。
③ 《论语·为政》。
④ 《论语·为政》。
⑤ 《论语·阳货》。
⑥ 《孟子·梁惠王上》。
⑦ 《论语·学而》。
⑧ 《论语·卫灵公》。事奉君主,要认真办事而把领取俸禄的事放在后面。
⑨ 《论语·八佾》。
⑩ 《论语·先进》。
⑪ 《论语·八佾》。
⑫ 《论语·宪问》。
⑬ 《论语·子路》。
⑭ 《论语·阳货》。
⑮ 《论语·颜渊》。

见大宾必须敬,承大祭必须诚,诚与敬即可为仁。"仁"主爱人,"礼"主敬人,所以"仁"与"礼"又密切相关,"仁"包含着对"礼"的恪守。颜渊问何为仁,孔子回答:"克己复礼为仁。一日克己复礼,天下归仁焉。"①颜渊问实行仁的条目,孔子回答:"非礼勿视,非礼勿听,非礼勿言,非礼勿动。"②"礼"是调节人与人、人与神之间和谐关系的理性规范,它是对个人自然欲望的克制。"恭而无礼则劳,慎而无礼则葸,勇而无礼则乱,直而无礼则绞。"③一个人如果只是态度恭敬而不符合礼,那就会劳扰不安;只是做事谨慎而不符合礼,那就会胆怯畏缩;只是刚毅勇敢而不符合礼,那就会闯祸作乱;只是坦诚直率而不符合礼,那就会刻薄伤人。所以孔子教导弟子:"博我以文,约我以礼"④;"不学礼,无以立"⑤;"立于礼"⑥。周代的"礼"是与"乐"紧密联系在一起的。"礼乐"具有外在的形式,但不能把它看作是没有内容的空洞形式。"人而不仁,如礼何?人而不仁,如乐何?"⑦一个人不讲仁爱,礼乐有什么用?"礼云礼云,玉帛云乎哉?乐云乐云,钟鼓云乎哉?"⑧"仁"是"礼乐"的实质内容,"礼乐"是"仁"的外在规范。所以,华而不实,"巧言令色,鲜矣仁。"⑨"巧言乱德。"⑩反之,"刚毅木讷,近仁。"⑪"礼乐"应包含"仁"的内容,排除非"仁"的内容。孔子曾对季氏说:"八佾舞于庭,是可忍也,孰不可忍也!"⑫

综上可见,"仁"从"孝""悌"出发,最后落脚于事君之"忠",平时以"礼乐"为外在形式规范。

不仅如此,"仁"还包括"义""智""勇""贤"。孔子说:"君子义以为上。"⑬"见义不为,无勇也。"⑭"未知(智)焉得仁?"⑮"仁者必有勇。"⑯"子贡问

---

① 《论语·颜渊》。
② 《论语·颜渊》。天下归仁焉,一种解释是天下的人都公认他做到了仁;另一种解释是天下的一切就都归顺仁了。
③ 《论语·泰伯》。
④ 《论语·子罕》颜渊语。
⑤ 《论语·季氏》。
⑥ 《论语·泰伯》。
⑦ 《论语·八佾》。
⑧ 《论语·阳货》。
⑨ 《论语·学而》。
⑩ 《论语·卫灵公》。
⑪ 《论语·子路》。
⑫ 《论语·八佾》。
⑬ 《论语·阳货》。
⑭ 《论语·为政》。
⑮ 《论语·公冶长》。
⑯ 《论语·宪问》。

为仁。子曰：'……居是邦也，事其大夫之贤者，友其士之仁者'。"①"仁"还包含"恭、宽、信、敏、惠"等范畴。子张问仁于孔子。孔子说："能行五者于天下为仁矣。"这"五者"即"恭、宽、信、敏、惠"。"恭则不侮，宽则得众，信则人任焉，敏则有功，惠则足以使人。"②可见这"五者"都是"爱人"的不同表现形态。

源于"孝"并以"孝"为本的"爱人"，将孔子的仁爱与墨子的兼爱区分开来。墨子的兼爱是不分亲疏的无差等的博爱。孔子的仁爱是有亲疏差等的自爱。孔子的自爱不是一己的私爱，而是宗法血亲之爱，用孔子的话说叫"亲亲"。前面一个"亲"是亲爱，后面一个"亲"是血亲、亲人。《中庸》引孔子语："仁者，人也，亲亲为大。"孔子把"亲亲"看得非常重要。"亲亲"的主要表现形态是"孝悌"。孔子说："君子笃于亲，则民兴于仁。"③"亲亲"为"仁之大"，"孝悌"是"仁之本"。为什么呢？程子解释说："孝悌行于家，而后仁爱及于物，所谓亲亲而仁民也。故为仁以孝悌为本。""仁主于爱，爱莫大于爱亲，故曰孝悌也者，其为仁之本欤！"④人的爱人之心是爱亲之心的扩大。如果不懂得对亲人的爱，也就谈不上对别人的爱。爱亲是爱人的出发点，爱人是由爱亲转化而来的。子思《孝经》指出："爱亲者不敢恶于人，敬亲者不敢慢于人。""不爱其亲而爱他人者，谓之悖德。"⑤孟子发挥此旨说："老吾老以及人之老，幼吾幼以及人之幼。"⑥"杨氏为我，是无君也；墨子兼爱，是无父也。无父无君，是禽兽也。"⑦晚清鸿儒刘熙载《古桐书屋札记》揭示："仁者自爱，有礼者自敬，而爱人、敬人恒因之。"孔子讲"己所不欲，勿施于人"，"己欲立而立人，己欲达而达人"，再明显不过地昭示了这种对他人的爱，正是由爱己转化而来的将心比心、推己及人的爱。

3. 作为圣人的孔子：论"为仁由己"的君子之道

"仁"是一种很高的境界。孔子说："好仁者，无以尚之。"⑧孟武伯曾问孔子：子路做到了"仁"吧？孔子说："由也，千乘之国，可使治其赋也，不知其仁也。"在大国中让他管理军事，是一把好手，是不是做到了"仁"则不好说。孟武伯又问：冉求这个人怎么样？孔子说："千室之邑，百乘之家，可使为之

---

① 《论语·卫灵公》。
② 《论语·阳货》。
③ 《论语·泰伯》。
④ 朱熹：《论语集注》，《四书章句集注》，中华书局1983年版，第48页。
⑤ 据汪受宽：《孝经译注》，上海古籍出版社1998年版。
⑥ 《孟子·梁惠王上》。
⑦ 《孟子·滕文公下》。
⑧ 《论语·里仁》。

宰也,不知其仁也。"冉求这个人可以胜任让他在千户人家的公邑或拥有百辆兵车的采邑里当总管,但是不是做到了"仁",也不好说。孟武伯又问:公西赤又怎么样?孔子答:"束带立于朝,可使与宾客言也,不知其仁也。"①公西赤可以胜任朝廷的礼宾官,但是不是做到了"仁",同样不好说。子张曾问孔子:"令尹子文三仕为令尹,无喜色;三已之,无愠色。旧令尹之政,必以告新令尹。何如?"令尹子文几次做楚国宰相,没有喜形于色;几次被免职,也没有表露怨恨。每次被免职,总是把自己负责的政事与接任宰相做好交接。你看这个人怎么样?孔子说:"忠矣。"又问:"仁矣乎?"孔子答:"焉得仁?"②子张又问:崔杼杀了他的君主齐庄公。齐大夫陈文子抛弃四十匹马的家产,离开齐国。可到另一个国家,发现那里的执政者与齐国的崔杼差不多,就离开了。但到了另一个国家,仍然发现同样的情况,又离开了。你看这人如何?孔子说:可称得上清高了。子张说:"可称得上仁吗?"孔子说:"焉得仁?"③孔子曾感叹:"若圣与仁,则吾岂敢?抑为之不厌,诲人不倦,则可谓云尔已矣。"④孔子被后人奉为"圣人",不过他自己很谦虚。他说:"圣人吾不得而见之矣!得见君子者,斯可矣。"⑤所以孔子讨论的内圣之道,主要体现为君子之道。"君子去仁,恶乎成名?君子无终食之间违仁,造次必于是,颠沛必于是。""苟志于仁矣,无恶也。"⑥"仁远乎哉?我欲仁,斯仁至矣。"⑦只要坚持努力,最后总是能达到仁德君子的境界。

于是,"好学",是走向仁德、成为君子的关键。所谓"好学",不单指知识、技艺的学习,更多的是指道德修养、人格的培育。"就有道而正焉,可谓'好学'也已。"⑧子夏补充说:"君子学以致其道。""博学而笃志,切问而近思,仁在其中矣。""日知其所亡,月无忘其所能,可谓好学也已矣。"⑨孔子虽然被后世奉为圣人,但他并不把自己打扮成先知先觉,而是老老实实地声明:"我非生而知之者,好古,敏以求之者也。"⑩他所达到的仁德境界,只是不断努力、学习的结果。"吾尝终日不食,终夜不寝,以思,无益,不如学也。"⑪"十室

---

① 《论语·公冶长》。
② 《论语·公冶长》。
③ 《论语·公冶长》。
④ 《论语·述而》。
⑤ 《论语·述而》。
⑥ 均见《论语·里仁》。
⑦ 《论语·述而》。
⑧ 《论语·述而》。
⑨ 均见《论语·子张》。
⑩ 《论语·述而》。
⑪ 《论语·卫灵公》。

之邑,必有忠信如丘者焉,不如丘之好学也。"①"学而时习之,不亦说乎?"②叶公向子路问孔子是个什么样的人,子路不答。孔子对子路说:"女奚不曰,其为人也,发愤忘食,乐以忘忧,不知老之将至云尔。"③你为什么不这样说,他这个人,发愤用功,连吃饭都忘了,快乐得把一切忧虑都忘了,连自己快要老了都不知道,如此而已。卫国的公孙朝问子贡:"仲尼焉学?"子贡回答:"文武之道"④。孔子学习、修养的主要对象是周文王、周武王的道。孔子要求:"志于道,据于德,依于仁,游于艺。"⑤他曾分析过不好学的六种弊病:"好仁不好学,其蔽也愚;好知不好学,其蔽也荡;好信不好学,其蔽也贼;好直不好学,其蔽也绞;好勇不好学,其蔽也乱;好刚不好学,其蔽也狂。"⑥他对学生的教育,不只是御、书、数、射之类的技艺,而且包括礼、诗之类的道德内容。他对学生说:"小子何莫学夫《诗》?《诗》,可以兴,可以观,可以群,可以怨。迩之事父,远之事君;多识于鸟兽草木之名。"⑦在他看来,弟子中只有颜回称得上"好学"。鲁哀公问:"弟子孰为好学?"孔子对曰:"有颜回者好学,不迁怒,不贰过,不幸短命死矣。今也则亡,未闻好学者也。"⑧

"好学"作为道德修养,其本质是改过从善。孔子说:"德之不修,学之不讲,闻义不能徙,不善不能改,是吾忧也。"⑨首先要勇于承认自己的不足,切忌固执己见、自以为是。"子绝四:毋意、毋必、毋固、毋我。"⑩子曰:"君子求诸己,小人求诸人。""躬自厚而薄责于人,则远怨矣。""君子病无能焉,不病人之不己知也。""不患人之不己知,患不知人也。"⑪"不患无位,患所以立;不患莫己知,求为可知也。"⑫"不患人之不己知,患其不能也。""不怨天,不尤人。"⑬其次要勇于改过。子曰:"过则勿惮改。"⑭"过而不改,是谓过矣。"⑮子贡勉励人们改过:"君子之过也,如日月之食焉。过也,人皆见

---

① 《论语·公冶长》。
② 《论语·学而》。
③ 《论语·述而》。
④ 《论语·子张》。
⑤ 《论语·述而》。
⑥ 《论语·阳货》。
⑦ 均见《论语·阳货》。
⑧ 《论语·雍也》。
⑨ 《论语·述而》。
⑩ 《论语·子罕》。
⑪ 均见《论语·学而》。
⑫ 《论语·里仁》。
⑬ 《论语·宪问》。
⑭ 《论语·学而》。
⑮ 《论语·卫灵公》。

之;更也,人皆仰之。"①再次要懂得向善处看齐。孔子说:"三人行,必有我师焉。择其善者而从之,其不善者而改之。"②"见贤思齐焉,见不贤而内自省也。"③"见善如不及,见不善如探汤。"④通常,人并不一定能够及时发现自己身上存在的不足,这就需要通过交友去解决。孔子指出:"益者三友,损者三友。友直,友谅,友多闻,益矣。友便辟,友善柔,友便佞,损矣。"⑤曾子说:"君子……以友辅仁。"⑥与孔子是一个意思。因为君子致力于内省改过,所以总是"不忧不惧"、光明磊落。"内省不疚,夫何忧何惧?"⑦"君子坦荡荡,小人长戚戚。"⑧

在此基础上,孔子对"君子"之道提出了具体的要求。

君子在不同的年龄有不同的道德修养任务,所谓"君子有三戒":"少之时,血气未定,戒之在色;及其壮也,血气方刚,戒之在斗;及其老也,血气既衰,戒之在得。"⑨年少的时候要戒除对女色的迷恋;壮年的时候血气方刚,要戒除与人争斗;老年衰弱的时候,要戒除贪得无厌。君子的修养包括人的言行举止的各个方面:"君子有九思:视思明,听思聪,色思温,貌思恭,言思忠,事思敬,疑思问,忿思难,见得思义。"⑩在各种道德规范中,仁、智、勇是三个基本要素。"君子道者三……仁者不忧,知者不惑,勇者不惧。"⑪礼义、忠信也很重要。"君子义以为质,礼以行之,孙(逊)以出之,信以成之,君子哉!"⑫"言忠信,行笃敬,虽蛮貊之邦,行矣。言不忠信,行不笃敬,虽州里,行乎哉?"⑬

在君子的各种修养中,如何处理利益欲望与道德理性的关系是一个大问题。孔子主张以欲从道、以利从义。他说:"君子怀德,小人怀土(田产);君子怀刑,小人怀惠。""君子喻(晓)于义,小人喻于利。""士志于道,而耻恶衣恶食者,未足与议也!""放(通仿,依也)于利而行,多怨。""富与贵,是人之

---

① 《论语·子张》。
② 《论语·述而》。
③ 《论语·里仁》。
④ 《论语·季氏》。
⑤ 《论语·季氏》。
⑥ 《论语·颜渊》。
⑦ 《论语·颜渊》。
⑧ 《论语·述而》。
⑨ 《论语·季氏》。
⑩ 《论语·季氏》。
⑪ 《论语·宪问》。
⑫ 《论语·卫灵公》。
⑬ 《论语·卫灵公》。

所欲也，不以其道得之，不处也（居也）；贫与贱，是人之所恶也，不以其道得之，不去也。"①"不义而富且贵，于我如浮云。"②"君子固穷，小人穷斯滥矣。""君子谋道不谋食……君子忧道不忧贫。"③"富而可求也，虽执鞭之士，吾亦为之；如不可求，从吾所好。"④"志士仁人，无求生以害仁，有杀身以成仁。"⑤子张也说："士见危致命，见得思义……其可已矣。"⑥

　　君子的道德修养中，文质关系是孔子论述的一个重点。君子是内外兼修、文质兼顾的："质胜文则野，文胜质则史。文质彬彬，然后君子。"⑦君子的形象是外圆内方、温和而有威严的。《论语》描述孔子形象："子温而厉，威而不猛，恭而安。"⑧子夏说："君子有三变：望之俨然，即之也温，听其言也厉。"⑨一方面，坚持仁义追求的君子骨子里有自己的是非好恶标准："唯仁者，能好人，能恶人。"⑩子贡问孔子："君子亦有恶乎？"孔子说："有恶。恶称人之恶者，恶居下流而讪上者，恶勇而无礼者，恶果敢而窒者。"另一方面，君子又善于与自己意见不同的人和谐共处。"君子和而不同，小人同而不和。"⑪"君子矜而不争，群而不党。"⑫是非心中明白，但表面不违如愚，是与人和谐共处的一个有效方法。如孔子称赞颜回："吾与回言终日，不违如愚。退而省其私，亦足以发。回也不愚。"⑬

　　文质关系的一个突出表现是言行关系。在这个问题上，孔子主张言行合一："言必信，行必果。"⑭"君子耻其言而过其行。"⑮"君子欲讷于言而敏于行"⑯。反对巧言乱德："恶紫之夺朱也，恶郑声之乱雅乐也，恶利口之覆邦家者。"⑰当然，也要兼顾说话的艺术，"言未及之而言谓之躁，言及之而不言谓

---

① 均见《论语·里仁》。
② 《论语·述而》。
③ 均见《论语·卫灵公》。
④ 《论语·述而》。
⑤ 《论语·卫灵公》。
⑥ 《论语·子张》。
⑦ 《论语·雍也》。
⑧ 《论语·述而》。
⑨ 《论语·子张》。
⑩ 《论语·里仁》。
⑪ 《论语·子路》。
⑫ 《论语·卫灵公》。
⑬ 《论语·为政》。
⑭ 《论语·子路》。
⑮ 《论语·宪问》。
⑯ 《论语·里仁》。
⑰ 《论语·述而》。

之隐,未见颜色而言谓之瞽。"①"可与人言而不言,失人;不可言而与之言,失言。知者不失人,亦不失言。"②

通过仁德修养,孔子达到了很高的人格境界,这就是"圣人"境界。不过当时,孔子的人格却遭到一些人的诋毁。鲁大夫叔孙武叔曾公开诋毁孔子,说子贡比仲尼更贤。但子贡并不认同。他指出叔孙武叔目光短浅,自然认识不到孔子的伟大。"仲尼不可毁也。他人之贤者,丘陵也,犹可逾也;仲尼,日月也,无得而逾焉。人虽欲自绝,其何伤于日月乎?多见其不知量也。"别人的贤德好比丘陵,仲尼的贤德好比太阳和月亮,无法超越。有人不自量力,自绝于日月,这并不能影响日月的光芒。孔子的崇高地位是否定不了的。

4. 作为政治家的孔子:论尚仁、重德、明礼的为政之道

孔子认为,如果不分"邦有道""邦无道",都出来做官拿俸禄,是可耻的行为:"邦有道,谷;邦无道,谷,耻也。"③判定天下有道无道的标准是什么呢?孔子说:"天下有道,则礼乐征伐自天子出;天下无道,则礼乐征伐自诸侯出。……天下有道,则政不在大夫;天下有道,则庶人不议。"④春秋末期,恰好是周天子的大权落入诸侯手中,诸侯国家的大权落入大夫和家臣手中的"无道"时期。以他所在的鲁国来看,鲁定公时期,大权被季孙氏、孟孙氏和叔孙氏三家控制,鲁定公成为一个傀儡。因此,有着一腔济世情怀的孔子一直没有出仕从政。

不过,学以致用,兼济天下,一直是他怀揣的政治理想。当时,控制鲁国国政的季孙氏与孟孙氏、叔孙氏中,季孙氏是三大贵族之首。而在政治争斗与家族厮杀中,季孙氏家族中毫无背景的家臣阳货(名虎,字货)最终成为实际当家人,也就是鲁国第一权臣,领导着三大家族少主,执政鲁国。阳货认识到自己底子不厚,势单力孤,于是就考虑提拔一些名流贤士来辅佐自己。正是在这种情况下,他力邀孔丘进入鲁国政坛。但孔子多次回避见他。为了见到孔子,他想了许多办法,终于一次在半路上截住了孔子。见到后他反复规劝孔子抓住机会出仕:"怀其宝而迷其邦,可谓仁乎?"孔子说"不可"。阳货又问:"好从事而亟失时,可谓知乎?"孔子说"不可"。阳货说:"日月逝矣,岁不我与。"孔子终于被说动了:"诺,吾将仕矣。"⑤于是,鲁定公九年(公元前501年),51岁的孔子开始从政。这年,鲁定公任命孔子为中都宰。治

---

① 《论语·季氏》。
② 《论语·卫灵公》。
③ 《论语·宪问》。
④ 《论语·季氏》。
⑤ 《论语·阳货》。

理中都一年,卓有政绩,四方仿效。

次年升任鲁国司空,不久升任司寇,摄行相事。这年夏,齐与鲁媾和,鲁定公与齐景公会于夹谷。孔子以大司寇身份为定公行相礼,孔子认为"虽有文事,必有武备",事先做了必要的武事准备。齐欲劫持定公,孔子以礼斥之。齐君敬畏,遂定盟约,并将侵占的汶阳、龟阴、郓地归还鲁国以谢过[①]。孔子任鲁司寇期间,鲁国大治,国人颂之[②]。

鲁定公十二年夏,为削弱季孙氏、孟孙氏、叔孙氏势力,加强国君权威,孔子向鲁定公建议:"家不藏甲,邑无百雉之城,今三家过制,请皆损之。"[③]策划实施了"堕三都"的政治军事行动,先堕叔孙氏的郈邑,再堕季孙氏之费邑,可是在堕孟氏的成邑(今山东省宁阳县东北)时,却受到孟氏家臣抵制,半途而废[④]。

孔子并不是只会纸上谈兵的书生,而是很有济世才能的杰出政治家。从鲁定公九年到十三年,孔子在鲁国从中都宰、司空做到司寇、代理宰相,其政绩恰如他自己原来所期:"苟有用我者,期月而已可也,三年有成。"[⑤]关于他从政的政绩,其他古籍也有记载。《吕氏春秋》记载说:"孔子始用于鲁……用三年,男子行乎涂右,女子行乎涂左,财物之遗者,民莫之举;大智之用,固难逾也。"[⑥]《史记》记载说,孔子"与闻国政三月"就大有起色,贩卖猪、羊的商人不再漫天要价,"男女行者别于涂;涂不拾遗,四方之客至乎邑者不求有司,皆予之以归"[⑦]。

鲁国因孔子大治,"齐人闻而惧",认为"孔子为政必霸,霸则吾地近焉,我之为先并矣"。于是鲁定公十三年春,齐人"选齐国中女子好者八十人,皆衣文衣而舞康乐,文马三十驷,遗鲁君。"[⑧]"季桓子受之,三日不朝。"[⑨]从此鲁国君臣沉迷于女色之中,不理朝政。本着"天下有道则见,无道则隐"的初衷,孔子去鲁适卫,开始了十四年周游诸侯列国的活动[⑩]。

---

① 《史记·孔子世家》。另见《春秋谷梁传·定公十年》。
② 《孔丛子·陈士义》。
③ 《孔子家语·相鲁》。杨方晃:《孔子年谱》采此说。《史记·孔子世家》记此事发生在鲁定公十三年。
④ 《史记·孔子世家》。
⑤ 《论语·子路》。
⑥ 《吕氏春秋·先识览·乐成》。
⑦ 《史记·孔子世家》。
⑧ 《史记·孔子世家》。
⑨ 《论语·微子》。
⑩ 关于孔子的为官时间,据清杨方晃《孔子年谱》。《史记·孔子世家》叙说鲁定公十四年孔子"由大司寇行摄相事",与杨方晃《孔子年谱》所载孔子"五十五岁,公元前497年,周敬王二十三年,鲁定公十三年"去鲁适卫不合,也与一般传说的孔子周游列国十四年至68岁归鲁的时间不合。故笔者不采《史记》之说。

孔子本来就怀有济世理想。三年多的从政经历乃是他济世理想的成功实践。实践的成功使得他在鲁国受挫后信心满满地开始了周游列国游说仁政理想的征程。适逢周朝封建统治分崩离析、走向"礼崩乐坏"的春秋末年，孔子以周礼捍卫者的面目出现，"知其不可而为之"，以"仁"为本，要求"克己复礼"。这就注定了其屡屡碰壁的不幸命运，最后不得不放弃从政理想，投身到周代文化典籍的整理和培养弟子的教育事业中。他曾说："吾自卫反鲁，然后乐正，雅、颂各得其所。"①孔子关于外王之道的学说颇为丰富，其仁政思想成为后代守天下的指导方针，所以宋代宰相赵普有"半部《论语》治天下"一说。

为政须有正当的名分。卫国国君等待孔子去治理国家，子路问孔子打算先从哪些事情做起，孔子说："必也正名乎！""名不正，则言不顺；言不顺，则事不成。"②他还指出："君子思不出其位。"③"不在其位，不谋其政。"④在实施方针政策前要有长远的眼光和战略耐心。子夏做了莒父的长官，向孔子请教如何处理政务。孔子说："无欲速，无见小利。欲速则不达，见小利则大事不成。"⑤

为政应当从"仁"入手，将"爱人"之心扩大、推行到爱民、安民、利民的政治实践中去。据《礼记·缁衣》，孔子曾说过："君以民存，亦以民亡。""民以君为心，君以民为体。"民是君的立足之本。在"修己以敬"的基础上"修己以安人"，最终达到"修己以安百姓"⑥，"博施于民而能济众"⑦，是"仁"的最高境界。处在连年不断的战争中，百姓们对于仁爱的需要，比对于水的需要更迫切："民之于仁也，甚于水火。水火，吾见蹈而死者矣，未见蹈仁而死者也。"⑧政治家应当重视、顺应人民对于仁爱的期盼，实施宽厚爱民的仁政，使"老者安之，朋友信之，少者怀之"⑨。孔子说："居上不宽……吾何以观之哉？"⑩"宽则得众。"⑪他明确反对暴虐之政。"不教而杀谓之虐，不戒视成

---

① 《论语·子路》。
② 《论语·子路》。
③ 《论语·宪问》，曾子语。
④ 《论语·宪问》，孔子语。
⑤ 《论语·子路》。
⑥ 《论语·宪问》。
⑦ 《论语·雍也》。
⑧ 《论语·卫灵公》。
⑨ 《论语·公冶长》。
⑩ 《论语·八佾》。
⑪ 《论语·尧曰》。

（不训诫于先，坐视其犯罪事实既成之后而刑之）谓之暴。"[1]

仁政有两个基本点，一是富民、二是教民[2]。在富民方面，孔子提出，君主的利益与人民的利益是一体的，为政者不能与民争利，应"因民之所利而利之"[3]。有子申述此意说："百姓足，君孰与不足？百姓不足，君孰与足？"[4]要注意均贫富，使人人的基本生活都有保障。"丘也闻有国有家者，不患寡而患不均，不患贫而患不安。盖均无贫，和无寡，安无倾。"[5]从臣民的道德教化方面说，"远人不服，则修文德以来之。"[6]"尊五美，屏四恶，斯可以从政矣"[7]。"五美"即："惠而不费，劳而不怨，欲而不贪，泰而不骄，威而不猛"；"四恶"即"虐""暴""贼""吝"[8]。

德治是仁政最为重要的组成部分。"为政以德，譬如北辰，居其所而众星共之。"[9]"道之以政，齐之以刑，民免而无耻；道之以德，齐之以礼，有耻且格。"[10]为政之"德"的一个突出表现形态是"礼"。孔子说："上好礼，则民易使也。"[11]"上好礼，则民莫敢不敬。"[12]"能以礼让为国乎？何有？不能以礼让为国，如礼何？"[13]"礼"在政治中的地位很重要："知及之，仁能守之，庄以莅之，动之不以礼，未善也。"[14]"礼"主要是处理君臣、父子之间关系的规范。齐景公问政于孔子。孔子对曰："君君、臣臣、父父、子子。"[15]即君恪守君的规范，臣恪守臣的规范，父恪守父的规范，子恪守子的规范。比如君臣之间的礼教规范。鲁定公曾请教孔子："君使臣，臣事君，如之何？"孔子对曰："君使臣以礼，臣事君以忠。"[16]如果君主无道，君不像君，臣民有诛杀、推翻他的权利吗？在这个问题上，孔子拘于臣下之礼，是不以为然的，与后来的孟子并不相同。

---

[1] 《论语·尧曰》。
[2] 《论语·子路》：孔子到卫国，冉有为他驾车。孔子感叹卫国人丁兴旺。冉有问："既庶矣，又何加焉？"孔子回答："富之。"冉有又问："既富矣，又何加焉？"孔子答："教之。"
[3] 《论语·尧曰》。
[4] 《论语·颜渊》。
[5] 《论语·季氏》。
[6] 《论语·季氏》。
[7] 《论语·尧曰》。
[8] 《论语·尧曰》。
[9] 《论语·为政》。
[10] 《论语·为政》。
[11] 《论语·宪问》。
[12] 《论语·子路》。
[13] 《论语·里仁》。
[14] 《论语·卫灵公》。
[15] 《论语·颜渊》。
[16] 《论语·八佾》。

鲁哀公时，国卿季康子曾问政于孔子："如杀无道，以就有道，何如？"孔子对曰："子为政，焉用杀？子欲善而民善矣。君子之德风，人小之德草。草上之风，必偃。"①他对歌颂武王伐纣武功的《武》乐评价不高，认为它"尽美矣，未尽善"，对歌颂舜帝禅让之德的《韶》乐称道有加，认为"尽美矣，又尽善也"②，也表现了同样的态度。

保持忠信是德治的一项基本要求。《颜渊》篇记载：子贡问政。孔子说："足食，足兵，民信之矣。"子贡问："必不得已而去，于斯三者何先？"孔子说："去兵。"子贡又问："必不得已而去，于斯二者何先？"孔子说："去食。自古皆有死，民无信不立。"孔子曾说："上好义，则民莫敢不服；上好信，则民莫敢不用情。夫如是，则四方之民襁负其子而至矣。"③从忠信的要求看，为政者必须以身作则，为人表率。要求别人做的，自己也要做到。子路问从政之道。孔子说："先之，劳之。"要身先士卒，率先垂范。"其身正，不令而行；其身不正，虽令不从。""苟正其身矣，于从政乎何有？不能正其身，如正人何？"④季康子问政于孔子。孔子也这样回答："政者正也。子帅以正，孰敢不正？"⑤

出以公心、举贤用才是德治的一个重要方面。冉雍做了季氏的家臣，向孔子请教怎么为政。孔子说："先有司，赦小过，举贤才。"⑥鲁哀公问孔子：怎样才能使百姓服从？孔子对曰："举直错诸枉，则民服；举枉错诸直，则民不服。"⑦孔子还说："君子不可小知而可大受也，小人不可大受而可小知也。"⑧对待君子应当委以重任，不能让他们做那些小事；对待小人恰好相反，只能让他们做些小事。孔子一反世袭观念，提出"爱人"这样一个衡量人才的标准。公元前513年，晋国的魏舒"分祁氏之田以为七县，分羊舌氏之田以为三县"，派了十个人做县大夫。孔子对这种打破宗族世袭制、直接任命地方官吏的做法表示赞扬和支持。他说："魏子之举"，"近不失亲"（大夫中的一个是魏舒的庶子），"远不失贤"，"以贤举，义也"⑨。对于秦穆公打破惯例，对虞国的奴隶百里奚"爵以大夫""授之以政"，孔子也大为赞赏，认为这

---

① 《论语·颜渊》。
② 《论语·八佾》。
③ 《论语·子路》。
④ 《论语·子路》。
⑤ 《论语·颜渊》。
⑥ 《论语·子路》。
⑦ 《论语·为政》。
⑧ 《论语·卫灵公》。
⑨ 《左传·昭公二十八年》。

是秦国虽小但能称霸西戎的一个重要原因①。相反,对于压制、排挤"贤人"的统治者,孔子便毫不留情地加以抨击。鲁国大夫臧文仲执政很长时间,对于"直道而事人"的"贤者"柳下惠不仅不安排职位,反而三次无理地撤掉了他的官职②。孔子指责说:"臧文仲,其窃位者欤!知柳下惠之贤,而不与立也。"③

孔子虽然主张实现以礼教为主的德治,但他清醒地认识到,德治并不是万能的。当时的天下并不太平:"善人为邦百年,亦可以胜残去杀矣。诚哉是言也!"④好人治理国家,得经过百年方才可以消除残暴,废除刑罚杀戮。"如有王者,必世而后仁。"⑤即便有英明的圣王出现,也得三十年才能实现仁政。在实现仁政之前的时期,不能废除刑罚杀戮手段。因此,孔子认为,在实现仁政的政治进程中不能仅用宽厚的德治,必须同时兼用法制:"政宽则民慢……猛则民残……宽以济严,猛以济宽,政是以和。"⑥"刑罚不中,则民无所措手足";同时,"礼乐不兴,则刑罚不中"⑦,仁政理想下的法治必须坚持德主刑辅。这成为后世仁政学说的一个基本点。

5. 作为教育家和文化整理大师的孔子

孔子不仅是一位崇高的道德君子、一位杰出的政治家,同时也是一位令人敬仰的伟大教育家。颜渊曾感叹地说老师"仰之弥高,钻之弥坚,瞻之在前,忽焉在后。夫子循循然善诱人,博我以文,约我以礼,欲罢不能。即竭吾才,如有所立卓尔。虽欲从之,末由也已。"⑧

孔子年轻时以儒生为业,30岁时开办私人学校,聚徒讲学,声名日隆。51岁后被鲁国的实际掌权人阳货邀请从政,三年后因与季康子及鲁定公政见不合,带领弟子周游列国。十四年后结束周游列国推销政治主张的活动,整理鲁国所保留的周代文化典籍,同时向弟子传授。可见,孔子的一生大多是在教育活动中度过的。在长期的办学生涯中,孔子形成了丰富的教育思想。

关于教学目的,目睹春秋末期礼崩乐坏、国将不国,他提出"学而优则

---

① 《史记·孔子世家》。
② 《论语·微子》。
③ 《论语·卫灵公》。
④ 《论语·子路》。
⑤ 《论语·子路》。
⑥ 《左传·昭公二十年》。
⑦ 《论语·子路》。
⑧ 《论语·子罕》。

仕",教育的目的是要培养从政的君子。他的办学,可以看作是培养内圣、实现外王的一种手段、一份事业。因此,孔子将道德教育放在学校教育的首位,提出"弟子入则孝,出则悌,谨而信,泛爱众,而亲仁"①。

于是,"仁"与"礼"成为孔子道德教育的主要内容。其中,"仁"为最高道德准则,"礼"为外在行为规范。"仁"是"礼"的内容,"礼"是"仁"的形式。孔子说:在仁德修养的使命上,弟子与老师不必谦让,应比学赶帮:"当仁,不让于师。"②具体而言,教学内容包括文、行、忠、信。《论语》记载:"子以四教:文、行、忠、信。"③文指古籍文献,行指德行实践,忠指对人尽心竭力,信指诚实无伪。《论语》又记录孔子开设德行、言语、政事、文学四门课程。相传孔子曾以"六艺"传授弟子。孔子所授"六艺",既指周王官学要求学生掌握的六种基本才能④,也指孔子整理的儒学六经,即《易》《书》《诗》《礼》《乐》《春秋》。

孔子的教学理念是"有教无类"⑤,人人不分贵贱,都可以接受教育。他打破"学在官府"的传统,首创私学,以低廉的学费招生(只需十条肉干),使平民百姓有了通过教育入仕成为贵族的可能,改变了过去只有贵族子弟才能上学的局面。孔子的学生多数出身贫贱,年龄参差不齐,有的与孔子几乎同年,有的与他相差三四十岁,还有父子二人(如曾点与曾参)同为孔子的学生。

在长期的教学实践中,孔子形成了一套行之有效的教学方法。

一是因材施教。通过谈话和观察,孔子了解和掌握学生的个性特征,如认为子路果敢、子贡豁达、冉求多才、曾参耿直、子张偏激。根据各个学生的具体情况,采取不同的教育方案,培养出了德行、言语、政事、文学等各方面的人才。宋代朱熹将孔子的这种教学方式称为"因材施教"。

二是实事求是。"知之为知之,不知为不知,是知也。"⑥真正的智慧,就是懂的就说懂,不懂的就说不懂,老老实实,实事求是。知识不是天生的,必须"学而知之",所谓"敏而好学,不耻下问"⑦,"默而识之(默默地记住所学的知识),学而不厌"⑧。老师的职责就是"诲人不倦"⑨。

---

① 《论语·学而》。
② 《论语·卫灵公》。
③ 《论语·述而》。
④ 《周礼·保氏》:"养国子以道,乃教之六艺:一曰五礼,二曰六乐,三曰五射,四曰五御,五曰六书,六曰九数。"
⑤ 《论语·卫灵公》。
⑥ 《论语·为政》。
⑦ 《论语·公冶长》。
⑧ 《论语·述而》。
⑨ 《论语·述而》。

三是启发式教学。孔子最早提出"不愤不启,不悱不发"①的教学方法。学生对某一问题正在积极思考,急于解决而又尚未搞通时的矛盾心理状态,这是"愤";此时教师应对学生给以指导,以帮助学生开启思路,这就是"启"。学生对某一问题已经有一段时间的思考,但尚未考虑成熟,处于想说又难以表达的一种矛盾心理状态,这是"悱";教师帮助学生明确思路,然后用比较准确的语言表达出来,这就是"发"。通过启发式教学,达到"举一反三"②"闻一知十"③的教学效果。

四是学思并重。"学而不思则罔,思而不学则殆。"④只知道读书学习,不知道思考,到头来等于白学;只知道思考,却不去读书学习,就会变成空想,最后什么有价值的思考成果都得不到。

五是抓住重点,一以贯之。《卫灵公》记载:"子曰:'赐也!女以予为多学而识之者与?'对曰:'然,非与?'曰:'非也。予一以贯之。'"子贡以为孔子的博学是由苦学、多学造成的,孔子说不是这样的,这当中有学习的技巧,即抓住重点,用一条根本的线索把各种知识贯穿起来。

六是温故知新。孔子主张"学而时习之"⑤,强调只有懂得"温故而知新"的教学规律,才"可以为师矣"⑥。

七是"学以致用",将学到的知识运用于社会实践特别是政治实践。孔子曾批评说:"诵《诗》三百,授之以政,不达;使于四方,不能专对。虽多,亦奚以为?"⑦把《诗》三百篇背得很熟,让他处理政务,却不会办事;让他当外交使节,不能独立地办交涉。背得很多,又有什么用呢? 这是知行合一、理论联系实际教育方法的典型说明。

孔子以积极的济世理想,先进的教学理念,丰富的教学方法,培养了三千弟子,其中著名的贤人有七十二人,而颜渊、曾参、子夏、世硕、密子贱、漆雕开是其中影响深远的代表。颜渊是安贫乐道的楷模。曾参是孔学的直接继承人,孔学经他的《大学》传给孔伋。子夏深得孔子编订的《春秋》微言大义,将这部书的内容口头传给谷梁赤与公羊高,二人记录成书,即《春秋谷梁传》和《春秋公羊传》。世硕、密子贱、漆雕开是孔子弟子。孔子认为"性相近,习相远"。世硕、密子贱、漆雕开将"习相远"发展为"性相远",提出有善

---

① 《论语·述而》。
② 《论语·述而》。
③ 《论语·公冶长》。
④ 《论语·为政》。
⑤ 《论语·学而》。
⑥ 《论语·为政》。
⑦ 《论语·子路》。

有恶的二重人性论。《韩非子·显学》记载:孔子死后,"儒分为八","有子张之儒,有子思之儒,有颜氏之儒,有孟氏之儒,有漆雕氏之儒,有仲良氏之儒,有孙氏之儒,有乐正乐之儒"。其中,"漆雕氏"即漆雕开,是善恶并存二重人性论的代表人物。王充《论衡·本性》篇说:"周人世硕,以为人性有善恶,举人之善性,养而致之则善长;性恶,养而致之则恶长。如此,则性各有阴阳,善恶在所养焉,故世子作《养书》一篇。宓子贱、漆雕开、公孙尼子之徒,亦论情性,与世子相出入,皆言性有善有恶。"①这有善有恶的人性论,后来成为中国思想史上占主导地位的人性论②。

孔子出生于鲁国,从小受到鲁国良好的文化氛围的熏陶;年轻时曾向周朝史官老子问学,又一生好学,这使他成为饱学之士。68岁周游列国回鲁后,孔子利用自己一生的积累,编订《诗》《书》《易》《礼》(指《仪礼》)《春秋》,成为杰出的文化整理大师。

综上所述,在有理想的儒生的基础上,孔子创立了儒家学说,以此修身,成为圣人君子,以此治鲁,成为杰出的政治家;与此同时,他把儒家学说运用于培养人才的教育实践中,成为伟大的教育家;最终以"五经"的编订,成为文化整理大师。君子儒、儒学创始人、圣人、政治家、教育家、文化整理大师,这六重形象,才是孔子的完整形象。

二、《孔子家语》:孔子及孔门儒学主张

理解孔子及孔门儒学思想,《论语》之外,《孔子家语》是一部不应被忽视的著作。今本《孔子家语》十卷四十四篇,是七十子后学记录孔子思想言行的资料汇编。过去,该书因历来被疑为"伪书",一直没有得到中国思想史研究者应有的对待。现有的中国思想史、哲学史一类的著作几乎对它未置一词。20世纪70年代两次汉墓出土文献证明此书不伪。因而,作为记录孔子言行、反映孔门儒学思想的重要文献,其内容应当得到研究和评述。

《孔子家语》最早著录于《汉书·艺文志》,凡二十七卷,未著明编者,后佚。唐颜师古注《汉书》时,所见《孔子家语》已非古本,而是今本,即三国时魏国王肃所注的十卷本。《隋书·经籍志》《旧唐书·经籍志》《新唐书·艺文志》《宋史·艺文志》及元马端临《文献通考·经籍志》著录的《孔子家语》

---

① 按:公孙尼子为孔子再传弟子。
② 详参祁志祥:《国学人文导论》第二章"国学中的人性论",商务印书馆2013年版,第16页。

都是王肃注本。宋代掀起了一股疑古思潮。朱熹、王柏等人对《孔子家语》提出质疑。王柏《家语考》认为《孔子家语》系王肃伪作。清代辨伪之风盛行,王柏的这个观点得到了许多人的赞同。姚际恒《古今伪书考》、范家相《家语证伪》、孙志祖《家语疏证》、陈士珂和钱馥的《孔子家语疏证》序、跋等均认为王肃注本《孔子家语》是伪书。《四库全书总目》也采信了这个说法:"反复考证,其出于肃手无疑。"到了20世纪初,古史辨派代表人物顾颉刚基于《孔子家语》是王肃伪作的判断,指出该书"无任何取信之价值"。于是,《孔子家语》为王肃伪作成为学界定论。然而,1973年,河北定县八角廊西汉墓出土的竹简《儒家者言》,内容与今本《孔子家语》相近。1977年,安徽阜阳双古堆西汉墓也出土了篇题与《儒家者言》相应的简牍,内容同样和《孔子家语》有关。这些考古发现说明,今本《孔子家语》不伪。其作者,当为孔门七十子后学,与《礼记》的作者大体同类[1]。

从《论语》到《孟子》,篇名都是以每篇开头二字命名。这种情况到《荀子》有了改变,即以每篇内容的主题命名。《孔子家语》与《荀子》一样,篇名都是以主题命名,因此,笔者推断《孔子家语》的成书时间在《孟子》之后的战国后期。

孔子51岁至54岁间(公元前501—前504年)曾在鲁定公主政时期做过官,位至代理宰相。后来开始了十四年周游列国推广政治学说的过程。最后返鲁,整理周朝文化典籍。此间鲁哀公经常向他讨教治国之道。《孔子家语》第一篇《相鲁》、第二篇《始诛》,记录的是孔子摄行相事、与鲁定公打交道时的主要作为;第三篇《王言解》、四篇《大婚解》、五篇《儒行解》、六篇《问礼》、十七篇《哀公问政》、二十六篇《本命解》通篇是孔子答鲁哀公问的记录;第十篇《观周》、十三篇《贤君》则有部分记录了孔子与鲁哀公的对话。其余的篇章,则多由若干个孔子与弟子的问答短章构成。全书围绕孔子展开,是了解孔子生平、活动、思想的重要补充,也是认识孔门儒学的重要依据。

《孔子家语》对《国语》《左传》《晏子春秋》等古籍中的故事有所择取。成书后,书中的许多篇章后来又被《荀子》《礼记》《吕氏春秋》《韩诗外传》《史记》《说苑》《新序》等吸取。过去伪书说盛行时,都认为是王肃择取上述诸书合成《孔子家语》。现在既然推翻了伪书说,我们就应当从承前启后的角度,去认识《孔子家语》的思想史价值。伴随着伪书说的推翻,《孔子家语》甚至

---

[1] 参王国轩、王秀梅译注:《孔子家语》,中华书局2022年版,前言第2—4页。

获得了"研究孔子第一书"的美誉①。虽有溢美之嫌,但它值得我们当作孔子思想的补充加以评述。

1. 孔子家世、生平及孔门弟子

《孔子家语》的一个引人注目的贡献,是对孔子家世、生平的考证、梳理,以及对孔门七十贤人的完整记录。

关于孔子的家世,《孔子家语》有一篇《本姓解》,作了仔细的考证。孔子是"先圣王之裔"。商末帝乙的长子微子启,是孔子的祖先。孔子的祖辈曾世代为宋国卿。传至后代,分解出孔姓氏族。孔子的父亲叫叔梁纥,是陬邑的大夫。"虽有九女,是无子"。"其妾生孟皮……有足病,于是乃求婚于颜氏"。"颜氏有三女,其小曰征在"。征在听从父命,往而为妻。"以夫之年大,惧不时有男,而私祷尼丘之山以祈焉。生孔子,故名丘,字仲尼"。孔子三岁父卒,"至十九,娶于宋之亓官氏,一岁而生伯鱼"。伯鱼出生的时候,"鲁昭公以鲤鱼赐孔子"。孔子感到很荣幸,"因以名曰鲤,而字伯鱼"。不幸的是"鱼年五十,先孔子卒"。

孔子一生好学,是周朝礼乐文化的继承者。早年到周国考察学习,得到过周朝史官老子的指教。《孔子家语》有《观周》篇记载,孔子对鲁国大夫南宫敬叔说:"吾闻老聃博古知今,通礼乐之原,明道德之归,则吾师也,今将往矣。"在鲁君的支持和南宫敬叔的陪同下,孔子访问周国,考察周朝遗留下来的典章制度,"问礼于老子",得到老子赐教。"自周返鲁,道弥尊矣"。"远方弟子之进,盖三千焉"。孔子因而成为闻名遐迩的教育大师。

孔子名声大振后,得到鲁国实际掌权者阳虎的重视。在其力邀下进入鲁国政坛,在51岁至54岁之间从政三年,取得很大成功,从中都宰做到司空、代理宰相。《相鲁》记载了这一历程。"孔子初仕为中都宰,制为养生送死之节,长幼异食,强弱异任,男女别涂,路无拾遗,器不雕伪","行之一年,而西方之诸侯则焉"。这引起了鲁定公的赏识。"于是二年,定公以为司空。乃别五土之性,而物各得其所生之宜,咸得厥所"。因此,"由司空为鲁大司寇。设法而不用,无奸民"。代行相事期间,以文武兼备的智慧和勇气,保证了鲁定公与齐侯"夹谷之会"的胜利,维护了鲁君的权威,收回了被齐国侵占的失地。孔子执政时,季孙、叔孙、孟孙三家大夫掌控着实权,都邑大大超过礼制规定。孔子"乃使季氏宰仲由堕三都",以此"强公室,弱私家",保证了"尊君卑臣,政化大行"。

---

① 参王国轩、王秀梅译注:《孔子家语》,前言第4页。

孔子主政，反对暴政，崇尚仁政："夫慢令谨诛，贼也。征敛无时，暴也。不试责成，虐也。"主张先德后刑："既陈道德以先服之，而犹不可，尚贤以劝之，又不可，即废之，又不可，而后以威惮之。若是三年，而百姓正矣。其有邪民不从化者，然后待之以刑，则民咸知罪矣。"①但同时，他尚德也不废刑。对于该诛之人，他绝不手软。他上任代理宰相后不久诛杀少正卯就是典型的一例。"孔子为鲁司寇，摄行相事……于是朝政，七日而诛乱政大夫少正卯，戮之于两观之下，尸于朝。"孔子解释说："天下有大恶者五，而窃盗不与焉。一曰心逆而险，二曰行僻而坚，三曰言伪而辩，四曰记丑而博，五曰顺非而泽。此五者有一于人，则不免君子之诛，而少正卯皆兼有之。其居处足以撮徒成党，其谈说足以饰邪荣众，其强御足以反是独立。此乃人之奸雄，有不可以不除。"②

《孔子家语》还记录了孔子离开鲁国、周游列国、推销其仁政主张十几年中的坎坷经历。《在厄第二十》记云："楚昭王聘孔子，孔子往拜礼焉，路出于陈、蔡。陈、蔡大夫相与谋曰：'孔子圣贤，其所刺讥，皆中诸侯之病。若用于楚，则陈、蔡危矣。'遂使徒兵距孔子。孔子不得行，绝粮七日，外无所通，藜羹不充，从者皆病。"对于遭遇的挫折，孔子表现出达观的态度。《困誓第二十二》记载：

> 孔子遭厄于陈蔡之间，绝粮七日，弟子馁病，孔子弦歌。……孔子曰："……夫陈蔡之间，丘之幸也。二三子从丘者，皆幸也。吾闻之：君不困不成王，烈士不困行不彰。庸知其非激愤厉志之始，于是乎在？"

> 孔子之宋，匡人简子以甲士围之。子路怒，奋戟将与战。孔子止之曰："恶有修仁义而不免世俗之恶者乎？夫《诗》《书》之不讲，《礼》《乐》之不习，是丘之过也。若以述先王好古法而为咎者，则非丘之罪也。命夫！歌，予和汝。"子路弹琴而歌，孔子和之。曲三终，匡人解甲而罢。

孔子周游列国十四年后，回到鲁国，整理周朝文化典籍，编订六经。《问玉第三十六》记载了孔子对于自己编订、研究的儒家六经的体悟，可谓深刻不凡："入其国，其教可知也。其为人也，温柔敦厚，《诗》教也；疏通知远，《书》教也；广博易良，《乐》教也；洁静精微，《易》教也；恭俭庄敬，《礼》教也；属辞比事，《春秋》教也。故《诗》之失愚，《书》之失诬，《乐》之失奢，《易》之失贼，

---

① 均见《孔子家语·始诛第二》。
② 《孔子家语·始诛第二》。

《礼》之失烦,《春秋》之失乱。其为人温柔敦厚而不愚,则深于《诗》者矣;疏通知远而不诬,则深于《书》者矣;广博易良而不奢,则深于《乐》者矣;洁静精微而不贼,则深于《易》者矣;恭俭庄敬而不烦,则深于《礼》者;属辞比事而不乱,则深于《春秋》者矣。"

《孔子家语》还有一篇《终记解》,详细记录了孔子临终状况和丧葬之事。

孔子蚤晨作,负手曳杖,逍遥于门,而歌曰:"泰山其颓乎!梁木其坏乎!哲人其萎乎!"既歌而入,当户而坐。

子贡闻之曰:"泰山其颓,则吾将安仰;梁木其坏,吾将安杖;哲人其萎,吾将安放(法)。夫子殆将病也。"遂趋而入。

夫子叹而言曰:"赐,汝来何迟。……夫明王不兴,则天下其孰能宗余?余逮将死。"遂寝病,七日而终,时年七十二矣。

孔子生为"圣王之裔",死享国君哀悼之荣。孔子死后,鲁哀公专致诔辞:"昊天不吊,不慭遗一老,俾屏余一人以在位。茕茕余在疚,于乎哀哉!尼父,无(人)自律。"①

孔子作为儒家学说创始人、伟大的教育家、编订了六经的文化整理大师,后世被国人奉为精神领袖,有"素王"之尊,对中国古代思想界影响深远。《孔子家语》为后人完整保留了孔子的家世、生平、成功的业绩、挫折的遭遇以及对待挫折的乐观态度,十分珍贵。后来司马迁《史记》写《孔子世家》,多取材于此书的记载。

孔子是打破学在官府、首开私人办学传统的伟大教育家,一生弟子三千,其中贤人七十多位。《七十二弟子解第三十八》为我们记录了这七十多位杰出弟子的简况和姓名。值得注意的是,该篇虽然篇名标注的是"七十二"弟子,实际论及的是"七十六"弟子。其中,以"德行"著名的有颜回、闵子骞、冉伯牛、冉仲弓,以"口才"著名的有宰予、子贡,以"政事"著称的有冉求、子路,以"文学"著名的有子游、子夏,以"孝道"著称的有曾参,以人性"有善有恶"观点著称的有宓子贱、漆雕开②。这些弟子中,有的是父子关系,如颜由与颜回,曾点与曾参。年龄有的比孔子小十一岁,有的小五十岁。他们都是孔门的"升堂入室者"。幸赖《孔子家语》此篇的记载,使得孔子的"七十二贤人"有案可稽。

---

① 《孔子家语·终记解第四十》。慭,音义,愿。屏,保护。疚,痛苦。无自律:无人约束我。
② 王充:《论衡·本性》。

2. 孔子的神人关系观："存亡祸福，皆己而已"

在《论语》中，孔子承认鬼神的存在，主张尽人力、知天命。在《孔子家语》中，孔子在天人关系、神人关系方面有更为丰富的认识，其主旨为"天""地"是有意志的，神鬼也是客观存在的，天命、神意的旨向与人间的道德取向是一致的，国家的存亡、人间的祸福最终取决于人的道德修为。

孔子认为"天""地"都是有意志的人格神。"天""地"之神实际上是人死以后"鬼"的魂魄归天入地的产物。《哀公问政第十七》载：

> 宰我问于孔子曰："吾闻鬼神之名，而不知所谓，敢问焉。"孔子曰："人生有气有魂。气者，人之盛也。精气者人神之盛也。夫生必死，死必归土，此谓'鬼'。魂气归天，此谓'神'。合'鬼'与'神'而享之，教之至也。骨肉弊于下，化为野土，其气发扬于上，此'神'之著也。"

孔子指出："圣人因物之精，制为之极，明命'鬼神'，以为民之则。"①圣人根据实际情况，将人鬼化成的天地之神叫作"鬼神"，并将鬼神之意立为人民行动的法则。所以，天人之间、神人之间是会相互感应的。"天有四时者，春夏秋冬，风雨霜露，无非教也；地载神气，吐纳雷霆，流形庶物，无非教也。清明在躬，气志如神，有物将至，其兆必先。是故天地之教，与圣人相参"②。这个天人相参的规律是"为善者天报之以福，为不善者天报之以祸"③。孔子举例说："昔者殷王帝辛之世，帝纣有雀生大鸟于城隅焉，占之曰：'凡以小生大，则国家必王而名必昌。'于是帝辛介雀之德，不修国政，亢暴无极，朝臣莫救，外寇乃至，殷国以亡，此即以己逆天时，诡福反为祸者也。又其先世殷王太戊之时，道缺法圮，以致夭蘖，桑谷于朝，七日大拱，占之者曰：'桑谷野木而不合生朝，意者国亡乎！'太戊恐骇，侧身修行，思先王之政，明养民之道，三年之后，远方慕义重译至者十有六国。此即以己逆天时，得祸为福者也。"④孔子还举例说："今人言五帝三王者，其盛无偶，威察若存，其故何也？其法盛，其德厚，故思其德，必称其人，朝夕祝之，升闻于天，上帝俱歆，用永厥世，而丰其年。……今人言恶者，必比之于桀纣，其故何也？其法不听，其德不厚，故民恶其残虐，莫不吁嗟，朝夕祝之，升闻于天，上帝不

---

① 《孔子家语·哀公问政第十七》。
② 《孔子家语·问玉第三十六》。
③ 《孔子家语·在厄第二十》。
④ 《孔子家语·五仪解第七》。

蠲,降之以祸罚,灾害并生,用殄厥世。"①《六本第十五》也记载了类似的例子:

> 孔子在齐,舍于外馆,景公造焉。宾主之辞既接,而左右白曰:"周使适至,言先王庙灾。"景公覆问灾何王之庙也。孔子曰:"此必釐王之庙。"公曰:"何以知之?"孔子曰:"《诗》云:'皇皇上天,其命不忒。'天之以善,必报其德。祸亦如之。夫釐王变文(王)、武(王)之制,而作玄黄华丽之饰。宫室崇峻,舆马奢侈,而弗可振也。故天殃所宜加其庙焉,以是占之为然。"……俄顷,左右报曰:"所灾者,釐王庙也。"

由于在天人感应中神的意志由人的所作所为决定,所以,孔子在肯定神灵的同时,就走向了对人道的重视。《五仪解第七》记载:

> 哀公问于孔子曰:"夫国家之存亡祸福,信有天命,非唯人也。"孔子对曰:"存亡祸福,皆己而已,天灾地妖,不能加也。……天灾地妖,所以儆人主者也;寤梦征怪,所以儆人臣者也。灾妖不胜善政,寤梦不胜善行。能知此者,至治之极也。"

《六本第十五》记孔子告诫弟子说:"善惊以远害,利食而忘患,自其心矣。而独以所从为祸福,故君子慎其所从。以长者之虑,则有全身之阶;随小者之戆,而有危亡之败也。"《哀公问政第十七》记载孔子警示鲁哀公:"人有三死,而非其命也,行己自取也。夫寝处不时,饮食不节,逸劳过度者,疾共杀之;居下位而上干其君,嗜欲无厌而求不止者,刑共杀之;以少犯众,以弱侮强,忿怒不类,动不量力者,兵共杀之。此三者,死非命也,人自取之。"《正论解第四十一》记云:

> 哀公问于孔子曰:"寡人闻东益(东边增盖房屋)不祥。东益之宅,信有之乎?"孔子曰:"不祥有五,而东益不与焉。夫损人自益,身之不祥;弃老而取幼,家之不祥;择贤而任不肖,国之不祥;老者不教,幼者不学,俗之不祥;圣人伏匿,愚者擅权,天下不祥。"

孔子的这些话,主旨是一个,即告诫人们重视人道努力,这样才能主宰人间

---

① 《孔子家语·执辔第二十五》。

的祸福。正所谓"天生万物,唯人为贵"①。

"为善者天报之以福",但必须注意到,这有一个时机的条件。时机不到,"为善者"未必"天报之以福",相反,很可能遭遇苦难的折磨。孔子本人一生修仁为善而屡遭困厄就是典型的例子。《在厄第二十》记载子路的困惑:"今夫子积德怀义,行之久矣,奚居之穷也?"孔子告诉他:"汝以仁者为必信也?则伯夷叔齐,不饿死首阳。汝以智者为必用也?则王子比干,不见剖心。汝以忠者为必报也?则关龙逢不见刑。汝以谏者为必听也?则伍子胥不见杀。"历史上,"君子博学深谋而不遇时者,众矣"。为善未必得天佑,"遇、不遇者,时也"。然而,"贤、不肖者","为之者人也"。"君子修道立德",应当"不为穷困而改节",正如"芝兰生于深林,不以无人而不芳"一样②。孔子坚信:做好自己的人格修养最重要。得到天佑福报固然值得高兴,未遇时机得到福报,也问心无愧,自得其乐。君子忧道不忧穷。这就奠定了孔子乐天知命的人生态度。

> 子路问于孔子曰:"君子亦有忧乎?"子曰:"无也。君子之修行也,其未得之,则乐其意;既得之,又乐其治。是以有终身之乐,无一日之忧。"③

而小人则不然。其为善,患得患失。"其未得也,患弗得之;既得之,又恐失之。是以有终身之忧,无一日之乐也"④。"国无道,隐之可也;国有道,则衮冕而执玉"⑤。要之,不要怨天尤人,也不要把国家的安危、人间的幸福寄托在祭神拜鬼上。无论君主还是平民,重视人道、修行为善,是人生第一要义。于是,《孔子家语》大量篇幅都集中在"人道"探讨上。

3. "明王之道":"仁""礼""德""法"

《孔子家语》探讨的"人道",包括"外王之道"与"内圣之道"。"外王之道",《王言解第三》谓之"明王之道"。《大婚解第四》中,孔子与鲁哀公讨论"人道",这"人道"即指"明王之道"。"孔子侍坐于哀公。公问曰:'敢问人道孰为大?'孔子愀然作色而对曰:'人道,政为大。夫政者,正也。'"

---

① 《孔子家语·六本第十五》所引荣声期语,得到孔子认同。
② 《孔子家语·在厄第二十》。
③ 《孔子家语·在厄第二十》。
④ 《孔子家语·在厄第二十》。
⑤ 《孔子家语·三恕第九》。

什么是正确的"明王之道"呢？综观《孔子家语》各篇，孔子论及的"明王之道"有"仁""礼""德""法"四个要点。

首先是"仁"政。《哀公问政第十七》记孔子云："为政在于得人，取人以身，修道以仁。""仁"的含义是"爱"。仁政的"爱"指对"人""民"的关怀。"仁者莫大乎爱人"①。"古之政，爱人为大，所以治"。"爱与敬，其政之本与？"②《儒行解第五》记孔子对鲁哀公说："儒有不宝金玉，而忠信以为宝；不祈土地，而仁义以为土地……儒有忠信以为甲胄，礼义以为干橹；戴仁而行，抱德而处；虽有暴政，不更其所。"并具体解释"仁"的含义："夫温良者，仁之本也；慎敬者，仁之地也；宽裕者，仁之作也；逊接者，仁之能也；礼节者，仁之貌也；言谈者，仁之文也；歌乐者，仁之和也；分散者，仁之施也。儒皆兼此而有之。"《贤君第十三》中，卫灵公问孔子："有语寡人有国家者，计之于庙堂之上，则政治矣，何如？"孔子曰："其可也，爱人者则人爱之，恶人者则人恶之。……知反己之谓也。"同篇记载：哀公问政于孔子。孔子对曰："政之急者，莫大乎使民富且寿也。""省力役，薄赋敛，则民富矣；敦礼教，远罪疾，则民寿矣。"鲁哀公采纳了孔子的建议，"废山泽之禁，弛关市之税，以惠百姓"③。

仁政"好生恶杀"，关爱人民的生命存在。《孔子家语》有《好生》篇，记述孔子对于人民生命的爱惜。他举例说明："舜之为君也，其政好生而恶杀。其任授贤而替不肖，德若天地而静虚，化若四时而变物，是以四海承风，畅于异类，凤翔麟至，鸟兽驯德。无他也，好生故也。"不仅舜是君主中"好生恶杀"的榜样，周太王古公亶父也是这样的。"初，大王都豳。狄人侵之，事之以皮币，不得免焉，事之以珠玉，不得免焉。于是属耆老而告之：'所欲吾土地。吾闻之，君子不以所养而害人，二三子何患乎无君？'遂独与大姜去之，逾梁山，邑于岐山之下。豳人曰：'仁人之君，不可失也。'从之如归市焉。"为了避免在与狄人争夺土地的战争中百姓生灵涂炭，古公亶父主动放弃了世世代代生息的豳地，将周国的地盘迁到了岐山之下。

仁政还要求君主允许臣民发表批评意见。《正论解第四十一》记载，在听到子产不毁乡校的言论后，孔子评论说："吾以是观之，人谓子产不仁，吾不信也。"孔子所论的仁政，是以君主容谏、纳谏为要求和标志的。孔子指出："距谏者，虑之所以塞也"④，"木受绳则直，人受谏则圣"，"人君而无谏臣

---

① 《孔子家语·王言解第三》。
② 均见《孔子家语·大婚解第四》。
③ 《孔子家语·五仪解第七》。
④ 《孔子家语·入官第二十一》。

则失正"①。进谏其实是大臣尽忠的表现。"忠臣之谏君,有五义焉。一曰谲谏,二曰戆谏,三曰降谏,四曰直谏,五曰风谏"②。仁政必尚贤,尚贤必容谏。"智者莫大乎知贤,贤政者莫大乎官能"③。今天的君主应当向古代"明王"学习。"昔者明王万乘之国,有争臣七人,则主无过举;天子有三公四辅,主谏争以救其过失也。千乘之国,有争臣五人,则社稷不危也"④。"昔尧舜听天下,务求贤以自辅。夫贤者,百福之宗也,神明之主也。"⑤"汤武以谔谔而昌,桀纣以唯唯而亡"⑥。孔子还根据《易》中的《损》《益》二卦阐述君臣相反相成的辩证法:"夫自损者必有益之,自益者必有决(缺)之……凡持满而能久者,未尝有也。故曰:自贤者,天下之善言不得闻于耳矣。昔尧治天下之位,犹允恭以持之,克让以接下,是以千岁而益盛,迄今而逾彰;夏桀昆吾,自满而无极,亢意而不节,斩刈黎民如草芥焉,天下讨之,如诛匹夫,是以千载而恶着,迄今而不灭。……调其盈虚,不令自满,所以能久也。"⑦

其次是"礼"教。"礼"是"仁"的延伸,含义是"敬"。孔子说:"礼,敬为大,敬之至矣。""爱人,礼为大,所以治。""为政先乎礼。礼,其政之本与!"⑧"礼者,政之本也,是以君子不可以不修身。"⑨"民之所以生者,礼为大。非礼则无以节事天地之神焉,非礼则无以辨君臣上下长幼之位焉,非礼则无以别男女、父子、兄弟、婚姻、亲族、疏数之交焉。是故君子此之为尊敬,然后以其所能教顺百姓所能,不废其会节。既有成事,而后治其文章黼黻,以别尊卑上下之等"⑩。"礼"是调和人神、君臣、夫妻、男女、长幼、朝廷、乡里关系的行为规范。《论礼第二十七》记述孔子曰:"郊社之礼,所以仁鬼神也;禘尝之礼,所以仁昭穆也;馈奠之礼,所以仁死丧也;射飨之礼,所以仁乡党也;食飨之礼,所以仁宾客也。"郊社之礼是祭祀天地之神的,禘尝之礼是祭祀列祖列宗的。婚礼是别男女,防淫乱,"明夫妇之义"⑪的,也是用来培养夫妻间亲敬之情的。"大婚至矣,冕而亲迎。亲迎者,敬之也。是故君子兴敬为亲,舍敬

---

① 《孔子家语·子路初见第十九》。
② 《孔子家语·辩政第十四》。
③ 《孔子家语·王言解第三》。
④ 《孔子家语·三恕第九》。
⑤ 《孔子家语·辩政第十四》。
⑥ 《孔子家语·六本第十五》。
⑦ 《孔子家语·六本第十五》。
⑧ 均见《孔子家语·大婚解第四》。
⑨ 《孔子家语·哀公问第十七》。
⑩ 《孔子家语·问礼第六》。
⑪ 《孔子家语·五刑解第三十》。

则是遗亲也。弗亲弗敬,弗尊也。"①"丧祭之礼所以教仁爱也。……丧祭之礼明,则民孝矣。"②"朝聘之礼者,所以明义也。""义所以别贵贱,明尊卑也。贵贱有别,尊卑有序,则民莫不尊上而敬长。"③射礼是培养男子道德修养的必修课。"射之以礼乐也,何以射,何以听,修身而发,而不失正鹄者,其唯贤者乎?"④乡饮酒礼是培养乡间基层人们之间贵贱意识、长幼意识、和谐意识,达到"正身安国"的重要规范:"乡饮酒之礼者,所以明长幼之序,而崇敬让也。"⑤"贵贱既明,降杀既辩,和乐而不流,弟长而无遗,安燕而不乱,此五者足以正身安国矣"⑥。孔子总结说:"夫礼,先王所以承天之道,以治人之情,列其鬼神,达于丧祭、乡射、冠、婚、朝聘。故圣人以礼示之,则天下国家可得以礼正矣","故治国不以礼,犹无耜而耕。"⑦

再次是"德"治。《入官第二十一》记孔子语:"德者,政之始也。"《王言解第三》记孔子与曾参谈"明王之道":"夫道者,所以明德也。德者,所以尊道也。是以非德道不尊,非道德不明。""内修七教,外行三至……此之谓明王之道也。""七教"指"敬老""尊齿""乐施""亲贤""好德""恶贪""廉让"。"上敬老则下益孝,上尊齿则下益悌,上乐施则下益宽,上亲贤则下择友,上好德则下不隐,上恶贪则下耻争,上廉让则下耻节。此之谓七教。七教者,治民之本也。政教定,则本正也。……是故人君先立仁于己,然后大夫忠而士信,民敦俗朴,男悫而女贞。六者,教之致也。""三至"指"至礼不让""至赏不费""至乐无声"。"至礼不让而天下治,至赏不费而天下士悦,至乐无声而天下民和。"以德治民,"民怀其德,近者悦服,远者来附,政之致也"。《弟子行第十二》记孔子云:"孝,德之始也;悌,德之序也;信,德之厚也;忠,德之正也。"《执辔第二十五》记孔子语:"古者天子常以季冬考德正法,以观治乱,德盛者治也,德薄者乱也。故天子考德,则天下之治乱,可坐庙堂之上而知之。""古之御天下者,以六官总治焉。冢宰之官以成道(治官所以成道),司徒之官以成德(教官所以成德),宗伯之官以成仁(祀官所以成仁),司马之官以成圣,治官所以成圣(圣通征伐,所以通天下也),司寇之官以成义(刑官所以成义),司空之官以成礼(事官所以成礼)。"

---

① 《孔子家语·大婚解第四》。
② 《孔子家语·五刑解第三十》。
③ 《孔子家语·五刑解第三十》。
④ 《孔子家语·观乡射第二十八》。
⑤ 《孔子家语·五刑解第三十》。
⑥ 《孔子家语·观乡射第二十八》。
⑦ 均见《孔子家语·礼运第三十二》。

复次是"法"治。德治并不是万能的，所以，孔子同时提出"德法并重"的主张加以补充。《执辔第二十五》记云：

> 闵子骞为费宰，问政于孔子。子曰："以德以法。夫德法者，御民之具，犹御马之有衔勒也。君者，人也。吏者，辔也。刑者，策也。夫人君之政，执其辔策而已。"
>
> 子曰："以德法为衔勒，以百官为辔，以刑罚为策，以万民为马，故御天下数百年而不失。……一其德法，正其百官，以均齐民力，和安民心，故令不再而民顺从，刑不用而天下治。……治国而无德法，则民无修，民无修则迷惑失道……故曰：德法者，御民之本。"

虽然治理天下必须兼顾德法，但应坚持教化在先，刑罚在后的原则。《五刑解第三十》记载孔子语："圣人之设防，贵其不犯也。制五刑而不用，所以为至治也。""虽有不孝之狱，而无陷刑之民。""虽有杀上之狱，而无陷刑之民。""虽有斗变之狱，而无陷刑之民。""虽有淫乱之狱，而无陷刑之民。""刑罚之所以生，各有源焉。不豫塞其源，而辄绳之以刑，是谓为民设阱而陷之。""刑罚之源，生于嗜欲不节，失礼度者，所以御民之嗜欲而明好恶。顺天之道，礼度既陈，五教毕修，而民犹或未化，尚必明其法典以申固之。"《刑政第三十一》记云：

> 仲弓问于孔子曰："雍闻至刑无所用政，至政无所用刑。至刑无所用政，桀纣之世是也；至政无所用刑，成康之世是也。信乎？"孔子曰："圣人之治化也，必刑政相参焉。太上以德教民，而以礼齐之。其次以政焉导民，以刑禁之，刑不刑也。化之弗变，导之弗从，伤义以败俗，于是乎用刑矣。"

孔子总结"明王之道"说："君子莅民，不可以不知民之性，而达诸民之情。""不责民之所不为，不强民之所不能。""既知其性，又习其情，然后民乃从命矣。故世举则民亲之，政均则民无怨。"[①]顺应民性，为民谋利，是国泰民安、长治久安的"明王之道"。反之，桀纣就是教训。所以，孔子一再提出警告："夫君者，舟也；庶人者，水也。水所以载舟，亦所以覆舟。君以此思危，

---

① 《孔子家语·入官第二十一》。

则危可知矣。"①"舟非水不行,水入舟则没;君非民不治,民犯上则倾。是故君子不可不严也。"②君主治民,必须"懔懔焉若恃腐索之扞马",对人民保持敬畏;"以道导之,则吾畜也;不以道导之,则吾雠也"③。

在这方面,三皇五帝是"明王"的典范。《王言解第三》指出:"昔者明王之治民也,法必裂地(封建)以封之,分属以理之,然后贤民无所隐,暴民无所伏。使有司日省而时考之,进用贤良,退贬不肖,然则贤者悦而不肖者惧。哀鳏寡、养孤独、恤贫穷、诱孝悌、选才能。此七者修,则四海之内,无刑民矣。"这里讲的过去的"明王",指三皇五帝。《五刑解第三十》指出:德主刑辅,"三皇五帝之所化民者如此。虽有五刑之用,不亦可乎!"《礼运第三十二》记云:"孔子为鲁司寇,与于蜡(百神合祭)。既宾事毕,乃出游于观(宫门外阙)之上,喟然而叹。言偃侍曰:'夫子何叹也?'孔子曰:'昔大道之行(三皇五帝),与三代(夏商周)之英,吾未之逮也,而有记焉。大道之行,天下为公,选贤与能,讲信修睦。故人不独亲其亲,不独子其子,老有所终,壮有所用,矜寡孤疾,皆有所养。……是以奸谋闭而不兴,盗窃乱贼不作。故外户而不闭,谓之大同。'"这个"天下为公"的"大同"时代,相当于三皇五帝时代。三皇五帝中,三皇久远渺茫,难以详述,五帝的仁德可以追溯。《五帝德第二十三》记载孔子对五帝仁德的描述:"黄帝者,少昊之子,曰轩辕。生而神灵,弱而能言,幼齐叡庄,敦敏诚信。长聪明,治五气,抚万民,度四方。服牛乘马,扰驯猛兽,以与炎帝战于阪泉之野,三战而后克之。始垂衣裳,作为黼黻。治民以顺天地之纪,知幽明之故,达生死存亡之说。播时百谷,尝味草木,仁厚及于鸟兽昆虫,考日月星辰,劳耳目,勤心力,用水火财物以生民。民赖其利,百年而死;民畏其神,百年而亡;民用其教,百年而移,故曰黄帝三百年。""颛顼,黄帝之孙,昌意之子,曰高阳。渊而有谋,疏通以知远,养财以任地,履时以象天。依鬼神而制义,治气性以教众,洁诚以祭祀,巡四海以宁民。北至幽陵,南暨交趾,西抵流沙,东极蟠木。动静之神,小大之物,日月所照,莫不底砥。"帝喾,"玄枵之孙,乔极之子,曰高辛,生而神异,自言其名。博施厚利,不于其身。聪以知远,明以察微。仁以威,惠而信,以顺天地之义。知民所急,修身而天下服。取地之财而节用焉,抚教万民而诲利之。历日月之生朔而迎送之,明鬼神而敬事之。其色也和,其德也重,其动也时,其服也哀。春夏秋冬,育护天下,日月所照,风雨所至,莫不从化。"帝尧,"高辛

---

① 《孔子家语·五仪解第七》。
② 《孔子家语·六本第十五》。
③ 《孔子家语·致思第八》。

氏之子，曰陶唐。其仁如天，其智如神，就之如日，望之如云。富而不骄，贵而能降。伯夷典礼，夔龙典乐，务先民始之。流四凶而天下服。其言不忒，其德不回。四海之内，舟舆所及，莫不夷说。"帝舜，"乔牛之孙，瞽瞍之子也，曰有虞舜。孝友闻于四方，陶渔事亲，宽裕而温良，敦敏而知时，畏天而爱民，恤远而亲近。承受大命，依于二女。睿明智通，为天下帝……三十年在位，嗣帝五十载。"夏商周三王也是如此。《礼运第三十二》记载孔子语："今大道既隐，天下为家，各亲其亲，各子其子……大人世及以为常，城郭沟池以为固。"虽然三代以"天下为家"的私有制代替了三皇五帝时期"天下为公"的公有制，然而，"禹、汤、文、武、成王、周公，由此而选，未有不谨于礼"。比如夏禹，孔子描述说："敏给克齐，其德不爽，其仁可亲，其言可信……其功为百神之主，其惠为民父母……任皋繇、伯益以赞其治，兴六师以征不序。四极之民，莫敢不服。"①孔子描述商汤："天无私覆，地无私载，日月无私照……是汤之德也。"描述周朝祖先："周自后稷积行累功，以有爵土，公刘重之以仁，及至大王亶甫，敦以德让，其树根置本，备豫远矣。"②描述周文王、周武王："文、武之政，布在方策。其人存则其政举，其人亡则其政息。……人道敏政……为政在于得人，取人以身，修道以仁。"③于是，"法先王"成为儒家的一个重要政治主张。五帝三王，成为儒家一再描述、赞美的古代实行仁政的明王圣君的榜样。

　　反之，夏桀、商纣则是君王反面教训的典型。《贤君第十三》中，孔子批判夏桀："昔者夏桀，贵为天子，富有四海，忘其圣祖之道，坏其典法，废其世祀，荒于淫乐，耽湎于酒，佞臣谄谀，窥导其心，忠士折口，逃罪不言，天下诛桀而有其国。"《观周第十一》记云：孔子观乎周国留下的周朝明堂，"睹四门墉有尧舜之容、桀纣之象，而各有善恶之状、兴废之诫焉。又有周公相成王……南面以朝诸侯之图焉"。孔子对从者说："夫明镜所以察形，往古者所以知今。"周朝天子能在明堂四周的墙壁上画上尧舜、桀纣之象，善善恶恶，以此为鉴，"此周之所以盛也"。

　　孔子是《尚书》的整理编订者。《尚书》中赞美尧、舜、禹、汤、文、武、周公、成王、康王之仁政，鞭挞桀、纣之暴政，这是孔子论述"明王之道"的思想来源。同时，比《尚书》有贡献者，是补充了五帝的前三位的仁德事迹以及对三皇仁德的追忆。其《五帝德》对五帝的描写，直接为司马迁《五帝本纪》所本。

---

① 《孔子家语·五帝德第二十三》。
② 《孔子家语·好生第十》。
③ 《孔子家语·哀公问第十七》。

4. 修身之道:"士人""君子""贤人""圣人"

外王本于内圣,治民源于修身。"凡上者,民之表也。表正,则何物不正?是故人君先立仁于己。"①"君为正,则百姓从而正矣。君之所为,百姓之所从。君不为正,百姓何所从乎!"②所以,《孔子家语》在记录孔子讨论"明王之道"之外,又记录了他讨论的修身之道,可作为《论语》中孔子修身论的补充。

从大处看,孔子将人格分为"君子"与"小人"两大类,尊"君子",贬"小人",并在与"小人"的区别对比中,彰显"君子"的修身之道。《颜回第十八》记云:

> 颜回问小人。孔子曰:"毁人之善以为辩,狡讦怀诈以为智,幸人之有过,耻学而羞不能,小人也。"
>
> 颜回曰:"……吾闻知诸孔子曰:'言人之恶,非所以美己;言人之枉,非所以正己。'故君子攻其恶,无攻人恶。"
>
> 颜回谓子贡曰:"吾闻诸夫子:身不用礼而望礼于人,身不用德而望德于人,乱也。"

《子路初见第十九》记云:

> 孔子曰:"君子以其所不能畏人,小人以其所不能不信人。故君子长人之才,小人抑人而取胜焉。"

在《六本第十五》中,孔子进一步阐述如何修养成为"君子":"行己有六本焉,然后为君子也。立身有义矣,而孝为本;丧纪有礼矣,而哀为本;战阵有列矣,而勇为本;治政有理矣,而农为本;居国有道矣,而嗣为本;财有时矣,而力为本。"《三恕第九》中,孔子又提出什么是"士"、什么是"士君子"、什么是"君子"的界定和修养要求:

> 子路见于孔子。孔子曰:"智者若何?仁者若何?"子路对曰:"智者使人知己,仁者使人爱己。"子曰:"可谓士矣。"

---

① 《孔子家语·王言解第三》。
② 《孔子家语·大婚解第四》。

子路出,子贡入,问亦如之。子贡对曰:"智者知人,仁者爱人。"子曰:"可谓士矣。"

子贡出,颜回入,问亦如之。对曰:"智者自知,仁者自爱。"子曰:"可谓士君子矣。"

君子有三恕:有君不能事,有臣而求其使,非恕也;有亲不能孝,有子而求其报,非恕也;有兄不能敬,有弟而求其顺,非恕也。

君子有三思,不可不察也:少而不学,长无能也;老而不教,死莫之思也;有而不施,穷莫之救也。故君子少思其长则务学,老思其死则务教,有思其穷则务施。

丘尝闻君子之言道矣:听者无察,则道不入;奇伟不稽,则道不信。又尝闻君子之言事矣:制无度量,则事不成;其政晓察,则民不保。又尝闻君子之言志矣:刚折者不终,径易者则数伤,浩倨者则不亲,就利者则无不弊。又尝闻养世之君子矣:从轻勿为先,从重勿为后,见像而勿强,陈道而勿怫。

在《五仪解第七》中,孔子又把人分为"五仪",即五类:

人有五仪,有庸人、有士人、有君子、有贤人、有圣人。

所谓"庸人"者,心不存慎终之规,口不吐训格之言,不择贤以托其身,不力行以自定。见小暗大,而不知所务;从物如流,不知其所执。此则"庸人"也。

所谓"士人"者,心有所定,计有所守,虽不能尽道术之本,必有率也;虽不能备百善之美,必有处也。是故知不务多,必审其所知;言不务多,必审其所谓;行不务多,必审其所由。智既知之,言既道之,行既由之,则若性命之形骸不可易也。富贵不足以益,贫贱不足以损。此则"士人"也。

所谓"君子"者,言必忠信而心不怨,仁义在身而色无伐,思虑通明而辞不专;笃行信道,自强不息,油然若将可越,而终不可及者,"君子"也。

所谓"贤人"者,德不逾闲,行中规绳;言足以法于天下而不伤于身,道足以化于百姓而不伤于本;富则天下无宛(积)财,施则天下不病贫。此"贤者"也。

所谓"圣人"者,德合于天地,变通无方。穷万事之终始,协庶品之自然,敷其大道而遂成情性;明并日月,化行若神,下民不知其德,睹者不识其邻。此谓"圣人"也。

显然,"君子"是比"士人"更高的人格境界。而"圣人"则是人格修养的最高境界。《哀公问政第十七》中,孔子把"诚"作为修身成圣的要求提出来:"诚者,天之至道也;诚之者,人之道也。夫诚弗勉而中,不思而得,从容中道,圣人之所以体定也;诚之者,择善而固执之者也。"这在《礼记》所收子思的《中庸》中,有同样的记载。

从平民到君主,每个人都应该从事道德修养,拒绝"小人",告别"庸人",做有文化、有追求的"士人",努力成为"笃行信道,自强不息"的"君子",争取成为造福天下的"贤人"。作为君主,则应以"德合天地""明并日月"的"圣人"为修身目标。显然,《孔子家语》的修身论较之《论语》有其特殊的增益和价值。

5. 人性思考:"性命""人情"与"人义"

外王之道论治人,修身之道论做人。无论外王还是内圣,都要求对人性有正确的理解。孔子说:"君子莅民,不可以不知民之性,而达诸民之情。"①"达于情性之理……可谓成人矣。"②那么,"民之性""人之情性"是什么呢?

《论语》中,孔子并未对此展开论述。《孔子家语》中有《本命解》和《礼运》篇,比较直接地记录了孔子的人性思想。《本命解第二十六》记云:

> 鲁哀公问于孔子曰:"人之'命'与'性'何谓也?"孔子对曰:"分于道谓之'命',形于一谓之'性',化于阴阳,象形而发谓之'生',化穷数尽谓之死。故命者,性之始也;死者,生之终也。有始则必有终矣。"

"命"指人由天道而生,"性"指人出生后由阴阳化生、从形体表现出来的生命本性。它呈现出阶段性特征。孔子指出:

> 一阳一阴,奇偶相配,然后道合化成。性命之端,形于此也。
> 人始生而有不具者五焉:目无见、不能食、不能行、不能言、不能化。及生三月而微煦,然后有见。

---

① 《孔子家语·入官第二十一》。
② 《孔子家语·颜回第十八》。

八月生齿,然后能食。

三年囟合,然后能言。

十有六而精通,然后能化。……是以男子八月生齿,八岁而龀(换乳牙)。

女子七月生齿,七岁而龀,十有四而化。

因此,"男子二十而冠,有为人父之端;女子十五许嫁,有适人之道"。人伦道德因此而设:"天无二日,国无二君,家无二尊,以一治之。""男子者,任天道而长万物者也。知可为,知不可为,知可言,知不可言,知可行,知不可行者。是故审其伦而明其别,谓之知,所以效匹夫之德也。""女子者,顺男子之教而长其理者也。是故无专制之义,而有三从之道。幼从父兄,既嫁从夫,夫死从子,言无再醮(改嫁)之端。教令不出于闺门,事在供酒食而已……事无擅为,行无独成。参知而后动,可验而后言。昼不游庭,夜行以火。所以效匹妇之德也。"①

成年的男女有什么"情性"呢?这就是"人欲"与"人情"。《礼运第三十二》记录孔子云:"饮食男女,人之大欲存焉;死亡贫苦,人之大恶存焉。""何谓人情?喜怒哀惧爱恶欲,七者弗学而能。""欲恶者,人之大端,人藏其心,不可测度。"成年人不仅有情欲,也有理性和智慧。所以,孔子又说:"人者,天地之德,阴阳之交,鬼神之会,五行之秀。"面对人心中的"美"(喜好)与"恶"(厌恶),既不能扼杀它,又不能放纵它,"舍礼何以哉"?于是产生了满足人情又节制人情的"人义":"何谓'人义'?父慈子孝,兄良弟悌,夫义妇听,长惠幼顺,君仁臣忠,十者谓之'人义'。""圣人之所以治人七情,修十义,讲信修睦,尚辞让,去争夺。"可见,"人情者,圣王之田也。修礼以耕之,陈义以种之,讲学以耨之,本仁以聚之,播乐以安之。""圣人修义之柄,礼之序,以治人情。"所以说,"圣人作则,必以天地为本,以阴阳为端,以四时为柄,以日星为纪,月以为量,鬼神以为徒,五行以为质,礼义以为器,人情以为田"②。这些思想,与《礼记》中的《礼运》篇所记类似,可以互相参证理解。

《孔子家语》在保留孔子家世、生平、业绩及"七十二弟子"名录方面提供了一手资料。全书反映了孔子的"存亡祸福,皆己而已"的神人感应观,从"仁""礼""德""法"四方面论析了孔子心中的"明王之道",从"士人""君子"

---

① 《孔子家语·本命解第二十六》。
② 《孔子家语·礼运第三十二》。

"贤人""圣人"诸方面阐述了孔子眼中的修身之道,补充论析孔子关于"人道"的依据——人性的思考,包括人的"性命""人情"的含义以及因人情而治人的"人义"规范。作为另一部孔子言行录,此书为人们在《论语》之外完整理解孔子及孔门儒学主张提供了重要补充。

三、《大学》:内圣外王的高等教育大纲

《大学》作为儒经"四书"之一,由于其讲到大学教育问题,因而受到当下人们的特别关注。不过,在《大学》热的背后却隐藏着不少问题。比如"大学之道在亲民"的"亲民"到底怎么读怎么解?《大学》的作者到底是谁?"大学"的含义到底指高等学校还是指高等教育?《大学》讲的中心内容到底应当怎么认识?该书的性质到底应当如何定位?该书在周代思想史上的地位或意义应当如何把握?这些都有待于我们去深入探讨,去辨析厘定①。

1.《大学》的作者和版本

从孔子到孟子之间,有两位重要的代表人物。一位是曾参,一位是孔伋。曾参是孔子的弟子,孔伋的老师,留下一部《大学》,上承孔子之道,下启思孟学派,在先秦儒家思想中具有承上启下的地位。孔伋字子思,是孔子唯一的孙子。他是曾参的弟子,留下《中庸》与《孝经》,直接影响到孟子学说的形成。由于曾参、子思的重要贡献,所以他们在后世与孔子、孟子、颜回并称为儒家五大圣人。本节解析曾参所记《大学》的思想真谛。

曾参(前 505 年—前 435 年)出生于东鲁。父亲曾点,字皙,孔子的得意弟子,其追求的超功利感性欢乐的人生理想曾得到孔子的称许,即"曾点之乐"。但他的儿子曾参则不同,更重视道德理性的修养,提出"正心诚意"②的要求和"吾日三省吾身"③的修养方法。以孝著称,曾提出"慎终追远"④的主张。齐国欲聘之为国卿,因居家孝敬父母,辞而不就。他对"孝"的倡导和践

---

① 本节以《〈大学〉解奥:修己治人的高等教育纲领》为题,发表于《东方哲学与文化》第六辑,中国社会科学出版社 2022 年版。
② 《大学》。
③ 《论语·学而》引。
④ 《论语·学而》引。慎终:慎重地办理父母的丧事。追远:虔诚地追念祖先。

行,催生了弟子子思的《孝经》。

《大学》原为《礼记》中的第 42 篇,位置并不显著,南宋前从未单独刊印。北宋时,程颢、程颐兄弟把它从《礼记》中抽出,编次章句。至南宋,朱熹将《大学》与《中庸》及《论语》《孟子》合编并加以注释,于南宋绍熙元年(1190年)刊刻成《四书章句集注》。元代中叶延祐年间,仁宗以《四书章句集注》试士子。此后,《大学》成为科举入仕的必读书。

《大学》虽为曾参所记,但其作者并不就是曾参。程颢、程颐认为《大学》是"孔氏之遗言",则《大学》的实际作者是孔子,曾参只是记述、阐释者。朱熹将《大学》重新编排,分为"经"一章,"传"十章,指出"经"是孔子之言,"传"是曾子对"经"的诠释。可见,《大学》的作者当为孔子、曾参二人。

在后世的流传中,《大学》的版本大体有两个。一是《礼记》中的《大学》篇,一是朱熹重新编排的《大学章句》。后者流传最广、影响最大。本文依据的研究对象,主要是朱熹的《大学章句》本。

2.《大学》的由来及功能

《大学》是怎么产生的呢?它的功能主要是什么呢?

朱熹《大学章句》前写有一篇序言,很好地解答了这两个问题。

朱序开宗明义:"《大学》之书,古之大学所以教人之法也。"①《大学》是古代的"大学"教化生员的基本法则。这里两处提及"大学",含义有细微不同。前一"大学",指《大学》这本书,是书名。后一"大学",指比"小学"高一个等级的高等学校。大学教育是古代君王对国民进行教化管理的重要战略方针。"古之王者,建国君民,教学为先。"②中国古代君王很早就认识到民众的教育事业对于治理国家、管理人民的重要性,因而以教育为政治的首要事务。教育分小学教育和大学教育。小学八岁入学,"教之以洒扫、应对、进退之节,礼乐、射御、书数之文",以《曲礼》《少仪》《内则》《弟子职》诸篇为主③,学些基本的做人道理和技艺知识。十五岁入大学,"教之以穷理、正心、修己、治人之道"④,以培养道德君子为旨归。君王实际上是最高的教育工作者,所以称"君师"。具体的教育工作则由"司徒之职、典乐之官"负责。

---

① 朱熹:《大学章句序》,《四书章句集注》,中华书局 1983 年版。
② 《礼记·学记》。孙希旦:《礼记集解》中册,中华书局 1989 年版,第 957 页。
③ 朱熹:《大学章句序》,《四书章句集注》,中华书局 1983 年版。《曲礼》《少仪》《内则》,《礼记》中的篇章。《弟子职》是齐国稷下学宫制定的第一个学生守则,载《管子》第五十九篇。
④ 朱熹:《大学章句序》,《四书章句集注》,中华书局 1983 年版。

朱熹指出：这种教育治国的传统古已有之，源远流长。最早从伏羲、神农就开始了，经黄帝、尧、舜一路传来，到夏、商、周三代"其法寖备"，"然后王宫、国都以及闾巷莫不有学"①。如果说"小学"教育的功能是教人基本的礼节和知识，"大学"教育的主要功能则是培养修己治人之道，促使学生道德成人，找回后天丢失的天赋善性，从而超凡入圣。"盖自天降生民，则既莫不与之以仁、义、礼、智之性矣。然其气质之禀或不能齐，是以不能皆有以知其性之所有而全之也。一有聪明睿智能尽其性者出于其闲（间），则天必命之以为亿兆之君师，使之治而教之，以复其性。"②据《孟子·滕文公上》记载，夏、商、周的学校依据具体功能的不同，有"校""序""庠"的不同称谓："夏曰校，殷曰序，周曰庠"，"庠者，养也；校者，教也；序者，射也"。同时，三代都有叫"学"的教育机构，承担人伦道德教化任务："学则三代共之，皆所以明人伦也。"朱熹《孟子集注》说："庠以养老为义，校以教民为义，序以习射为义，皆乡学也。学，国学也；共之，无异名也；伦，序也。父子有亲，君臣有义，夫妇有别，长幼有序，朋友有信，此人之大伦也。"这就是说，夏代的"校"，殷代的"序"，周代的"庠"都是地方学校"乡学"的称谓，同时，夏商周三代又有"学"的共同称谓和学校，它的共同职能就是人伦道德教育。此外，根据《礼记·学记》的记载，依据办学区域的大小，古代的学校又分为"塾""庠""序""学"。"古之教者，家有塾，党有庠，术有序，国有学。"古代二十五家为闾，住在一个巷子里，相当于现在的弄堂，设有一所学校，教孩子识字和做人的道理，这弄堂学校叫"塾"，所谓"家有塾"。古代五百家为"党"，"党"内设有学校，称"庠"。这就叫"党有庠"。古代一万二千五百家为"术"，"术"内设置的学校名"序"。这叫"术有序"。"国"，大约指各诸侯国的国都，国都设立的学校叫"学"，合称"国学"，这就叫"国有学"。这与朱序所谓"王宫、国都以及闾巷，莫不有学"是一致的。上古以来，"学校之设，其广如此；教之之术，其次第节目之详又如此"。其时学校所教内容，均非远离现实的神鬼巫术，"皆本之人君躬行心得之余，不待求之民生日用彝伦之外"，是君主身体力行、民生日用人伦的道理。因此，"当世之人无不学"。夏商周三代于是成为"治隆于上，俗美于下"的盛世③。

然而到了"周之衰"的春秋之际，"贤圣之君不作，学校之政不修"，大学的人伦道德教育传统出现了断裂，"教化陵夷，风俗颓败"，礼崩乐坏。所幸

---

① 朱熹：《大学章句序》，《四书章句集注》，中华书局1983年版。
② 朱熹：《大学章句序》，《四书章句集注》，中华书局1983年版。
③ 朱熹：《大学章句序》，《四书章句集注》，中华书局1983年版。

就在这时候,出现了一位大圣人孔子,虽无"君师"之位,却"独取先王之法",打破官府对办学的垄断,兴办私学,教授六艺,"行其政教"。"因小学之成功,以著大学之明法"。教学科目更加详备,教学规模日益壮大,三千之徒莫不受其沾溉。曾参将孔子高等教育之真传记录、阐释为《大学》。《大学》的真谛一直传承到孟子,"孟子没而其传泯"①。道德教学传统又一次遭受厄运。

从那以后,高等教育承担的修身治人功能被遗忘了。大学或被琐碎无用的"俗儒记诵词章之习"所掩,或被空虚无实的佛教异端所惑,或为世俗的"权谋术数、功名之说"与"百家众技之流"所诬,"晦盲否塞,反复沉痼",至后梁、后唐、后晋、后汉、后周五代时期,窳败至极。

幸运的是,否极泰来,历史走到宋代,大学道德教育传统又一次获得了复兴的机遇。"宋德隆盛,治教休明"。北宋硕儒程氏兄弟将《大学》从《礼记》中抽出单列,阐明"古者大学教人之法、圣经贤传之指"。大学人伦道德教育有了有章可循的坚实依据。朱熹在此基础上重新编注《大学章句》,意在踵事增华、锦上添花,进一步完善古之大学所以教人的"国家化民成俗之意,学者修己治人之方"②。

3. "大学"的宗旨:明德新民、内圣外王

朱熹的序言说明,《大学》是孔子总结,曾参记述、阐释的高等教育大纲。大学教育的宗旨及主要内容,是修身济世、内圣外王。第一章经的部分开宗明义:"大学之道,在明明德,在亲民,在止于至善。""大学",朱熹解为"大人之学"。所以解释为"高等学校"就讲不通了,应当解释为"高等教育"为确。"大学之道",即高等教育的根本路径。根本路径也可解释为宗旨、目的。何为"亲民"?程子曰:"亲,当作新。""亲民"即"新民"。朱熹解释说:这段话"言明明德、新民,皆当至于至善之地而不迁。……此三者,大学之纲领也。"大学这个高等教育机构的宗旨在于弘扬人们本有的光明正大的德性,使人弃旧图新,不断自新,最后达到至善、完美的境界。"止于至善"是"明明德"与"新民"的共同目标。"至善",朱熹解释为"事理当然之极";"止",朱熹解释为"必至于是而不迁"。在曾参看来,不同的社会角色有不同的至善标准,"止于至善"的具体要求是:"为人君,止于仁;为人臣,止于敬;为

---

① 均见朱熹:《大学章句序》,《四书章句集注》,中华书局 1983 年版。
② 均见朱熹:《大学章句序》,《四书章句集注》,中华书局 1983 年版。

人子,止于孝;为人父,止于慈;与国人交,止于信。"①"明明德"与"新民"所针对的对象是不同的。"明明德"讲的是修己或修身,"新民"讲的是治人或济世。经云:"物格而后知至,知至而后意诚,意诚而后心正,心正而后身修,身修而后家齐,家齐而后国治,国治而后天下平。"朱熹揭示:"'修身'以上,'明明德'之事也;'齐家'以下,'新民'之事也。""'正心'以上,皆所以修身也;'齐家'以下,则举此而措之耳。"《大学》所讲的"格物、致知、正心、诚意、修身",指涉的是内圣之道;"齐家、治国、平天下",指涉的是外王之道。在内圣外王之道中,内圣之道是外王之道的起点和根源,外王之道是内圣之道的运用和推广。前者是"本",后者是"末"。经云:"古之欲明明德于天下者,先治其国;欲治其国者,先齐其家;欲齐其家者,先修其身","身修而后家齐,家齐而后国治,国治而后天下平"②。"自天子以至于庶人,一是皆以修身为本",未有"本乱而末治者"③。朱熹据此强调:"明德为本,新民为末。"④

4. "修身":"正心诚意""格物致知"

那么,"修身"的目标是什么呢?一句话,就是"明明德"。"大学者,大人之学也"⑤。"大人之学为道"⑥。所以,"明明德",就被视为是大学培养"大人""君子"的首务。《大学》第二章曾子传的部分对此做了具体阐释。所谓"明明德",前一个"明"字是动词,指发明、使明白、弘扬。后一个"明"字,指光明、不昧、无瑕。"明明德",按曾传即《尚书·尧典》"明峻德"之意。曾传还指出:这"明明德"的前一个"明"字,是"自明"的意思。"明明德",指教师点拨启发,学生自悟本有德性。朱熹解释说:"明德者,人之所得乎天,而虚灵不昧,以具众理而应万事者也。但为气禀所拘,人欲所蔽,则有时而昏;然其本体之明,则有未尝息者。故学者当因其所发而遂明之,以复其初也。""明明德"即"自明其明德"⑦的意思。这就种下了德性天赋、人性本善的种子。后来孟子将人道发展为天道,《大学》是重要过渡。

如果说"明明德"是修身的最终目标,"正心诚意""格物致知"则是修身

---

① 朱熹:《大学章句》,《四书章句集注》,中华书局1983年版,第5页。
② 朱熹:《大学章句》,《四书章句集注》,中华书局1983年版,第3、4页。
③ 朱熹:《大学章句》,《四书章句集注》,中华书局1983年版,第4页。
④ 朱熹:《大学章句》,《四书章句集注》,中华书局1983年版,第3页。
⑤ 朱熹:《大学章句》,《四书章句集注》,中华书局1983年版,第3页。
⑥ 扬雄:《法言·学行》。
⑦ 朱熹:《大学章句》,《四书章句集注》,中华书局1983年版,第3页。

的具体途径。经云："欲修其身者,先正其心;欲正其心者,先诚其意;欲诚其意者,先致其知;致知在格物。""物格而后知至,知至而后意诚,意诚而后心正,心正而后身修……"由此可见,"修身"本于"正心诚意","正心诚意"本于"格物致知"。

什么是"正心"呢?《大学》第七章曾子传云:"所谓修身在正其心者,身有所忿懥,则不得其正;有所恐惧,则不得其正;有所好乐,则不得其正;有所忧患,则不得其正。"程子曰:"身当作心。""心"一旦动了愤怒、恐惧、喜好、忧患等感情,就不能不失其正。"心不在焉",在认识事物时就会"视而不见,听而不闻,食而不知其味"。所以,"正心"强调的是心灵不要为情感所左右,要能排除情感的干扰,保持平和、公正、客观、清明的状态。

什么是"诚意"呢?《大学》第六章曾子传云:"所谓诚其意者:毋自欺也,如恶恶臭,如好好色,此之谓自谦(通慊,满足)……故君子必慎其独也!"在曾参看来,好善厌恶,是每个人的天性,人的道德修养应当顺从这种天性,好善"如好好色",厌恶"如恶恶臭",通过做善事、不做坏事获得"自慊",自得其乐。而"小人"明明知道"善之当为与恶之当去"(朱熹语),但闲居独处时"阴为不善"(朱熹语),无恶不作,见到善良的君子后又做假表面,"揜其不善,而著其善"。曾子要求修身者拒绝阳奉阴违的"小人"之举,在闲居独处时也能真诚无伪地扬善去恶,使善实于中而形于外,以德润身,心无愧怍。

什么是"格物""致知"呢? 按朱熹《大学章句》的说法,第五章"释格物、致知之义,而今亡矣"。依朱熹《大学章句》对经文的补充解释,"格,至也;物,犹事也"。"格物"即"穷至事物之理,欲其极处无不到也"。亦即"物理之极处无不到"。"致,推极也;知,犹识也"。"致知"即"推极吾之知识,欲其所知无不尽也"。亦即"吾心之所知无不尽"。"致知"本于"格物"。朱熹说:"欲致吾之知,在即物而穷理也。"只有通过"格物",才能洞悉、认识客观事物中的至理,最后达到"意诚心正"。

在"格物致知""正心诚意"的过程中,情欲之动会妨碍穷理正心。正如第六章云:"心不在焉,视而不见,听而不闻,食而不知其味。"所以《大学》经的部分强调"止""定""静""安":"知止而后有定,定而后能静,静而后能安,安而后能虑,虑而后能得。""知止为始,能得为终。"心灵只有保持静止安定的状态,才能"穷理""正心"。于是,一方面,如上所说,"正心"本于"格物",另一方面,"格物"又源于"静心"。在"正心诚意"的心灵修养中,"心"与"物"处于一种互为因果、双向交流的关系状态。须先通过"静心"而"格物",最后通过"格物"而"正心"。

5. "治人":"齐家、治国、平天下"

《大学》告诫人们：在通过"明德""修身"成为道德君子的基础上，应"举此而措之"，多做"新民"之事，以"治人"为归宿。

"治人"的目的在"新民"。"新民"之"新"，用为动词，指道德修养"日日新，又日新"，"无所不用其极"。朱熹解释："新者，革其旧之谓也。""言既自明其明德，又当推以及人，使之亦有以去其旧染之污也。"即"自新"而又"新民"，共同"止于至善"。

"治人"之道，从"齐家"开始。所谓"齐家"，即公平、齐一地处理家庭成员的关系，达到家庭和谐。要做到这一点，根本取决于"修身"。也就是通过"正心"，去除情感好恶，公平无偏地对待拥有不同亲疏关系的家人。《大学》第八章指出："人之（于也）其所亲，爱而辟（僻、偏）焉；之其所贱，恶而辟焉；之其所畏，敬而辟焉；之其所哀，矜而辟焉；之其所敖，惰而辟焉。故好而知其恶，恶而知其美者，天下鲜矣！""溺爱者不明，贪得者无厌，是则偏之为害，而家之所以不齐也。""此谓身不修，不可以齐其家。"之所以说管理好家庭和家族要先修养自身，是因为人们对于自己亲爱的人会有偏爱；对于自己厌恶的人会有偏恨；对于自己敬畏的人会有偏颇；对于自己同情的人会有偏心；对于自己轻视的人会有偏见。因此，很少有人能喜爱某人又看到那人的缺点，厌恶某人又看到那人的优点。偏爱的人有失清明，贪婪的人不会满足。只要有好恶偏颇，就不能管理好家庭或家族。

家庭是一个小社会。国家不过是家庭结构的放大。"其家不可教而能教人者，无之。"所以说"治国必先齐其家"。家庭这个小社会能治理好了，就可以为国家这个大社会的治理提供相近的经验。"故君子不出家而成教于国：孝者，所以事君也；弟者，所以事长也；慈者，所以使众也。此所以家齐于上，而教成于下也。一家仁，一国兴仁；一家让，一国兴让。""宜其家人，而后可以教国人。""宜兄宜弟，而后可以教国人。""其为父子兄弟足法，而后民法之也。"此外，治国如同齐家，国君如同家长，必须以身作则，为人表率。"君子有诸己而后求诸人，无诸己而后非诸人。所藏乎身不恕，而能喻诸人者，未之有也。""此谓治国先齐其家。"①

"天下"是若干诸侯国的组合，与"国"存在更为相近的性质。在"治其国"的基础上，就可以"平天下"。"治国平天下"的"絜（xié，度量法则）矩之道"是什么呢？有如下几个要点：

---

① 《大学》第九章。

一是以"齐家"之道治理天下。"齐家"之道主要有三，即孝、悌、慈。孝以事父，悌以敬长，慈以待下。治国亦然，所谓"上老老而民兴孝，上长长而民兴弟（悌），上恤孤而民不倍（背）"。以"老老"之"孝"、"长长"之"悌"、"恤孤"之"慈"治理国人，必须在坚守公平无偏方面慎之又慎。"有国者不可以不慎，辟（偏）则为天下僇（戮）矣"①。统治国家的君主如果不能公平地对待天下人，就会被天下人推翻。所以用"齐家"的方法治理天下，就叫"平天下"。"平"与"齐"是一个意思，即公平、不偏颇。

二是以"仁""善"治天下，以与民同好恶赢得民众的拥戴，实现国家的长治久安。《大学》第十章引《周书·康诰》"惟命不于常"的话说：对于国君、帝王这样的"天命"，"善则得之，不善则失之"。引《国语·楚语》的话说：国家"无以为宝，惟善以为宝。"引晋文公舅狐偃的话说：流亡之君"无以为宝，仁亲以为宝"。引《诗经》"宜监于殷，峻命不易"说明："得众则得国，失众则失国。"引《诗经》"乐只君子，民之父母"的话，重新解释君主应该怎样当"民之父母"："民之所好好之，民之所恶恶之，此之谓民之父母。"还指出："唯仁人为能爱人，能恶人。……好人之所恶，恶人之所好，是谓拂人之性，灾必逮夫身。"通过一系列的引经据典，阐述了仁爱万民、与民同乐的政治理想。

三是正确处理"德"与"财"、"义"与"利"的关系，以"德"为"本"，以"财"为"末"；以"义"为国家最大的"利"。"国不以利为利，以义为利也。""德者本也，财者末也。""是故君子先慎乎德。有德此有人，有人此有土，有土此有财，有财此有用。""是故财聚则民散，财散则民聚。""仁者散财以得民，不仁者亡身以殖货。未有上好仁而下不好义者也，未有好义其事不终者也，未有府库财非其财者也。"②儒家的政治理想，最终落实在君主如何与民分利上。只有民利，才是真正的国利、君利。爱民进而利民，是儒家仁政理想的完整要求。《大学》的外王思想，是对孔子"仁政"思想的继承，它成为走向孟子"仁政"学说的重要过渡。

综上所述，《大学》是孔子总结、曾参阐释的高等教育学校教学大纲。《大学》所讲的大学教育的主要内容，是自新与新民、修己与治人之道。自新即不断自我更新完善，关键在于明德。明德的途径是正心诚意、格物致知，从而寻求天理，恢复天赋之良知和善性。这是君子做人的起点，所谓"明德为本"。新民即推己及人，将"明德"推广到天下，使他人革新，共同向善。新

---

① 《大学》第十章。
② 《大学》第十章。

民、治人的途径是"齐家、治国、平天下"。这是君子自新、修己的延伸和扩展,所谓"新民为末"。孔子曾说:天下"无道则隐""有道则见"。所以《论语》中既讲了大量的君子之道,也讲了大量的君人之道。他所以办学,是为了培养道德君子去从政,以拯救礼崩乐坏的天下,所谓"学而优则仕"。《大学》本此,将修己治人的内圣外王之道作为大学教育的大纲加以集中阐释。其后,《中庸》讲"成己""成物"之道,孟子讲"独善其身"与"兼济天下",荀子讲"君子之道"与"君之所道",《易传》讲"藏器于身""待时而动",乃至道家讲"虚一而静"与"无为而治",《吕氏春秋》讲"取天下先取身,治其身而天下治"等等,无一不是循着内圣为本外王为末、内圣与外王兼顾的思路展开思考和论述的。在这种论述中,君子之道与君人之道是各有侧重而又相互统一的。明君必须是君子,君子才有资格成为明君。而培养君子就是高等教育机构——"大学"的使命。这就是《大学》的命意、价值及意义之所在。

四、《中庸》:以"折中"之道成圣化物

在曾参阐释的《大学》之后,子思留下的《中庸》是一部重要的儒家著作。

《中庸》原为戴圣所编的《礼记》中的一篇论述如何修养"中庸"之德的论文。宋儒发现了《中庸》在士大夫人格修养中的重要价值,发表了上百篇探讨《中庸》奥义的文章。北宋硕儒程颢、程颐在推崇《大学》之外对《中庸》亦极力加以崇奉,南宋朱熹把《中庸》与《论语》《孟子》《大学》并列为"四书",在《大学章句》之外又作《中庸章句》。宋、元以后,《中庸》成为士人科举考试的必读书,对中国思想史产生了深远影响。

关于《中庸》的作者,《史记·孔子世家》指出:"子思作《中庸》。"汉唐注家多遵从此说。如郑玄云:"孔子之孙子思作之,以昭明圣祖之德"。唐代的陆德明、孔颖达,宋代二程、朱熹都认为《中庸》为子思所作。如朱熹《中庸章句序》云:"《中庸》何为而作也?子思子忧道学之失其传而作也。"不过,今天看到的《中庸》实际上已经过秦代学者的修改整理。第二十八章有"今天下车同轨,书同文,行同伦"一语,便是显证。

子思,孔子之孙孔伋之字,曾从曾参受学。大约生于周敬王三十七年(公元前483年),卒于周威烈王二十四年(公元前402年),享年82岁。《史记·孔子世家》记子思年六十二,一般认为系八十二之误。子思是孔子到孟子的重要过渡人物。孔子的思想经曾参传子思,子思的门人再传孟子。子

思将孔子"中庸"之学和孝道学说加以发扬光大,作《中庸》和《孝经》,下开孟子的心性学说,在先秦儒家道统传承史上占有承前启后的地位。后人将子思、孟子并称为"思孟学派",对宋代理学影响深远。北宋徽宗年间,子思被追封为"沂水侯";元文宗至顺元年,被追封为"述圣公"。后人因此尊子思为"述圣",受到儒教祭祀。

1.《中庸》是怎样一部著作

《中庸》通篇讲"中庸"和"至诚"这样的"人道",但并非没有"神道""天道"观念。第十六章引孔子语:"鬼神之为德,其盛矣乎。视之而弗见,听之而弗闻,体物而不可遗。"第二十九章云:"质鬼神而无疑,知天也;百世以俟圣人而不惑,知人也。"不过,《中庸》的"神道""天道"观念中包含着"人道",甚至是"人道"的源头和根据。如第二十四章云:"国家将兴,必有祯祥;国家将亡,必有妖孽。见乎蓍龟,动乎四体。祸福将至:善,必先知之;不善,必先知之。"因此,"人道"是必须遵循的,否则,天地不容,神鬼降殃。这个思想,与周代神由人定、祸福由人的整体思想是一致的①。

《论语·雍也》记载孔子的话:"中庸之为德也,其至矣乎。"子思对孔子所说的"中庸"之德做了充分的肯定和阐释。《中庸》所讲的"人道",按朱熹序言的说法,就是"中庸"这个"行天下之大事"、成"天下之大圣"的常道至理。朱熹揭示了"中庸"之道发生、发展、遭挫、复兴的曲折历程:"盖自上古圣神继天立极,而道统之传有自来矣。其见于经,则'允执厥中'者,尧之所以授舜也;'人心惟危,道心惟微,惟精惟一,允执厥中'者,舜之所以授禹也。尧之一言,至矣,尽矣!而舜复益之以三言者,则所以明夫尧之一言,必如是而后可庶几也。""夫尧、舜、禹,天下之大圣也。以天下相传,天下之大事也。以天下之大圣,行天下之大事,而其授受之际,丁宁(叮咛)告戒,不过如此。则天下之理,岂有以加于此哉?""自是以来,圣圣相承:若成汤、文、武之为君,皋陶、伊、傅、周、召之为臣,既皆以此而接夫道统之传。"孔子"虽不得其位,而所以继往圣、开来学,其功反有贤于尧舜者"。"然当是时,见而知之者,惟颜氏、曾氏之传得其宗。及曾氏之再传,而复得夫子之孙子思,则去圣远而异端起矣。子思惧夫愈久而愈失其真也,于是推本尧舜以来相传之意,质以平日所闻父师之言,更互演绎,作为此书,以诏后之学者。盖其忧之也深,故其言之也切;其虑之也远,故其说之也详。……历选前圣之书,所以提

---

① 参祁志祥:《周代:"神"的祛魅与"人"的觉醒——论中国思想史上的第一个启蒙时期》,《湖北社会科学》2017年第12期。

挈纲维、开示蕴奥，未有若是之明且尽者也。自是而又再传以得孟氏，为能推明是书，以承先圣之统，及其没而遂失其传焉。"①"中庸"这个常道至理最早由尧发明，叫"允执厥中"。尧将这句话传授给舜。舜把这句话益为四句，传授给禹，嘱咐他尤其要注意在处理"人心"与"道心"的关系时恪守折中之道。后来商汤王、周文王、周武王等明君，皋陶、伊尹、傅说、周公、召公等重臣"圣圣相承"，形成了源远流长的"道统"。孔子"祖述尧舜，宪章文武"，"继往开来"。弟子颜渊、曾参得其真传，加以发展。下及战国时期，异端学说蜂起，对"中庸"之道形成强烈冲击，子思起而护之，作《中庸》，一直将这个道统传给孟子。但孟子逝世后，这个道统又丢失了。直到宋代才重新发扬光大起来。

然而细读原文，发现《中庸》的主题并不如此单一。《中庸》多次论及"中庸"，同时又反复论及"诚"，呈现出双主题。二者之间到底有什么联系？它们与"天道""人道"的关系到底如何？与"成己"与"成物"、"修身"与"治人"的关系又是什么？将这些问题搞清楚，并非易事。不过也只有把这些问题搞清楚了，才能准确理解《中庸》的思想真谛。

《中庸》虽为子思所作，但全篇33章约有一半引述孔子之言阐述己意。子思是孔子思想的传人。《中庸》中子思与孔子可视为一体。因此，我们在《中庸》引述的孔子之言与子思的阐释之间可以不再加以区分②。

2."中庸"：中和、折中的不易之道

孔子提出"中庸"是一种君子的最高道德"至德"。《中庸》围绕着"中庸"这一至德加以探讨。何谓"中庸"？郑玄解释说："名曰《中庸》者，以其记中和之为用也。庸，用也。"此说并不很稳妥。《论语·雍也》"中庸之为德"的何晏集解云："庸，常也，中和可常行之道。"宋儒程子解释与此同："不偏谓之中，不易谓之庸。"③朱熹解释说："中者，不偏不倚、无过不及之名。庸，平常也。"④可见，"庸"者，常也，不变也。"中庸"即关于"中"的常理或不易之道，后来又称"中道"。

那么，什么是"中"呢？朱熹解释为"不偏不倚"，不走极端，但《中庸》的阐释并不这么简明。首先，"中"指情感处理的中正、中和。"喜、怒、哀、乐之未发，谓之中（中和之中）。发而皆中（念第四声，指符合）节，谓之和。"朱熹

---

① 朱熹：《中庸章句序》，《四书章句集注》，中华书局1983年版，第14—15页。
② 因此，本章引述《中庸》中孔子之言时，未必一一注明。
③ 朱熹：《中庸章句》，《四书章句集注》，中华书局1983年版，第17页。
④ 朱熹：《中庸章句》，《四书章句集注》，中华书局1983年版，第17页。

解释:"喜怒哀乐,情也。其未发,则性也,无所偏倚,故谓之中。发皆中节,情之正也,无所乖戾,故谓之和。"①情感在心中还未外化出来的时候,尚不失其中正;情感表现出来时符合社会规范、理性节度,就叫作"情之正""情之和"。所以,"中庸"是指处理情感的"中正"之道、"中和"之道。这是"中庸"的第一层含义。

尧曾告诫舜统治万民、处理矛盾要"允执厥中"②。舜谨遵告诫,"执其两端,用其中于民"③。他嘱咐禹:"人心惟危,道心惟微,惟精惟一,允执厥中。"④要在危险的"人心"与为善的"道心"之间寻求某种平衡。孔子曾自述:"我叩其两端而竭焉。"⑤"两端",即"过"与"不及"两个极端。"中庸"的另一层含义,是用不偏不倚的方法处理矛盾的两极,否定极端,折中行事。在此意义上,"中庸"又叫"折中"。这种"折中"的方法,孔子早有所论。《论语·先进》载:"子贡问:'师与商也孰贤?'子曰:'师也过,商也不及。'曰:'然则师愈与?'子曰:'过犹不及。'"《子路》记载孔子语:"不得中行而与之,必也狂狷乎!狂者进取,狷者有所不为也。"《尧曰》记载孔子对君子修养的要求:"惠而不费,劳而不怨,欲而不贪,泰而不骄,威而不猛。"集中体现了孔子思想方法的"折中"特点。《中庸》记载孔子语:"道之不行也,我知之矣:知者过之,愚者不及也。道之不明也,我知之矣:贤者过之,不肖者不及也。"与《论语》中孔子反对的"过"与"不及"是一个意思。朱熹《中庸章句序》指出:尧之一句"允执厥中"所以被舜增益为"人心惟危,道心惟微,惟精惟一,允执厥中",是举例进一步阐明"允执厥中"的含义。在处理"人心"与"道心"的关系时,既不要以"道心"扼杀"人心",也不要以"人心"主宰"道心",而是承认并尊重二者的共存,并以"道心"主宰、控制"人心"。"心之虚灵知觉,一而已矣,而以为有'人心''道心'之异者,则以其或生于形气之私,或原于性命之正,而所以为知觉者不同。是以或危殆而不安,或微妙而难见耳。然人莫不有是形,故虽上智不能无'人心';亦莫不有是性,故虽下愚不能无'道心'。二者杂于方寸之间,而不知所以治之,则危者愈危,微者愈微,而天理之公卒无以胜夫人欲之私矣。'精'则察夫二者之间而不杂也,'一'则守其本心之正而不离也。从事于斯,无少间断,必使'道心'常为一身之主,而'人心'每听命

---

① 朱熹:《中庸章句》,《四书章句集注》,中华书局1983年版,第18页。
② 转引自《论语·尧曰》。
③ 《中庸》第六章。
④ 《尚书·大禹谟》。
⑤ 《论语·子罕》。

焉,则危者安、微者著,而动静云为自无过、不及之差矣。"①

此外,《中庸》还将"中庸"上升"天道"。"中也者,天下之大本也;和也者,天下之达道也。"程子解释说:"中者,天下之正道;庸者,天下之定理。"②天道者,天理也。所以将"中庸"这个人间之道提升为天理,是为了强调恪守它的必然性、绝对性。同时,"中庸"也是君子应当遵守的"人道"。"君子依乎中庸。""君子中庸,小人反中庸。"能够恪守中庸之道,不被情感好恶左右,所作所为都能践行礼教规范,就是君子。反之,不能克制自己的情感,肆无忌惮,每每逾越礼教规范,就只能变成小人。所以说:"君子之中庸也,君子而时中。小人之反中庸也,小人而无忌惮。"这"天道"与"人道"二者的关系是:"天命之谓性(理、道心),率性之谓道,修道之谓教。"孔子注重的人伦道德就上升为天命之理,人与天之间就达成了某种沟通和交融。正是这一点,被后来的孟子继承和发展。

"中庸"虽是一种不偏不倚的方法,但在孔子及子思看来,它更是一种善道,因为可以防止肆无忌惮、走向极端造成的恶果。天地间阴阳的调和,靠中道。"致中和,天地位焉,万物育焉。"人间矛盾的调和,也靠中道。人作为天地间的智慧生物,应当秉承"中庸"之善性,不断修养、克制自己的情感好恶,使其不走极端。颜回就是这样一个坚持中庸之德、努力践行善道的君子。"回之为人也,择乎中庸,得一善,则拳拳服膺,而弗失之矣。"面对人生中遇到的各种各样的波澜,要做到不大喜大怒、守住中庸之道是很不容易的。"天下国家,可均也;爵禄,可辞也;白刃,可蹈也;中庸不可能(及)也。""中庸其至矣乎!民鲜能久矣。"即便是孔子这样的圣人,也认为自己在"中庸"这一点上做得很不够,甚至守住一个月的时间也很难。"人皆曰'予知',择乎中庸,而不能期月守也。"然而,要成为君子、圣人,就必须恪守"中庸"之道,控制住自己情感的大起大落。"故君子尊德性,而道问学,致广大,而尽精微,极高明,而道中庸。"③"道也者,不可须臾离也;可离,非道也。是故君子戒慎乎其所不睹,恐惧乎其所不闻,莫见乎隐,莫显乎微。故君子慎其独也。""道不远人。人之为道而远人,不可以为道。"④修炼"中庸"之道必须从平时的点滴小事做起:"君子之道,辟如行远必自迩,辟如登高必自卑。"

于是,以"中庸"之道克制情感好恶,处理矛盾两极,使自己的言行永远不走极端,符合礼教规范,就成为《中庸》给中国古代士大夫规定的最高道德律令。

---

① 朱熹:《中庸章句序》,《四书章句集注》,中华书局1983年版,第14页。
② 朱熹:《中庸章句》,《四书章句集注》,中华书局1983年版,第17页。
③ 《中庸》第二十七章。
④ 《中庸》第十三章。

3. 从"诚"入手进行"中庸"修养:"诚者,不勉而中"

《中庸》论述的另一主题是"诚"或"至诚"。为什么要论"诚"呢？因为"诚"是修养"中庸"之道的心理基础。《中庸》第二十一章云:"自诚明,谓之性。""诚则明矣。"朱熹注:"自,由也。""诚"指"德无不实";"明"指"明无不照"。"诚则无不明也。"只要"诚",就什么德都"无不明"了。"自诚明"即由诚而明,指由真诚而明白道理。这个道理包含"中庸"。"性"的本义是天生的资质。《中庸》中,"性"有特定所指,指天赋的善性、理性,即"天理""天道""性命"。所谓"天命之谓性,率性之谓道"。朱熹云:"所性而有者,天道也。"①第二十二章云:"唯天下至诚为能尽其性。能尽其(天)性,则能尽人之性。"第二十章云:"诚者,不勉而中,不思而得。从容中道,圣人也。"可见,"诚"是决定"中庸"之道的根源,从"诚"入手进行"中庸"修养,才算抓住了根本。

由此可知"君子诚之为贵"②。君子必须清醒认识到,在修养"中庸"之先,须修养"至诚"之德。"诚"是一种弥漫于天地万物之间的"天道",人作为万物之中的一员,必须加以遵守:"诚者,天之道也。"同时,"诚"也是人必须修养的"人道":"诚之者,人之道也。"③"诚"不能单靠天赋,还需靠后天的修养教化。第二十一章云:"自明诚谓之教。""明则诚矣。"由明白道理后做到真诚,这就叫人为的教育。认识道理后,就会自觉培养真诚的善性。

作为"人道","诚"能"自成""成己",使自己成为崇高的道德君子。"诚者自成也,而道自道也。"④"诚身有道:不明乎善,不诚乎身矣。""诚之者,择善而固执之者也。"⑤"诚"同时还是"成物"之道,可以成就、化成万物。第二十二章云:"唯天下至诚为能尽其性……能尽人之性,则能尽物之性。能尽物之性,则可以赞天地之化育。可以赞天地之化育,则可以与天地参矣。"第二十三章云:"诚则形,形则著,著则明,明则动,动则变,变则化。唯天下至诚为能化。"第二十五章云:"诚者,物之终始,不诚无物。""诚者,非自成己而已也,所以成物也。"第二十六章云:"至诚无息;不息则久;久则征;征则悠远;悠远则博厚;博厚则高明。博厚,所以载物也;高明,所以覆物也;悠久,所以成物也。博厚,配地;高明,配天;悠久,无疆。"第三十二章云:"唯天下

---

① 朱熹:《中庸章句》,《四书章句集注》,中华书局1983年版,第31页。
② 《中庸》第二十五章。
③ 《中庸》第二十章。
④ 《中庸》第二十五章。
⑤ 《中庸》第二十章。

至诚,为能经纶天下之大经,立天下之大本,知天地之化育。"由此可见,"诚"作为天赋的"性之德",是成物成己的"外内之道"的综合①。

4. "修身"之道:"成己,仁也"

《中庸》在论述由"诚"决定的"中庸"之道时,始终是把它们当作"外内之道"综合看待的。"外"者"成物","内"者"成己"。"成己仁也,成物知(智)也。"②只有"知所以修身,则知所以治人"③。"修身""成己"是"治人""成物"之本。"修身""成己"的总的道德范畴是"仁"。"中庸""至诚"是"仁"的重要组成部分,但不是全部。在此之外,《中庸》还论及许多"成己"的"仁"道。第二十章引孔子语,说明"修身以道,修道以仁"。"仁"是什么呢? 是爱人、亲亲。"仁者,人也,亲亲为大。""故君子不可以不修身,思修身,不可以不事亲。""天下之达道五……曰君臣也、父子也、夫妇也、昆弟也、朋友之交也。""亲亲,则诸父昆弟不怨。""齐明盛服,非礼不动,所以修身也。去谗远色,贱货而贵德,所以劝贤也。尊其位,重其禄,同其好恶,所以劝亲亲也。"对于仁道,要"博学之,审问之,慎思之,明辨之,笃行之"。"有弗学,学之弗能,弗措也。有弗问,问之弗知,弗措也。有弗思,思之弗得,弗措也。有弗辨,辨之弗明,弗措也。有弗行,行之弗笃,弗措也。人一能之,己百之。人十能之,己千之。""果能此道矣,虽愚必明,虽柔必强。"第十三章引孔子语:"忠恕违(离)道不远。施诸己而不愿,亦勿施于人。""在上位,不陵下;在下位,不援(攀附)上;正己而不求于人则无怨。上不怨天,下不尤人。"第三十三章云:"君子之道,淡而不厌,简而文,温而理。""君子内省不疚,无恶于志。""君子不动而敬,不言而信。"《中庸》还指出:"故君子之道,暗然而日章;小人之道,的然而日亡。"

为了认清仁道之旨,子思继承孔子及时人对智慧的重视,强调"聪明圣知(智)":"唯天下至圣,为能聪明、睿知(智)。"④"苟不固聪明圣知,达天德者,其孰能知之?"⑤批评"愚而好自用,贱而好自专",指出"如此者灾及其身者也"⑥。

与孔子天下"无道则隐"的主张相似,子思告诫人们:"国无道,其默足以

---

① 《中庸》第二十五章。
② 《中庸》第二十五章。
③ 《中庸》第二十章。
④ 《中庸》第三十一章。
⑤ 《中庸》第三十二章。
⑥ 《中庸》第二十八章。

容。"如果天下无道,君子就默默地修身养德,把自己的人格做好。君子"为下不倍(背叛)"①。

5. "治人"之道:"成物,智也"

在论述了"成己"的"修身"之道后,《中庸》又论述"成物"的"治人"之道。在子思看来,"成己"的准则是"仁","成物"的功德则需要"智"。

"成物"的前提是政治清明。孔子说:"天下有道则见。"子思本此,也主张:"国有道,其言足以兴。"②

"治人"的出发点是"修己",并包含"修己"。"知所以修身,则知所以治人。知所以治人,则知所以治天下国家矣。""凡为天下国家有九经,曰:修身也、尊贤也、亲亲也、敬大臣也、体群臣也、子庶民也、来百工也、柔远人也、怀诸侯也。"③"君子笃恭而天下平。"④

"治人"是"修己"的扩展和归宿。"故君子之道,本诸身,征诸庶民。考诸三王而不缪,建诸天地而不悖,质诸鬼神而无疑,百世以俟圣人而不惑。"⑤

称王天下的具体路径是什么?"天下之达道五,所以行之者三。曰:君臣也、父子也、夫妇也、昆弟也、朋友之交也,五者,天下之达道也。知、仁、勇三者,天下之达德也。所以行之者一也。"⑥"一",朱熹解释为"诚",用真诚的态度去修身、尊贤、亲亲、敬大臣、体群臣、子庶民、徕百工、柔远人、怀诸侯,等等。"修身,则道立。尊贤,则不惑。亲亲,则诸父昆弟不怨。敬大臣,则不眩。体群臣,则士之报礼重。子庶民,则百姓劝。来百工,则财用足。柔远人,则四方归之。怀诸侯,则天下畏之。"⑦"官盛任使,所以劝大臣也;忠信重禄,所以劝士也;时使薄敛,所以劝百姓也;日省月试,既禀称事,所以劝百工也;送往迎来,嘉善而矜不能,所以柔远人也;继绝世,举废国,治乱持危,朝聘以时,厚往而薄来,所以怀诸侯也。"⑧"唯天下至圣,为能……宽、裕、温、柔,足以有容也;发、强、刚、毅,足以有执也;齐、庄、中、正,足以有敬也;文、理、密、察,足以有别也。"⑨

---

① 均见《中庸》第二十七章。
② 《中庸》第二十七章。
③ 《中庸》第二十章。
④ 《中庸》第三十三章。
⑤ 《中庸》第二十九章。
⑥ 《中庸》第二十章。
⑦ 《中庸》第二十章。
⑧ 《中庸》第二十章。
⑨ 《中庸》第三十一章。

外王之道的理想结果是:"溥博如天,渊泉如渊。见而民莫不敬,言而民莫不信,行而民莫不说。""声名洋溢乎中国,施及蛮貊。舟车所至,人力所通,天之所覆,地之所载,日月所照,霜露所队(坠),凡有血气者莫不尊亲,故曰'配天'。"①

《中庸》围绕着孔子所说的"中庸"之至德,沿着孔子"天下有道则见、无道则隐"的思路和《大学》奠定的修己治人思想模式,要求士人以巨大的真诚,修养不偏不倚、不动好恶的思维方法,理性恪守礼教规范,避免肆无忌惮、走向极端,并以此处理社会政治中的各种矛盾,在对立两极中找到最佳的折中点和平衡度,合内外之道成己成物,内圣外王。它将"中庸""至诚"之"人道"升格、物化为"天道"的做法,直接开启了孟子"万物皆备于我""吾善养浩然之气""尽心知性"而后"知天","诚者天之道,思诚者人之道"的"天人合一"论,再由此衍生为汉儒董仲舒的"天人感应"学说和"仁"为"天心"论,发展为宋儒朱熹人道为天理的客观唯心论。它提出的克制自我情感、处理社会矛盾的不偏不倚、无过与不及的方法,是通向内圣外王的保证,因而具有价值论、道德论意义。三国时魏国的刘劭作《人物志》,对"中庸"或"中和"这种方法的道德属性又作过更为深入的分析。他指出:"凡人之质量,中和最贵矣。"②"夫中庸之德,其质无名……抗者过之,而拘者不逮。""拘抗违中,故善有所章,而理有所失。"③唐人柳宗元《祭吕衡州温文》云:"适于中庸,削去邪杂,显陈直正。"明人姚士麟《见只编》卷中云:"但恐违中庸,行怪不可率。"要之,违反中庸之道,就可能做出许多伤天害理的偏激之事来,从而远离君子标准,破坏自我形象。于是,"清能有容,仁能善断,明不伤察,直不过矫,是谓蜜饯不甜,海味不咸,才是懿德。"④君子懿德,在乎中庸。温柔敦厚,不偏不倚,中正平和,成为古代士大夫完美人格修养的根本之道。

五、《孝经》:以孝道"立身"与"治天下"

《中庸》之外,据说子思留下了另一部著作是《孝经》。不过《孝经》的作者是否是子思,这个问题有争议。旧说《孝经》是孔子所作。唐玄宗《孝经序》记云:"子曰:吾志在《春秋》,行在《孝经》。"北宋邢昺《孝经注疏序》说:

---

① 《中庸》第三十一章。
② 刘劭:《人物志·九征》。
③ 刘劭:《人物志·体别》。
④ 洪应明:《菜根谭》。

《孝经》者,孔子之所述作也";"孔子述作,垂范将来"。但这种说法至南宋时遭到怀疑,认为是出于后人附会。清人纪昀在《四库全书总目》中指出,《孝经》是孔子"七十子之徒之遗言"。目前学界一般认为是曾参之徒子思所作①。检阅《孝经》,通篇由孔子与曾参的对话构成,系孔子为曾参讲述孝道之记录,出于曾参弟子子思之手是很正常的。《孝经》共十八章,大多数章节开头都是"子曰",未注明"子曰"的也可视为孔子的话("子曰"承前省略)。可以这么看,《孝经》内容的作者是孔子,《孝经》的记述者是子思。

按照唐玄宗《孝经序》的说法,《孝经》自孔子"没而微言绝",后"泯绝于秦",而"滥觞于汉"。汉代有今文、古文《孝经》两种版本。《孝经》不仅在汉代重新被发现,称"经"亦自汉代始。它在这个时代与《诗》《书》《易》《礼》《春秋》《论语》并列,被奉为"七经",于是注本始出。汉代著名的注本是郑玄为今文《孝经》所作的注,和孔安国为古文《孝经》所作的传。此后又有多种注本。不过,在唐玄宗看来,"传之者皆糟粕之余"。因此,他融合今、古文两家版本和注释,亲自重为注解,命元行冲作疏,颁行天下。自此,郑、孔两家之注逐渐消亡。入宋,太宗以草书两次书写《孝经》,大加倡导。邢昺以唐玄宗之注为依据,以元行冲之疏为基础重新作疏。南宋将唐玄宗注、邢昺疏的十八章《孝经》本列为儒家十三经之一。明初,太祖奉《孝经》为"帝王治天下之大经大法"。清顺治帝、康熙帝和雍正帝均亲自注解《孝经》,孝道在汉代及唐以后受到统治者的大力奖倡。

"孝"是一种处理家庭关系的伦理原则。由《大学》《中庸》的论述可知,修身齐家是治国平天下之本。于是齐家的"孝"道就显得格外重要。孔子很重视"孝"的培养和践行。《论语》中,孔子论及"孝"的有十多处。孔子要求弟子"入则孝,出则弟"。对父母的"孝",不仅体现在能养护父母("能养"),关心父母的身体安康,"唯其疾之忧",而且包括精神上的尊敬,认为这是人与其他动物对待父母的根本区别。这种尊敬,体现为对父母之命"无违","事父母几谏,见志不从,又敬不违,劳而不怨";体现为"父母在,不远游";体现为善待父母的生死,"生,事之以礼;死,葬之以礼,祭之以礼";体现为"父在观其志,父没观其行,三年无改于父之道",父死之后长期谨遵父亲的教诲。"孝"讲的是对父母、长辈的爱,它是走向仁爱、忠君的原点。"孝弟也者,其为仁之本也。"②《书》云:'孝乎惟孝,友于兄弟,施于有政。'是亦为政,

---

① 汪受宽:《孝经译注》前言,上海古籍出版社1998年版。
② 《论语·学而》。

奚其为为政。"①曾有人问孔子为什么长期不从政。孔子回答说：行孝与从政不是分开的，而是一体的。孝就是最大的政治，行孝就是最高的从政，没有什么行为比行孝更称得上是"为政"的了。《中庸》中，孔子论"孝"是修身之道："践其位，行其礼，奏其乐，敬其所尊，爱其所亲，事死如事生，事亡如事存，孝之至也。"也是治国之道："宗庙之礼，所以祀乎其先也。……禘尝之义，治国其如示诸掌乎。"②于是"孝"成为连接"齐家"与"治国"的关键。一部《孝经》，集中剖析、阐释的就是这个问题。所谓"父子之道，天性也"，同时又是"君臣之义也"③。

《孝经》具体是怎么阐释这个问题的呢？

1. 从"天道"论证"孝道"的神圣性

周代思想界的特征是"人"的觉醒、对"人"的地位的重视。这有两大口号，一是《周书·泰誓》提出的"惟人（为）万物之灵"，二是《孝经》提出的"天地之性人为贵"。《孝经》论述的"孝"正是这样一种"人道"。为了要求人们无条件加以遵守，《孝经》将"孝"道对象化为"天道"。这个"天"，既指自然，也指神灵。《孝经·三才章》云："夫孝，天之经也，地之义也。""天地之经，而民是则之"，因而，"孝"也是"民之行也"。守"孝"是"则天之明，因地之利，以顺天下"。《圣治章》指出："孝"是人的最大的德行："人之行，莫大于孝。"对长辈的"孝"，集中体现在尊父方面："孝莫大于严父。"尊父的最高表现形式，是将父亲的亡灵配祀天帝："严父莫大于配天。"对父母的敬爱，是一种与生俱来的天性，因而培养孝道并不是难事。"故亲生之膝下，以养父母日严。圣人因严以教敬，因亲以教爱。圣人之教，不肃而成，其政不严而治，其所因者本也。"子女对父母亲的敬爱，在年幼依偎父母亲膝下时就产生了。待到逐渐长大成人，则一天比一天懂得了对父母亲尊严的爱敬。圣人就是依据这种子女对父母尊敬的天性，教导人们对父母孝敬；又因为子女对父母天生的亲情，教导他们仁爱的道理。圣人的教化之所以不必严厉推行就可以成功，圣人对国家的管理不必施以严厉的方式就可以治理好，是因为他们因循的是孝道这一天生的自然的根本天性。孝道是顺应天性的，尽孝与事奉天地神明是相通的，可获得神明庇佑的。《感应章》云："昔者明王事父孝，故事天明；事母孝，故事地察；长幼顺，故上下治。天地明察，神明彰矣。""故虽天

---

① 《论语·为政》。
② 均见《中庸》第十九章。周礼，夏祭曰禘，秋祭曰尝。指天子、诸侯祭祖的大典。
③ 《孝经·圣智章》。本节发表于《东方哲学与文化》第三辑，中国社科院出版社 2020 年版。

子,必有尊也,言有父也;必有先也,言有兄也。宗庙致敬,不忘亲也;修身慎行,恐辱先(祖先)也。宗庙致敬(祭祖),鬼神著矣。"要之,"孝悌之至,通于神明,光于四海,无所不通。"

"孝道"是亘古以来存在于天地之间、与天地鬼神相通并得到其庇佑的"天道",因而具有神圣性、权威性。而其具体内涵,则是反映人伦规范的"人道"。如《三才章》云:"先王见教之可以化民也,是故先之以博爱,而民莫遗其亲;陈之以德义,而民兴行;先之以敬让,而民不争;导之以礼乐,而民和睦;示之以好恶,而民知禁。"《圣治章》云:"夫圣人之德,又何以加于孝乎?""故不爱其亲而爱他人者,谓之悖德;不敬其亲而敬他人者,谓之悖礼。"值得注意的是这里清晰地指出了儒家"仁爱"在处理"爱人"与"爱我"关系上的特殊态度。《论语》记载樊迟问什么是"仁",孔子回答"爱人"。孟子本此,亦云:"仁者爱人,有礼者敬人。爱人者,人恒爱之;敬人者,人恒敬之。"①有人据此以为儒家的"仁爱"就是一味抛弃"爱我"的"爱人"。其实不然。孔子还说过:"仁者,人也,亲亲为大。"②"亲亲",前一个"亲"字指亲爱,后一个"亲"字指父母双亲。孔子这句话的意思是说,仁爱的对象是人,应当将爱父母亲放在第一位。当时墨家之流主张超越自我一味兼爱,孟子认为这样会导致"无父"的结果:"墨氏兼爱,是无父也。"因而加以反对。但是反过来,如果像当时流行的杨朱学派那样,一味"爱我",不讲"爱人","拔一毛而利天下,不为也",是不是可以呢? 也不可以。因为不讲对他人的爱,最终会导致"无君"的结果。儒家的"仁爱"就是"爱我"与"爱人"、"孝父"与"忠君"的统一。它从"爱我"出发,通过推己及人的方法,达到"老吾老以及人之老""爱亲继而爱人"的境界,并以"不忍人之心",行爱民惠民的"不忍人之政",使天下鳏寡孤独等无依无靠的人皆有所养。《孝经》主张"爱其亲而爱他人"的"德"与"敬其亲而敬他人"的"礼",就体现了儒家"仁学"的这个特质。孟子的时代,"圣王不作,诸侯放恣,处士横议,杨朱、墨翟之言盈天下,天下之言,不归杨则归墨。""杨子取为我,拔一毛而利天下,不为也;墨子兼爱,摩顶放踵,利天下为之。"③孟子批评说:"杨氏为我,是无君也;墨氏兼爱,是无父也;无父无君,是禽兽也。"④从孔子"爱人"与"亲亲"的统一,到孟子"兼爱"与"为我"的统一,《孝经》的"爱其亲而爱他人"与"敬其亲而敬他人"是一个重要过渡。"亲亲"之"孝",是儒家"仁爱"的一个

---

① 《孟子·离娄下》。
② 《中庸》引孔子语。
③ 《孟子·尽心上》。
④ 《孟子·滕文公下》。

重要组成部分,也是走向爱及他人的起点。

2. "孝"是"立身"齐家之道

《孝经》指出:"人之行,莫大于孝。""孝"是每个人必须遵守的人伦道德法则。《开宗明义章》记载说:

> 仲尼居,曾子侍。子曰:"先王有至德要道,以顺天下,民用和睦,上下无怨。汝知之乎?"
> 曾子避席曰:"参不敏,何足以知之?"
> 子曰:"夫孝,德之本也,教之所由生也。""身体发肤,受之父母,不敢毁伤,孝之始也。立身行道,扬名于后世,以显父母,孝之终也。夫孝,始于事亲,中于事君,终于立身。"

由此可见,"孝"是"德之本""教之所由生",是"至德要道"。这个"始于事亲"的孝道,既包括"立身"的内圣之道,也包括"事君"的外王之道。就二者的关系来说,"立身"的内圣之道是"事君"的外王之道之本。《广扬名章》指出:"君子之事亲孝,故忠可移于君;事兄悌,故顺可移于长;居家理,故治可移于官。是以行成于内,而名立于后世矣。"人只有居家"事亲孝""事兄悌",把家庭、家族这个小社会管理太平,才能在为国家效力时做到忠诚君主、服从上级,才能把所辖地区、行业的人管理得井井有条。不仅如此,身为君主或天子,也必须从君子的修身做起。《圣治章》指出:君王身正,方可君临天下。"言思可道,行思可乐,德义可尊,作事可法,容止可观,进退可度,以临其民。是以其民畏而爱之,则而象之,故能成其德教,而行其政令。"

"孝"的实质,是对父母长辈的敬爱。它是培养人类亲爱(仁)、尊敬(礼)的道德情感的起点,是走向对君主的"忠"的起点,因而是最大的善。《广要道章》云:"子曰:教民亲爱,莫善于孝;教民礼顺,莫善于悌。……安上治民,莫善于礼。礼者,敬而已矣。故敬其父,则子悦;敬其兄,则弟悦;敬其君,则臣悦;敬一人,而千万人悦。所敬者寡,而悦者众,此之谓要道也。"《广至德章》云:"子曰:君子之……教以孝,所以敬天下之为人父者也;教以悌,所以敬天下之为人兄者也;教以臣,所以敬天下之为人君者也。"尊敬人父、人兄、人君的"孝""悌""臣"(动词、臣服)是实现家国、天下和谐的根本保证。

既然"孝"是人间最大的善,与此相反,"不孝"就是人间最大的恶。《五刑章》云："子曰：五刑之属三千，而罪莫大于不孝。""非孝者无亲，此大乱之道也。"

"孝"是中国古代子女赡养、敬爱父母长辈的人道概念。它有两个要义。一是物质上的赡养，如《礼记·祭统》谓："孝者，畜也。"《尔雅》进一步揭示："善事父母曰'孝'。"二是情感上的敬爱，如《论语·为政》记孔子语："今之孝者，是谓能养。至于犬马，皆能有养，不敬，何以别乎？"《礼记·祭义》中曾参说："孝有三：大孝尊亲，其次弗辱，其下能养。"在儒家看来，对父母的尊敬之情是人与动物的根本区别，是"孝"的更为本质的内涵、更为重要的要求。《孝经》继承并发展了这一思想，提出对父母的"孝"要从父母平时的起居、供养、生病、丧葬、祭祀五方面做起。"孝子之事亲也，居则致其敬，养则致其乐，病则致其忧，丧则致其哀，祭则致其严。五者备矣，然后能事亲。"①对待父母平时的生活要求要恭敬无违。对待父母的供养不能仅停留于物质需求的满足，还应追求让父母获得精神快乐。父母生病时要忧其所忧，全力救治。给去世的父母办丧事，要表达足够的哀思。缅怀父母的祭祀，要庄严隆重。《孝经》强调："生事爱敬，死事哀戚，生民之本尽矣，死生之义备矣，孝子之事亲终矣。"如何送丧、如何祭奠呢？这有一系列的规定。《丧亲章》提出："孝子之丧亲也，哭不偯，礼无容，言不文，服美不安，闻乐不乐，食旨不甘，此哀戚之情也。三日而食，教民无以死伤生……此圣人之政也。……为之棺椁衣衾而举之，陈其簠簋而哀戚之；擗踊哭泣，哀以送之；卜其宅兆，而安措之；为之宗庙，以鬼享之；春秋祭祀，以时思之。""丧不过三年，示民有终也。"

《孝经》主"孝"，但反对一味盲从父命的愚孝。它指出："孝"不是对父命言听计从、逆来顺受。相反，对父辈言行的不义之处，应加以谏诤。《谏诤章》记述说：

> 曾子曰："敢问子从父之令，可谓孝乎？"子曰："是何言与，是何言与！……父有争子，则身不陷于不义。则子不可以不争于父……故当不义，则争之。从父之令，又焉得为孝乎！"

这是很了不起的思想。它直接开启了荀子的"从义不从父""从道不从君"的"子道""臣道"思想②，与后来"二十四孝图"崇尚的愚孝判然有别。

由"子不可以不争于父"，《孝经》推导出"臣不可以不争于君"。"昔者天

---

① 《孝经·纪孝行章》。
② 《荀子·子道》。

子有争臣七人,虽无道,不失其天下;诸侯有争臣五人,虽无道,不失其国;大夫有争臣三人,虽无道,不失其家。""争臣",后写作"诤臣"。大臣对于君主虽应尽忠,但如果发现君主有"无道"之过,则应当加以谏诤。谏诤不但与忠臣的角色不矛盾,而且是忠臣的应尽职责,而且这也是古往今来的一贯传统。天子身边设有七位诤臣,诸侯设有五位诤臣,卿大夫身边设有三位诤臣。这就保证了天子、诸侯、大夫即使失道,也不会失去自己的天下、国家、家园。

《孝经》关于"诤子""诤臣"的思想,与孔子倡导的"和而不同"的主张是一致的,相当难能可贵。

3. "孝"是"事君""治天下"之道

"孝"不仅是修身之道,也是济世的外王之道,于是《孝经》提出"孝治"思想。这"孝治"思想是针对大臣和君主两方面而言的。对大臣而言,事亲之孝与事君之忠是联系在一起的,可以相互转化的,事君"忠"是事父之"孝"的类推和扩大。"资于事父以事君,而敬同。""故以孝事君则忠。忠顺不失,以事其上。"对于君主而言,"以孝治天下",就能保证家庭的和谐和社会的稳定。《孝治章》云:"子曰:昔者明王之以孝治天下也,不敢遗小国之臣,而况于公、侯、伯、子、男乎?故得万国之欢心,以事其先王。(以孝——引者按)治国者,不敢侮于鳏寡,而况于士民乎?故得百姓之欢心,以事其先君。……夫然,故生则亲安之,祭则鬼享之,是以天下和平,灾害不生,祸乱不作。故明王之以孝治天下也如此。"天子以孝治天下,诸侯以孝治国家,必须"事其先王""事其先君",从而"得万国之欢心""得百姓之欢心",长辈活着的时候则"亲安之",死后祭祀的时候隆重有加,确保"鬼享之"。如此就可以达到"天下和平"的社会理想。

广而言之,"自天子至于庶人,孝无终始",即社会上所有人,都必须将"孝"贯穿于行为的始终。《天子章》云:"爱亲者不敢恶于人;敬亲者不敢慢于人。爱敬尽于事亲,而德教加于百姓,刑(效法)于四海。"这是"天子之孝"。这里"爱亲者不敢恶于人;敬亲者不敢慢于人"是对《圣治章》"不爱其亲而爱他人者,谓之悖德;不敬其亲而敬他人者,谓之悖礼"的补充,说明儒家虽强调自爱,但又不停留于自爱,而是为了用敬爱自己父母长辈亲人之心去爱他人。天子则要求用爱自己父母长辈亲人之心去爱天下之人。诸侯、卿大夫由此类推。《诸侯章》云:"在上不骄,高而不危;制节谨度,满而不溢。高而不危,所以长守贵也;满而不溢,所以长守富也。富贵不离其身,然后能保其社稷,而和其民人。"这是"诸侯之孝"。《卿大夫章》云:"非先王之法服不敢服,非先王之法言不敢道,非先王之德行不敢行。是故非法不言,非道不行；口无择言，身无择行。言满天下无口过，行满天下无怨恶。三者备矣，然后能守其宗庙。"这是"卿、大夫之孝"。《孝经》进而要求"士"："资于事父以事母，而爱同；资于事父以事君，而敬同。故母取其爱，而君取其敬，兼之者父也。故以孝事君则忠，以敬事长则顺。忠顺不失，以事其上，然后能保其禄位，而守其祭祀。"这是"士之孝"。要求"庶人"："用天之道，分地之利，谨身节用，以养父母。"这是"庶人之孝"。

综上所述，可见：《孝经》作为子思记录孔子为曾参讲述孝道的儒家经典，从"天道"论证"孝道"的神圣性，将"孝道"提升为"天地之经"，要求上至天子国君，下至大夫士人庶民，都加以服从恪守。"孝"的本质是对长辈的尊敬和顺从。因而，"事亲"之"孝"可以转化为"事君"之"忠"，"孝"不仅是"立身"齐家之道，也是"事君"之道、治国平天下之道。当然，"孝"及基于孝的"忠"不是无条件无原则的。当父亲、君主有"不义"的时候，孝子就必须做"诤子"、忠臣就必须做"诤臣"。

六、孟子："独善其身"与"兼善天下"

孔子的儒家学说经曾参、子思的传承，再经子思弟子的传授，到战国时期的孟子手中，得到了进一步的继承和发展，影响深远，孟子被后世尊为"亚圣"。

孟子（约公元前372—前289年），名轲，字子舆，邹（今山东邹县）人。受业于孔子之孙子思的门人，是孔子创立的儒家学说的重要传承者和集大成者。曾游历齐、宋、滕、魏等国，推行其仁政主张。在靠武力兼并他国、战事连绵不断的战国时代，他的仁政学说被认为"迂阔而不切于实际"，屡屡碰壁，晚年退而著书立说。这段经历与孔子颇为相似。所以，孟子不仅是伟大的思想家，也是伟大的教育家。孟子的思想主要保留在《孟子》一书中。

身当战国乱世，希望挽狂澜于既倒的孟子对自己有伟大的期许："五百年必有王者兴，其间必有名世者。由周而来，七百有余岁矣。以其数，则过矣；以其时考之，则可矣。夫天……如欲平治天下，当今之世，舍我其谁也？"[①]孟子认为，历史上每五百年就会有一位圣贤君主兴起，其中必定还有名望很高的辅佐者。周武王以来到现在已经七百多年，远远超过了五百年；天下中兴，适逢其时。如果上天想使天下太平，在当今这个世界上，除了我

---

① 《孟子·公孙丑下》。

还有谁是最好的辅佐者呢？孟子以拯救天下、舍我其谁的气概自许，他拯救天下的良方，不是天道、神道，而是人道。他指出："天时不如地利，地利不如人和。"人和在于得道，"得道者多助，失道者寡助"①。这个人道就是儒家的仁义学说。在诸侯国之间的兼并战争此起彼伏、百姓渴望和平的战国年代，孟子认为统治者的"仁政"如同久旱的甘霖，很切合人民群众的期盼，所以他到处宣扬"仁政"学说。"仁政"属于兼济天下的外王之道，而外王本于内圣。内外兼修，是从孔子到曾参、子思的一贯主张。孟子继承了这一主张，提出"大人者正己而物正"②。"天下有道，以道殉身；天下无道，以身殉道。"③"士穷不失义，达不离道。穷不失义，故士得己焉；达不离道，故民不失望焉。""得志，泽加于民；不得志，修身见于世。穷则独善其身，达则兼善天下。"④"得志与民由之，不得志独行其道。"⑤可见孟子的人文思想主要是围绕内圣外王之道展开的。孟子思想的重点虽然是"仁政"学说，不过"仁政"乃是仁爱之心的政治实践，它导源于仁爱之心的内圣修养，而内圣修养又缘于仁义礼智乃是人之特性的认识。所以，从人性论到内圣论、再到外王论，成为阐述孟子"仁政"学说的逻辑行程。而"诛独夫民贼"的革命论则是孟子"仁政"思想的必然结果，它也成为孟子"仁政"学说的一部分⑥。

1. 人性论：仁义礼智，心所同然

孟子的人性论，是在与告子的论辩中提出来的。"人性"的内涵是什么呢？《孟子·告子上》引告子语："生之谓性。""食色，性也。""性"通"生"，是天生的自然的资质、属性。"食色"欲求，就是这种自然人性。对此，孟子并没有反对，大抵是赞同的。不过告子认为"仁义"不是人的天性，而是后天修缮的结果，就像杞柳树是天然的，据此制作的杯子则不是天然的，不具有自然属性一样。孟子则不同意这种观点，批评这种观点很有害。"告子曰：率天下之人而祸仁义者，必子之言夫！"孟子明确指出："恻隐之心，人皆有之；羞恶之心，人皆有之；恭敬之心，人皆有之；是非之心，人皆有之。恻隐之心，仁也；羞恶之心，义也；恭敬之心，礼也；是非之心，智也。仁义礼智，非由外

---

① 《孟子·公孙丑下》。
② 《孟子·尽心上》。
③ 《孟子·尽心上》。天下政治清明的时候，用道义随身行事；天下政治黑暗的时候，用生命捍卫道义。
④ 均见《孟子·尽心上》。
⑤ 《孟子·滕文公下》。
⑥ 本节以《孟子的"仁政"学说及其思想结构》为题，发表于《中国政法大学学报》2020年第5期。

铄我也，我固有之也，弗思耳矣。"①"人皆有不忍人之心……无恻隐之心，非人也；无羞恶之心，非人也；无辞让之心，非人也；无是非之心，非人也。恻隐之心，仁之端也；羞恶之心，义之端也；辞让之心，礼之端也；是非之心，智之端也。人之有四端也，犹其有四体也。"②告子认为仁义不属于人性，人性只是食色欲求之类的物质属性、肉体属性，它无所谓善恶。"人之性无分于善不善也，犹水之无分于东西也。"孟子则反问道："水无分于东西，无分于上下乎？人性之(趋向)善也，犹水之就下也。人无有不善，水无有不下。"③孟子认为仁义礼智属于自然人性，仁义礼智是善的，所以人性本善。这种天赋的善心，孟子又叫作"良知""良能"："人之所不学而能者，其良能也；所不虑而知者，其良知也。孩提之童无不知爱其亲者，及其长也，无不知敬其兄也。亲亲，仁也；敬长，义也。"④孟子的"良知""良能"概念，后来为陆九渊、王阳明所本。当时还有一种观点，认为人性有善有恶，不可一概而论。如告子引述说："或曰：'性可以为善，可以为不善。是故文、武兴则民好善，幽、厉兴则民好暴。'或曰：'有性善，有性不善。是故以尧为君而有象⑤，以瞽瞍为父而有舜⑥，以纣为兄之子，且以为君，而有微子启、王子比干⑦。'"所谓"有性善，有性不善"，不是指人性中有善有恶，而是指人类中有善有恶。有的人天生就很善良，如尧、舜、微子启、王子比干等，有的人天生就很恶劣，如桀、纣、尧的儿子象、舜的父亲瞽瞍。这是一种差等人性论，它把人分为善恶两个不同的阶级，可以说是最早的阶级人性论。孟子则认为，人性是共同的、平等的，"圣人与我同类者"。他论证说："口之于味也，有同耆(同嗜)焉；耳之于声也，有同听焉；目之于色也，有同美焉。至于心，独无所同然乎？心之所同然者何也？谓理也，义也。圣人先得我心之所同然耳。故理义之悦我心，犹刍豢之悦我口。"⑧

孟子虽然认为"仁义"是人人都有的善良天性，但是人类中为什么不都是君子、圣人，而有许多小人、恶人呢？孟子的解释是，这是放弃了对善性的追求和保护，丢失了善性的结果，所谓"求则得之，舍则失之"⑨。之所以会发

---

① 《孟子·告子上》。
② 《孟子·公孙丑上》。
③ 《孟子·告子上》。
④ 《孟子·尽心上》。
⑤ 象：尧之子，传说德行不好。
⑥ 瞽瞍：传说中为舜之父，德行不好。
⑦ 指作为叔父的微子启、王子比干性善，而其侄子纣却性恶。
⑧ 《孟子·告子上》。
⑨ 《孟子·告子上》。

生这种情况,根源在于听命感官欲望主宰并被其遮蔽,放弃了心灵对于善性的思考认知功能。

> 公都子曰:"均(同)是人也,或为大人,或为小人,何也?"孟子曰:"从其大体为大人,从其小体为小人。"曰:"均是人也,或从其大体,或以其小体,何也?"曰:"耳目之官不思,而蔽于物。……心之官则思,思则得之,不思则不得也。此天之所与我者。先立乎其大者,则其小者弗能夺也。此为大人而已矣。"①

孟子在这里提出了几个重要命题。一是"心之官则思"。相对于耳目感官,心灵器官的功能特点是"思"。"此天之所与我者"。会思考的心灵器官是上天对人类最宝贵的馈赠。这是从思维角度对周代重视人的智慧特性的强调,更具有内涵明晰的科学性。二是强调"先立乎其大者",即在人的灵肉二重性中肯定心灵占更"大"的决定性的重要地位。仁义礼智就是心灵认知社会道德规范控制感官欲望并让它合理满足的结果。因此,善性虽为天生,但后天的心灵修养仍然很重要。所以英明的政治家都把人性的道德教化当作国家的头等大事。孟子说:"人之有道也,饱食、暖衣、逸居而无教,则近于禽兽。圣人忧之,使契为司徒,教以人伦;父子有亲,君臣有义,夫妇有别,长幼有序,朋友有信。"②

儒家的"仁义"不仅涉及灵肉关系的辩证统一,而且涉及人我关系的辩证统一。如《孝经》所载,孔子一方面强调"爱亲""敬亲",将不知"爱其亲而爱他人者"叫作"悖德",将"不敬其亲而敬他人者"称作"悖礼";另一方面又主张爱他、敬他,强调"爱亲者不敢恶于人,敬亲者不敢慢于人"。经子思的传承,孟子对孔子的这个思想做了进一步的发挥。他既反对一味"为我",如杨朱之流,因为这会导致"无君"的后果;也反对一味利他,如墨家之流,因为这会导致"无父"的结果。孟子指出:"杨子取为我,拔一毛而利天下,不为也;墨子兼爱,摩顶放踵利天下,为之。"③"杨氏为我,是无君也;墨氏兼爱,是无父也。"④在孟子看来,"无父无君,是禽兽也"。无父无君,背离了仁礼的本意,乃是禽兽之举,断不可取。儒家的"仁"和"礼",是从爱己、敬己出发走向爱人、敬人,最后像敬爱自己的父亲一样敬爱君主、像敬爱自己的宗亲一样

---

① 《孟子·告子上》。
② 《孟子·滕文公上》。契:舜之臣。
③ 《孟子·尽心上》。
④ 《孟子·滕文公下》。

敬爱他人,而这会收到同样的回报。孟子是这样说的:"君子所以异于人者,以其存心也。君子以仁存心、以礼存心。仁者爱人,有礼者敬人。爱人者,人恒爱之;敬人者,人恒敬之。"①于是,孟子所强调的"仁"与"礼",重心就落实在"爱人""敬人"上。"分人以财谓之惠,教人以善谓之忠,为天下得人者谓之仁。"②只有"爱人""敬人",才能赢得人心,实现"得人"的目的。可见孟子的人性论是为他所要推行的"仁政"主张提供依据的。

从为"仁政"主张提供依据考虑,孟子批评了许行、陈相之流对滕国国君"无道"的责难,提出"百工之事,固不可耕且为","一人之身而百工之所为备"③。人是社会关系的纽结。社会分工各有不同,一个人不能同时什么都做。不能因为一个国君不能同时"与民并耕而食,饔飧而治"就说他"厉民而以自养""未闻道"。"劳心者治人,劳力者治于人。"滕国国君专门从事国家治理,即便不亲自耕种也不妨碍他成为"贤君"④。这里,孟子从社会分工的角度出发,提出"一人之身而百工之所为备",触及人的社会性,与马克思"人是一切社会关系的总和"的人性论有异曲同工之处。

2. 内圣之道:"独善其身",成为"大丈夫"

仁义本有,人性本善,但为物欲所蔽,现实当中往往会失去这善良的本心,成为与禽兽无异的小人。所以,"学问之道无他,求其放心而已矣。"⑤大人、君子的道德修养之道说到底,就是找回这丢失的善良本心。在孟子看来,"天下之本在国,国之本在家,家之本在身。"⑥"君子之守,修其身而天下平。"⑦"人人亲其亲,长其长,而天下平。"⑧所以实践仁政首先必须从内圣修养做起。

为了引导人们修养仁义道德,孟子从人兽之别、凡圣之别强调仁义对于人的重要性。人与禽兽、君子与庶民、圣人与小人的区别在哪里呢? 说到底,在于是否存有仁义之心。孟子指出:"人之所以异于禽兽者几希,庶民去之,君子存之。舜明于庶物,察于人伦,由仁义行……"⑨"鸡鸣而起,孳孳为

---

① 《孟子·离娄下》。
② 《孟子·滕文公上》。
③ 均见《孟子·滕文公上》。
④ 《孟子·滕文公上》。
⑤ 《孟子·告子上》。
⑥ 《孟子·离娄上》。
⑦ 《孟子·尽心下》。
⑧ 《孟子·离娄上》。
⑨ 《孟子·离娄下》。

善者,舜之徒也;鸡鸣而起,孳孳利者,跖之徒也。欲知舜与跖之分,无他,利与善之间也。"①因此,孟子将内圣修养概括为一句话:"尽道而死者,正命也。"②

这个"道"就是"仁义"。"仁,人心也;义,人路也。"③"仁,人之安宅也;义,人之正路也。""旷安宅而弗居,舍正路而不由"④,这是可悲的:"舍其路而弗由……哀哉!"⑤"言非礼义,谓之自暴也;吾身不能居仁由义,谓之自弃也。"自暴自弃也是不可取的:"自暴者,不可与有言也;自弃者,不可与有为也。"⑥仁义的含义是"亲亲而仁民,仁民而爱物"⑦,即亲爱亲人而仁爱百姓,仁爱百姓而爱惜万物。

"仁义"是天理,是弥漫存在于天地之间的浩然正气。孟子坦陈:"我善养吾浩然之气。""其为气也,至大至刚,以直养而无害,则塞于天地之间。其为气也,配义与道;无是,馁也。是集义所生者,非义袭而取之也。"⑧

不过,"知天"而后还必须"尽心"。《尽心上》记载孟子语:"尽其心者,知其性也。知其性,则知天矣。存其心,养其性,所以事天也。""仁义"虽为天理,但修养则在心灵。心灵修养的实质是"寡欲",保证欲望不至溢出社会道德规范的要求:"养心莫善于寡欲。"人有感官欲望与善心追求。在二者关系中,前者是小、是贱,后者是大、是贵。做人不能"以小害大""以贱害贵",而应"修其大者":"体有贵贱,有小大。无以小害大,无以贱害贵。养其小者为小人,养其大者为大人。""饮食之人,则人贱之矣,为其养小以失大也。"⑨做人的大忌,在于成为被人瞧不起、只知道吃吃喝喝的"饮食之人"。

"仁义"的崇高追求,有时还受到生死的考验。当二者不可得兼的时候,只能舍小从大,舍生取义。孟子指出:"生,亦我所欲也;义,亦我所欲也,二者不可得兼,舍生而取义者也。""生亦我所欲,所欲有甚于生者,故不为苟得也;死亦我所恶,所恶有甚于死者,故患有所不辟(避)也。"孟子尤其反对苟且偷生,因为这会导致无恶不作:"如使人之所欲莫甚于生,则凡可以得生者

---

① 《孟子·尽心上》。
② 《孟子·尽心上》。
③ 《孟子·告子上》。
④ 均见《孟子·离娄上》。
⑤ 《孟子·告子上》。
⑥ 均见《孟子·离娄上》。
⑦ 《孟子·尽心上》。
⑧ 《孟子·公孙丑上》。
⑨ 《孟子·告子上》。

何不用也？使人之所恶莫甚于死者，则凡可以辟患者何不为也？""仁义"等是比肉体的生命更高的人生意义。"由是则生而有不用也，由是则可以辟患而有不为也。"由此可见，"所欲有甚于生者，所恶有甚于死者，非独贤者有是心也，人皆有之，贤者能勿丧耳。"①当然，孟子也不主张随意地牺牲肉体生命。他告诫说："可以死，可以无死，死伤勇。"②可死可不死的选择，尽量不做无谓牺牲，死了有损勇敢。这是《诗·大雅·烝民》提出的"明哲保身"思想的又一种表述。综合各种因素考虑，孟子得出如下结论："广土众民，君子欲之，所乐不存焉；中天下而立，定四海之民，君子乐之，所性不存焉。君子所性，虽大行不加焉，虽穷居不损焉，分定故也。君子所性，仁义礼智根于心……"③拥有广阔的土地、众多的人民，立于天下的中央、安定天下的百姓，这些虽然是君子所乐意的，却不是他的本性所在。君子的本性，不会因为穷达而有所增损。君子的本性，就是仁义礼智植根于内心。人性平等，只要努力，"人皆可以为尧舜"④。

那么，如何进行内圣修养呢？

首先要学会真诚，以诚为立身之本。这是对《中庸》思想的吸收。孟子说："诚者，天之道也；思诚者，人之道也。"⑤"反身而诚，乐莫大焉。"⑥"声闻过情，君子耻之。"⑦声望名誉超过了实际情形，君子就会感到羞耻。

在真诚无伪的基础上产生了羞耻心，这同样是内圣修养的重要一条。"耻之于人大矣！……不耻不若人，何若人有？"⑧羞耻之心对于人至关重要！不以自己不如别人为羞耻，怎么赶得上别人呢？"为机变之巧者，无所用耻焉。"⑨搞阴谋诡计的人是不知羞耻的。"人不可以无耻。无耻之耻，无耻矣。"人不可以不知羞耻。从不知羞耻到知道羞耻，才可以免于羞耻。

基于真诚无伪的反思和知耻后勇的荣誉心，认过改过成为君子之道的又一项任务。《离娄上》中，孟子主张行有不得，反求诸己："爱人不亲，反其仁；治人不治，反其智；礼人不答，反其敬。行有不得者，皆反求诸己，其身正而天下归之。"爱别人却得不到别人的亲近，那就应反问自己的仁爱是否足

---

① 均见《孟子·告子上》。
② 《孟子·离娄下》。
③ 《孟子·尽心上》。
④ 《孟子·告子下》。
⑤ 《孟子·离娄上》。
⑥ 《孟子·尽心上》。
⑦ 《孟子·离娄下》。
⑧ 《孟子·尽心上》。
⑨ 《孟子·尽心上》。

够；管理别人却未能管理好，那就应反问自己的管理才智是否有问题；礼貌待人却得不到别人相应的礼貌，那就应反问自己的礼貌是否到位。凡是行为得不到预期的效果，都应该反过来检查自己的过错。在这方面，古代的舜、禹做得很好："禹闻善言，则拜。大舜……善与人同，舍己从人，乐取于人以为善。自耕稼、陶、渔以至为帝，无非取于人者。取诸人以为善，是与人为善者也。故君子莫大乎与人为善。"①汲取别人的优点来行善，也就是与别人一起来行善。君子最重要的就是要与别人一起来行善。遗憾的是今天这种人少了，但子路是少有的表率。"子路，人告之以有过，则喜。"②总体而论，在认错改过方面，今人做得不如古代好："古之君子，过则改之；今之君子，过则顺之。古之君子，其过也，如日月之食，民皆见之；及其更也，民皆仰之。今之君子，岂徒顺之？又从为之辞。"③

在知过改过、完善自我、实现理想的道路上，势必会遭遇各种挫折。这是坏事，如果善于转化，也是好事。孟子说："人之有德、慧、术、知者，恒存乎疢疾。独孤臣孽子，其操心也危，其虑患也深，故达。"④人的品德、智慧、本领、知识，往往产生于灾患之中。那些受疏远的大臣和贱妾所生的儿子，经常操心着危难之事，深深忧虑着祸患降临，所以往往能发展得比较通达。孟子还以舜帝从田间走来，商代宰相傅说被发现于建筑工地，商末大臣胶鬲原来是鱼盐贩子，齐国宰相管夷吾原来是一介布衣，楚臣孙叔敖被举荐于海滨，秦大夫百里奚被穆公用五张羊皮从集市上买回来这些历史上著名的案例说明，"天将降大任于斯人也，必先苦其心志，劳其筋骨，饿其体肤，空乏其身，行拂乱其所为，所以动心忍性，曾益其所不能"，于是他得出一个结论："生于忧患而死于安乐"⑤。

"孝"是最大的人伦道德。孟子继承孔子、子思的孝论，对"孝"道作出了进一步的分析要求。"大孝终身慕父母。"⑥子女对父母的爱，包括对父母物质上的供养。孟子批评说："世俗所谓不孝者五：惰其四支，不顾父母之养，一不孝也；博弈好饮酒，不顾父母之养，二不孝也；好货财，私妻子，不顾父母之养，三不孝也；从耳目之欲，以为父母戮（同辱），四不孝也；好勇斗狠，以危父母，五不孝也。"⑦"孝"不能停留在对父母的物质供养上，而且要怀有对父

---

① 《孟子·公孙丑上》。
② 《孟子·公孙丑上》。
③ 《孟子·公孙丑下》。
④ 《孟子·尽心上》。
⑤ 《孟子·告子下》。
⑥ 《孟子·万章上》。
⑦ 《孟子·离娄下》。

母发自内心的敬爱。养而不爱,好比养猪。孟子告诫说:"食而弗爱,豕交之也;爱而不敬,兽畜之也。恭敬者,币(礼物)之未将(送)者也。"①只是物质供养而不具备爱,那就如同养猪一样;只有爱而没有恭敬,那就如养鸟儿爱犬等牲畜一样。恭敬之心是在送出礼物之前就有了的。"孝"还体现在生儿育女、传宗接代上。"不孝有三,无后为大。"②

君子的修养,必须确立正确的荣辱观。"欲贵者,人之同心也。"③希望尊贵,这是人们的共同心理。"人之所贵者,非良贵也。"④别人所给予的尊贵地位,并不是真正的尊贵。真正的尊贵是自己通过仁德修养产生的。孟子告诫人们:"仁则荣,不仁则辱。今恶辱而居不仁,是犹恶湿而居下也。"⑤"饱乎仁义也,所以不愿人之膏粱之味也;令闻广誉施于身,所以不愿人之文绣也。"⑥仁义道德很充实,就自有令闻广誉,也就不用羡慕达官贵人的美味佳肴与锦绣衣冠了。孟子还提出"天爵"与"人爵"的概念。"天爵"指自己所修"仁义忠信"带来的在人们心目中的地位,"人爵"是"公卿大夫"这样的外在的官位。"有天爵者,有人爵者。仁义忠信,乐善不倦,此天爵也;公卿大夫,此人爵也。"孟子批评说:"古之人修其天爵,而人爵从之。今之人修其天爵,以要(同'邀',求取)人爵。既得人爵,而弃其天爵,则惑之甚者也,终亦必亡而已矣。"⑦

在此基础上,孟子提出了"大丈夫"的做人理想。像张仪那样阿谀苟容、窃取权势,"一怒而诸侯惧,安居而天下熄",不是大丈夫。真正的大丈夫,应当"居天下之广居(即仁),立天下之正位(即礼),行天下之大道(即义),得志与民由之,不得志独行其道,富贵不能淫,贫贱不能移,威武不能屈。此之谓'大丈夫'。"⑧孟子还提出"大人"概念。这是一个与"大丈夫"相似的道德圣人的概念。"大人者,不失其赤子之心者也。"⑨"赤子之心"是童心,即最初的无污染的善心。又说:"大人者,言不必信,行不必果,惟义所在。"大人说话不一定句句守信,做事不一定非有结果不可,一切按不断变化的道义行事。

---

① 《孟子·尽心上》。
② 《孟子·离娄下》。
③ 《孟子·告子上》。
④ 《孟子·告子上》。
⑤ 《孟子·公孙丑上》。
⑥ 《孟子·告子上》。
⑦ 《孟子·告子上》。
⑧ 《孟子·滕文公下》。
⑨ 《孟子·离娄下》。

孟子还提出对精英知识分子"士"的要求。首先,士要"尚志"。何谓尚志?孟子说:"仁义而已矣。杀一无罪非仁也,非其有而取之非义也。居恶在?仁是也;路恶在?义是也。居仁由义,大人之事备矣。"①这里,孟子将"士"与"大人"相提并论,可知二者是相通的。"士"凭借智慧向统治者建言献策,但并不趋炎附势。孟子指出:"古之贤王好善而忘势,古之贤士何独不然?乐则而忘人之势。故王公不致敬尽礼,则不得亟见之。见且由不得亟,而况得而臣之乎?"②古代的贤明君王喜欢听取善言,不把自己的权势放在心上。古代的贤能之士又何尝不是这样呢?所以,即使是王公贵人,如果不对他恭敬地尽到礼数,也不能够多次和他相见。相见的次数尚且不多,要他做臣下,何其难也?因此,"士"是有尊严的、独立人格的:"说大人,则藐之,勿视其巍巍然"③。"士"可以追求出仕,但必须符合道义。"古之人未尝不欲仕也,又恶不由其道。不由其道而往者,与钻穴隙之类也。"④

3. 外王之道:"为民父母""保民而王"

通过内圣修养,具备了仁义之心,如果有机会经邦济世,那么就将这种仁义之心扩大到政治实践中。于是"仁政"学说成为孟子外王之道的标志学说。

仁义的本质是爱人利人的善。以仁义治天下,易言之即以善治天下。孟子认为,政治家必须善良。"以善养人,然能服天下。天下不心服而王者,未之有也。"⑤善良的仁心又叫"不忍人之心"。"人皆有不忍人之心。先王有不忍人之心,斯有不忍人之政矣。以不忍人之心,行不忍人之政,治天下可运之掌上。"⑥儒家的仁心是一种推己及人的爱心。"老吾老以及人之老,幼吾幼以及人之幼,天下可运于掌。"⑦对百姓采取的善良的仁政最终会实现最大的政治利益,反之会丢掉江山社稷。"三代之得天下也以仁,其失天下也以不仁。国之所以兴废存亡者亦然。天子不仁,不保四海;诸侯不仁,不保社稷;卿大夫不仁,不保宗庙;士庶人不仁,不保四体。今恶死亡而乐不仁,是犹恶醉而强酒。""不仁而在高位,是播其恶于众也。上无道揆也,下无法守也。朝(朝廷大臣)不信道,工不信度;君子犯义,小人犯刑,国之所存

---

① 《孟子·尽心上》。
② 《孟子·尽心下》。
③ 《孟子·尽心下》。
④ 《孟子·滕文公下》。
⑤ 《孟子·离娄下》。
⑥ 《孟子·公孙丑上》。
⑦ 《孟子·梁惠王上》。

者幸(侥幸)也。……上无礼,下无学,贼民兴,丧无日矣。""桀纣之失天下也,失其民也;失其民者,失其心也。得天下有道:得其民,斯得天下矣。得其民有道:得其心,斯得民矣。得其心有道:所欲与之聚之,所恶勿施尔也。"①

因此,仁政是实现天下长治久安的唯一选择。"离娄之明,公输子之巧,不以规矩,不能成方圆;师旷之聪,不以六律,不能正五音;尧舜之道,不以仁政,不能平治天下。"②"惟仁者宜在高位。""保民而王,莫之能御也。"③作为万民之主的诸侯国君,必须实行让民有所养的仁政:"庖有肥肉,厩有肥马,民有饥色,野有饿莩。此率兽而食人也!兽相食,且人恶之;为民父母,行政,不免于率兽而食人,恶在其为民父母也?"④

如何实施仁政呢?说到底,就是赢得民心。得民心不仅要在经济政策上与民分利,而且要同时对老百姓的心灵实施道德教化:"善政不如善教之得民也。善政,民畏之;善教,民爱之。善政得民财,善教得民心。"⑤较之有精神追求的"士",普通百姓是唯利是求的:"无恒产而有恒心者,惟士为能。若民,则无恒产,因无恒心。苟无恒心,放僻邪侈,无不为已。"⑥民生及保障民生的基本物质利益是老百姓的最基本追求,仁政必须给予最起码的保障。"民非水火不生活……圣人治天下,使有菽粟如水火。"⑦政治家必须将人民利益放在国家利益之上,所谓"民为贵,社稷次之"⑧,以民利为君利,而不能与民争利,不能以君主的利益、国家的利益为基本国策和政治追求。"诸侯……宝珠玉者,殃必及身。"⑨"今之事君者皆曰:'我能为君辟土地,充府库。'今之所谓良臣,古之所谓民贼也。君不乡(向)道,不志于仁,而求富之,是富桀也。"⑩因此,孟子给政治家提出的仁政之道是讲仁义不讲利。

> 孟子见梁惠王。王曰:"叟!不远千里而来,亦将有以利吾国乎?"
> 孟子对曰:"王!何必曰利?亦有仁义而已矣。……上下交征利而

---

① 《孟子·离娄上》。
② 《孟子·离娄上》。
③ 《孟子·梁惠王上》。
④ 《孟子·梁惠王上》。
⑤ 《孟子·尽心上》。
⑥ 《孟子·梁惠王上》。
⑦ 《孟子·尽心上》。
⑧ 《孟子·尽心下》。
⑨ 《孟子·尽心下》。
⑩ 《孟子·告子下》。

国危矣。……苟为后义而先利,不夺不餍。未有仁而遗其亲者也,未有义而后其君者也。王亦曰仁义而已矣,何必曰利?"①

仁政为了保障民利,必须减轻税敛。"如施仁政于民,省刑罚,薄税敛。"②"易(耕种)其田畴,薄其税敛,民可使富也。"③认识到民利即君利,就能乐民利所乐,与民同乐:"古之人与民偕乐,故能乐也。"④"为民上而不与民同乐者,亦非也。乐民之乐者,民亦乐其乐;忧民之忧者,民亦忧其忧。乐以天下,忧以天下,然而不王者,未之有也。"⑤

在实现仁政理想的进程中,君主的决策并不是万无一失的。因此,听取底层民众的真实心声至关重要。比如在进贤问题上,"左右皆曰贤,未可也;诸大夫曰贤,未可也;国人皆曰贤,然后察之,见贤焉,然后用之。左右皆曰不可,勿听;诸大夫皆曰不可,勿听;国人皆曰不可,然后察之,见不可焉,然后去之。左右皆曰可杀,勿听;诸大夫皆曰可杀,勿听;国人皆曰可杀,然后察之,见可杀焉,然后杀之。故曰:国人杀之也。如此,然后可为民之父母。"⑥

"仁政"的社会理想究竟是怎样的呢?孟子说:"明君制民之产,必使仰足以事父母,俯足以畜妻子,乐岁终身饱,凶年免于死亡。然后驱而之善,故民之从之也轻。""五亩之宅,树之以桑,五十者可以衣帛矣;鸡豚狗彘之畜,无失其时,七十者可以食肉矣;百亩之田,勿夺其时,八口之家可以无饥矣;谨庠序之教,申之以孝悌之义,颁白者不负戴于道路矣。七十者衣帛食肉,黎民不饥不寒,然而不王者,未之有也。"⑦在理想的仁政社会中,人民安居乐业、丰衣足食,尊老爱幼,讲信修睦,一片繁荣和谐气象。

然而,孟子所处的战国时代,现实状况则是:诸侯国君不停地发动兼并战争,根本不把老百姓的民生放在心上。"今也制民之产,仰不足以事父母,俯不足以畜妻子,乐岁终身苦,凶年不免于死亡。此惟救死而恐不赡,奚暇治礼义哉?"⑧所以,这时候实行仁政,顺乎民心,恰逢其时。孟子指出"王者之不作,未有疏于此时者也;民者憔悴于虐政,未有甚于此时者也。饥者易

---

① 《孟子·梁惠王上》。
② 《孟子·梁惠王上》。
③ 《孟子·尽心上》。
④ 《孟子·梁惠王上》。
⑤ 《孟子·梁惠王下》。
⑥ 《孟子·梁惠王下》。
⑦ 《孟子·梁惠王上》。
⑧ 《孟子·梁惠王上》。

为食,渴者易为饮。……当今之时,万乘之国行仁政,民之悦之,犹解倒悬也。故事半古之人,功必倍之,惟此时为然。"①梁惠王请教孟子:"天下恶乎定?"孟子回答:"不嗜杀人者能一之。""今夫天下之人牧,未有不嗜杀人者也。如有不嗜杀人者,则天下之民皆引领而望之矣。诚如是也,民归之,犹水之就下,沛然谁能御之?'""今王发政施仁,使天下仕者皆欲立于王之朝,耕者皆欲耕于王之野,商贾皆欲藏于王之市,行旅皆欲出于王之涂,天下之欲疾其君者皆欲赴诉于王,其若是,孰能御之?"②

身处战国年代,完全避免战争是不可能的。关于战争,孟子提出了特殊的道义原则:"域民不以(凭借)封疆之界,固国不以山溪之险,威天下不以兵革之利。得道者多助,失道者寡助。寡助之至,亲戚畔(叛)之;多助之至,天下顺之。以天下之所顺,攻亲戚之所畔,故君子有不战,战必胜矣。"③这个"道",以发动战争的对象国家人民是否欢迎为转移。"齐人伐燕,胜之。宣王问曰:'或谓寡人勿取,或谓寡人取之。以万乘之国伐万乘之国,五旬而举(克)之,人力不至于此。不取,必有天殃。取之,何如?'孟子对曰:'取之而燕民悦,则取之。古之人有行之者,武王是也。取之而燕民不悦,则勿取。古之人有行之者,文王是也。'"④孟子还指出:"君行仁政,斯民亲其上,死其长(长官)矣。"⑤君主只有实行爱民的仁政,长官只有平时爱护士兵,士兵才会在战争中愿意为长官牺牲。

4. 革命思想:"民贵君轻""诛独夫民贼"

孟子将"仁政"看作是治国平天下的唯一选择。如果君主实行暴政、致使民不聊生怎么办?孟子提出了一个振聋发聩的思想,这就是诛独夫民贼的"革命"学说。

这个"革命"学说的基础是君权谁授的观念。《万章上》有一段万章与孟子的对话,谈到君权不是前朝君主、天子所授,而是天授与民授的统一。

> 万章曰:"尧以天下与舜,有诸?"孟子曰:"否,天子不能以天下与人。""然则舜有天下也,孰与之?"曰:"天与之。""天与之者,谆谆然命之乎?"曰:"否,天不言,以行与事示之而已矣。"曰:"以行与事示之者,如

---

① 《孟子·公孙丑上》。
② 《孟子·梁惠王上》。
③ 《孟子·公孙丑下》。
④ 《孟子·梁惠王下》。
⑤ 《孟子·梁惠王下》。

之何?"曰:"天子能荐人于天,不能使天与之天下;诸侯能荐人于天子,不能使天子与之诸侯;大夫能荐人于诸侯,不能使诸侯与之大夫。昔者,尧荐舜于天,而天受之;暴(显露)之于民,而民受之。故曰,天不言,以行与事示之而已矣。"

曰:"敢问荐之于天,而天受之;暴之于民,而民受之,如何?"曰:"使之主祭,而百神享之,是天受之;使之主事,而事治,百姓安之,是民受之也。天与之,人与之,故曰,天子不能以天下与人。"

这个"天"是至高无上的自然神。它是不会说话的。它的意志是通过"民"的反应体现出来的。正如《易传》所言:"顺乎人"便"应乎天"。所以孟子又引用《周书·泰誓》中的"天视自我民视,天听自我民听"来加以说明。可见,天意是由民意决定的,君主的位置最终是由万民决定的。孟子明确指出:"得乎天子为诸侯,得乎诸侯为大夫",而"得乎丘民"则可以"为天子"①。所以,"民为贵……君为轻。"②

因此,由万民拥戴而登上国家最高统治位置的君主如果不能实行仁政,让百姓的生活有基本的保证,对这样的君主就应罢黜他。齐宣王是位礼贤下士的开明国君。他打造了稷下学宫,延揽四方英才,孟子一直陪伴在他的左右,备他顾问。他也一直向孟子讨教为君之道。孟子向他宣扬仁政之道时往往从日常比喻说起,循循善诱:"王之臣有托其妻子于其友,而之楚游者。比其反也,则冻馁其妻子,则如之何?"宣王说:"弃之。"孟子又问:"士师不能治士,则如之何?"宣王曰:"已之。"孟子顺势而下,步步逼近:君主"四境之内不治,则如之何"?答案很明白:罢之。宣王不便作答,只好"顾左右而言他"③。

臣是民的一部分。臣事君以忠,君待臣以爱。在儒家的礼教关系中,君臣各有本分,各有职责,二者是互为因果的。孟子对齐宣王说:"君之视臣如手足,则臣视君如腹心;君之视臣如犬马,则臣视君如国人;君之视臣如土芥,则臣视君如寇仇。"④为君者必须善待大臣,否则大臣就有权利将君主视为寇仇与之势不两立。礼经说:"君命召,不俟驾行矣。"君王召唤,臣子应当不等到车马备好就赶快起身等候。《论语·乡党》记载,孔子就是这样事奉鲁君。但孟子并不然。他认为自己虽为臣民,但也是有尊严的,君主不可随

---

① 《孟子·尽心下》。
② 《孟子·尽心下》。
③ 《孟子·梁惠王下》。
④ 《孟子·离娄下》。

意使唤。《公孙丑》中记载了一则故事,鲜明体现了孟子的人格特点。一天,孟子准备去朝见齐王,恰巧齐王偶感风寒,派人来说明情况,取消了这次见面,相约第二天相见。孟子感到不快,回话推托说:不幸得很,我也有病,明天不能上朝相见。不过第二天,孟子却到东郭大夫家吊丧。没想到齐王真以为孟子有病,第二天派人来看望孟子,并带来医生。家臣一方面应付说:今天孟子的病好一点了,已经在去朝廷的路上了。然后立即派人到路上去拦孟子,告诉孟子赶快上朝廷去,无论如何都不要回家!孟子不得已来到景丑的家里寄宿。景丑批评孟子对君主尊敬不够:"父子主恩,君臣主敬。丑见王之敬子也,未见所以敬王也。"孟子则说:"将大有为之君,必有所不召之臣;欲有谋焉,则就之。其尊德乐道,不如是,不足与有为也。故汤之于伊尹,学焉而后臣之,故不劳而王;桓公之于管仲,学焉而后臣之,故不劳而霸。……汤之于伊尹,桓公之于管仲,则不敢召。管仲且犹不可召,而况不为管仲者乎?"① 大有作为的君主一定有他使唤不了的大臣,如果他有什么事情需要出谋划策,就亲自去拜访他们。这就叫尊重德行喜爱仁道。因此,商汤先向伊尹学习,然后才以他为臣,桓公也是先向管仲讨教,然后才以他为臣。管仲尚不可被随意使唤,何况不屑于做管仲的我呢?

卿是大臣中的位高权重者。卿作为战国时期地位仅次于国君的朝廷重臣,主要职责是规谏君主的过错。

  齐宣王问卿。孟子曰:"王何卿之问也?"王曰:"卿不同乎?"曰:"不同。有贵戚之卿,有异姓之卿。"王曰:"请问贵戚之卿。"曰:"君有大过则谏,反复之而不听,则易位。"王勃然变乎色。曰:"王勿异也。王问臣,臣不敢不以正对。"王色定,然后请问异姓之卿。曰:"君有过则谏,反复之而不听,则去。"②

更尖锐的是孟子提出,对于桀纣之类的暴君,臣民有诛杀他的革命权。

  齐宣王问曰:"汤放桀,武王伐纣,有诸?"孟子对曰:"于传有之。"曰:"臣弑其君可乎?"曰:"贼仁者谓之'贼',贼义者谓之'残'。残贼之人,谓之'一夫'。闻诛一夫纣矣,未闻弑君也。"③

---

① 《孟子·公孙丑下》。
② 《孟子·万章下》。
③ 《孟子·梁惠王下》。

孟子的"诛独夫"思想,肯定臣民推翻暴君的革命权,闪耀着现代"民权"思想的光辉。20世纪初,吴趼人高度肯定孟子在"民权"方面所做的贡献:"民权之义……大昌明于孟子。……孟子曰:'国人皆曰贤,国人皆曰不可,国人皆曰可杀,然后察之。'此民权之显著者也。其尤甚者曰:'民为贵,社稷次之,君为轻。'又曰:'天下之欲疾其君者,皆欲赴诉于王。'民贵于君,非民权而何?君而可疾,尤非民权而何?"①

人们常常将"孔、孟"并提,这诚然有理,因为孟子思想是对孔子的继承和发展,但千万不要忽略孔、孟之异。这种差异不仅是思想上的,而且是性格上的。孔子内敛,孟子外露;孔子言讷辞寡,孟子擅言好辩;孔子习惯于退让,孟子富有战斗性;孔子温柔敦厚,孟子刚正不阿;孔子威而不猛,孟子咄咄逼人;孔子倾向于温良恭谨式的改良,孟子主张乘胜追击式的革命。总体看来,孔子雍容可敬,孟子真切可爱。

在周天子被架空,各诸侯国君主寻求称霸天下学说的战国舞台上,孟子从心系苍生的博大悲悯和人道情怀出发,"辙环天下",向诸侯国君推销"保民而王"的政治主张,孔子的仁政之道因而得以进一步彰显,但"孟轲好辩","卒老于行"②,虽屡遭碰壁,却表现出一个儒家继承人的不懈的坚持,一个自由思想者的可贵的执拗,一个知识分子的难得的独立,一个精神贵族的崇高的尊严。

七、荀子:"人性本恶""养民教民"

荀子(约前313—前238年),名况,时人尊而号为"卿",战国末期赵国人。因"荀"与"孙"二字古音相通,西汉时因避汉宣帝刘询讳,故又称孙卿。他的学术活动年代约在公元前298年(周赧王十七年)至前238年(秦王政九年)③。荀子主要在齐、楚两国从事游学活动。当时齐国的"稷下学宫"是战国末期百家争鸣最活跃的场所。据《史记·孟子荀卿列传》说,荀子"年五十(有学者认为五十为传抄时十五之误)始来游学于齐",至齐襄王时代,在齐国首都临淄(今山东淄博市)的稷下学宫"最为老师","三为祭酒"(学宫之长)。后来"齐人或谗荀卿,荀卿乃适楚,而春申君以为兰陵令"。春申君死,

---

① 转引自陈伯海主编:《近四百年中国文学思潮史》,东方出版中心1997年版,第393页。
② 韩愈:《进学解》。
③ 关于荀子的生卒年有不同的推测,这里采清人汪中《荀卿子年表》的说法。

荀卿失官家居,著书立说,客死于楚国兰陵。荀子对当时各家诸子学说都有所批评,唯独推崇孔子,认为孔子的仁学是最好的治国学说。他反对孟子和子思为首的"思孟学派",认为自己才是孔子思想的真正继承人,不过在对孔子儒学的继承中又有所变化出新。如果说孔子的中心思想为"仁",孟子的中心思想为"义",荀子的中心思想则是"礼"及"法"。韩非、李斯都是他的入室弟子,他们将荀子思想中的法治思想发扬光大,成为法家代表人物。荀子也因此在中国历史上受到许多学者的抨击,历代都有部分学者怀疑荀子是否属于儒家学者。事实上,通观《荀子》全书,荀子属于儒家学者毋庸置疑。

《荀子》全书共 32 篇,大部分是他自己所写,也有少数篇章出自弟子之手。与《论语》《孟子》不同的是,《论语》《孟子》是弟子所记的孔、孟言行录,每篇并无明确的主题,《荀子》的大多数篇章都有明确的论说主题,并以主题立篇分章,体现了荀子思想的理论自觉和逻辑脉络。

荀子以孔子的继承人自命,创构了先秦时期最为深刻全面的政治学说,但在靠武力强权吞并诸侯的年代,最后的遭遇与孔、孟的命运一样也很不幸。所谓荀子"蒙佯狂之色,视天下以愚","所以名声不白,徒与不众,光辉不博也"①。他的思想显然是对孔子学说的发展。当时,曾有人认为"孙卿不及孔子"。荀子的弟子辩解说:这种说法是不能成立的。"今之学者,得孙卿之遗言余教,足以为天下法式表仪。""观其善行,孔子弗过(超过)。""世不详察,云非圣人,奈何!"②韩愈《进学解》亦云:"荀卿守正,大论是弘。""吐辞为经,举足为法,绝类离伦,优入圣域"。这种评价,在我们下面关于荀子思想的系统评述中可以找到根据③。

1. 荀子对六家、五霸的批判与对舜禹、孔子的高扬

荀子身当战国末年。当时思想界百家争鸣,诸子竞放,已出现了多种人生或政治学说。荀子的学说是建立在对当时积累的各种各样学说的甄别、批判与继承基础上的。这集中体现在《非十二子》《解蔽》《仲尼》等篇中。

不破不立。先看看荀子所破。在《解蔽》中,荀子从道之不周方面对诸子有一段总体的批判:"墨子蔽于用而不知文,宋子(宋钘)蔽于欲而不知得,

---

① 《荀子·尧问》,王先谦:《荀子集解》,中华书局 1988 年版,下同。
② 《荀子·尧问》。
③ 本节以《"天人相分":荀子思想的系统把握》为题,刊于《理论月刊》2022 年第 1 期。

慎子(慎到)蔽于法而不知贤,申子(申不害)蔽于势而不知知,惠子(惠施)蔽于辞而不知实,庄子蔽于天而不知人。故由用谓之道,尽利矣;由欲谓之道,尽嗛(同慊,快也,音切)矣;由法谓之道,尽数矣;由势谓之道,尽便矣;由辞谓之道,尽论矣;由天谓之道,尽因矣。此数具者,皆道之一隅也。"①墨子蒙蔽于只重实用而不知文饰,宋子蒙蔽于只见人有寡欲的一面而不知人有贪得的一面,慎子蒙蔽于只求法治而不知任用贤人,申子蒙蔽于只知权势而不知才智的作用,惠子蒙蔽于只务名辩而不知实际,庄子蒙蔽于只知自然的作用而不知人的能动作用。从实用的角度来谈道,就都谈利益了;从欲望的角度来谈道,就都谈快适了;从法治的角度来谈道,就都谈法律条文了;从权势的角度来谈道,就都谈便利了;从名辩的角度来谈道,就都谈些不切实际的理论了;从自然的角度来谈道,就都谈些被动因循了。这几种说法,都是道的一个方面,不是全部,都是道有不周、缺憾的表现。

在《非十二子》中,他对六种学说的十二位代表人物给予了更为具体、详细的批评。

荀子虽以继承孔子儒家学说自命,但对孔门传人多有批判。他批评思孟学派:"略法先王而不知其统……甚僻违而无类,幽隐而无说,闭约而无解……子思唱之,孟轲和之。世俗之沟(通恂,愚也,音够)犹瞀儒、嚾嚾然不知其所非也,遂受而传之,以为仲尼、子弓为兹厚于后世:是则子思、孟轲之罪也。"②效法古代圣王但不得要领,乖僻背理而不合礼法,幽深隐微而难以讲说,晦涩缠结而无从解释。子思倡导,孟轲附和,社会上那些愚昧无知的儒生于是就接受了这种学说而传授它。这就是子思、孟轲的罪过。在荀子看来,孟子思想的最大悖谬,是性善论。荀子在《性恶》篇中有专门论析。除了子思、孟子外,荀子还批评了子夏、子游、子张等孔子弟子,认为他们是"贱儒":"弟陀其冠,神禫其辞,禹行而舜趋:是子张氏之贱儒也。正其衣冠,齐其颜色,嗛然而终日不言:是子夏氏之贱儒也。偷儒惮事,无廉耻而耆饮食,必曰君子固不用力:是子游氏之贱儒也。"③子张一派从皮相上模仿禹、舜走路的样子,帽子戴得歪歪斜斜,说起话来淡而无味;子夏一派总是正襟危坐,表情严肃,嘴中像含了什么东西,整天没话可说;子游一派好逸恶劳,整天吃吃喝喝,毫无羞耻之心。他们都属于贱儒

讲兼爱的墨学被视为讲仁爱的儒学之支脉。荀子对墨学也不满。宋钘

---

① 《荀子·解蔽》。
② 《荀子·非十二子》。
③ 《荀子·非十二子》。

法自然而尚仁义,有墨家的这种弊病,所以连着一起被批评:"不知一天下、建国家之权称,上功用,大(崇尚)俭约,而僈(轻视)差等,曾不足以容辨异,县君臣;然而其持之有故,其言之成理,足以欺惑愚众:是墨翟、宋钘也。"①墨翟、宋钘的最大弊病,是取消了维持社会存在的必要的等级差别。

有人因为韩非、李斯受学于荀子而将荀子视为法家,其实不然。荀子也批判过法家:"尚法而无法……上则取听于上,下则取从于俗;终日言成文典,反紃(循)察之,则倜然无所归宿,不可以经国定分(确定名分);然而其持之有故,其言之成理,足以欺惑愚众:是慎到、田骈也。"②

名家是讲究名分的,但也有缺失。荀子批评其代表惠施、邓析:"不法先王,不是礼义,而好治怪说,玩琦辞,甚察而不惠,辩而无用,多事而寡功,不可以为治纲纪;然而其持之有故,其言之成理,足以欺惑愚众:是惠施、邓析也。"③

战国时期是一个诸侯不守礼法、竞相称霸的年代,也是一个朝不保夕、及时行乐的纵欲主义时代。荀子对此不以为然。他批判纵欲派的代表它嚣、魏牟:"纵情性,安恣睢,禽兽行,不足以合文通治;然而其持之有故,其言之成理,足以欺惑愚众:是它嚣、魏牟也。"④

但是反过来,走到另外一个极端,违反、扼杀人的基本情欲,也为荀子所不齿:"忍情性,綦溪利跂,苟以分异人为高,不足以合大众,明大分,然而其持之有故,其言之成理,足以欺惑愚众:是陈仲、史鳅也。"⑤

荀子不仅批评了诸子中的六家十二子,而且批评了为时人称颂的春秋五霸:"彼非本政教也,非致隆高也,非綦(极)文理也,非服人之心也。乡方略,审劳佚,畜积修斗,而能颠倒其敌者也,诈心以胜矣。彼以让饰争,依乎仁而蹈利者也,小人之杰也。彼固曷足称乎大君子之门哉!"⑥五霸不把礼义教化作为治国的根本,不能使人心悦诚服;他们只是注重方略计谋,善于积蓄物资,懂得运用欺诈之术克敌制胜的人。他们打着谦让、仁爱的旗号争权夺利,不过是小人中的佼佼者。五霸中最负盛名的齐桓公在即位前杀死了亲哥哥,即位后骄奢淫逸,纵情享乐,穷兵黩武,不断发动侵略战争,吞并了三十五个诸侯国。从孔门之道出发,荀子对齐桓公给予了尖锐

---

① 《荀子·非十二子》。
② 《荀子·非十二子》。
③ 《荀子·非十二子》。
④ 《荀子·非十二子》。
⑤ 《荀子·非十二子》。
⑥ 《荀子·仲尼》。

批判。

那么,荀子有没有认为可取的资源或对象呢? 有。这个资源或对象就是圣人。荀子认为舜禹是圣人的代表。"一天下,财万物,长养人民,兼利天下,通达之属莫不从服,六说者立息,十二子者迁化,则圣人之得势者,舜、禹是也。"① 舜、禹是"得势"的帝王,可取而不可即。可即而可学的是没有权势的圣人——孔子及其弟子子弓。"若夫总方略,齐言行,一统类,而群天下之英杰,而告之以大古,教之以至顺……无置锥之地,而王公不能与之争名;在一大夫之位,则一君不能独畜,一国不能独容……是圣人之不得势者也,仲尼、子弓是也。"② 与十二子得道之一隅相比,孔子"仁知且不蔽","一家得周道,举而用之","足以为先王者也","故德与周公齐,名与三王并"③。

荀子将孔子地位抬得很高。他立论的依据就是孔子学说。他的政治主张,是希望经由孔子仁义思想,恢复舜禹圣王之制:"今夫仁人也将何务哉?上则法舜禹之制,下则法仲尼、子弓之义,以务息十二子之说。如是则天下之害除,仁人之事毕,圣王之迹著矣。"④

孔子的一生并不顺坦,荀子的遭遇也不顺畅,但这并没有动摇荀子弘扬孔子仁道的意志。《宥坐》篇记载:孔子适楚,厄于陈蔡之间,七日不烧火做饭,弟子皆有饥色。子路进而问之曰:"为善者天报之以福,为不善者天报之以祸。今夫子累德积义怀美,行之日久矣,奚居之隐也?"孔子开导子路:"女以知者为必用邪? 王子比干不见剖心乎! 女以忠者为必用邪? 关龙逢不见刑乎! 女以谏者为必用邪? 吴子胥不磔姑苏东门外乎! 夫遇不遇者,时也;贤不肖者,材也。君子博学深谋,不遇时者多矣! 由是观之,不遇世者众矣,何独丘也哉! 且夫芷兰生于深林,非以无人而不芳;君子之学,非为通也。……夫贤不肖者,材也;为不为者,人也;遇不遇者,时也;死生者,命也。……故君子博学深谋,修身端行,以俟其时。"⑤ 荀子以此自励:"好女之色,恶者之孽也;公正之士,众人之痤也;修道之人,污邪之贼也。"⑥ 正如美女会遭到丑陋者的嫉妒,贤士、圣人也会遭到邪恶者的陷害,但"君子不为小人之匈匈也辍行"⑦。荀子对孔子儒家思想的继承和坚守,正当作如此观。

---

① 《荀子·非十二子》。
② 《荀子·非十二子》。
③ 《荀子·解蔽》。周道:王先谦等解为周代之治道,古诗文网解为周全之道。似以后者更合上下文意。
④ 《荀子·非十二子》。
⑤ 《荀子·宥坐》。
⑥ 《荀子·君道》。
⑦ 《荀子·天论》。

2."明于天人之分""制天命而用之"

在有所批判和继承的基础上,荀子系统建构了自己的思想体系。上古至夏商思想界的特征是万物有灵,天人不分。周代思想界的觉醒,标志之一是明确天人之分,天是天,人是人,两不相干,人间的祸福都由自己决定,所谓"祸福由人""妖由人兴"。而明确提出"天人之分"的是荀子。荀子对于人伦的探讨,都是在坚持"天人之分"的前提下展开的。他曾著《天论》篇集中论述这个问题,明确提出"明于天人之分,则可谓至人矣"。

荀子所说的"天",广义指与"人"相对的整个自然,狭义指与"地""四时"并立的天穹。荀子论天、人之别,首先肯定"天"是客观存在的、人力不可改变的自然规律:"天有常道矣,地有常数矣。""天不为人之恶寒也辍冬,地不为人之恶辽远也辍广。""不为而成,不求而得,夫是之谓天职。如是者,虽深,其人不加虑焉;虽大,不加能焉;虽精,不加察焉。"对于客观存在的自然规律,人们应当加以尊重,而不要奢望改变。这就叫"不与天争职"。

自然现象的形成过程是"无形"可感的,自然规律是"神妙"难测的,人类对待自然的态度还应当"不求知天"。"列星随旋,日月递照,四时代御,阴阳大化,风雨博施,万物各得其和以生,各得其养以成。不见其事,而见其功,夫是之谓神。皆知其所以成,莫知其无形,夫是之谓天功。唯圣人为不求知天。""故大巧在所不为,大智在所不虑。"这里有对道家因应自然主张的吸收。

天、地、四时这些自然物是无意志的,它不能主宰人世间的治乱吉凶。"治乱,天邪?曰:日月星辰瑞历,是禹桀之所同也,禹以治,桀以乱;治乱非天也。时邪?曰:繁启蕃长于春夏,畜积收藏于秋冬,是禹桀之所同也,禹以治,桀以乱;治乱非时也。地邪?曰:得地则生,失地则死,是又禹桀之所同也,禹以治,桀以乱;治乱,非地也。"人世间的吉凶,是由政治之道的治乱决定的,与天、地、四时无关。"天行有常,不为尧存,不为桀亡。应之以治则吉,应之以乱则凶。"从"治则吉"的角度看,"强本而节用,则天不能贫;养备而动时,则天不能病;修道而不贰,则天不能祸。故水旱不能使之饥,寒暑不能使之疾,祆(音鲜,反常)怪不能使之凶。"从"乱则凶"的角度看,"本荒而用侈,则天不能使之富;养略而动罕,则天不能使之全;倍道而妄行,则天不能使之吉。故水旱未至而饥,寒暑未薄而疾,祆怪未至而凶。"乱世"与治世同,而殃祸与治世异",不可以责怪天,而是政治昏暗无道导致的结果。

那么，自然界出现的怪异现象怎么解释呢？是不是大自然有意发威降灾的征兆呢？荀子一反成见，把它解释为"物之罕至"的"袄怪"、反常现象，认为人们感到惊讶奇怪是正常的，但感到害怕就大可不必了。"夫星之队，木之鸣，是天地之变，阴阳之化，物之罕至者也；怪之，可也；而畏之，非也。"自然界有反常现象，人世间也有反常现象。自然界的反常实际上并不可怕，人世间的反常才是最"可畏"的。人世间的反常怪事，荀子称之为"人袄"。"楛（音苦，粗放）耕伤稼，楛耨失岁，政险失民；田薉（音诲，荒芜）稼恶，籴贵民饥，道路有死人：夫是之谓人袄；政令不明，举错不时，本事不理，勉力不时，则牛马相生（指牛生出马、马生出像牛的怪胎），六畜作袄：夫是之谓人袄；礼义不修，内外无别，男女淫乱，则父子相疑，上下乖离，寇难并至：夫是之谓人袄。""三者错，无安国。"而这一切"人袄"，都"生于乱"，是政治的昏乱导致的结果。

既然自然万物是无意志的，不存在什么有意志的神灵，怎么解释民间亘古以来流行的祭祀自然的仪式？荀子是这么看的："雩（祭神）而雨，何也？曰：无何也，犹不雩而雨也。"祭神会下雨，不祭神也会下雨，这说明自然神不一定存在。人们之所以举行祭神仪式，如"日月食而救之，天旱而雩，卜筮然后决大事"等等，"非以为得求也，以文之也"。就是说人们这样做并不是认为这些做法能得到所祈求的东西，而把它作为一种外在仪式罢了。但"君子以为文，而百姓以为神"。在荀子看来，"以为文则吉，以为神则凶也"。

荀子上面讲了一大通，旨在说明，自然神并不存在，人间的幸福不要指望天神的保佑，要把幸福的基点放在自己的努力上。荀子反对"错其在己者，而慕其在天者"，明确提出"君子敬其在己者，而不慕其在天者"。

正如天地有自然不可易之道，人间也有不可变易的自然之道。"天有常道矣，地有常数矣，君子有常体矣。"尊重天、地的常道并不意味着人自己可以不积极主动地去努力。人类怎样通过自己的努力获得幸福呢？即将人间的常道与天、地的常道相配，这就叫"能参"："天有其时，地有其财，人有其治，夫是之谓能参。"如果放弃了自身的人道，只把自身的命运寄托于天、地、自然的恩赐，那是最大的糊涂："舍其所以参，而愿其所参，则惑矣。"于是，荀子就从尊重自然走向了介入自然。

那么，人间与乱道相对的"治道"是什么呢？是"礼、义、仁、法"。"在天者莫明于日月，在地者莫明于水火，在物者莫明于珠玉，在人者莫明于礼义。""礼义不加于国家，则功名不白。""国之命在礼。君人者，隆礼尊贤而王，重法爱民而霸。"明君圣王任用贤臣掌握自然征候，管理天下万物，而自己一门心思做的应是掌握安邦之道。这就叫"官人守天,而自为守道也"。

于是,从"敬其在己,不慕在天"出发,荀子提出了"制天命而用之"的响亮口号:"大天而思之,孰与物畜而制之;从天而颂之,孰与制天命而用之;望时而待之,孰与应时而使之!因物而多之,孰与骋能而化之!"如果"错人而思天",放下人为努力,抛弃人事正道,"则失万物之情"①。荀子还提出:"上不失天时,下不失地利,中得人和,而百事不废。"②这里"天时""地利"都是指有利的自然环境。在自然环境有利的情况下,"人和"是"百事不废"的决定因素。

《荀子·天论》阐述的"天人之分"思想,标志着周人对"天人不分"、心物一体的上古原始思维方式和夏商万物有灵神本思想的彻底告别,宣告着周代作为"人的觉醒"时代的彻底到来。它在尊重自然规律的前提下强调"天人相参","敬其在己者",主张发挥人的主观能动性,"制天命而用之",避免了片面强调"天人相分"可能产生的消极后果。

3. 人的天性与人的特征:从"性恶"走向"性二重"

荀子从"天人之分"出发,走向"不慕在天""错天思人",最后重心和落脚点都落实在人间的"常道"——"治道"上。而人间的"常道""治道"本于对"人性"的认识。有什么样的人性观,就有什么样的人道观。根据对人性实际的理解设计政治学说,这是先秦诸子最高明的地方。在这个问题上,荀子批判孟子的性善论,提出了性恶论,为他的人格修养论及礼法并重的政治主张提供了独特的理论基础。

关于人性问题,《荀子》许多篇章都论述到了,这些篇章有《正名》《性恶》《王制》《王霸》《非相》《荣辱》。荀子的人性论揭示了人的天性是恶的,但人的特征是善,这个善是由人性中的"心知"机能认知与把握善道所致。

荀子的人性学说是从界定人之性的概念含义开始的。什么是人性的"性"?荀子指出:"'性'者,天之就也","生之所以然者谓之'性'","不事而自然谓之'性'"③。"不可学,不可事,而在人者,谓之'性'。"④"人之性",就是人与生俱来的、不待人为的资秉、属性。比如目之可见、耳之可闻就是最

---

① 本节引文,均见《荀子·天论》。"物畜",王先谦《荀子集解》解为"使物蓄积",即积蓄财物。不确。联系下文两个排比句,"物畜"当作动词用,及物对象是"之",即天。"物"是役使的意思,"畜"是畜养的意思。"物畜"即供养、役使(天)。
② 《荀子·王霸》。
③ 均见《荀子·正名》。
④ 《荀子·性恶》。

典型的例子:"今人之性,目可以见,耳可以听。夫可以见之明不离目,可以听之聪不离耳。目明而耳聪,不可学,明矣。"①它的实质内容是"情"。"'情'者,性之质也。""'性'之好、恶、喜、怒、哀、乐谓之'情'。"②情感对外界事物的反应形成欲望:"'欲'者,情之应也。"③"情欲"是连在一起的,它构成了人的自然天性的主要内容。

人的自然"情欲"有哪些形态呢?荀子认为,自私自利、好利恶害、好荣恶辱、钩心斗角、你争我夺、欲壑难填,这些都是人的情欲的常见形态。"若夫目好色,耳好听,口好味,心好利,骨体肤理好愉佚,是皆生于人之情性者也;感而自然,不待事而后生之者也。"④"人之情,口好味,而臭味莫美焉;耳好声,而声乐莫大焉;目好色,而文章致繁,妇女莫众焉;形体好佚,而安重闲静莫愉焉;心好利,而谷禄莫厚焉。""夫贵为天子,富有天下,是人情之所同欲也。""名声若日月,功绩如天地,天下之人应之如景向,是又人情之所同欲也。"⑤"人之情,食欲有刍豢,衣欲有文绣,行欲有舆马,又欲夫余财蓄积之富也;然而穷年累世不知不足(贪欲),是人之情也。"⑥

人对自然情欲如果不加限制地去追求,就会造成相互争斗、你死我活的社会灾难。因此,荀子得出"人之性恶"的结论。"今人之性,饥而欲饱,寒而欲暖,劳而欲休,此人之情性也。""今人之性,生而有好利焉,顺是,故争夺生而辞让亡焉;生而有疾恶焉,顺是,故残贼生而忠信亡焉;生而有耳目之欲,有好声色焉,顺是,故淫乱生而礼义文理亡焉。然则从人之性,顺人之情,必出于争夺,合于犯分乱理,而归于暴。""用此观之,人之性恶明矣。"⑦他还找到舜帝"人之情甚不美"的论断作为自己的根据:"尧问于舜曰:'人情何如?'舜对曰:'人情甚不美,又何问焉!妻子具而孝衰于亲,嗜欲得而信衰于友,爵禄盈而忠衰于君。人之情乎,人之情乎,甚不美,又何问焉!'"⑧

人的情欲天性明明是恶,可孟子却看不到这一点,认为人天生地具有"仁义礼智"这些善良的道德意识,提出"人之性善"。荀子自然不同意。他批评孟子说:"仁义礼智"不仅不是人的天性追求,而且是与人的天性追求相

---

① 《荀子·性恶》。
② 均见《荀子·正名》。
③ 《荀子·正名》。
④ 《荀子·性恶》。
⑤ 均见《荀子·王霸》。
⑥ 《荀子·荣辱》。
⑦ 均见《荀子·性恶》。
⑧ 《荀子·性恶》。

矛盾的。"顺情性则不辞让矣,辞让则悖于情性矣。"①正因为人性本恶,所以人们才提倡善的道德意识和规范来矫正它。"凡人之欲为善者,为性恶也。""今人之性,固无礼义,故强学而求有之也;性不知礼义,故思虑而求知之也。"古来的圣人之治都是这样以道德礼义禁恶扬善的。"古者圣人以人之性恶,以为偏险而不正,悖乱而不治,故为之立君上之势力以临之,明礼义以化之,起法正以治之,重刑罚以禁之,使天下皆出于治,合于善也。是圣王之治而礼义之化也。""今诚以人之性固正理平治邪,则有恶用圣王,恶用礼义哉?虽有圣王礼义,将曷加于正理平治也哉?"②由此可见,圣王推行善的礼义教化,恰恰是"人之性恶"的有力证明。正因为人的天性中没有礼义,所以才需要后天的礼义教化。"然则性而已,则人无礼义,不知礼义。人无礼义则乱,不知礼义则悖。然则性而已,则悖乱在己。用此观之,人之性恶明矣。"如果"无礼义之化,去法正之治,无刑罚之禁,倚而观天下民人之相与也……则夫强者害弱而夺之,众者暴寡而哗之,天下悖乱而相亡,不待顷矣"。总而言之,"人之性恶明矣"③。

"礼义"等道德意识因为是后天强制性教化的结果,所以不是"人之性"。荀子给它起了一个特定的名称:"伪"。"夫感而不能然,必且待事而后然者,谓之生于伪。"④"虑积焉,能习焉,而后成谓之伪。"⑤这个"伪"不是今天所理解的贬义词,而是中性词,与天性的"性"相对,指后天修养的结果。"凡性者天之就也,不可学,不可事。礼义者,圣人之所生也,人之所学而能,所事而成者也。不可学,不可事,而在人者,谓之性;可学而能,可事而成之在人者,谓之伪。是性、伪之分也。""今人之性恶,必将待圣王之治,礼义之化,然后始出于治,合于善也。用此观之,人之性恶明矣,其善者伪也。"凡"礼义"者,"非故生于人之性也","生于圣人之伪"⑥。荀子据此推论,孟子称"仁义礼智"之类的"善"的道德意识是人的天性,是不符合事实的,因而是站不住脚的。

"礼义"之善虽不属于人的天性,却是人与其他动物的根本区别,是人必须具备的特征。荀子指出:"水火有气而无生,草木有生而无知,禽兽有知而无义,人有气、有生、有知,亦且有义,故最为天下贵也。"⑦"人之所以为人者,

---

① 《荀子·性恶》。
② 均见《荀子·性恶》。
③ 均见《荀子·性恶》。
④ 《荀子·性恶》。
⑤ 《荀子·正名》。
⑥ 均见《荀子·性恶》。
⑦ 《荀子·王制》。

非特以二足而无毛也,以其有辨(分别、等级,即礼)也。"比如"禽兽有父子而无父子之亲,有牝牡而无男女之别"就是典型的证明。所以说:"人道莫不有辨,辨莫大于分,分莫大于礼。"①

在礼义名分的基础上,产生了人的群体性或者叫社会性,这是人的又一特征。荀子谓之"群"。他说:人"力不若牛,走不若马,而牛马为用,何也?曰:人能群,彼不能群也。人何以能群?曰:分。分何以能行?曰:义。故义以分则和,和则一,一则多力,多力则强,强则胜物。""故人生不能无群,群而无分则争,争则乱,乱则离,离则弱,弱则不能胜物;故宫室不可得而居也,不可少顷舍礼义之谓也。"人的力气不如牛大,奔跑不如马快,但牛、马却被人所用,为什么呢?就是因为:人能结合成社会群体,而其他动物却不能。人为什么能结合成社会群体?是因为有等级名分。等级名分为什么能实行?就是因为有道义。根据道义确定了名分,人们就能和睦协调;和睦协调,就能团结一致;团结一致,力量就大;力量大了就强盛;强盛了就能战胜外物。人活着不能没有社会群体,但结合成了社会群体而没有等级名分的限制就会发生争夺,一旦发生争夺就会产生动乱,一旦产生动乱就会离心离德,离心离德就会削弱力量,力量削弱了就不能战胜外物、安居乐业。所以说人不能片刻离开礼义。"君者,善群也。群道当,则万物皆得其宜,六畜皆得其长,群生皆得其命。"②君主的"君"本义就是将人组织成社会群体。只有善于凝聚群众,把人组织成有等级的群体,才是君主应尽的职责。

由此可见,礼义对于人类的和谐生存来说,是必不可少、十分重要的。人如何能够具备"礼义"特征呢?荀子的解释是,人的心灵具有认知的机能,使人能够认知"道",具备"礼义"特征,对物欲起到去蔽作用。《正名》篇说:"'心'为之择谓之'虑'。""心虑而能为之动谓之'伪'。""知之在人者谓之'知'(认知)。""知有所合谓之'智'(智慧)。""以所欲为可得而求之,情之所必不免也;以为可而道之,知所必出也。"《解蔽》篇指出:"心者,形之君也,而神明之主也。""凡以知,人之性也;可以知,物之理也。以可以知人之性,求可以知物之理。""'心'不可以不知'道';'心'不知'道',则不可道,而可非道。""人何以知'道'?曰:心。心何以知?曰:虚一而静。心未尝不臧(通藏,包藏)也,然而有所谓虚;心未尝不两(杂多)也,然而有所谓一(专);心未尝不动也,然而有所谓静。""心枝则无知,倾则不精,贰则疑惑。""虚一而静,谓之大清明。"于是,通过心灵的认知机能,坚持"虚一而静"的认识方法,排

---

① 《荀子·非相》。
② 均见《荀子·王制》。

除情感欲望的干扰,就能够认识"道"、把握"道",具备"礼义"的特征。

不难看出,荀子所说的"人性",其实有显、隐两个形态。显形态是"情欲",隐形态是"心知"。前者决定了人性本恶,后者决定了人性可善。遗憾的是"心知"作为心灵认知、判断、达到"善道"的天性或机能,被他的"性恶"论遮掩了,常常为人们所忽略。荀子本人并未承认这是"人之性",这与他对"性"的解释是矛盾的。事实上,荀子的人性论涉及善、恶二重人性。

人的情欲、心知二重本性,属于凡圣皆然的共同人性。从人人具有恶的情欲本性来说,舜、禹并不比桀、纣高明。"材性知能,君子小人一也;好荣恶辱,好利恶害,是君子小人之所同也。"①"凡人有所一同:饥而欲食,寒而欲暖,劳而欲息,好利而恶害,是人之所生而有也,是无待而然者也,是禹桀之所同也。"②"凡人之性者,尧舜之与桀跖,其性一也;君子之与小人,其性一也。"圣人人心深处也潜藏着恶的情欲,如果放松克制修养,"君子可以为小人"③。从人人都具有可以把握善、达到善的"心知"的认知能力来说,普通人与圣人并无不可逾越的鸿沟。"涂之人也,皆有可以知仁义法正之质,皆有可以能仁义法正之具"。只要"伏术为学,专心一志,思索孰察","积善不息",最终就可以"通于神明,参于天地",成为禹这样的"圣人"。所以说:"涂之人可以为禹。""小人可以为君子。"④荀子无差别高下的共同人性论是充满平等精神的。"凡人有所一同:饥而欲食,寒而欲暖,劳而欲息,好利而恶害,是人之所生而有也,是无待而然者也,是禹桀之所同也;目辨白黑美恶,耳辨声音清浊,口辨酸咸甘苦,鼻辨芬芳腥臊,骨体肤理辨寒暑疾养,是又人之所常生而有也,是无待而然者也,是禹桀之所同也。""可以为尧禹,可以为桀跖,可以为工匠,可以为农贾,在势注错习俗之所积耳,是又人之所生而有也,是无待而然者也,是禹桀之所同也。"⑤荀子揭示了"小人君子"可以相互转换,"未尝不可以相为"的事实,给凡夫俗子以超凡入圣的鼓舞,给圣人君子以不断修养的警示,具有极大的现实意义。

依据上述共同人性论,人人都具有沦为小人的"情欲",可能成为"小人";人人也同时具有成为君子的"心知",可以成为"君子"。那么,区别"君子"与"小人"的标准是什么呢?荀子的回答是:遵从礼义者为君子,听任情

---

① 《荀子·荣辱》。
② 《荀子·荣辱》。按,《非相》篇中也有同样的话:"饥而欲食,寒而欲暖,劳而欲息,好利而恶害,是人之所生而有也,是无待而然者也,是禹桀之所同也。"
③ 《荀子·性恶》。
④ 均见《荀子·性恶》。
⑤ 《荀子·荣辱》。

欲者为小人:"今人之化师法、积文学、道礼义者为君子;纵性情、安恣睢、而违礼义者为小人。""凡贵尧禹君子者,能化性,能起伪,伪起而生礼义。""所贱于桀跖小人者,从其性,顺其情,安恣睢,以出乎贪利争夺。""圣人"与"凡众"的异同在哪里呢?"圣人之所以同于众,其不异于众者,性也;所以异而过众者,伪也。"圣人与凡众一样具有恶的情欲,圣人所以不同于凡众,只在于他具有后天修习而来的礼义,能够用礼义节制情欲,让情欲在符合礼义的范围内活动和实现。于是,荀子又补充说明:"涂之人可以为禹,则然;涂之人能为禹,则未必然也。"①普通人通过学习修养可以成为禹那样的人,这是可以肯定的;但普通人能否成为禹那样的圣人,那就不一定了,因为普通大众未必能够用礼义克制住情欲。

在荀子的双重人性论中,包含着对情欲与心知礼义特殊关系的认识。追求情欲满足是人的天性。情欲虽恶,但作为天性和人存在的条件,不可简单去除,必须给予合理的满足。"夫人之情,目欲綦色,耳欲綦声,口欲綦味,鼻欲綦臭,心欲綦佚。此五綦者,人情之所必不免也。养五綦者有具(方法、条件)。无其具,则五綦者不可得而致也。"②合理的满足五欲的规范集中凝聚为"礼"。"礼者,养人之欲,给人之求。"③"礼"给情欲的满足设置了一定的范围,既不扼杀它,也不放纵它。特点是"重己役物",以理制欲,成为物欲的主宰;反对"己为物役",沦为物欲的奴隶。"志轻理而不重物者,无之有也;外重物而不内忧者,无之有也;行离理而不外危者,无之有也;外危而不内恐者,无之有也。""心忧恐,则口衔刍豢而不知其味,耳听钟鼓而不知其声,目视黼黻而不知其状,轻暖平簟而体不知其安。故向万物之美而不能嗛(满足)也。……如此者,其求物也,养生也?粥(鬻、卖)寿也?……夫是之谓以己为物役矣。""心平愉,则色不及佣(平凡)而可以养目,声不及佣而可以养耳,蔬食菜羹而可以养口,粗布之衣、粗紃之履而可以养体,局室、芦帘、稿蓐……而可以养形。故虽无万物之美而可以养乐,无势列之位而可以养名。……夫是之谓重己役物。"④

小结一下,荀子的人性论,从界定人性之"性"的含义是天生的资质开始,分析了人性的实质内容——"情欲"及其常有形态,揭示了这些形态的"情欲"具有恶性,批评了孟子的"性善"论,指出"礼义"作为人所以为人的根本特征是后天强制性教化的结果,由此决定了人的群体性或社会性特征。

---

① 均见《荀子·性恶》。
② 《荀子·王霸》。
③ 《荀子·礼论》。
④ 均见《荀子·解蔽》。

荀子在解释人何以能够具备"礼义"特征的原因时,将此归因于人的心灵具有认知的机能,这种"心知"机能使人能够认知礼义之"道"。这就意味着荀子所说的"人性",其实不是单一的性恶论,而是恶的"情欲"与善的"心知"的二重本性论。它们是人人都具有的共同人性。以礼节欲为君子,反之为小人。"圣人"与"涂人"、"君子"与"小人"一样具有恶劣的情欲,"圣人""君子"所以与"凡众""小人"不同,只是缘于他们能够以"心知"认识到的"礼义"控制"情欲"罢了。不难看出,荀子的人性论含义是极为丰富的,也是密切联系人性实际的科学分析,今天仍然有着强大的生命力。

4. 论"君子之道":贵礼、尚诚、劝学、隆师、征圣、宗经

基于特定的人性论,《荀子》一书对内圣之道作了浓墨重彩的论述。这内圣之道就是"君子之道"。论述的篇章有《劝学》《修身》《不苟》《儒效》《大略》《荣辱》《解蔽》《非相》《非十二子》等。较之孔子、孟子,荀子所论君子之道更为深入和丰富。

荀子的人性本恶论是为化性起伪的外王之道服务的,不过在荀子看来,如果推行化性起伪教化活动的君王自己不以身作则,那么各种道德法则就会成为一纸空文,道德教化也无法真正实施。因此,"为国"的根本在"修身","君道"的实质在"内圣"。荀子专门著《君道》论述这个道理。有人问如何"为国"。荀子回答:"闻修身,未尝闻为国也。君者仪也,民者景(影)也,仪正而景正;君者盘也,民者水也,盘圆而水圆;君者盂也,盂方而水方。""君者,民之原也,原清则流清,原浊则流浊。""法不能独立,类不能自行;得其人则存,失其人则亡。法者,治之端也;君子者,法之原也。故有君子,则法虽省,足以遍矣;无君子,则法虽具……足以乱矣。""君子者,治之原也。……故上好礼义,尚贤使能,无贪利之心,则下亦将綦辞让,致忠信。"

荀子认为不具备礼义就不是人,或充其量只能是"小人"。于是礼义的修养成为做人的必修课,礼义之道成为君子之道。"道者,非天之道,非地之道,人之所以道也,君子之所道也。"①荀子以"儒者"自居。内圣外王,天下有道则见、无道则隐,达则兼济天下、穷则独善其身,是孔、孟儒家的一贯人生态度。荀子本此说:"儒者法先王,隆礼义,谨乎臣子而致贵其上者也。人主用之,则势在本朝而宜;不用,则退编百姓而悫……虽穷困冻餧,必不以邪道为贪;无置锥之地,而明于持社稷之大义。""势在人上,则王公之材也;在人

---

① 《荀子·儒效》。

下,则社稷之臣,国君之宝也。虽隐于穷阎漏屋,人莫不贵之,道诚存也。"①

由此可见,君子之道,是荀子思想的核心。

何为"君子"呢?"君子,小人之反也。"②"君子"是"小人"的对立面,即能以礼义控制情欲的道德之士。《荀子》论述君子风范时,许多情况下是在与"小人"的对照、批判中展开的。从大类上说,"君子"属于为善之人。在为善之人中,"君子"处于中端位置,级别较高的有"贤人"与"圣人",级别较低的是"士"。《哀公》篇通过孔子之口,将人分为"庸人""士""君子""贤人""大圣"五类。"庸人"指"口不道善言","从物如流,不知所归","动行不知所务,止立不知所定","心从而坏"的那类人。"士"指"虽不能尽道术,必有率(循)也;虽不能遍美善,必有处也","富贵不足以益也,卑贱不足以损也"的那类人。"君子"指"言忠信而心不德(自以为德),仁义在身而色不伐(矜夸),思虑明通而辞不争"的一类人。"贤人"指"行中规绳而不伤于本,言足法于天下而不伤于身,富有天下而无怨财,布施天下而不病贫"的一类人。"大圣"指"知通乎大道,应变而不穷,辨乎万物之情性者也","大辨乎天地,明察乎日月","若天之嗣"的一类人。《儒效》篇本此,将为善之人分为"圣人""君子""士"三个高低级别:"彼学者,行之,曰士也;敦慕焉,君子也;知之,圣人也。上为圣人,下为士、君子。"又将人分为"众人""小儒""大儒"三类:"志不免于曲私,而冀人之以己为公也;行不免于污漫,而冀人之以己为修也;甚愚陋沟瞀,而冀人之以己为知也:是众人也。""志忍私,然后能公;行忍情性,然后能修;知而好问,然后能才……可谓小儒矣。""志安公,行安修,知通统类:如是则可谓大儒矣。""大儒者,天子三公也;小儒者,诸侯、大夫、士也;众人者,工农商贾也。""君子"与士大夫之类的能够以公克私的"小儒"类似,而全心全意为公众服务的"大儒"则是"圣人"境界。

"君子"的道德修养应当是不计利害的。无论是否被人承认、尊重、信用,都不应放松自我修善。荀子告诫说:"君子能为可贵,而不能使人必贵己;能为可信,而不能使人必信己;能为可用,而不能使人必用己。故君子耻不修,不耻见污;耻不信,不耻不见信;耻不能,不耻不见用。是以不诱于誉,不恐于诽,率道而行,端然正己,不为物倾侧:夫是之谓诚君子。"③

"君子"作为道德上、精神上崇高的人,其修养之道首先应当从心灵入手。荀子因此著《非相》篇,指出"形不胜心",提出"相形不如论心",要求人

---

① 《荀子·儒效》。
② 《荀子·不苟》。
③ 《荀子·非十二子》。《荀子·大略》亦云:"君子能为可贵,不能使人必贵己;能为可用,不能使人必用己。"

们破除对外在"形相"的迷惑,注重内在修养:"则形相虽恶而心术善,无害为君子也。形相虽善而心术恶,无害为小人也。"形相的长短、小大、善恶与吉凶没有必然的联系,决定吉凶的根本因素在于道德上是君子还是小人:"君子之谓吉,小人之谓凶。故长短小大,善恶形相,非吉凶也。"

不仅人的吉凶,而且人的荣辱,最终都与人格道德的修养有关。"荣辱之来,必象其德。"①"先义而后利者荣,先利而后义者辱;荣者常通,辱者常穷;通者常制人,穷者常制于人:是荣辱之大分也。"为利益货财等小事而死,是"有狗彘之勇""贾盗之勇""小人之勇","义之所在,不倾于权,不顾其利,举国而与之不为改视,重死持义而不桡,是士君子之勇也"②。"盗跖贪凶,名声若日月,与舜禹俱传而不息;然而君子不贵者,非礼义之中也。"③所以君子应当以合乎礼义为贵。

贵礼,是君子修养中的根本原则。"凡治气养心之术,莫径由礼。""凡用血气、志意、知虑,由礼则治通,不由礼则勃乱提僈;食饮、衣服、居处、动静,由礼则和节,不由礼则触陷生疾;容貌、态度、进退、趋行,由礼则雅,不由礼则夷固僻违、庸众而野。故人无礼则不生,事无礼则不成。""礼者,所以正身也……无礼何以正身?……故非礼,是无法也……故学也者,礼法也。""好法而行,士也;笃志而体,君子也;齐明而不竭,圣人也。"④"礼者,法之大分,类之纲纪也。故学至乎礼而止矣。夫是之谓道德之极。"⑤"礼者,人之所履也,失所履,必颠蹶陷溺。所失微而其为乱大者,礼也。"⑥

尚诚,是君子修养的另一条重要原则。"君子养心莫善于诚,致诚则无它事矣。惟仁之为守,惟义之为行。诚心守仁则形,形则神,神则能化矣。诚心行义则理,理则明,明则能变矣。""君子至德……以慎其独者也。""天地为大矣,不诚则不能化万物;圣人为知矣,不诚则不能化万民;父子为亲矣,不诚则疏;君上为尊矣,不诚则卑。夫诚者,君子之所守也,而政事之本也。"⑦

修养的过程即学习的过程。所以要修养、学习,是因为人性本恶,积学可以化性。所以"劝学"成为荀子反复强调的一个主题。孔子主"好学",《礼记》有《学记》《大学》,"学"有特定所指,即道德修养。荀子对这个主题予以

---

① 《荀子·劝学》。
② 均见《荀子·荣辱》。
③ 《荀子·不苟》。
④ 《荀子·修身》。
⑤ 《荀子·劝学》。
⑥ 《荀子·大略》。
⑦ 《荀子·不苟》。

重要继承和发展。《荀子》的开篇即《劝学》,指出学习的内容是"仁义"或"礼义":"伦类不通,仁义不一,不足谓善学。"学习的目的是"以美其身"。学习的目标是"始乎为士",中乎为君子,"终乎为圣人"。对礼义的学习要全身心地投入:"入乎耳,着乎心,布乎四体,形乎动静。"对善德的修养要追求完备周全:"君子贵其全也。""全之尽之,然后学者也。君子知夫不全不粹之不足以为美也,故诵数以贯之,思索以通之,为其人以处之,除其害者以持养之;使目非是无欲见也,使口非是无欲言也,使心非是无欲虑也。……夫是之谓德操。"不积跬步,无以至千里;不积小流,无以成江海;"积善成德,而神明自得,圣心备焉"。学习的科目是有终结的,但礼义的修养是片刻也不能舍弃的。"学数有终,若其义则不可须臾舍也。为之人也,舍之禽兽也。"所以,"学不可以已。"①《儒效》篇进一步论证说明"积学"与"化性"的因果联系:"性不足以独立而治。性也者,吾所不能为也,然而可化也。积也者,非吾所有也,然而可为也。注错习俗,所以化性也;并一而不二,所以成积也。习俗移志,安久移质。并一而不二,则通于神明,参于天地矣。故积土而为山,积水而为海,旦暮积谓之岁,至高谓之天,至下谓之地,宇中六指谓之极。涂之人百姓(王先谦《荀子集解》按:人百姓,即众百姓),积善而全尽,谓之圣人。彼求之而后得,为之而后成,积之而后高,尽之而后圣。故圣人也者,人之所积也。人积耨耕而为农夫,积斲削而为工匠,积反(贩)货而为商贾,积礼义而为君子。"于是由学求圣,成为一条人格修养的必由之路:"我欲贱而贵,愚而智,贫而富,可乎?曰:其唯学乎。"②这就将后天道德修养的"学"的重要性推到极端。

围绕着学习的主题,荀子推导出"隆师""征圣""宗经"几项重要的要求。

学习必须有师傅指教,所以应当"尊师重傅"。"人无师无法,而知则必为盗,勇则必为贼,云能则必为乱,察则必为怪,辩则必为诞;人有师有法,而知则速通,勇则速威,云能则速成,察则速尽,辩则速论。故有师法者,人之大宝也;无师法者,人之大殃也。"③"国将兴,必贵师而重傅;贵师而重傅,则法度存。国将衰,必贱师而轻傅;贱师而轻傅,则人有快,人有快则法度坏。"④不仅师傅很重要,而且所处的朋友也很重要,必须慎重选择:"故非我而当者,吾师也;是我而当者,吾友也;谄谀我者,吾贼也。故君子隆师而亲

---

① 均见《荀子·劝学》。
② 《荀子·儒效》。
③ 《荀子·儒效》。
④ 《荀子·大略》。

友,以致恶其贼。好善无厌,受谏而能诫,虽欲无进,得乎哉!"①

古代的圣人是最好的老师,所以"尊师"走向"征圣"。"圣人者,人道之极也。故学者,固学为圣人也。"②"圣人也者,道之管也,天下之道管是矣,百王之道一是矣。故诗书礼乐之道归是矣。"③"圣也者,尽伦者也;王也者,尽制者也;两尽者,足以为天下极矣。"④"天能生物,不能辨物也;地能载人,不能治人也;宇中万物生人之属,待圣人然后分也。"⑤古代的"圣王"是天下人格道德修养的表率,所以"征圣"又走向取法圣王,或者叫"法先王"。"礼莫大于圣王","凡言不合先王,不顺礼义,谓之奸言"⑥。"尚贤使能,等贵贱,分亲疏,序长幼,此先王之道也。"⑦"学也者,固学止之也。恶乎止之?曰:止诸至足。曷谓至足?曰:圣王。""故学者以圣王为师,案以圣王之制为法……向是而务,士也;类是而几,君子也;知之,圣人也。"⑧

古代圣人的思想言行大多保留在经典中,所以"征圣"必然"宗经"。"学恶乎始?……始乎诵经。""《礼》之敬文也,《乐》之中和也,《诗》《书》之博也,《春秋》之微也,在天地之间者毕矣。"⑨"《诗》言是其志也,《书》言是其事也,《礼》言是其行也,《乐》言是其和也,《春秋》言是其微也。……天下之道毕是矣。"⑩

此外,荀子还对君子之道提出了许多具体要求。

君子必须从各方面要求自己,成为道德文明的典范。"君子宽而不僈,廉而不刿,辩而不争,察而不激,直立而不胜,坚强而不暴,柔从而不流,恭敬谨慎而容。夫是之谓至文。"⑪

君子必须有所取、有所不取。公平、端正、诚信,是君子必备的基本素质。"公生明,偏生暗;端悫(音确,谨慎)生通,诈伪生塞;诚信生神,夸诞生惑。此六生者,君子慎之,而禹桀所以分也。"⑫"体恭敬而心忠信,术礼义而

---

① 《荀子·修身》。
② 《荀子·礼论》。
③ 《荀子·儒效》。
④ 《荀子·解蔽》。
⑤ 《荀子·礼论》。
⑥ 《荀子·非相》。
⑦ 《荀子·君子》。
⑧ 《荀子·解蔽》。
⑨ 均见《荀子·劝学》。
⑩ 《荀子·儒效》。
⑪ 《荀子·不苟》。
⑫ 《荀子·不苟》。

情爱人","劳苦之事则争先,饶乐之事则能让"①,这些是君子应有的风范。

面对利欲,君子必须以理性加以权衡取舍:"见其可欲也,则必前后虑其可恶也者;见其可利也,则必前后虑其可害也者,而兼权之,孰计之,然后定其欲恶取舍。如是则常不失陷矣。凡人之患,偏伤之也。见其可欲也,则不虑其可恶也者;见其可利也,则不虑其可害也者。是以动则必陷,为则必辱,是偏伤之患也。"②在义利不能两全时,应舍利取义,甚至舍生取义:"人之所欲生甚矣,人之恶死甚矣;然而人有从生成死者,非不欲生而欲死也,不可以生而可以死也。"③

君子所修之"仁"与"智",应是爱己与爱人、知己与知人的统一。"子路入,子(孔子)曰:由!知者若何?仁者若何?子路对曰:知者使人知己,仁者使人爱己。子曰:可谓士矣。子贡入,子曰:赐!知者若何?仁者若何?子贡对曰:知者知人,仁者爱人。子曰:可谓士君子矣。颜渊入,子曰:回!知者若何?仁者若何?颜渊对曰:知者自知,仁者自爱。子曰:可谓明君子矣。"④由自爱,走向孝悌;由爱人,走向忠君。

君子严于律己,宽于待人。"君子能则宽容易直以开道人,不能则恭敬繎绌以畏事人。""君子崇人之德,扬人之美,非谄谀也;正义直指,举人之过,非毁疵也;言己之光美,拟于舜禹,参于天地,非夸诞也;与时屈伸,柔从若蒲苇,非慑怯也;刚强猛毅,靡所不信,非骄暴也;以义变应,知当曲直故也。"⑤

君子取长补短、扬善去恶。"见善,修然必以自存也;见不善,愀然必以自省也。善在身,介然必以自好也;不善在身,灾然必以自恶也。"⑥

综上所述,荀子从"君道"的实质、人的特征、人的荣辱方面说明了君子之道的重要性,区分了"君子"与"士""贤人""圣人"的异同及级别,告诫君子修养应当从心灵入手,从贵礼、尚诚、劝学、隆师、择友、征圣、宗经方面加以修养,等等,从而把儒家的内圣学说提高到一个新水平。

5. "君之所道":仁政民主、裕民富民、礼主刑辅、尚贤使能

荀子虽然认为"君道"的实质在"内圣",不过,"内圣"的理想仍然在"外王"。于是,"君道"成为《荀子》一书论述的另一重大主题。"道者,何也?

---

① 《荀子·修身》。
② 《荀子·不苟》。
③ 《荀子·正名》。
④ 《荀子·子道》。
⑤ 《荀子·不苟》。
⑥ 《荀子·修身》。

曰：君之所道也。""道存则国存，道亡则国亡。"①在这个问题上，荀子继承孔、孟的爱民、仁政学说，提出裕民富国、礼主刑辅的治国主张，既体现了鲜明的儒家特色，又有法家思想的吸收发展。

"君道"关系着天下、国家的安危，认清、掌握英明的"君道"至关重要。"国者，天下之大器也，重任也，不可不善为择所而后错之，错险则危；不可不善为择道然后道之，涂薉则塞；危塞则亡。""国者，天下之利用也；人主者，天下之利势也。得道以持之，则大安也、大荣也，积美之源也；不得道以持之，则大危也，大累也，有之不如无之。"②

"君道"的实质是以民为本。孟子曾强调"民贵君轻"。荀子提出一个响亮命题："天之生民，非为君也；天之立君，以为民也。"③上天设立君主是为民众服务的。君主是由为民众服务的需要由民众自发拥戴产生的。君主的职责是什么呢？就是能"群"，能够把人民大众都凝聚在一起。"君者何也？曰：能群也。"君主怎样凝聚人民群众呢？就是善于"生养人""班治人""显设人""藩饰人"。"善生养人者，人亲之；善班治（治理）人者，人安之；善显设（任用）人者，人乐之；善藩饰人者，人荣之。四统者俱，而天下归之，夫是之谓能群。"④

能凝聚人民、获得人民拥戴的君主，必须从培养爱民、利民之心做起。"君人者，爱民而安。"⑤"有社稷者而不能爱民、不能利民，而求民之亲爱己，不可得也。民不亲不爱，而求为己用，为己死，不可得也。""故人主欲强固安乐，则莫若反之民。"⑥这爱民、利民之心，就是儒家所说的"仁""义"。"仁眇（尽）天下，义眇天下，威眇天下。仁眇天下，故天下莫不亲也；义眇天下，故天下莫不贵也；威眇天下，故天下莫敢敌也。"⑦

这种以爱民之仁、利民之义君临天下的君主，荀子称之为"民之父母"，它体现了儒家对仁君的角色要求。"《诗》曰：'恺悌君子，民之父母。'彼君子者，固有为民父母之说焉。父能生之，不能养之；母能食之，不能教诲之；君者，已能食之矣，又善教诲之者也。"⑧仁君爱民如子，子民也就会像对待父母一样爱戴君主。"上莫不致爱其下……上之于下，如保赤子……故下之亲

---

① 《荀子·君道》。
② 均见《荀子·王霸》。
③ 《荀子·大略》。
④ 均见《荀子·君道》。
⑤ 《荀子·强国》。
⑥ 《荀子·君道》。
⑦ 《荀子·王制》。
⑧ 《荀子·礼论》。

上,欢如父母"①。君主充当爱民养民的"民之父母"实际上是赢得民心的最有效的手段,最有利于君主的长治久安:"生民则致宽","养长之如保赤子","是故百姓贵之如帝,亲之如父母,为之出死断亡(无)而不愉"②。

仁君除了为民父母、养民教民之外,还应注意自己个人道德的修养。君主"服天下之心"的途径是:"高上尊贵,不以骄人;聪明圣知,不以穷人;齐给速通,不争先人;刚毅勇敢,不以伤人;不知则问,不能则学,虽能必让,然后为德。""无不爱也,无不敬也,无与人争也,恢然如天地之苞万物。"③所以,天子必须是"备道全美"的"圣人":"天下者,至重也,非至强莫之能任;至大也,非至辨莫之能分;至众也,非至明莫之能和。此三至者,非圣人莫之能尽。故非圣人莫之能王。"④古代的仁君圣王就是这样,"使民夏不宛暍(wǎn yē,中暑),冬不冻寒,急不伤力,缓不后时,事成功立,上下俱富;而百姓皆爱其上,人归之如流水,亲之欢如父母"⑤。

"君道"从总体上分有"王道""霸道""亡道"。"用国者,义立而王,信立而霸,权谋立而亡。""与积礼义之君子为之则王,与端诚信全之士为之则霸,与权谋倾覆之人为之则亡。"⑥"君人者,隆礼尊贤而王,重法爱民而霸,好利多诈而危。"⑦"王道"靠仁义贤德赢得天下,"霸道"靠武力信誉称霸诸侯,"亡道"以利益权谋为转移,可以得势于一时,终将离心离德而亡。在王道、霸道中,"王道高于霸道。王道得天下,霸道得诸侯"⑧。于是,"仁政"成为荀子最高的"王道"理想。"为人上也……志意定乎内,礼节修乎朝,法则度量正乎官,忠信爱利形乎下。行一不义,杀一无罪,而得天下,不为也。……故近者歌讴而乐之,远者竭蹶而趋之,四海之内若一家,通达之属莫不从服。""先王之道,仁之隆也,比中而行之。曷谓中?曰:礼义是也。"⑨"马骇舆,则莫若静之;庶人骇政,则莫若惠之。……传曰:'君者,舟也,庶人者,水也;水则载舟,水则覆舟。'此之谓也。故君人者,欲安,则莫若平政爱民矣;欲荣,则莫若隆礼敬士矣;欲立功名,则莫若尚贤使能矣。是人君之大节也。"⑩

---

① 《荀子·王霸》。
② 《荀子·王霸》。
③ 《荀子·非十二子》。
④ 《荀子·非十二子》。
⑤ 《荀子·富国》。
⑥ 均见《荀子·王霸》。
⑦ 《君子·大略》。
⑧ 《荀子·王霸》。
⑨ 均见《荀子·儒效》。
⑩ 《荀子·王制》。

那么,"仁政"的基本要求是什么呢?就是富民教民。"不富无以养民情,不教无以理民性。故家五亩宅,百亩田,务其业,而勿夺其时,所以富之也。立大学,设庠序,修六礼,明七教,所以道之也。诗曰:'饮之食之,教之诲之。'王事具矣。"①仁政有两个基本点:一是"富以养民情",满足人民的生存欲求;二是"教以理民性",对人民身上的欲望进行道德教化。

由第一个基本点"养民",衍生出以礼导欲、裕民富民的基本国策。

以礼导欲,即据义谋利,在坚持符合道义的前提下,最大程度地满足人民群众的生存欲求。"故虽为守门(看门人,下等人),欲不可去,性之具也;虽为天子,欲不可尽。欲虽不可尽,可以近尽也;欲虽不可去,求可节也。所欲虽不可尽,求者犹近尽;欲虽不可去,所求不得,虑者欲节求也。道者,进则近尽,退则节求,天下莫之若也。""凡语治而待去欲者,无以道欲而困于有欲者也。凡语治而待寡欲者,无以节欲而困于多欲者也。""凡人莫不从其所可,而去其所不可。知道之莫之若也,而不从道者,无之有也。""故治乱在于心之所可,亡于情之所欲。"②情欲虽恶,但与生俱来,不可去除,简单去除则会生乱;但也不可放任满足,为所欲为,即便天子也是如此。政治家对待民众情欲应取的唯一态度就是以理节欲,以义谋利。"义与利者,人之所两有也。虽尧舜不能去民之欲利;然而能使其欲利不克(胜)其好义也。""故义胜利者为治世,利克义者为乱世。""上重义则义克利,上重利则利克义。故天子不言多少,诸侯不言利害,大夫不言得丧,士不通货财。……从士以上皆羞利而不与民争业,乐分施而耻积藏;然故民不困财。"③"人苟生之为见,若者(这样的人)必死;苟利之为见,若者必害;苟怠惰偷懦之为安,若者必危;苟情说之为乐,若者必灭。故人一之于礼义,则两得之矣;一之于情性,则两丧之矣。"④

关于裕民富民,荀子反复加以强调。民穷则国危,民富则国安。"鸟穷则啄,兽穷则攫,人穷则诈。自古及今,未有穷其下而能无危者也。"⑤因此,裕民富民,成为保证国家稳定的最基本的国策。"足国之道:节用裕民,而善臧其余。""节用以礼,裕民以政。彼裕民,故多余。裕民则民富。""故知节用裕民,则必有仁圣贤良之名,而且有富厚丘山之积矣。""计利而畜民,度人力而授事,使民必胜事,事必出利,利足以生民。"民利是君利的基础,"下贫

---

① 《荀子·大略》。
② 均见《荀子·正名》。
③ 《荀子·大略》。
④ 《荀子·礼论》。
⑤ 《荀子·哀公》。

则上贫,下富则上富"①。反之,君富则民穷。如果国库富有,而人民贫困,这样的国家必然危亡。"亡国富筐箧,实府库。筐箧已富,府库已实,而百姓贫,夫是之谓上溢而下漏。入不可以守,出不可以战,则倾覆灭亡可立而待也。""聚敛者,召寇、肥敌、亡国、危身之道也,故明君不蹈也。"②因此,荀子反对君主与民争利,主张分利于民。"上好功则国贫,上好利则国贫。""使天下必有余,而上不忧不足。如是,则上下俱富……是知国计之极也。""利(利民)而不利(索利)也,爱(爱民)而不用也者,取天下者也。利而后利之,爱而后用之者,保社稷者也。不利而利之,不爱而用之者,危国家者也。"分利于民的基本措施是轻赋薄敛。"田野什一,关市几而不征,山林泽梁,以时禁发而不税。"③"轻田野之赋,平关市之征,省商贾之数,罕兴力役,无夺农时,如是则国富矣。夫是之谓以政裕民。"④

由第二个基本点"教民",派生出贵礼重乐、刑法兼顾的治国之道。贵礼重乐、辅以刑法,是规范人的情欲、纠正其恶性的必然选择。"圣人以人之性恶,以为偏险而不正,悖乱而不治,故为之立君上之势以临之,明礼义以化之,起法正以治之,重刑罚以禁之,使天下皆出于治,合于善也。"⑤

关于礼治,《荀子》专设《礼论》,还在《王制》《王霸》《强国》《富国》《君道》《大略》《乐论》《性恶》《赋》等篇中反复论述到它。

"礼"产生于对欲望的满足与规范:"礼以顺人心为本。"⑥"礼起于何也?曰:人生而有欲,欲而不得,则不能无求。求而无度量分界,则不能不争;争则乱,乱则穷。先王恶其乱也,故制礼义以分之,以养人之欲,给人之求。使欲必不穷于物,物必不屈于欲。两者相持而长,是礼之所起也。""故礼者养也。""礼义文理之所以养情也!"⑦"礼"既尊重人的情欲的合理诉求,又改造和化育自然情欲的恶性:"性者,本始材朴也;伪者,文理隆盛也。无性则伪之无所加,无伪则性不能自美。性伪合,然后成圣人之名,一天下之功于是就也。"故曰:"性伪合而天下治。"⑧"礼"的范围无所不包:"故厚者,礼之积也;大者,礼之广也;高者,礼之隆也;明者,礼之尽也。"主要包括对天地、祖先的祭祀和对人间君亲师长的尊重:"礼,上事天下事地,尊先祖,而隆君师,

---

① 均见《荀子·富国》。
② 《荀子·王制》。
③ 《荀子·王制》。
④ 均见《荀子·富国》。
⑤ 《荀子·性恶》。
⑥ 《荀子·乐记》。
⑦ 均见《荀子·礼论》。
⑧ 《荀子·礼论》。

是礼之三本也。""礼"在按级别、差等分别满足不同社会阶层生存欲望时恪守的总原则是"损有余,益不足":"礼者,断长续短,损有余,益不足,达爱敬之文,而滋成行义之美者也。""君子既得其养,又好其别。曷谓别?曰:贵贱有等,长幼有差,贫富轻重皆有称者也。"①"势位齐而欲恶同,物不能澹(赡),则必争,争则必乱,乱则穷矣。先王恶其乱也,故制礼义以分之,使有贫富贵贱之等足以相兼临者,是养天下之本也。"②"礼也者,贵者敬焉,老者孝焉,长者弟焉,幼者慈焉,贱者惠焉。""故人无礼不生,事无礼不成,国家无礼不宁。君臣不得不尊,父子不得不亲,兄弟不得不顺,夫妇不得不欢,少者以长,老者以养。"③于是,"礼"就成为各行各业、各色人等实现自己生存欲求的行为规范:"请问为人君?曰:以礼分施,均遍而不偏。请问为人臣?曰:以礼侍君,忠顺而不懈。请问为人父?曰:宽惠而有礼。请问为人子?曰:敬爱而致文。请问为人兄?曰:慈爱而见友。请问为人弟?曰:敬诎而不苟。请问为人夫?曰:致功而不流,致临而有辨。请问为人妻?曰:夫有礼则柔从听侍,夫无礼则恐惧而自竦也。此道也,偏立而乱,俱立而治,其足以稽矣。"④

由此可见:"人之命在天,国之命在礼。"⑤"礼者,人道之极也。"⑥"治民不以礼,动斯陷矣。"⑦"礼"是治国的根本规矩和准绳:"国无礼则不正。礼之所以正国也,譬之犹衡之于轻重也,犹绳墨之于曲直也,犹规矩之于方圆也,既错之而人莫之能诬也。"⑧"礼者,政之挽(指导原则)也;为政不以礼,政不行矣。""礼之于正国家也,如权衡之于轻重也,如绳墨之于曲直也。"⑨"公输不能加于绳墨,圣人不能加于礼。"⑩

荀子所说的"礼",常与信义相连,合称"礼义"。"人莫贵乎生,莫乐乎安,所以养生安乐者,莫大乎礼义。""人之所好者何也?曰:礼义、辞让、忠信是也。""凡得人者,必与道也。道也者,何也?礼义、辞让、忠信是也。""凡为天下之要,义为本,而信次之。""故为人上者,必将慎礼义,务忠信,然后

---

① 均见《荀子·礼论》。
② 《荀子·王制》。
③ 均见《荀子·大略》。
④ 《荀子·君道》。
⑤ 《荀子·强国》。
⑥ 《荀子·礼论》。
⑦ 《荀子·大略》。
⑧ 《荀子·王霸》。
⑨ 《荀子·大略》。
⑩ 《荀子·法行》。

可。此君人者之大本也。"①

"礼"本着均衡原则合理地分等级地满足社会各阶层的欲望,但理性色彩极强,具有强制色彩,因而,荀子主张辅之以温和的"乐"。"乐"在合理满足人的情感追求方面与"礼"是一致的,但更富于人情味和感染力。"仁义礼乐,其致一也。""乐也者,和之不可变者也;礼也者,理之不可易者也。乐合同,礼别异,礼乐之统,管乎人心矣。"②《礼记》有《乐记》,《荀子》专辟《乐论》篇,主张大同小异,与之形成互补。关于音乐的产生机制及创作原则,《乐论》指出:"夫乐者,乐也,人情之所必不免也。""故人不能不乐,乐则不能无形,形而不为道,则不能无乱。先王恶其乱也,故制雅颂之声以道之,使其声足以乐而不流,使其文足以辨而不諰,使其曲直繁省廉肉节奏,足以感动人之善心,使夫邪污之气无由得接焉。是先王立乐之方也。""夫民有好恶之情,而无喜怒之应则乱;先王恶其乱也,故修其行,正其乐,而天下顺焉。"关于音乐的特征,荀子揭示是"和":"乐者,审一以定和者也。""故乐者,天下之大齐也,中和之纪也……是先王立乐之术也。"这个"和",不只是指音乐元素的和谐组合,而且指情感与教化的折中调和,即寓教于乐,美善相融。因此,音乐创作应当寓善于乐,以道制欲:"乐者,乐也。君子乐得其道,小人乐得其欲。以道制欲,则乐而不乱;以欲忘道,则惑而不乐。故乐者,所以道乐也,金石丝竹,所以道德也。"音乐的功能与效果是有益于促进社会和谐安定:"乐者,圣王之所乐也,而可以善民心,其感人深,其移风易俗。故先王导之以礼乐,而民和睦。故乐行而志清,礼修而行成,耳目聪明,血气和平,移风易俗,天下皆宁。""故乐在宗庙之中,君臣上下同听之,则莫不和敬;闺门之内,父子兄弟同听之,则莫不和亲;乡里族长之中,长少同听之,则莫不和顺。"③

在礼乐相辅之外,荀子又主张礼刑兼用。"治之经,礼与刑,君子以修百姓宁。"④因为天下不都是礼乐可以教化的好人,社会上有"善者",也有"不善者"。"听(断)政之大分:以善至者待之以礼,以不善至者待之以刑。"⑤所以"君道"不仅要"隆礼",而且要尊法,"至道大形:隆礼至法则国有常"⑥刑法是治理天下的又一准绳。礼义的原则是均衡公平,刑法的原则亦然,而且是

---

① 《荀子·强国》。
② 均见《荀子·乐论》。
③ 均见《荀子·乐论》。
④ 《荀子·成相》。
⑤ 《荀子·王制》。
⑥ 《荀子·君道》。

礼义所追求的公平的加强版。"故公平者,职之衡也;中和者,听(指听政、理政)之绳也。其有法者以法行,无法者以类举,听之尽也;偏党而不经,听之辟也。"①依法治国,是国泰民安的大法。"其法治,其佐贤,其民愿,其俗美,而四者齐,夫是之谓上一。……故百王之法不同,若是所归者一也。"②法治的关键是罪与刑相当。"刑当罪则威,不当罪则侮……是以为善者劝,为不善者沮。"③他尤其批评了重罪轻判的倾向:"人或触罪矣,而直轻其刑,然则是杀人者不死,伤人者不刑也。罪至重而刑至轻,庸人不知恶矣,乱莫大焉。凡刑人之本,禁暴恶恶,且惩其未也。杀人者不死,而伤人者不刑,是谓惠暴而宽贼也,非恶恶也。""罚不当罪,不祥莫大焉。""刑称罪,则治;不称罪,则乱。故治则刑重,乱则刑轻。"④荀子虽坚持法治与礼治兼顾,但总体来看,还是以礼治为主,主张"明德慎罚"⑤。所以《荀子》中论及礼治的很多,论及法治的较少。这从一个侧面印证了荀子的儒家本色。

治理天下千头万绪,君主无法事必躬亲,因此,"主道知人,臣道知事"⑥,作为一条"君道"被荀子提出来。"主道治近不治远,治明不治幽,治一不治二。主能治近则远者理,主能治明则幽者化,主能当一则百事正。夫兼听(治理)天下,日有余而治不足者,如此也,是治之极也。"⑦"人主者,以官人为能者也;匹夫者,以自能为能者也。人主得使人为之,匹夫则无所移之。……今以一人兼听天下,日有余而治不足者,使人为之也。大有天下,小有一国,必自为之然后可,则劳苦耗悴莫甚焉。"⑧因此,英明的君主自己无为,依靠群臣而百事治。"天子……足能行,待相者然后进;口能言,待官人然后诏。不视而见,不听而聪,不言而信,不虑而知,不动而功,告至备也。"⑨在这里,自以为是、自逞其能,是君道的大忌。《尧问》篇中记载了一则故事:

> 魏武侯谋事而当,群臣莫能逮,退朝而有喜色。吴起进曰:"亦尝有以楚庄王之语,闻于左右者乎?"武侯曰:"楚庄王之语何如?"吴起对曰:

---

① 《荀子·王制》。
② 《荀子·王霸》。
③ 《荀子·君子》。
④ 《荀子·正名》。
⑤ 《荀子·成相》。
⑥ 《荀子·大略》。
⑦ 《荀子·王霸》。
⑧ 《荀子·王霸》。
⑨ 《荀子·君子》。

"楚庄王谋事而当,群臣莫能逮,退朝有忧色。申公巫臣进问曰:'王朝而有忧色,何也?'庄王曰:'不谷谋事而当,群臣莫能逮,是以忧也。其在中蘬(仲虺,汤左相)之言也,曰:诸侯自为得师者王,得友者霸,得疑者存,自为谋而莫己若者亡。今以不谷之不肖,而群臣莫能逮,吾国几于亡乎!是以忧也。'楚庄王以忧,而君以喜。"武侯逡巡再拜曰:"天使夫子振寡人之过也。"

魏武侯谋划政事得当,大臣们没有谁能比得上他,退朝后他沾沾自喜,喜形于色。吴起不以为然,向魏武侯说起了楚庄王的事。楚庄王也是谋划政事得当,大臣中无人能及,不过他不以为喜,反以为忧。为什么呢?因为他想起了商汤王左相仲虺的警告:诸侯得到师傅指教,可以称王天下;得到朋友参谋,可以称霸诸侯;得到他人解疑释惑,可以保存国家;如果只是自行一个人拿主意,而没有谁比得上自己,能够帮助自己出谋划策,只能走向灭亡。我能力是有限的,现在大臣们却没有谁比得上我,这是我的国家深藏危机的征兆,因此我很担忧。吴起讲的这个故事警醒了魏武侯,魏武侯感谢吴起的警示,调整了自己原先的态度。

君主所以能无为而治,关键在于通过百官做好百事。因此,"论德使能而官施之者,圣王之道也。"① 无论"养民",还是"教民",这些具体的事务都必须通过各层各级的官吏去实施。尚贤使能,选拔贤能之士充实到各级行政管理中去,是"君道"的一个必然选项。"尚贤使能则民知方。"②"无君子则道不举。……君子也者,道法之总要也……得之则治,失之则乱;得之则安,失之则危;得之则存,失之则亡。"③"国有俊士,世有贤人。""以贤易不肖,不待卜而后知吉。"④用贤的基本原则是德能兼顾:"德以叙位,能以授官。"⑤君主用贤,切忌口是心非,言行不一。"人主之害,不在乎不言用贤,而在乎不诚必用贤。夫言用贤者,口也;却贤者,行也。口行相反,而欲贤者之至,不肖者之退也,不亦难乎!"⑥要防止近臣妒贤嫉能。"君有妒臣,则贤人不至。蔽公者谓之昧,隐贤者谓之妒。奉妒昧者谓之交谲。交谲之人,妒昧之臣,国之秽孽也。"⑦

---

① 《荀子·王霸》。
② 《荀子·君道》。
③ 《荀子·致士》。
④ 《荀子·大略》。
⑤ 《荀子·致士》。
⑥ 《荀子·致士》。
⑦ 《荀子·大略》。

6. "从道不从君,从义不从父"与"议兵以仁义为本"

春秋战国时代,礼崩乐坏。诸侯国中,不义篡位、残暴无道的君主不一而足;家庭当中,不慈之父也不乏其人。于是,如何对待无道之君、不慈之父成为无法回避的突出社会问题。传统的观念是"君为臣纲,父为子纲",提倡"君要臣死,不得不死;父要子亡,不得不亡"。臣要愚忠于君,子要像舜一样逆来顺受。但这个时候这套理念行不通了。《尚书》《周易》《左传》《国语》《孟子》从儒家的民本思想出发,提出了"诛独夫"的革命思想。荀子进而将"从道不从君"的"诛独夫"权利作为"臣道"确认下来,并由此推导出"从义不从父"的"子道",具有非同凡响的深化、进步意义。

荀子指出:对君父的唯唯诺诺,绝对顺从,只是人之"小行""中行",从道不从君,从义不从父,才是人之"大行":"入孝出弟,人之小行也;上顺下笃,人之中行也;从道不从君,从义不从父,人之大行也。"①为了说明这个道理,荀子讲了个故事:

> 鲁哀公问于孔子曰:"子从父命,孝乎?臣从君命,贞乎?"三问,孔子不对。孔子趋出以语子贡曰:"乡者,君问丘也,曰:'子从父命,孝乎?臣从君命,贞乎?'三问而丘不对,赐以为何如?"子贡曰:"子从父命,孝矣。臣从君命,贞矣。夫子有奚对焉?"孔子曰:"小人哉!赐不识也!昔万乘之国,有争臣四人,则封疆不削;千乘之国,有争臣三人,则社稷不危;百乘之家,有争臣二人,则宗庙不毁。父有争子,不为无礼;士有争友,不为不义。故子从父,奚子孝?臣从君,奚臣贞?审其所以从之之谓孝、之谓贞也。"②

这里,荀子借孔子之口,提出不要简单地把"孝"等同于"子从父",把"贞"等同于"臣从君",是否"孝"与"贞",要看"其所以从之"是否符合道义。这是很了不起的思想。

关于"从义不从父"的孝道,荀子具体论证说:"孝子所不从命有三:从命则亲危,不从命则亲安,孝子不从命乃衷;从命则亲辱,不从命则亲荣,孝子不从命乃义;从命则禽兽,不从命则修饰,孝子不从命乃敬。故可以从命而不从,是不子也;未可以从而从,是不衷也;明于从、不从之义,而能致恭

---

① 《荀子·子道》。
② 《荀子·子道》。

敬、忠信、端悫以慎行之,则可谓大孝矣。"①

关于"从道不从君"的"臣道",荀子认为,臣事君以忠,这是"礼"的应在之义。"诸侯召其臣,臣不俟驾,颠倒衣裳而走,礼也。""天子召诸侯,诸侯辇舆就马,礼也。"②问题是怎样认识"忠"的含义和形态。"有大忠者,有次忠者,有下忠者,有国贼者。以德覆君而化之,大忠也;以德调君而辅之,次忠也;以是谏非而怒之,下忠也;不恤君之荣辱,不恤国之臧否,偷合苟容以持禄养交而已耳,国贼也。"③一句话,"逆命而利君谓之忠"。反之,"从命而不利君谓之谄"。所以,"从道不从君",就是对"忠"的最好的解释④。"从道不从君""逆命而利君"的表现形态是"谏、争、辅、拂":"大臣父兄,有能进言于君,用则可,不用则去,谓之'谏';有能进言于君,用则可,不用则死,谓之'争';有能比知同力,率群臣百吏而相与强君挢(矫)君,君虽不安,不能不听,遂以解国之大患,除国之大害,成于尊君安国,谓之'辅';有能抗君之命,窃君之重,反君之事,以安国之危,除君之辱,功伐足以成国之大利,谓之'拂'。"谏臣、争臣、辅臣、拂臣,是"社稷之臣也,国君之宝也"⑤。

然而,谏臣、争臣、辅臣、拂臣,虽然"明君之所尊厚也",但"暗主惑君以为己贼也"⑥。如果暗主惑君拒绝从谏、我行我素,怎么办?荀子认为这样的君主就失去了君主的本义和名分,成了孤家寡人,于是天下臣民可以共诛之。"桀纣者,其志虑至险也,其志意至暗也,其行为至乱也;亲者疏之,贤者贱之,生民怨之。禹、汤之后也,而不得一人之与(助);刳比干,囚箕子,身死国亡,为天下之大僇(辱)。"⑦"汤武之诛桀纣也,拱挹指麾,而强暴之国莫不趋使,诛桀纣若诛独夫。"⑧由于汤、武原来是桀、纣的臣子,所以对于汤武取代桀纣,当时有一种说法:"桀纣有天下,汤武篡而夺之。"荀子明确否定了这种说法。他指出:"汤、武非取天下也,修其道,行其义,兴天下之同利,除天下之同害,而天下归之也。桀纣非去天下也,反禹汤之德,乱礼义之分,禽兽之行,积其凶,全其恶,而天下去之也。天下归之之谓'王',天下去之之谓'亡'。故桀纣无天下,汤武不弑君,由此效之也。""汤武者,民之父母也;桀纣者,民之怨贼也。今世俗之为说者,以桀纣为君,而以汤武为弑,然则是诛

---

① 《荀子·子道》。
② 《荀子·臣道》。
③ 《荀子·臣道》。
④ 均见《荀子·臣道》。
⑤ 均见《荀子·臣道》。
⑥ 《荀子·臣道》。
⑦ 《荀子·正论》。
⑧ 《荀子·议兵》。

民之父母,而师民之怨贼也,不祥莫大焉。""故至贤畴(囊括)四海,汤武是也;至罢(极无才德)不能容妻子,桀纣是也。今世俗之为说者,以桀纣为有天下,而臣汤武,岂不过甚矣哉!"①

鉴于臣民"从道不从君"的革命权利,荀子引用孔子的一段话告诫君主居安思危:"丘闻之:君者,舟也;庶人者,水也。水则载舟,水则覆舟。君以此思危,则危将焉而不至矣?"②

臣民推翻暴君,不得不运用暴力手段。于是,"议兵"成为《荀子》所论的另一个主题。荀子议兵,"常以仁义为本"。这让人不解:"凡所为有兵者,为争夺也。""仁者爱人,义者循理,然则又何以兵为?"荀子的解释是:"彼仁者爱人,爱人故恶人之害之也;义者循理,循理故恶人之乱之也。彼兵者,所以禁暴除害也,非争夺也。故仁者之兵,所存者神,所过者化,若时雨之降,莫不说喜。是以尧伐驩兜,舜伐有苗,禹伐共工,汤伐有夏,文王伐崇,武王伐纣,此四帝两王,皆以仁义之兵行于天下也。故近者亲其善,远方慕其德,兵不血刃,远迩来服,德盛于此,施及四极。"③

用兵,是当时诸侯兼并的一个重要手段。依荀子之见,"凡兼人者有三术:有以德兼人者,有以力兼人者,有以富兼人者。""以德兼人者王,以力兼人者弱,以富兼人者贫。"以德兼人之道,是"礼"。"礼者,治辨之极也,强固之本也,威行之道也,功名之总也。王公由之,所以得天下也,不由,所以陨社稷也。故坚甲利兵不足以为胜,高城深池不足以为固,严令繁刑不足以为威。由其道则行,不由其道则废。""故凝士以礼,凝民以政。礼修而士服,政平而民安;士服民安,夫是之谓大凝。以守则固,以征则强,令行禁止,王者之事毕矣。"以"礼"凝聚士民是一个长期的过程,不可急功近利。在这点上,李斯显示出与荀子的差别:"李斯问孙卿子曰:'秦四世有胜,兵强海内,威行诸侯,非以仁义为之也,以便从事而已。'孙卿子曰:'非汝所知也!汝所谓便者,不便之便也;吾所谓仁义者,大便之便也。彼仁义者,所以修政者也;政修则民亲其上,乐其君,而轻为之死。''秦四世有胜,諰諰(音洗,恐惧)然常恐天下之一合而轧己也,此所谓末世之兵,未有本统也。故汤之放桀也,非其逐之鸣条之时也;武王之诛纣也,非以甲子之朝而后胜之也。皆前行素修也,所谓仁义之兵也。今女不求之于本,而索之于末,此世之所以乱也。"④

因此,用兵之要,在善于附民。"临武君与孙卿子议兵于赵孝成王前,王

---

① 均见《荀子·正论》。
② 《荀子·哀公》。
③ 《荀子·议兵》。
④ 均见《荀子·议兵》。

曰:'请问兵要?'临武君对曰:'上得天时,下得地利,观敌之变动,后之发,先之至,此用兵之要术也。'孙卿子曰:'不然!臣所闻古之道,凡用兵攻战之本,在乎一民。弓矢不调,则羿不能以中微;六马不和,则造父不能以致远;士民不亲附,则汤武不能以必胜也。故善附民者,是乃善用兵者也。故兵要在乎善附民而已。'"①

从仁义用兵、除暴附民出发,荀子反对为争夺势利出兵、以欺诈用兵。"临武君曰:'……兵之所贵者势利也,所行者变诈也。善用兵者,感忽悠暗,莫知其所从出。孙吴用之无敌于天下,岂必待附民哉!'孙卿子曰:'不然。臣之所道,仁者之兵,王者之志也。君之所贵,权谋势利也;所行,攻夺变诈也,诸侯之事也。仁人之兵,不可诈也。'"②

综上所述,可见:生当战国末期的荀子是先秦儒家思想的集大成者。他高扬舜禹之道和孔子仁学,在批判思孟学派及墨家、法家、名家、纵欲派、禁欲派六家及春秋五霸的偏颇基础上广采博取、融化出新,构筑了天人相分、人性本恶、内圣外王、礼主刑辅、革命义兵的思想大厦。在天人关系上,他彻底否定了有神论,在尊重自然规律的同时强调发挥主观能动性,"制天命而用之"。在人性问题上,他既肯定人欲本恶,又强调善的道德意识是人的特征,它源于人的"心知"本性,实际上走向二重人性论。由此建构起"君子之道"和"君之所道"。"君子之道"包括贵礼、尚诚、劝学、隆师、征圣、宗经的个人修养。"君之所道"包括仁政民主、裕民富民、礼主刑辅、尚贤使能的经世方略。进而提出"从道不从君"的"臣道"、"从义不从父"的"子道"与"议兵以仁义为本"的军事主张。荀子学说具有求真务实的科学精神和人文主义关怀,是周代贵人轻天、贵德轻神思想特征的典型证明。

八、墨子:"尊天事鬼""贵义兼爱"

孔子逝世之际,墨子诞生了。墨子"学儒者之业,受孔子之术"③,是"学仁义而流者也"④。尽管后来墨子告别了儒家学说,创立了墨家学说,甚至走向"非儒"——对儒家的批判,其实,墨家的"兼爱"与儒家的"仁爱"在关爱民生疾苦和民众的生命存在这一核心观念上是一致的。所以战国时期人们

---

① 《荀子·议兵》。
② 《荀子·议兵》。
③ 《淮南子·要略》。
④ 《河南程氏遗书》卷六。

"儒墨"并称(《韩非子·显学》)或"孔墨"并称(《列子·黄帝》)。

墨子(约前480—前420年,一说前476—前390年),名翟。宋国人(一说鲁阳人、滕国人)。祖先是宋国贵族,到他时已没落为平民。少年时代做过牧童,学过木工,"度身而衣,量腹而食"①,自称"鄙人",人称"布衣之士"。作为贵族后裔,也受到过文化教育。曾师从孔子儒学,学习《诗》《书》《春秋》等儒家典籍,但又根据当时的社会现实对儒家学说加以改造,另创新说。在宋昭公时做过宋国大夫,但后来主要以平民知识分子和办学传道的老师的身份出现。一生的活动主要在两方面:一是周游列国,倡导兼爱,反对给人民带来深重灾难的兼并战争。二是广收门徒,聚众讲学,亲信弟子达数百人之多,形成声势浩大的墨家学派。墨子之后,"墨离为三","有相里氏之墨,有相夫氏之墨,有邓陵氏之墨"②。孟子时,"杨朱、墨翟之言盈天下,天下之言不归杨,则归墨。"③稍后的韩非子之时,"世之显学,儒、墨也"④。可见墨家在战国时期的巨大影响。

墨子的思想,主要保留在《墨子》一书中。《墨子》体量巨大,其中一部分根据墨子弟子的笔记整理而成,另一部分则是墨子后学的著作。该书在汉代保存71篇,现存53篇。这些篇章可分为五组。

第一组为前7篇,即《亲士》《修身》《所染》《法仪》《七患》《辞过》《三辩》,一般认为出自后人(汉人或魏晋人)之手,实际上属于对墨子主体思想的辑佚、补充和诠释,可参考使用。

第二组是接下来的24篇,即《尚贤》三篇、《尚同》三篇、《兼爱》三篇、《非攻》三篇、《天志》三篇、《非命》三篇、《节用》二篇、《节葬》一篇、《明鬼》一篇、《非乐》一篇、《非儒》一篇。这24篇是研究墨子思想的主要依据。墨子死后,墨家分成三派。三派所传的墨子学说有差异。后人在汇编《墨子》时,便把三派所传之学分上、中、下三篇并列,这就形成了我们今天看到的三篇中大同小异、互有交叉重复的情况。

第三组是接下来的《经》上下、《经说》上下、《大取》《小取》6篇,一般认为是惠施、公孙龙时代的"别墨"所作,属于名家著作,我们另行讨论。

再后来5篇《耕柱》《贵义》《公孟》《鲁问》《公输》为第四组,系墨家后人关于墨子一生言行的辑聚,如同儒家的《论语》一般,其重要性仅次于第二组,是研究墨子思想的重要材料。

---

① 《吕氏春秋·高义》。
② 《韩非子·显学》。
③ 《孟子·滕文公下》。
④ 《韩非子·显学》。

第五组，自《备城门》以下到《杂学》的最后 11 篇，所记都是墨家总结战国时期守城备敌的方法，反映了墨子反对侵略、立足防守的军事策略。在守城器械的设计与制造中，体现了相当的科学性。不过这部分篇章以技术性的操作知识为主，无思想价值。

下面我们就以第二组、第四组的篇章为依据，兼顾第一组的材料，在与儒家的比较中，来系统探讨墨子的思想主张①。

1. "非儒"："儒之道足以丧天下者四政焉"

墨学脱胎于儒学又不同于儒学。墨子的思想，是建立在对儒学的继承与批判之上的。那么，墨家与儒家的不同主张到底体现在哪些方面呢？墨子以"兼爱"反对儒家的"别爱"，又从非神、顺命、厚葬、奢乐方面批评"儒之道足以丧天下者四政焉"②。归纳起来，大抵有五点。

第一，墨家主张无我的"兼爱"，不同于儒家有我的"仁爱"。《非儒》篇指出："儒者曰：'亲亲有术，尊贤有等。'言亲疏尊卑之异也。"儒家的"仁爱"是一种以"爱己"为本，最终走向有差别的"爱人"的"别爱"。墨家崇尚的"兼爱"则是一种完全忘我、无私的对他人无差别的博爱。《兼爱下》指出二者的不同："分名乎天下，恶人而贼人者，兼与？别与？即必曰：别也。"儒家这种有人、我差别的仁爱，是"生天下之大害者"，所以墨子以"别"为"非"，提出"兼以易别"，即用兼爱来代替别爱。"兼"即视人若己，从而爱人如己。"今吾本原兼之所生，天下之大利者也；今吾本原别之所生，天下之大害者也。是故子墨子曰：别非而兼是者。"③

第二，在"天""神"问题上，"儒以天为不明，以鬼为不神"④，而墨子则肯定"天"神的英明和"鬼"神的作用。墨子认为，儒家不承认"天""鬼"好善去恶的意志和除暴安良的作用，会导致作恶者毫无敬畏之心，为善者失去激励之报，助长了社会上各种恶行的泛滥和不仁不义的侵略战争。"天下之所以乱者，其说将何哉？则是天下士君子，皆明于小而不明于大。""何以知其明于小而不明于大也？以其不明于天之意也。"⑤"逮至昔三代圣王既没，天下失义，诸侯力正。是以存夫为人君臣上下者之不惠忠也，父子弟兄之不慈孝弟长贞良也，正长之不强于听治，贱人之不强于从事也。民之为淫暴寇乱盗

---

① 本节发表于《河北师范大学学报》2022 年第 4 期。
② 《墨子·公孟》。
③ 均见《墨子·兼爱下》。
④ 《墨子·公孟》。
⑤ 《墨子·天志下》。

贼,以兵刃、毒药、水火,退(迓之误,通御,止)无罪人乎道路率(术也,车道)径,夺人车马衣裘以自利者,并作由此始,是以天下乱。此其故何以然也?则皆以疑惑鬼神之有与无之别,不明乎鬼神之能赏贤而罚暴也。"①这样会引起"天、鬼不悦",导致"足以丧天下"②。

第三,儒家承认冥冥之中有"天命"的存在,人力不可改变,所以主张敬"天命"、顺"天命";墨子虽然承认"天""鬼"有主持公道的意志,但不承认"天命"的存在,主张以积极的努力改良社会和人生。《公孟》篇批评儒家:"以命为有,贫富寿夭、治乱安危有极矣,不可损益也。为上者行之,必不听治矣;为下者行之,必不从事矣。此足以丧天下。"《非儒》篇直指儒家的"命定"论:"寿夭贫富、安危治乱,固有天命,不可损益;穷达、赏罚、幸否有极,人之知力,不能为焉!"指出这种论调会导致群吏"怠于分职"、庶人"怠于从事"。"吏不治则乱,农事缓则贫。贫且乱,政之本,而儒者以为道教,是贼天下之人者也。"

第四,在丧礼问题上,儒家主张厚葬久事,墨子提出"节葬",主张节俭从丧。《公孟》篇批评儒家:"厚葬久丧,重为棺椁,多为衣衾,送死若徙(迁徙、搬家),三年哭泣,扶(而)后起,杖(而)后行,耳无闻,目无见,此足以丧天下。"儒家所规定的丧礼是有差等的。墨子认为这种有差等很不合理,劳民伤财。它规定为父母、妻子和长子服丧,要花三年的时间;为伯父、叔父、弟兄、庶子服丧,要花一年的时间。如果以亲、疏来定服丧的年月,则应亲的服丧时间多而疏的服丧时间少,但现在却是为外来的妻子服丧的时间和与自己血缘关系更亲的长子、父亲相同;如果以尊卑来定服丧的年月,那么,把妻子、儿子看作与父母一样尊贵,把伯父、宗兄和庶子一样加以对待,"逆孰大焉"?而且,人死了,陈列尸体而不装殓,为死人招魂,愚蠢、虚伪之极③。不仅"厚葬靡财而贫民",而且活着的人在守丧期间不能正常做事,这就叫"久服伤生而害事"④。所以墨子主张"节葬":"今天下之士君子,中请将欲为仁义,求为上士,上欲中圣王之道,下欲中国家百姓之利,故当若节丧之为政,而不可不察此者也。"⑤不仅丧礼不合理而误事,婚礼也是如此。墨子进而批评儒家的婚礼:娶妻好像承奉父亲一样,仪式就像祭祀一样,"颠覆上下,悖逆父母","为欲厚所至私,轻所至重,岂非大奸也哉"!⑥广而言之,儒家之

---

① 《墨子·明鬼下》。
② 《墨子·公孟》。
③ 《墨子·非儒》。
④ 二句均见《淮南子·要略》。
⑤ 《墨子·节葬下》。
⑥ 《墨子·非儒》。

礼,"烦扰而不悦"①,故墨子非之②。

第五,儒家重视乐教,墨子则从保证民利出发反对统治者对奢乐的追求。与礼教相配,儒家又规定了一套乐教。统治者以奢侈的声乐享受亏夺民财,成为当时突出的社会问题。因此,墨子主张"非乐":"今王公大人……将必厚措敛乎万民,以为大钟鸣鼓、琴瑟竽笙之声。""今天下士君子,请将欲求兴天下之利,除天下之害,当在乐之为物,将不可不禁而止也。""是故子墨子曰:为乐非也。"③"弦歌鼓舞,习为声乐,此足以丧天下。"④

2. 从"贵天""事鬼"到"非命":墨子对神灵的双重态度

墨子认为缺乏对"天""鬼"的敬畏是导致天下无道的最终根源,所以贵天、尊鬼,成为墨子思想的逻辑起点。

在"天""鬼""人"的序列中,"天"的地位最高,"鬼"的地位居中,"人"的地位最低。"今天下之所誉善者,其说将何哉?……必曰:将为其上中天之利,而中中鬼之利,而下中人之利,故誉之。"⑤"上利乎天,中利乎鬼,下利乎人,三利无所不利,是谓天德。"⑥利"天"、利"鬼"、利"人",是称誉、肯定"善"的三方面都须兼顾的标准。"凡言凡动,利于天、鬼、百姓者为之;凡言凡动,害于天、鬼、百姓者舍之。"⑦其中,"天"最高贵。"孰为贵?孰为知?曰:天为贵,天为知而已矣。"⑧

贵天,一切行动从"天"那里寻找依据,势必把"天"视为有意志的自然神、至上神。《墨子》辟《天志》篇,肯定"天志"或"天意"是人间一切行动的准绳、规矩。墨子声称:"我有天志,譬若轮人之有规,匠人之有矩,轮匠执其规、矩,以度天下之方圆。曰:中者是也,不中者非也。"⑨"今天下之王公大人、士君子,中实将欲遵道利民,本察仁义之本,天之意不可不顺也。顺天之意者,义之法也。"⑩"奚以为治法而可?故曰:莫若法天。……既以天为法,

---

① 《淮南子·要略》。
② 儒家婚丧之礼之厚重繁琐,参祁志祥:《〈礼记〉"尊礼""近人"的思想取向及系统构成》,《澳门理工学报》2019 年第 4 期。
③ 《墨子·非乐上》。
④ 《墨子·公孟》。
⑤ 《墨子·非攻下》。
⑥ 《墨子·天志中》。
⑦ 《墨子·贵义》。
⑧ 《墨子·天志上》。
⑨ 《墨子·天志上》。
⑩ 《墨子·天志中》。

动作有为,必度于天。天之所欲则为之,天所不欲则止。"①

那么,"天"的意志是怎样的呢?墨子从两方面加以说明。一是从自然之"天"的物理属性所象征的人格特征方面说明:"天之行广而无私,其施厚而不德,其明久而不衰,故圣王法之。"②二是从民意方面说明天意。于是天意即是民心所向,顺应民心就符合天意。"天亦何欲何恶?天欲义而恶不义。"君主"率天下之百姓以从事于义",就是"我乃为天之所欲"的表现。"我为天之所欲,天亦为我所欲。""我何欲何恶?我欲福禄而恶祸祟。"福禄包括生、富、安,祸祟包括死、贫、乱。"天之欲义而恶不义"的意志,正是从祸、福的赏、罚功效中体现出来的。"天下有义则生,无义则死;有义则富,无义则贫;有义则治,无义则乱。然则天欲其生而恶其死,欲其富而恶其贫,欲其治而恶其乱,此我所以知天欲义而恶不义也。"③"天"所好之"义"表现为爱民利民、兼爱交利、尚贤使能。"何以知天之爱天下之百姓?……吾言杀一不辜者,必有一不祥。杀不辜者谁也?则人也。予之不祥者谁也?则天也。""顺天意者,兼相爱、交相利,必得赏;反天意者,别相恶、交相贼,必得罚。然则是谁顺天意而得赏者?谁反天意而得罚者?子墨子言曰:昔三代圣王,禹、汤、文、武,此顺天意而得赏也。昔三代之暴王,桀、纣、幽、厉,此反天意而得罚者也。"④古代圣王"以尚贤使能为政,而取法于天","天亦不辨贫富、贵贱、远迩、亲疏,贤者举而尚之,不肖者抑而废之。"⑤

尊鬼,自然必须承认鬼神的存在及其奖善伐暴的神明公正效应。事实上,鬼神是不存在的。当时执"无鬼"论者就指出:"鬼神者,固无有。"⑥鬼神奖善伐暴的神明倾向也未必灵验。有游于子墨子之门者,直接问墨子:"先生以鬼神为明知,能为祸人哉福,为善者福之,为暴者祸之。今吾事先生久矣,而福不至,意者先生之言有不善乎,鬼神不明乎?我何故不得福也?"当墨子生病时,又有人借机问曰:"先生以鬼神为明,能为祸福,为善者赏之,为不善者罚之。今先生圣人也,何故有疾?意者先生之言有不善乎?鬼神不明知乎?"墨子是怎么回答的呢?对于第一个问题,墨子对问话者说:你之所以没有得福,是因为身上隐藏的重罪很多,"何福之求"!对于第二个问题,墨子回答说:"人之所得于病者多方,有得之寒暑,有得之劳苦。"我生病

---

① 《墨子·法仪》。
② 《墨子·法仪》。
③ 均见《墨子·天志上》。
④ 均见《墨子·天志上》。
⑤ 《墨子·尚贤中》。
⑥ 《墨子·明鬼下》。

的原因有多种,并不能证明鬼神的神明不存在。"虽使我有病,何遽不明?"①鬼神及其神明的存在是毋庸置疑、不可否认的。这存在于古书上记载的人们看到鬼神显现意志、力量的事例中,存在于为善受赏、作恶受罚的大量事实中,存在于人们对鬼神的虔诚祭祀中。

> 公孟子曰:"无鬼神。"又曰:"君子必学祭祀。"子墨子曰:"执无鬼而学祭礼,是犹无客而学客礼也,是犹无鱼而为鱼罟也。"②

在墨子看来,无鬼论者一方面否定鬼神的存在,另一方面又肯定祭祀仪式、活动的必要性,本身就是自相矛盾的。祭祀活动之所以必要,是因为鬼神确实存在。祭祀本身恰恰是鬼神存在的证明。至于说鬼神赏善伐暴的"神明"性或"明智"性,墨子认为比圣人的正义英明都要高出很多:

> 巫马子谓子墨子曰:"鬼神孰与圣人明智?"子墨子曰:"鬼神之明智于圣人,犹聪耳明目之与聋瞽也。"③
>
> 公孟子谓子墨子曰:"有义不义,无祥不祥。"子墨子曰:"古圣王皆以鬼神为神明,而为祸福,执有祥不祥,是以政治而国安也。自桀纣以下皆以鬼神为不神明,不能为祸福,执无祥不祥,是以政乱而国危也。"④
>
> 鬼神之所赏,无小必赏之;鬼神之所罚,无大必罚之。⑤

古书上记载的事例表明:"凡杀不辜者,其得不祥,鬼神之诛,若此之惨速也!""诸不敬慎祭祀者,鬼神之诛,至若此惨速也。"⑥

于是,"天""鬼"就成为人间正义的化身。"尊天事鬼,爱利万民","天""鬼"就让他富贵,甚至贵为天子、圣王;"诟天侮鬼,贼傲万民","天""鬼"就让他身败名裂,不得善终,成为千夫所指、万民唾骂的罪人。"利人多,功故又大,是以天赏之,鬼富之,人誉之,使贵为天子,富有天下,名参乎天地,至今不废,此则知者之道也,先王之所以有天下者也。"⑦"尊天事鬼,爱利万民,是故天、鬼赏之,立为天子,以为民父母,万民从而誉之圣王。""诟天侮鬼,贼

---

① 《墨子·公孟》。
② 《墨子·公孟》。
③ 《墨子·耕柱》。
④ 《墨子·公孟》。
⑤ 《墨子·明鬼下》。
⑥ 《墨子·明鬼下》。
⑦ 《墨子·非攻下》。

傲万民,是故天、鬼罚之,使身死而为刑戮,子孙离散,室家丧灭,绝无后嗣,万民从而非之曰暴王。"①如何"尊天事鬼"呢?就是要虔诚、隆重地对待和举行祭祀仪式。"今天下无大小国,皆天之邑也。人无幼长贵贱,皆天之臣也。此以莫不刍牛羊,豢犬猪,洁为酒醴粢盛,以敬事天。"②"古者圣王明天、鬼之所欲,而避天、鬼之所憎,以求兴天下之利,除天下之害,是以率天下之万民,齐戒沐浴,洁为酒醴粢盛,以祭祀天、鬼。其事鬼神也,酒醴粢盛,不敢不蠲洁,牺牲不敢不腯肥,珪璧币帛不敢不中度量,春秋祭祀,不敢失时几,听狱不敢不中,分财不敢不均,居处不敢怠慢。"③通过对天、鬼的虔诚祭祀活动,彰显天、鬼的威力,顺着天、鬼之所欲兴天下之利,避开天、鬼之所憎除天下之害。

由此可见,墨子强调"尊天事鬼",根本目的是用超自然的神灵力量来督促、引导统治者"爱利万民"。"尊天事鬼"与"爱利万民"是一致的。"尊天事鬼",就必须"爱利万民"。表面上打着"尊天事鬼"的旗号,骨子里是要行"爱利万民"之实。墨子的侧重点在"人道",不过借"神道"加强其人道的神圣性罢了。这是周代思想界的一个普遍特点。

由此出发,墨子一方面强调"尊天事鬼",另一方面又反对"命定"论或"天命"论,认为这是导致当时社会"不得富而得贫,不得众而得寡,不得治而得乱"的根源之一。这种命定论说:"命富则富,命贫则贫;命众则众,命寡则寡;命治则治,命乱则乱;命寿则寿,命夭则夭。""上之所罚,命固且罚,不暴故罚也;上之所赏,命固且赏,非贤故赏也。"依据这种"有命"论,"为君,则不义;为臣,则不忠;为父,则不慈;为子,则不孝;为兄,则不良;为弟,则不弟"。"今用执有命者之言,则上不听治,下不从事。""此特凶言之所自生,而暴人之道也。"④墨子揭示:"安危治乱,在上之发政也,则岂可谓有命哉!""昔者三代之暴王,不缪(改正)其耳目之淫,不慎其心志之辟,外之驱骋田猎毕弋,内沈于酒乐,而不顾其国家百姓之政,繁为无用,暴逆百姓,使下不亲其上,是故国为虚厉,身在刑戮之中,不肯曰我罢不肖,我为刑政不善,必曰我命故且亡。""昔也三代之穷民,亦由此也,内之不能善事其亲戚,外不能善事其君长,恶恭俭而好简易,贪饮食而惰从事,衣食之财不足,使身至有饥寒冻馁之忧,必不能曰我罢不肖,我从事不疾,必曰我命固且穷。"⑤"昔者三代圣王禹、

---

① 《墨子·尚贤中》。
② 《墨子·法仪》。
③ 《墨子·尚同中》。
④ 均见《墨子·非命上》。
⑤ 均见《墨子·非命中》。

汤、文、武方为政乎天下之时,曰:必务举孝子而劝之事亲,尊贤良之人而教之为善。是故出政施教,赏善罚暴。"①

在此基础上,墨子批判暴君不承认、反思自己的过失,将失去天下归结为"天命"所致,批评人们不承认仁君拥有天下是仁德所致,而归功于天命恩赐,从而强调国家的安康、个人的幸福归根结底取决于人事的努力。"今也王公大人之所以蚤(早)朝晏退,听狱治政,终朝均分而不敢怠倦者,何也?曰:彼以为强必治,不强必乱;强必宁,不强必危,故不敢怠倦。今也卿大夫之所以竭股肱之力,殚其思虑之知,内治官府,外敛关市、山林、泽梁之利,以实官府而不敢怠倦者,何也?曰:彼以为强必贵,不强必贱;强必荣,不强必辱,故不敢怠倦。今也农夫之所以蚤出暮入,强乎耕稼树艺,多聚叔粟而不敢怠倦者,何也?曰:彼以为强必富,不强必贫;强必饱,不强必饥,故不敢怠倦。今也妇人之所以夙兴夜寐,强乎纺绩织纴,多治麻统葛绪,捆布縿,而不敢怠倦者,何也?曰:彼以为强必富,不强必贫;强必暖,不强必寒,故不敢怠倦。"②于是,墨子就从"上尊天,中事鬼神,下爱人"③的"三利",走向了完全撇开"天""鬼"的"三表(标准)":"何谓三表?子墨子言曰:有本之者,有原之者,有用之者。于何本之?上本之古者圣王之事。于何原之?下原察百姓耳目之实。于何用之?废(发)以为刑政,观其中国家百姓人民之利。此所谓言有三表也。"④墨子还从人与其他动物的根本区别方面说明人的努力对维系人的生存的重要性:"今人固与禽兽、麋鹿、蜚鸟、贞虫异者也。今之禽兽、麋鹿、蜚鸟、贞虫,因其羽毛以为衣裘,因其蹄蚤以为绔屦,因其水草以为饮食。故唯使雄不耕稼树艺,雌亦不纺绩织纴,衣食之财固已具矣。今人与此异者也,赖其力者生,不赖其力者不生。君子不强听治,即刑政乱;贱人不强从事,即财用不足。"⑤这就将重心完全转向了人道规范和人事努力方面,体现了周代思想界重人轻神的整体倾向。

从"贵天""事鬼"到"非命",体现了墨子对神灵的双重态度。天神、鬼神可以保佑人,但必须以人的所作所为为依据。努力行善行义,才可能得到天神、鬼神的奖赏和护佑,否则就会受到天神、鬼神的惩罚。在这点上,天神、鬼神比圣人还"神明",丝毫不会搞错。这样,尊神灵与尽人力就统一起来了。"知天鬼之所福,而辟(避)天鬼之所憎",就只能追求"兴天下之利,而除

---

① 《墨子·非命下》。
② 《墨子·非命下》。
③ 《墨子·非命上》。
④ 《墨子·非命上》。
⑤ 《墨子·非乐下》。

天下之害"①。

3. 从"兼爱"走向"非攻""非乐""节用""节葬"

尊天事鬼,是墨子立论的起点。天、鬼是有意志的。这个意志就是主持正义,赏善罚暴。于是,墨子就从"贵天"走向"贵义",强调"义,天下之良宝也"②,"万事莫贵于义"③。"义"是做人的标准。"手足口鼻耳从事于义,必为圣人。"④"义"更应当成为从政的准绳。"顺天意者,义政也;反天意者,力政也。"⑤"今王公大人欲王天下、正诸侯,夫无德义,将何以哉?"⑥墨子所说的"义",实质是"利人",所谓"义可以利人"⑦,"兼即仁矣,义矣"⑧。因此,尊重天意,就必然走向"爱利万民",墨子称之为"兼相爱,交相利"。"顺天之意何若?曰:兼爱天下之人。"⑨"顺天意者,兼相爱、交相利","反天意者,别相恶,交相贼"⑩。

从春秋到战国,大国攻小国,诸侯之间的兼并战争不断加剧,人民流离失所、妻离子散,苦不堪言。墨子描述当时的社会状况:"然当今之时,天下之害孰为大?曰:若大国之攻小国也,大家之乱小家也,强之劫弱,众之暴寡,诈之谋愚,贵之敖贱,此天下之害也。又与为人君者之不惠也,臣者之不忠也,父者之不慈也,子者之不孝也,此又天下之害也。又与今人之贱人,执其兵刃毒药水火,以交相亏贼,此又天下之害也。"墨子认为天下祸乱的根源在于太自私,不相爱。要从根源上制止战乱,就必须倡导"兼爱"。

墨子在《兼爱上》中揭示:"乱何自起?起不相爱。臣子之不孝君父,所谓乱也。子自爱,不爱父,故亏父而自利;弟自爱,不爱兄,故亏兄而自利;臣自爱,不爱君,故亏君而自利,此所谓乱也。"这是下不爱上。"父自爱也,不爱子,故亏子而自利;兄自爱也,不爱弟,故亏弟而自利;君自爱也,不爱臣,故亏臣而自利。"这是上不爱下。"大夫各爱其家,不爱异家,故乱异家以利其家。诸侯各爱其国,不爱异国,故攻异国以利其国。"这是不同的诸侯、大

---

① 《墨子·非命中》。
② 《墨子·耕柱》。
③ 《墨子·贵义》。
④ 《墨子·贵义》。
⑤ 《墨子·天志上》。
⑥ 《墨子·尚同中》。
⑦ 《墨子·耕柱》。
⑧ 《墨子·兼爱下》。
⑨ 《墨子·天志下》。
⑩ 《墨子·天志上》。

夫之间不相爱。"若使天下兼相爱,爱人若爱其身,犹有不孝者乎?""犹有不慈者乎?""视人家若其家,谁乱? 视人国若其国,谁攻?"可见:"若使天下兼相爱,国与国不相攻,家与家不相乱,盗贼无有,君臣父子皆能孝慈,若此,则天下治。"

《兼爱中》以"仁者"自居指出:"凡天下祸篡怨恨,其所以起者,以不相爱生也,是以仁者非之。"否定之后,提出"兼相爱、交相利之法"加以取代,这个方法的要义即:"视人之国,若视其国;视人之家,若视其家;视人之身,若视其身。"还从爱人与爱己、利人与利己相反相成的辩证法角度开导人们:"夫爱人者,人必从而爱之;利人者,人必从而利之;恶人者,人必从而恶之;害人者,人必从而害之。"爱人、利人最终对自己是有回报的。兼爱不是一件迂阔而难以做到的事情,"特君不以为政,而士不以为行故也"。"天下之富,而恶其贫;欲天下之治,而恶其乱,当兼相爱、交相利。此圣王之法,天下之治道也,不可不务为也。"

《兼爱下》在区别了墨家的"兼爱"与儒家的"别爱"的不同后提出:"今吾将正求与天下之利而取之,以兼为正。"针对兼爱不孝的非议,墨子仍然从人与我的相反相成辩证法方面辩护说:"爱人者必见爱也,而恶人者必见恶也。""必吾先从事乎爱利人之亲,然后人报我以爱利吾亲也。"进而说明,"兼爱"属于人的自然天性:"人之于就兼相爱、交相利也,譬之犹火之就上、水之就下也,不可防止于天下。"也是圣王安定天下的制胜之道:"故兼者,圣王之道也,王公大人之所以安也,万民衣食之所以足也,故君子莫若审兼而务行之。为人君必惠,为人臣必忠;为人父必慈,为人子必孝;为人兄必友,为人弟必悌。故君子莫若欲为惠君、忠臣、慈父、孝子、友兄、悌弟,当若兼之,不可不行也,此圣王之道,而万民之大利也。"

墨子的"兼爱",不是空洞的利他情感,而是与照顾人民的实际利益密切联系在一起的。"兼爱"是动机、出发点,"民利"是行动、落脚点。"食者,国之宝也。""凡五谷者,民之所仰也,君之所以为养也。故民无仰,则君无养;民无食,则不可事。故食不可不务也,地不可不立也,用不可不节也。"①所以墨子常常将"爱利万民""爱人利人"一起说:"天必欲人之相爱相利,而不欲人之相恶相贼也。""爱人利人者,天必福之;恶人贼人者,天必祸之。"②

提倡"兼爱",是为了消除战乱。所以"非攻"是"兼爱"的反题。由崇尚"兼爱",必然走向反对不义之战的"非攻"。《非攻中》历数战争造成的灾难:

---

① 均见《墨子·七患》。
② 均见《墨子·法仪》。

"今攻三里之城，七里之郭……杀人多必数于万，寡必数于千，然后三里之城，七里之郭且可得也。""竹箭、羽旄、幄幕、甲盾、拨（音乏）劫（大盾牌），往而靡弊腑冷（腐烂）不反者，不可胜数；又与矛、戟、戈、剑、乘车，其列往碎折靡弊而不反者，不可胜数；与其牛马，肥而往，瘠而反，往死亡而不反者，不可胜数；与其涂道之修远，粮食辍绝而不继，百姓死者，不可胜数也；与其居处之不安，食饭之不时，肌饱之不节，百姓之道疾病而死者，不可胜数；丧师多不可胜数，丧师尽不可胜计，则是鬼神之丧其主（主祭）后（后裔），亦不可胜数。"①《非攻上》揭露披着各种正义外衣的兼并战争的"不义"及其荒谬："杀一人，谓之不义，必有一死罪矣。若以此说往，杀十人，十重不义，必有十死罪矣；杀百人，百重不义，必有百死罪矣。当此，天下之君子皆知而非之，谓之不义。今至大为不义攻国，则弗知非，从而誉之，谓之义"，甚至"书其言以遗后世"。这就将"义""不义"搞乱了，应当将这种被颠倒的关系纠正过来。

　　墨子反对不义之战，但并不是反对一切战争。恰恰相反，对于诛杀暴君的正义之战，他是大加肯定的。据《非攻下》记载，当时有喜好攻伐的诸侯国君为自己发动战争辩护说："以攻伐之为不义，非利物与？昔者禹征有苗，汤伐桀，武王伐纣，此皆立为圣王，是何故也？"墨子曰：禹征有苗，汤伐桀，武王伐纣，不应叫"攻"，应当叫"诛"，也就是"诛无道"的"诛"。"昔者三苗大乱，天命殛之，日妖宵出，雨血三朝，龙生于庙，犬哭乎市，夏冰，地坼（音彻，裂）及泉，五谷变化，民乃大振。高阳乃命玄宫（官），禹亲把天之瑞令，以征有苗。……禹既已克有三苗，焉磨为山川，别物上下，卿制大极，而神民不违，天下乃静，则此禹之所以征有苗也。""逮至乎夏王桀，天有酷命，日月不时，寒暑杂至，五谷焦死，鬼呼国，鹤鸣十夕余。天乃命汤于镳宫：……往而诛之，必使汝堪之。汤焉（于是）敢奉率其众，是以乡有夏之境……暴（爆）毁有夏之城……奉桀众以克有，属（会合）诸侯于薄（亳），荐章天命，通于四方，而天下诸侯莫敢不宾服，则此汤之所以诛桀也。""逮至乎商王纣，天不序（享）其德，祀用失时，兼夜中十日，雨土于薄，九鼎迁止，妇妖宵出，有鬼宵吟，有女为男，天雨肉，棘生乎国道，王兄（况，更加）自纵也。赤鸟衔珪，降周之岐社，曰：天命周文王，伐殷有国。泰颠（文王大臣）来宾，河出绿（箓）图，地出乘黄（神马）。武王践功，梦见三神曰：……往攻之，予必使汝大堪之。武王乃攻狂夫，反商之周，天赐武王黄鸟之旗。王既已克殷，成帝之来，分主诸神，祀纣先王，通维四夷，而天下莫不宾。……此即武王之所以诛纣也。"

---

① 《墨子·非攻中》。文字各本有异，此据《二十二子》本，上海古籍出版社 1986 年版，第 236 页。

"若以此三圣王者观之,则非所谓'攻'也,所谓'诛'也。"墨子肯定汤诛桀、武王诛纣的"革命",认为它们顺天应人,具有正义性。

从爱利万民出发,墨子不仅主张"非攻",而且主张"非乐""节用""节葬"。所谓"非乐",不是否定音乐具有特殊的愉悦人情的功能,而是因为当时的王公贵族大兴乐事,以此亏夺民财,影响了人民的日常生活。"子墨子之所以非乐者,非以大钟鸣鼓、琴瑟竽笙之声以为不乐也,非以刻镂华文章之色以为不美也,非以犓豢煎炙之味以为不甘也,非以高台厚榭邃野之居以为不安也。虽身知其安也,口知其甘也,目知其美也,耳知其乐也,然上考之不中圣王之事,下度之不中万民之利。是故子墨子曰:为乐非也。""民有三患,饥者不得食,寒者不得衣,劳者不得息,三者民之巨患也。然即当为之撞巨钟、击鸣鼓、弹琴瑟、吹竽笙而扬干戚,民衣食之财,将安可得乎?""仁之事者……利人乎即为,不利人乎即止。且夫仁者之为天下度也,非为其目之所美,耳之所乐,口之所甘,身体之所安,以此亏夺民衣食之财,仁者弗为也。""今天下士君子,请将欲求兴天下之利,除天下之害,当在乐之为物,将不可不禁而止也。"①

统治者的享受与老百姓的利益是一对矛盾。为政爱利万民,尽量减少人民的负担,统治者就必须克制自己的享受,节约自己的财用。当时"天下为政者,其所以寡人之道多。其使民劳,其籍敛厚,民财不足,冻饿死者,不可胜数也"。只有"去无用之费",才能"民德不劳,其兴利多",达到"天下之大利"②。而"节用之法",即"凡天下群百工,轮车鞼匏、陶冶梓匠,使各从事其所能,曰凡足以奉给民用则止。诸加费不加于民利者,圣王弗为"③。因此,"圣王为政,其发令、兴事、使民、用财也,无不加用而为者。""圣人为政一国,一国可倍也;大之为政天下,天下可倍也。其倍之,非外取地也,因其国家去其无用之费,足以倍之。"④

在当时王公贵族的奢侈花费中,厚葬久丧是一个突出的社会问题。如"厚葬"问题"存乎王公大人有丧者,曰棺椁必重,葬埋必厚,衣衾必多,文绣必繁,丘陇必巨;……存乎诸侯死者,虚车府,然后金玉珠玑比乎身,纶组节约,车马藏乎圹,又必多为屋幕、鼎鼓、几梴、壶滥、戈剑、羽旄、齿革,寝而埋之满意。若送从,曰天子杀殉,众者数百,寡者数十;将军、大夫杀殉,众者数十,寡者数人。"此风所被,遍及全社会,乃至"匹夫贱人死者,殆竭家室"。至

---

① 均见《墨子·非乐上》。
② 均见《墨子·节用上》。
③ 《墨子·节用中》。
④ 均见《墨子·节用上》。

于"久丧",从君主到父亲、妻子、长子,死后都得守丧三年,余此类推,耗费了大量人力财力。以厚葬久丧者为政造成的后果,是"国家必贫,人民必寡,刑政必乱",故墨子主张:"今天下之士君子,中请将欲为仁义,求为上士,上欲中圣王之道,下欲中国家百姓之利,故当若节丧之为政,而不可不察此者也。"①

4. 从"贵义"走向"尚同""尚贤"

如上所说,"天""鬼"好"义"主"义",顺"天""鬼"之意,人也应当"贵义"。然而问题是关于"义"的标准,却是人人不同的。每个人总是站在自己的立场上评价正义与否,于是就出现"一人一义"的情况,导致天下人以自己认可、秉持的正义标准对他人展开争夺,对别国发动战争。当时社会在何为"义"的问题上存在的普遍缺失是因小失大,捡了芝麻丢了西瓜:"今有人于此,窃一犬一彘,则谓之不仁,窃一国一都,则以为义。譬犹小视白谓之白,大视白则谓之黑。"所以说:"世俗之君子,皆知小物,而不知大物。"②因而,制定一个统一的"义"的标准,对于维护国家、天下的安定势在必行。这个标准由谁来定呢?由圣明的天子。墨子称之为"尚同",即"同其上者":"天子唯能一同天下之义,是以天下治也。""闻善而不善,必以告天子。天子之所是,皆是之;天子之所非,皆非之。"③"举天下之万民以法天子,夫天下何说而不治哉?察天子之所以治天下者,何故之以也?曰:唯以其能一同天下之义,是以天下治。"④"唯能以尚同一义为政,然后可矣!"⑤

为什么天子所说的"义"是天下万民必须信奉的统一的"义"呢?因为天子是万民推选出来的圣人、仁人。"天子者,固天下之仁人也。"⑥这就涉及对古代君王产生机制的认识了。在墨子看来,上古的天子原本是人民从统一管理的需要出发,依据德能标准推举出来的,他自然是正义的代表与化身。"古者民始生,未有刑政之时,盖其语,人异义。是以一人则一义,二人则二义,十人则十义。其人兹众,其所谓义者亦兹众。是以人是其义,以非人之义,故交相非也。是以内者父子兄弟作,离散不能相和合;天下之百姓,皆以水火毒药相亏害。至有余力,不能以相劳;腐朽余财,不以相分;隐匿良道,

---

① 均见《墨子·节葬下》。
② 均见《墨子·鲁问》。
③ 《墨子·尚同上》。
④ 《墨子·尚同中》。
⑤ 《墨子·尚同下》。
⑥ 《墨子·尚同中》。

不以相教。天下之乱,若禽兽然。""夫明乎天下之所以乱者,生于无政长。是故选天下之贤可者,立以为天子。"①"古者天之始生民,未有正长也,……若苟百姓为人,是一人一义,十人十义,百人百义,千人千义。逮至人之众,不可胜计也;则其所谓义者,亦不可胜计。此皆是其义,而非人之义,是以厚者有斗,而薄者有争。是故天下之欲同一天下之义也,是故选择贤者,立为天子。"②天子被推举出来后,他觉得管理天下靠自己一个人的力量不够,所以任命贤人为大臣、分封诸侯:"天子立,以其力为未足,又选天下之贤可者,置立之以为三公。天子、三公既以立,以天下为博大,远国异土之民,是非利害之辩,不可一二而明知,故画分万国,立诸侯国君。诸侯国君既已立,以其力为未足,又选择其国之贤可者,置立之以为正长。"③"天子既以立矣,以为唯其耳目之请不能独一同天下之义,是故选择天下赞阅贤良、圣知、辩慧之人,置以为三公,与从事乎一同天下之义。天子三公既已立矣,以为天下博大,山林远土之民,不可得而一也。是故靡分天下,设以为万诸侯国君,使从事乎一同其国之义。"诸侯国君管理国家也是如此:"国君既已立矣,又以为唯其耳目之请,不能一同其国之义,是故择其国之贤者,置以为左右将军大夫,以至乎乡里之长,与从事乎一同其国之义。"④从三公大臣到诸侯大夫,在向天子认可的"义"看齐、"从事乎一同其国之义"方面,是一致的、统一的。

而被万民推选出来、为万民服务的天子所奉行的"义"的标准,不是他天子一人的私爱私利,而是"爱利万民"的"兼爱交利",所以大家也能够并乐意接受。由于"天子"贵"义"是顺应"天""鬼"好"义"的意志而来,所以与"天子"保持统一最终还须归结到对"天"的尊重与服从。对于不敬上天的行为,统治者必须设立刑法加以惩戒:"天子又总天下之义,以尚同于天。"⑤"天下之百姓皆上同于天子,而不上同于天,则灾犹未去也。今若天飘风苦雨,溱溱而至者,此天之所以罚百姓之不上同于天者也。是故子墨子言曰:古者圣王为五刑,请以治其民。譬若丝缕之有纪,罔罟之有纲,所以连收天下之百姓,不尚同其上者也。"⑥

由于天子推行"义"的标准是借助、通过层层级级贤明的大臣去实施的,所以"尚贤"成为"尚同"的应有之义。"尚欲祖述尧舜禹汤之道,将不可以不

---

① 《墨子·尚同上》。
② 《墨子·尚同中》。
③ 《墨子·尚同上》。
④ 均见《墨子·尚同中》。
⑤ 《墨子·尚同下》。
⑥ 《墨子·尚同上》。

尚贤。夫尚贤者，政之本也。""国有贤良之士众，则国家之治厚；贤良之士寡，则国家之治薄。故大人之务，将在于众（集聚）贤而已。"①为何尚贤呢？因为"自贵且智者为政乎愚且贱者则治，自愚贱者为政乎贵且智者则乱，是以知尚贤之为政本也"②。"入国而不存其士，则亡国矣。""非士无与虑国。缓贤忘士，而能以其国存者，未曾有也。""归国宝，不若献贤而进士。"③尚贤不仅是为政之本，也是符合天、鬼意志和百姓之利的"三利"之事："尚贤者，天、鬼、百姓之利而政事之本也。""惟法其（贤）言，用其谋，行其道，上可而利天，中可而利鬼，下可而利人。""今天下之王公大人士君子，中实将欲为仁义，求为上士，上欲中圣王之道，下欲中国家百姓之利，故尚贤之为说，而不可不察此者也。"④

如何尚贤呢？一是要出以公心，去除亲疏："古者圣王甚尊尚贤而任使能，不党父兄，不偏贵富，不嬖颜色。"二是从财富、地位、尊重、荣誉四方面入手吸引、聚集贤良之士："必且富之、贵之、敬之、誉之，然后国之良士，亦将可得而众也。"富之、贵之、敬之、誉之的依据，是其奉行道义："是故古者圣王之为政也，言曰：不义不富，不义不贵，不义不亲，不义不近。"同时也兼顾能力："古者圣王之为政，列德而尚贤，虽在农与工肆之人，有能则举之。高予之爵，重予之禄，任之以事，断予之令。曰：爵位不高，则民弗敬；蓄禄不厚，则民不信；政令不断，则民不畏。举三者授之贤者，非为贤赐也，欲其事之成。"⑤三是要允许贤臣提不同意见。《墨子·鲁问》中记载了一段鲁阳文君与墨子的一段对话："鲁阳文君谓子墨子曰：'有语我以忠臣者，令之俯则俯，令之仰则仰，处则静，呼则应，可谓忠臣乎？'子墨子曰：'令之俯则俯，令之仰则仰，是似景（影也）也；处则静，呼则应，是似响（回声）也。君将何得于景与响哉？若以翟之所谓忠臣者，上有过，则微之以谏；已有善，则访之上，而无敢以告（告知他人）。外匡其邪，而入其善。尚同而无下比（在下结党），是以美善在上，而怨雠在下；安乐在上，而忧戚在臣。此翟之谓忠臣者也。'"君主不能以大臣对自己言听计从、唯唯诺诺，"令之俯则俯，令之仰则仰"作为衡量"忠臣"的标准，那就好比君主的影子。而应当以能够与君主共忧乐，且敢于"外匡其邪，而入其善"作为"忠臣"的标准。

综上所述，可见，墨学虽然脱胎于儒学，在爱民利民这个根本主张上与

---

① 《墨子·尚贤上》。
② 《墨子·尚贤中》。
③ 均见《墨子·亲士》。
④ 《墨子·尚贤下》。
⑤ 均见《墨子·尚贤上》。

儒家相同，但在终端的具体主张上还是有很多不同特色。墨子从"别爱""非神""顺命""厚葬""奢乐"五方面对儒家展开批判，指出缺乏对"天""鬼"的敬畏是导致天下祸乱的最终根源，所以"尊天事鬼"成为墨子思想的逻辑起点。墨子的"天""鬼"是有意志的人格神，主持正义，除暴安良，与民意民利相通。所以"尊天事鬼"必然走向尽人力的"非命"和"爱利万民"的"贵义""兼爱"。从"兼爱"出发，墨子主张"非攻""非乐""节用""节葬"。从"贵义"出发，墨子"尚同""尚贤"，主张将"爱利万民"的公义通过定于一尊的君主专制确定下来，统一天下人的是非善恶标准，并让贤人忠臣贯彻实施。于是，以"上利乎天，中利乎鬼，下利乎人"为"三表"、以"尊天事鬼、贵义兼爱、爱利万民"为核心主张的墨家学说体系便由此建立起来。